XIANDAI WULIU GUANLI JIAOCHENG

现代物流管理教程

聂永有　袁洪飞　主编

上海大学出版社
·上海·

图书在版编目(CIP)数据

现代物流管理教程 / 聂永有,袁洪飞主编. —上海: 上海大学出版社,2020.12(2021.11重印)
ISBN 978-7-5671-4144-5

Ⅰ.①现… Ⅱ.①聂… ②袁… Ⅲ.①物流管理-高等学校-教材 Ⅳ.①F252.1

中国版本图书馆 CIP 数据核字(2020)第 258361 号

责任编辑　刘　强
封面设计　柯国富
技术编辑　金　鑫　钱宇坤

现代物流管理教程

聂永有　袁洪飞　主编
上海大学出版社出版发行
(上海市上大路99号　邮政编码200444)
(http://www.shupress.cn　发行热线 021-66135112)
出版人　戴骏豪

*

南京展望文化发展有限公司排版
江苏凤凰数码印务有限公司印刷　各地新华书店经销
开本 787mm×960mm　1/16　印张 20.5　字数 368 千
2020 年 12 月第 1 版　2021 年 11 月第 2 次印刷
ISBN 978-7-5671-4144-5/F·203　定价 48.00 元

版权所有　侵权必究
如发现本书有印装质量问题请与印刷厂质量科联系
联系电话: 025-57718474

目录 Contents

第一章 现代物流管理概述 ... 1
  一、物流的概念与基本要素 ... 1
    (一) 物流的概念 ... 1
    (二) 物流的基本要素 ... 2
    (三) 现代物流对区域经济增长的作用 ... 4
  二、物流学科体系构架与重点学说 ... 5
    (一) 物流学科体系构架 ... 5
    (二) 重点物流学说 ... 6
  三、国内外物流管理的发展 ... 8
    (一) 美国物流管理的发展 ... 8
    (二) 欧洲物流管理的发展 ... 11
    (三) 日本物流管理的发展 ... 12
    (四) 我国物流管理的发展沿革 ... 14

第二章 包装与流通加工管理 ... 20
  一、包装管理 ... 20
    (一) 包装概述 ... 21
    (二) 包装分类及其技术要求 ... 27
    (三) 包装合理化 ... 33
  二、流通加工及其管理 ... 34
    (一) 流通加工的含义与作用 ... 34

（二）流通加工的职能与内容 ………………………………………… 36
　　　（三）流通加工的类型与方式 ………………………………………… 37
　　　（四）流通加工的管理及合理化 ……………………………………… 39

第三章　运输与配送管理 …………………………………………………… 44
　一、运输管理 …………………………………………………………………… 45
　　　（一）运输概述 ………………………………………………………… 45
　　　（二）运输的主要方式 ………………………………………………… 50
　　　（三）不同运输方式的比较与选择 …………………………………… 54
　　　（四）运输的新变化 …………………………………………………… 55
　二、配送管理 …………………………………………………………………… 59
　　　（一）配送概述 ………………………………………………………… 59
　　　（二）配送中心 ………………………………………………………… 64
　　　（三）配送作业管理 …………………………………………………… 68
　　　（四）协同配送 ………………………………………………………… 71
　　　（五）配送成本最小化 ………………………………………………… 73

第四章　采购与供应链管理 ………………………………………………… 76
　一、采购概述 …………………………………………………………………… 76
　　　（一）采购的含义 ……………………………………………………… 76
　　　（二）采购的类型 ……………………………………………………… 78
　　　（三）采购销售比 ……………………………………………………… 80
　二、采购管理的含义、目标、制度和作业流程 ……………………………… 81
　　　（一）采购管理的含义 ………………………………………………… 81
　　　（二）采购管理的目标 ………………………………………………… 82
　　　（三）采购制度和授权 ………………………………………………… 85
　　　（四）采购作业流程 …………………………………………………… 87
　三、关键采购要素 ……………………………………………………………… 90
　　　（一）质量的选定 ……………………………………………………… 90
　　　（二）数量的确定 ……………………………………………………… 91

（三）价格的议定 …………………………………………………………… 99
　　　（四）供应商的选择 ………………………………………………………… 102
　四、供应链管理 ………………………………………………………………… 106
　　　（一）供应链的概念和特征 ………………………………………………… 106
　　　（二）供应链管理概述 ……………………………………………………… 108
　　　（三）供应链管理的原则和实施步骤 ……………………………………… 111
　　　（四）供应链管理的效益 …………………………………………………… 112

第五章　仓储管理 ………………………………………………………………… 114
　一、仓储的分类与效益 ………………………………………………………… 115
　　　（一）仓储的分类 …………………………………………………………… 115
　　　（二）仓储的效益 …………………………………………………………… 117
　二、关键仓储决策 ……………………………………………………………… 120
　　　（一）仓库产权决策 ………………………………………………………… 121
　　　（二）仓库数量决策 ………………………………………………………… 124
　　　（三）仓库规模决策 ………………………………………………………… 126
　　　（四）仓库选址决策 ………………………………………………………… 127
　三、自有仓库选址决策 ………………………………………………………… 127
　　　（一）自有仓库选址的影响因素 …………………………………………… 128
　　　（二）选址的基本流程 ……………………………………………………… 129
　　　（三）定性方法选址 ………………………………………………………… 130
　　　（四）定量方法选址 ………………………………………………………… 132
　四、储存合理化标准与方法 …………………………………………………… 137
　　　（一）储存合理化的标准 …………………………………………………… 137
　　　（二）储存合理化的方法 …………………………………………………… 138

第六章　物流战略与规划 ………………………………………………………… 142
　一、物流战略管理概述 ………………………………………………………… 142
　　　（一）物流战略的含义和特征 ……………………………………………… 142
　　　（二）物流战略管理的定义及过程 ………………………………………… 147

二、物流战略的环境分析及战略制定 149
（一）物流战略管理的环境分析 149
（二）物流战略规划制定 156

三、物流战略实施与控制 165
（一）物流战略实施 165
（二）物流战略控制 167

第七章　现代物流信息系统管理 170

一、物流信息管理的含义及其模式演变 171
（一）物流信息管理的含义 171
（二）物流信息管理系统的模式演变 171

二、现代物流信息系统的技术基础 172
（一）计算机网络技术 172
（二）数据库技术 173
（三）数据挖掘技术 175

三、现代物流信息系统应用技术 177
（一）条形码技术 177
（二）射频识别技术（RFID） 178
（三）销售时点系统（POS）技术 179
（四）电子数据交换（EDI）技术 180
（五）电子自动订货系统（EOS）技术 181
（六）全球卫星定位（GPS）技术 182
（七）地理信息系统（GIS）技术 182

四、现代物流业务管理信息系统 187
（一）物流业务模块管理信息系统概述 187
（二）订单管理信息系统 190
（三）库存管理信息系统 191
（四）运输管理信息系统 193
（五）配货管理信息系统 194

五、现代物流信息系统的运行维护 198

（一）物流信息系统的运行管理 ……………………………… *198*
　　（二）物流信息系统的维护 …………………………………… *199*
　　（三）物流信息系统的安全管理 ……………………………… *200*
　六、信息安全标准化的现状和趋势 ……………………………… *203*
　　（一）国际信息安全标准化工作概况 ………………………… *203*
　　（二）我国的信息安全标准化 ………………………………… *204*
　　（三）信息安全标准化工作的发展趋势 ……………………… *205*

第八章　国际物流 …………………………………………………… *208*
　一、国际物流的发展阶段及影响因素 …………………………… *208*
　　（一）国际物流的含义 ………………………………………… *208*
　　（二）国际物流的发展阶段 …………………………………… *210*
　　（三）国际物流与国内物流的比较 …………………………… *211*
　　（四）国际物流的影响因素 …………………………………… *212*
　二、国际物流与进出口贸易的关系 ……………………………… *213*
　　（一）进出口贸易的概念及分类 ……………………………… *213*
　　（二）国际贸易惯例与术语 …………………………………… *213*
　　（三）国际物流与进出口贸易的关系 ………………………… *215*
　三、国际物流中的检验检疫 ……………………………………… *217*
　　（一）国际货物检验检疫的概念及作用 ……………………… *217*
　　（二）进出口商品检验检疫机构 ……………………………… *219*
　　（三）进出口商品检验范围 …………………………………… *220*
　　（四）进出口商品检验工作流程 ……………………………… *221*
　四、国际物流中的运输保险 ……………………………………… *224*
　　（一）国际运输保险概述 ……………………………………… *224*
　　（二）货物运输保险的特征 …………………………………… *226*
　　（三）国际货物运输的保险程序 ……………………………… *227*
　五、国际物流中的报关 …………………………………………… *230*
　　（一）海关对国际物流的监控 ………………………………… *231*
　　（二）海关监管进出境货物的范围 …………………………… *235*

　　　　（三）报关单证与报关期限 ·· *236*
　六、全球供应链管理 ··· *237*
　　　　（一）全球供应链概述 ·· *237*
　　　　（二）全球供应链的类型 ·· *238*
　　　　（三）国际化物流体系的构建 ·· *239*
　　　　（四）全球供应链面临的国际贸易新要求 ································ *239*

第九章　循环经济视野下的静脉物流 ··· *242*
　一、循环经济理论 ··· *242*
　　　　（一）从资源环境困境到循环经济理论的提出 ···························· *242*
　　　　（二）循环经济的内涵和原则 ·· *245*
　　　　（三）循环经济系统的架构 ·· *247*
　二、废弃物与静脉物流 ··· *247*
　　　　（一）废弃物及静脉物流的概念与内容 ·································· *248*
　　　　（二）国外静脉物流的现状 ·· *250*
　　　　（三）我国静脉物流的发展与不足 ······································ *251*
　三、静脉物流系统的运营 ··· *253*
　　　　（一）静脉物流的系统流程 ·· *253*
　　　　（二）静脉物流系统的运营模式 ·· *254*

第十章　产业废弃物和生活废弃物的静脉物流管理 ································· *257*
　一、产业废弃物的概念及其静脉物流的特征 ··································· *257*
　　　　（一）产业废弃物的概念和分类 ·· *257*
　　　　（二）产业废弃物静脉物流的特征 ······································ *258*
　二、产业废弃物的静脉物流系统 ··· *258*
　　　　（一）矿业 ·· *258*
　　　　（二）钢铁冶炼业 ·· *259*
　　　　（三）建筑业 ·· *260*
　　　　（四）流通业 ·· *260*
　三、国内外产业废弃物静脉物流的发展现状 ··································· *261*

（一）美欧日产业废弃物静脉物流的现状 ………………………………… 261
　　（二）我国产业废弃物静脉物流的现状 …………………………………… 268
四、生活废弃物概述 …………………………………………………………… 269
　　（一）生活废弃物的内涵 …………………………………………………… 269
　　（二）生活废弃物的分类 …………………………………………………… 270
　　（三）生活废弃物回收再利用的价值 ……………………………………… 270
五、生活废弃物的静脉物流系统 ……………………………………………… 272
　　（一）生活废弃物的收运系统 ……………………………………………… 272
　　（二）生活废弃物的再资源化系统 ………………………………………… 274
　　（三）生活废弃物的最终处理系统 ………………………………………… 274
六、国内外生活废弃物静脉物流的发展现状 ………………………………… 275
　　（一）国外生活废弃物静脉物流的现状 …………………………………… 275
　　（二）国内生活废弃物静脉物流的现状 …………………………………… 279

第十一章　特种废弃物的静脉物流管理　284
一、医疗废弃物的静脉物流 …………………………………………………… 284
　　（一）医疗废弃物的分类和危害 …………………………………………… 284
　　（二）医疗废弃物的静脉物流收运体系 …………………………………… 286
　　（三）医疗废弃物的合理化处理 …………………………………………… 287
二、电子废弃物的静脉物流 …………………………………………………… 289
　　（一）电子废弃物概述 ……………………………………………………… 289
　　（二）发达国家和地区电子废弃物的静脉物流管理 ……………………… 292
　　（三）我国电子废弃物静脉物流的主要环节 ……………………………… 295

第十二章　静脉物流的支持系统　299
一、法律支持系统 ……………………………………………………………… 299
　　（一）法律支持系统的内容 ………………………………………………… 299
　　（二）法律支持系统的主要表现形式 ……………………………………… 300
　　（三）各国法律支持系统的发展过程 ……………………………………… 302
二、政策支持系统 ……………………………………………………………… 305

（一）废弃物排放收费制 ... 305
（二）押金返还制 ... 306
（三）资源回收奖励制度 ... 306
（四）征收原生材料税 ... 307
（五）对静脉物流企业的扶持政策 ... 307

三、社会支持系统 ... 308
（一）政府 ... 308
（二）社会中介组织 ... 308
（三）社会公众参与 ... 309

四、技术支持系统 ... 310
（一）物理技术 ... 310
（二）化学技术 ... 311
（三）生物技术 ... 311
（四）信息技术 ... 312

参考文献 ... 313

第一章
现代物流管理概述

学习目标

1. 了解物流概念的形成和发展过程；
2. 掌握物流的概念与构成要素；
3. 理解物流的实质及其作用；
4. 了解物流学科的框架；
5. 了解物流管理的历史沿革与发展趋势。

一、物流的概念与基本要素

(一) 物流的概念

1. 物流概念的形成

物流概念的提出要晚于物流活动的开展。在人类历史的早期，并没有提出物流的概念，人类只从事物流中的具体活动。在长期的物流活动中，人们产生了物流的观念，并将观点进行系统地抽象和总结，最后提出物流概念。

运输是人类最早的物流活动之一，人类有记载的交通运输历史已经有6 000年左右：金字塔的建筑体现了古埃及人朦胧的物流思想；威尼斯兵工厂造船作业体现了物流管理思想；第二次世界大战使物流系统思想得到了形成和应用，诱发了运筹学的诞生，也促使现代物流学(logistics)理论的形成与发展[①]。

2. 物流的定义

世界各国的政府、机构以及学者，按照不同的理解，对"物流"给出了各不相

---

① 何明珂:《物流系统论》,高等教育出版社2004年版,第55页。

同的定义。下面,我们介绍其中的一些有代表性的定义。

美国学者康伯斯认为:物流是指商品由生产领域向消费领域的物理性移动过程。而美国物流管理协会(CLM)在1986年对物流作出的定义是:物流是对货物、服务及相关信息从起源地到消费地的有效率、有效益的流动和储存进行计划、执行和控制,以满足顾客要求的过程。1998年,该协会又将物流定义修订为:物流是供应链过程的一部分,是对货物、服务及相关信息从起源地到消费地的有效率、有效益的流动和储存进行计划、执行和控制,以满足顾客要求。2003年,美国物流管理协会对物流的定义进行了重要修改,新的定义为:物流是供应链管理的一部分,是对货物、服务及相关信息从起源地到消费地的有效率、有效益的正向和反向流动和储存进行的计划、执行和控制,以满足顾客要求[1]。

日本早稻田大学教授阿保荣司认为,物流是指有形或无形商品及废弃物克服时空矛盾、连接供给者与需求者的物理性经济活动,具体包括运输、保管、包装、装卸等物的流通活动及与此有关的信息活动[2]。而日本日通综合研究所给物流下的定义是:物流是指商品由供应者向需求者的物理性转移,从而创造时间与空间价值的经济活动,包括包装、装卸、保管、库存管理、流通加工、运输、配送等各种活动。

我国在2001年8月1日,以国家标准的形式发布了《物流术语》,对物流作出了如下定义:物品从供应地向接受地的实体流动过程。根据实际需要,将运输、存储、装卸、包装、流通加工、配送、信息处理等基本功能实施有机结合。

(二) 物流的基本要素

物流的基本要素包括基础要素、功能要素与网络要素等。

1. 物流活动的基础要素

物流活动的基础要素是维系物流活动运行的基本条件,没有这些基本条件,物流就无法发生,也无法运行。这些基础要素就是与物流活动有关的"人""财""物"三要素。

2. 物流活动的功能要素

物流活动的功能要素是指与物流有关的各种作业活动(功能),包括运输、储存、包装、装卸、搬运、流通加工、配送及物流信息等。

运输是用专用运输设备将物品从一个地点向另一地点运送的物流活动。其

---

[1] 何明珂:《物流系统论》,高等教育出版社2004年版,第65页。
[2] 夏春玉:《物流与供应链管理》,东北财经大学出版社2007年版,第3页。

中包括集货、分配、搬运、中转、装入、卸下、分散等一系列操作。运输是物流活动中最重要的部分。运输的方式包括铁路运输、公路运输、水路运输、航空运输和管道运输。

储存是指保护、管理、贮藏物品。储存是物流活动中十分重要的组成部分，又与仓储、保管、储备和库存等密切相关。

包装是指为在流通过程中保护产品、方便储运、促进销售，按一定技术方法而采用的容器、材料及辅助物等的总体名称；也指为了达到上述目的而采用容器、材料和辅助物的过程中施加一定技术方法等的操作活动。包装是物流的起点，包装对流通领域的意义要大于生产领域。通常包装可分为两大类：一类是工业包装，又称运输包装，即物流包装；另一类是商业包装，又称销售包装。

装卸是指物品在指定地点以人力或机械载入或卸出运输工具的作业过程。

搬运是指在同一场所内，对物品进行空间移动的作业过程。通常情况下在物流实践中，装卸和搬运往往是密不可分的，因此，通常合称"装卸搬运"，即在同一地域范围内进行的，以改变物品存放状态和空间位置为主要目的的作业活动。在强调物品存放状态的改变时，常用"装卸"一词；强调物品空间位置的改变时，常使用"搬运"一词。装卸搬运的好坏、效率的高低是整个物流过程的关键所在。

流通加工是指根据顾客的需要，在流通过程中对产品实施的简单加工作业活动（如包装、分割、计量、分拣、刷标志、拴标签、组装等）的总称。流通加工是生产加工在流通领域的一种延续，是从生产到消费之间的一种增值活动。

配送是指在经济合理区域范围内，根据客户要求，对物品进行拣选、加工、包装、分割、组配等作业，并按时送达指定地点的物流活动。配送是物流的缩影，配送是从送货发展而来的，它是现代物流的重要标志。

物流信息是反映物流各种活动内容的知识、资料、图像、数据、文件的总称。物流信息是现代物流发展的前提和保障。

3. 物流活动的网络要素

物流网络要素是由物流线路与物流节点等构成的。

物流网络是指物流过程中相互联系的组织、设施与信息的集合。

物流线路是指连接物流网络中的节点的路线，称为线，或者称为连线。

物流节点又称物流接点，是物流网络中连接物流线路的结节之处。

物流园区是指为了实现物流设施集约化和物流运作共同化，或者出于城市物流设施空间布局合理化的目的而在城市周边等各区域，集中建设的物流设施群与众多物流业者在地域上的物理集结地。

物流中心是指从事物流活动且具有完善信息网络的场所或组织。

(三) 现代物流对区域经济增长的作用

1. 现代物流促进区域经济增长的机理

大城市往往是发展现代物流中心的前提,通过陆路、航空、水路和管道等各种不同的运输方式与各个物流节点的连接,发挥了基础物流活动的作用,节省了物流网络体系运营成本,扩大了物流活动区域,有效提升了现代物流的水平,提高了区域内经济综合发展实力[①]。

根据增长极理论,一个国家平衡发展各个行业仅是一种理想中的状态,经济增长应由增长中心逐步传递至邻近地区。作为增长极的核心区位,一般表现出较高的创新力、增长率和有效强化区域经济增长的能力。构建现代物流中心城市初步确定增长极,在发展现代物流的过程中,中心城市凭借自身的吸引力辐射和带动附近地区,从而在极点聚集附近地区的原材料、劳动力等有价值的资源。聚集经济与增长极发生作用,形成极化效应,最终提高增长速度。之后基于联动机制,增长极持续对外扩大作用力。

2. 现代物流对区域经济增长的作用

(1) 现代物流保证了区域经济增长

物流产业为其他经济活动提供了服务,保证了经济增长。区域内经济增长取决于区域内全部产业的产值,而区域内产业必然产生货物需求,继而引发货物运输。物流产业的货物运输功能凸显了物流保证经济增长的作用。任何经济活动都不能脱离物资,对物资的需求将会形成对运输货物的需求,催生对物流产业的需求,由此可知,物流产业充分保证了经济活动。专业化分工为经济增长提供了动力,分工越细,货物形成的运输规模越大,与不同地区相对应的社会专业化分工,需要以在空间上转移生产要素和生产资料作为保证,物流的发展充分保证了经济的快速增长。

(2) 现代物流促进了区域经济增长

第一,现代物流优化区域产业结构。一、二、三次产业上集聚的劳动力比例随着经济的发展而演变,第一产业劳动力比例逐步降低,第二、三产业劳动力比例持续提高,最终在经济发展过程中第三产业发挥主导作用,区域内的产业结构最终趋于合理化与高度化。集中发展具有技术密集特点的物流产业,可以促进区域产业结构的优化和可持续发展。

---

① 陈伟祥:《浅谈区域物流对区域经济的影响》,《全国流通经济》2020年第11期。

第二,促进社会分工,降低交易成本。社会专业分工不断加深,提高了社会劳动生产率,因此专业化分工是经济发展的源泉。要协调处理专业化分工,必定会增加成本,陷入分工收益与交易成本彼此冲突的境地。随着经济的可持续发展,这种冲突正不断变化,形成了一种全新的物流形式,即物流联盟。物流联盟是围绕物流活动开展合作的联盟活动。物流联盟的企业与外包企业展开有效合作,委托第三方物流企业处理自己的各项物流作业,第三方物流企业借助自身优势,经过整合运行,强化企业的专业化能力。

第三,改善投资环境,吸引外部资金。外部资金的不断投入可以积累资本,为经济增长提供动力。而物流发展会从两个方面影响投资:一方面,物流的发展必定推动加快建设基础交通设施,促使物流发达的地区交通设施更完备,推动行业可持续发展,抢占地区投资优势。另一方面,外部商业在选择投资区域时,更关注良好的交通设施和投资环境,进一步向本区域注入资金。

第四,积累人力资本。投资不仅通过投入资金资本影响经济发展,还伴随着人力资本投入的影响。物流的发展必将引发人力资本的积累,这也是促进经济增长的动力。

二、物流学科体系构架与重点学说

(一)物流学科体系构架[①]

为了深入探讨物流学科体系的建立问题,我们将物流学科体系构架分为五个层次。

第一层:核心层,即物流学科体系的核心。物流学科体系的核心是物流系统的基本概念,这是由一组最关键的核心概念组成的,这些概念可能还需要经过一段时间才能完善,但是它们是存在的,比如物流、配送、物流中心、配送中心等。要理解物流,必须借助这些概念,物流学科体系的所有其他组成部分都是通过这些概念来表现并且由此而展开的。这些概念是人类在逐步归纳和综合几千年的社会实践基础上抽象出来的,当这些概念足够稳定,其内涵和外延能够被准确地表达的时候,才能说明以这些概念体系为基础演绎出一个学科的时机的成熟。

第二层:支柱层,即物流学科体系的四大支柱。物流学科体系的基本假设、

---

① 何明珂:《物流系统论》,高等教育出版社 2004 年版,第 115 页。

基本原理、基本理论和基本方法,这四大支柱与物流学科体系的核心概念一起演绎出物流学科体系的基本框架。物流的核心概念和这四大支柱组成了物流学科体系的主要理论。

第三层:基础层,即物流学科体系的理论基础。物流学科的建立,本身依赖其他已经成熟的学科作为自己的理论基础,这也是物流与其他相关学科联系的具体反映,不过,与物流相联系的学科很多,它们本身分成不同的层次。与物流学科构成最紧密联系的理论主要有四类:系统论、运筹学、经济学、管理学。系统论提供物流学科的最根本的思维方法和逻辑;运筹学提供实现物流系统优化的技术与工具,它是系统论在物流中应用的具体方法;经济学提供物流系统资源配置的基本理论,物流系统的资源配置服从经济学的假设、原理和规律;管理学提供物流系统具体运作的基本假设、原理和规律。除了这些理论以外,物流学科体系还以其他一些学科理论为支撑,但其他理论同这些理论相比,与物流学科理论体系的距离要远一些,因此作为第四个层次。

第四层:关联层,即物流学科体系的相关学科。现代物流的运作和管理都依赖现代化的技术手段和条件,研究这些技术或手段的学科就成为物流学科体系的相关学科,比如电子、电气及信息类学科对现代物流的作用越来越显著,这些学科对其他许多学科都起类似的作用,因此作为物流学科的相关学科来看待。

第五层:应用层,即由以上四个层次形成的物流科学与供应、制造、流通、消费四个环节紧密结合,并应用于这些环节,为满足这些环节的物流需求服务。

以上五个层次形成的物流学科体系框架与供应、制造、流通、消费四大环节具有紧密的联系。

(二) 重点物流学说

1. 物流成本中心学说

物流成本中心说强调解决物流问题,重点并不在于物流的合理化和现代化,而在于如何通过物流管理的方式来控制和降低成本。所以,成本中心说意味着物流既是主要的成本产生点,又是降低成本的关注点,"物流是降低成本的宝库"等说法正是对这种认识的形象表达。但成本中心学说过分强调物流的成本机能,认为改进物流的目标是降低成本,致使物流在企业发展战略中的主体地位没法得到认可,从而限制了物流本身的进一步发展。

(1) 黑大陆说

1962年,美国著名管理学家德鲁克在《财富》杂志上发表了题为《经济的黑暗大陆》一文,强调应当高度重视流通,以及流通过程中的物流。这个学说本身也说明物流领域尚有许多不为人知的规律,需要在理论和实践中加以研究,它是对物流运作的评价。这种探索就像发现新大陆一样令人无限期待,对物流的实业界和理论界的进一步发展有着重要的历史价值,标志着企业物流管理领域的正式启动。

(2) 物流冰山说[①]

日本学者早稻田大学教授西泽修先生首先形象化地提出关于物流费用描述的学说,其含义是:人们对物流费用的总体内容并不容易把握,提起物流费用通常只看到冰山一角,而潜藏在海面下的冰山主体却看不见,最终的冰山才是物流费用的主要部分。它强调了物流成本的机能。一般情况下,在企业会计科目中,只把支付给外部运输、仓库企业的费用列入成本,实际这些费用在整个物流费用中确实如冰山一角。因为,物流基础设施建设费和企业利用自己的车辆运输、利用自己的库房保管货物、由自己的工人进行包装和装卸等费用都没列入物流费用科目内。一般来说,企业向外部支付的物流费是很小的一部分,真正的大头是企业内部发生的物流费。

"物流费用冰山"说之所以成立,有三个方面的原因:一是物流成本的计算范围太大,包括原材料物流、工厂内物流、从工厂到仓库和配送中心的物流、从配送中心到商店的物流等。这么大的范围,涉及的单位非常多,牵涉的面也很广,很容易漏掉其中的某一部分,计算哪部分、漏掉哪部分造成物流费用的大小相距甚远。二是运输、储存、包装、装卸以及信息等各物流环节中,以哪几种环节作为物流成本的计算对象问题,如果只计运输和储存费用,不计其他费用,与运输、储存、装卸、包装以及信息等费用全部计算,两者的费用结果差别相当大。三是选择哪几种费用列入物流成本中的问题。比如,向外部支付的运输费、保管费、装卸费等费用一般都容易列入物流成本,可是本企业内部发生的物流费用,如与物流相关的人工费、物流设施建设费、设备购置费,以及折旧费、维修费、电费、燃料费等是否也列入物流成本中,没有明确的规定,执行的弹性比较大。

2. 第三利润源说

第三利润源说,也称利润中心说[②]。1970 年,日本早稻田大学教授、权威物流成本研究学者西泽修先生提出了第三利润源说。在生产力相对落后、社会产品处于供不应求的历史阶段,由于市场商品匮乏,制造企业无论生产多少产品都能销售出去。于是就大力进行设备更新改造、扩大生产能力、增加产品数量、降

---

① 靳伟:《最新物流讲座》,中国物资出版社 2003 年版,第 12 页。
② 靳伟:《最新物流讲座》,中国物资出版社 2003 年版,第 11 页。

低生产成本,以此来创造企业剩余价值,即"第一利润"。当产品充斥市场,转为供大于求,销售产生困难时,也就是第一利润达到一定极限,很难持续发展时,便采取扩大销售的办法寻求新的利润源泉。人力领域最初是廉价劳动,其后则是依靠科技进步提高劳动生产率,降低人力消耗或采用机械化来降低劳动耗用,从而降低成本,增加利润,这就是"第二利润"。然而,在前两个利润源潜力越来越小,利润开拓越来越困难的情况下,人们发现物流不仅可以帮助扩大销售,而且是一个很好的新利润增长源泉,物流成本的降低就被说成是第三利润源。它是对物流价值和物流职能的评价。

3. 效益背反说

效益背反(trade off),是指一种活动的高成本会因另一种物流活动成本的降低或效益的提高而抵消的相互作用关系。它是物流领域的一个普遍现象。例如包装问题,包装越俭省,则利润越高,但包装不足,无法起到保护作用,使得物流的其他活动环节遭受损失;包装可以提高商品的附加值,但过度包装会影响经济效益。所以,达到物流总体效益最佳是物流追求的目标,它强调的是物流的总体效果。

此外,还有绿色物流学说、服务中心学说和战略中心说、供应链学说等。

三、国内外物流管理的发展

(一) 美国物流管理的发展

美国是世界上最早提出物流概念的国家,也是物流管理研究与实践最先进的国家。从美国物流管理发展的历史来看,大致可将其分为以下四个阶段:

1. 物流概念的产生与物流观念的启蒙阶段(1901—1949)

1901年约翰·F. 格鲁威尔(John F. Crowell)在美国政府《农产品流通产业委员会报告》中,第一次论述了对农产品配送成本产生影响的各种因素,揭开了人们对物流认识的序幕;1905年美国陆军上校琼西·贝克(Chauncey B. Baker)在《军队和军需品运输》一书中明确提出了物流概念,物流(logistics)一词首先用于军事;1915年阿奇·萧(Arch Shaw)在哈佛大学出版社出版的《市场流通中的若干问题》(*Some Problems In Market Distribution*)一书中提出了物流的概念,较早地从经济角度认识到了物流;1929年美国著名营销专家克拉克(F. E. Clark)在《市场营销原理》一书中,将物流纳入了市场营销的研究范畴之中;第二次世界大战期间,美国军事后勤活动的开展为人们认识和发展综合物流提供了重要的实证依据,推动了战后对物流的研究以及实业界对物流的重视,促进了物流理论的产生和完善。这一时期,虽然人们对物流的重要性有所认识,但是物流仍然被作为流通或营销的附属功能来看待。

2. 物流理论体系的形成与实践推广阶段(1950—1978)

进入20世纪50年代以后,随着世界经济环境的变化,美国现代市场营销的观念逐步形成,顾客服务成为企业经营管理的核心内容,物流的顾客服务职能日益突出,促进了物流快速发展。

1961年爱德华·W. 斯马凯伊(Edward W. Smykay)、罗纳德·J. 鲍尔索克斯(Ronald J. Bowersox)和弗兰克·H. 莫斯曼(Frank H. Mossman)撰写了《物流管理》,这是世界上第一本介绍物流管理的教科书,在该书中他们详细论述了物流系统以及整体成本的概念,为物流管理成为一门学科奠定了基础。

20世纪60年代初期,美国密歇根州立大学以及俄亥俄州立大学分别在大学本科和研究生院开设了物流课程,成为世界上最早把物流管理教育纳入大学教育体系的学校。

1962年,美国著名管理学家德鲁克在《财富》杂志上发表了题为《经济的黑暗大陆》一文,强调应当高度重视流通,以及流通过程中的物流,从而对实业界和理论界又产生了一次重大推动作用。在这个背景下,美国于1963年成立了国家实物配送管理委员会(National Council of Physical Distribution Management,简称NCPDM)。该协会将各方面的物流专家集中起来,开展物流管理教育与培训活动。

3. 物流理论的成熟与物流管理现代化阶段(1978—1989)

20世纪70年代末,美国的物流政策及物流规模与结构发生了很大变化。例如,1977—1978年美国制定了《航空规制缓和法》,加速了航空产业的竞争,对货主和运输业产生了巨大影响;1980年通过了汽车运输法案与铁路运输法案;1984年通过了海运法案。这些法案的确立进一步促进了运输市场的竞争,也扩大了物流服务供给者与需求者的选择空间,从而有利于全社会物流合理化的开展。

进入20世纪80年代,美国物流管理的内容已由企业内部延伸到企业外部,其重点已经转移到对物流的战略研究上,企业开始超越现有的组织结构界限而注重外部关系,将供应商、分销商以及用户等纳入管理的范围,利用物流管理建立和发展与供应商及用户稳定、良好、双赢、互助的合作伙伴关系,物流管理已经意味着企业应用先进的技术、站在更高的层次上管理这些关系。电子数据交换(EDI)、准时制(JIT)、配送计划,以及其他物流技术的不断涌现和应用,为物流管理提供了强有力的技术支持,形成了三流合一的现代化物流信息平台。

最具有历史意义的是1985年美国物流管理协会正式将名称从National

Council of Physical Distribution Management(简称 NCPDM)改为 The Council of Logistics Management(简称 CLM),这一改动标志着现代物流观念的确立,以及对物流战略管理的统一化。

4. 物流理论、实践的纵深发展阶段(1990 年以后)

进入 20 世纪 90 年代以来,电子计算机技术和物流软件的发展日益加快,供应链理论的产生和应用,进一步推动了现代物流的发展,特别是电子数据交换系统和专家系统的应用,对推动现代物流的发展发挥了重要作用,使美国的物流管理更加趋于智能化。此外,电子商务的发展,也促使现代物流上升到了前所未有的重要地位。电子商务是在互联网开放的网络环境下,一种基于网络的电子交易、在线电子支付的新型商业运营方式。在美国电子商务总额中,企业与企业之间是商家对商家(B2B)的交易占 80%。据统计,1999 年美国物流电子商务的营业额达到 80 亿美元以上。电子商务带来的这种交易方式的变革,使物流向信息化并进一步向网络化方向发展。

还值得特别提出的是,作为物流的一项重要内容和推动运输物流发展的政府政策,美国运输部长罗德纳·斯拉特(Rodney E. Slater)提出了"美国运输部 1997—2002 财政年度战略规划",这一规划成为美国物流现代化发展的指南之一,他在提出此规划时指出,这个规划反映了克林顿政府长期持有的主张,即运输不再只是水泥、沥青和钢铁。其最大的挑战是建立一个以国际为所及范围、以多种运输方式的联合运输为形式、以智能为特性,并将自然包含在内的运输系统。规划全文约 20 万字,由 14 个部分组成。可以说从整体上讲,这个规划是美国物流管理发展的又一个里程碑。

2007 年美国制定新法《海运货物扫描法》,要求外国港口对所有运往美国的集装箱进行扫描,这会使一些港口获益、一些港口利益受损,并迫使世界各地的港口进行整合。2006—2007 年物流界关注的重心,是将传统的物流环节纳入供应链的框架之内。对供应链管理的讨论扩展到全球范畴,体现了全球供应链视角,也体现了美国供应链管理协会的全球化视野。供应链管理呈现明显的国际化趋势,中国、印度、非洲等新兴市场受到关注,对中国物流的关注持续升温。根据美国供应链管理协会《第三方物流产业调查报告》,2007 年,美国物流企业将发展中国物流业务作为首选。越来越多的跨国公司或美国本土公司,关注中国的第三方物流战略、中国与各国的联系、全球物流外包如何链接中国、如何与中国开展全球供应链协作等。美国物流市场上的第四方物流提供商已经正式进入市场,并显现出强大的生命力。2007 年 4 月 16 日,EPC 全球标准化组织推出了 RFID 安全、实施信息共享全球标准,北美 30—40 家企业进入导入期,RFID 实施进程加快。目前,如 RFID、声控技术等先进的物流技术在物流管理中的运用越来越广泛。

(二) 欧洲物流管理的发展

欧洲是引进"物流"概念较早的地区之一,而且也是较早将现代技术用于物流管理的先锋。

1. 传统物流阶段(1940—1959)

早在 20 世纪中期,欧洲各国为了降低产品成本,便开始重视企业范围内物流过程的信息传递,对传统的物料搬运进行变革,对企业内的物流进行必要的规划,以寻求物流合理化的途径。当时制造业(工厂)还处于加工车间模式,工厂内的物资由厂内设置的仓库提供。企业为了实现客户当月供货的服务要求,在内部实现密切的流程管理。这一时期的管理技术还相对落后:信息交换通过邮件;产品跟踪采用贴标签的方式;信息处理的软硬件平台是纸带穿孔式的计算机及相应的软件。这一阶段储存与运输是分离的,各自独立经营,可以说是欧洲物流的初级阶段。

2. 物流快速发展阶段(1960—1979)

20 世纪 70 年代是欧洲经济快速发展时期。随着商品生产和销售的进一步扩大,多家企业联合的企业集团和大公司的出现,成组技术(GT)的广泛采用,物流需求的增多,客户期望实现当周供货或服务,工厂内部的物流已不能满足企业集团对物流的要求,因而形成了基于工厂集成的物流。仓库已不再是静止封闭的储存式设施,而是动态的物流配送中心。需求信息不只是凭订单,而主要是从配送中心的装运情况获取。这一时期信息交换采用电话方式,通过产品本身的标记(Product Tags)实现产品的跟踪,进行信息处理的硬件平台是小型计算机,企业(工厂)一般都使用自己开发的软件。

3. 综合物流时代(1980—1990)

20 世纪 80 年代欧洲开始探索一种新的联盟型或合作式的物流新体系,即综合物流管理。它的目的是实现最终消费者和最初供应商之间的物流与信息流的整合,即在商品流通过程中加强企业间的合作,改变原先各企业分散的物流管理方式,通过合作形式来实现原来不可能达到的物流效率,创造的成果由参与的企业共同分享。这一时期,欧洲的制造业已采用准时生产模式(Just In Time,简称 JIT),客户的物流服务需求已发展到当天供货或服务,因此,综合物流管理进一步得到加强,如组织港、站、库的交叉与衔接,零售商管理控制总库存量,产品物流总量的分配,实现供应的合理化等。这一时期物流需求的信息直接从仓库出货获取,通过传真方式进行信息交换;产品跟踪采用条形码扫描,信息处理的软硬件平台是客户机/服务器模式和购买商品化的软件包。值得一提的是,这一时期欧洲第三方物流开始兴起。

4. 网络化物流时代(20世纪90年代以来至今)

进入20世纪90年代以来,欧洲一些跨国公司纷纷在国外,特别是在劳动力比较低廉的亚洲地区建立生产基地,故欧洲物流企业的需求信息直接从顾客消费地获取,采用在运输链上实现组装的方式,使库存量实现极小化。目前,基于互联网和电子商务的电子物流正在欧洲兴起,以满足客户越来越大宗和苛刻的物流需求。

(三) 日本物流管理的发展

日本自20世纪50年代末从美国引进物流概念以后,社会各界开始关注与重视物流,从而促进了物流的发展。日本物流经历了以下几个发展阶段:

1. 物流概念产生以前的时代(20世纪50年代)

在整个20世纪50年代,运输是制约日本企业经营与社会经济发展的主要瓶颈,因此,重视运输,发展运输,"物流"就是运输,是这个时代的基本特征。

2. 物流系统化时代(20世纪60年代)

1956年从美国引进物流概念以后,日本社会各界开始把物流作为一个系统来看待,也就是说,结束了物流即是运输与保管的时代。

这一时期,日本政府出台了一系列物流系统化政策,企业也开始着手物流系统化工作。为了实现物流的系统化,这一时期开始整合物流机构,将与物流活动有关的各个部门进行合并,组建新的物流机构。同时,也开始引进、开发新的物流工具与设备,以提高物流效率。但是,这一时期日本的物流系统化还侧重在组织与硬件设施与设备方面的系统化。

日本丰田汽车公司创造的准时化生产(JIT)技术及相应的看板技术是生产领域物流技术的一朵奇葩。

1965年,日本政府在《中期5年经济计划》中,强调了要实现物流的现代化。具体措施由日本政府在全国范围内实施,进行了高速道路网、港口设施、流通聚集地等基础设施的建设。这一时期是日本物流设施的大发展时期,原因在于社会各方面对物流的落后和物流对经济发展的制约性都有了共同的认识。

3. 物流合理化时代(20世纪70年代)

1973年第一次石油危机以后,日本经济进入低速成长期,企业生产规模的扩大受到了市场需求的限制;能源价格的上涨使企业生产成本的控制越来越困难。如何实现物流的合理化是这一时代的主题。

为了实现物流合理化,对运输、储存、包装、装卸、流通加工等各物流要素进行了各种技术革新,如各种运输方式的最佳组合、运输线路的合理规划、联合运输、共同运输,以及低温冷藏运输工具的开发、自动化仓库建设、新包装材料与包装方式的开发等物流技术的开发与应用在20世纪70年代十分旺盛。

物流合理化主要是改变以往将物流作为商品蓄水池或集散地的观念,而在经营管理层次上发挥物流的作用,这集中反映在此时的"物流利润源学说";也就是说,在企业第一利润源销售额无法实现的情况下,物流成为企业增加利润的唯一来源。很显然"物流利润源学说"揭示了现代物流的本质,使物流能在战略和管理上统筹企业生产、经营的全过程,并推动物流现代化发展。

为了推动全社会的物流合理化进程,日本政府积极制定并实施各种物流标准,完善物流基础设施,支持民间的各种物流合理化运动。

这一时期日本的物流合理化是在硬件与软件两个层面展开的。在硬件层面上,积极引进、开发新的物流技术与物流工具;在软件层面上,进一步建设与完善物流管理系统与物流信息系统。例如,作为物流管理系统重要组成部分的物流成本管理系统,在这一时期得到了进一步的完善。1975年日本中小企业厅制定了《物流成本核算手册》,1977年日本运输省制定了《物流成本核算统一标准》,对推进物流成本管理起到了很大作用。

4. 物流高度化时代(20世纪80年代)

进入20世纪80年代以后,消费者的个性化与多样化需求日益突出,其主要标志是出现了适应这种需要变化的零售业态(便利店),而且发展迅速,成为流通领域新的增长点。消费需求的高度化,要求生产的多品种、小批量和柔性化,这就要求物流也必须是多品种、小批量、高频度的,即要求物流必须实现及时、准确的"准时制物流",而可以满足这种需求的物流则是公路物流,这样,在整个80年代日本对公路物流的依存度不断提高,到1985年公路物流的市场占有率(吨公里)达到47.4%,到80年代末则超过了50%。

为了缓解环境压力与劳动力短缺等问题,日本政府发出了由公路物流向其他物流方式转换,以及由"小规模、分散化"物流向"集约化"物流转换的呼吁,并制定了相应的鼓励政策。

5. 现代物流或战略物流时代(20世纪90年代以后)

自20世纪90年代初日本受美国影响,物流概念由"Physical Distribution"转变为"Logistics"以来,日本的物流观念与物流实践也发生了重大转变。

伴随物流观念的转变,日本各界特别是企业界开始积极构筑"产销一体化"

的物流体系,即建立供应商、厂商、流通企业、消费者相互协调与合作的物流体系。为此,日本积极推进物流信息化建设,开发与应用迅速、高效、开放、共享的物流信息系统。

20世纪90年代日本泡沫经济的崩溃,使以前那种大量生产、大量销售的生产经营体系出现了很多问题。为此,1997年日本政府制定了一个具有重要影响力的《综合物流施策大纲》。这个大纲是日本物流现代化发展的指针,对于日本物流管理的发展具有重要历史意义。大纲中提出了日本物流发展的基本目标和具体保障措施,其中,特别强调了物流系统要实现信息化、标准化以及实施无纸贸易。

为了进一步提高物流的价值创造功能,许多企业纷纷将企业的物流业务的全部或部分转包给专业化的物流公司,从而促进了物流产业的发展。日本政府也于1997年出台了一系列新的发展物流产业的政策措施。目前,日本物流正向物流全球化迈进。

(四) 我国物流管理的发展沿革

1. 物流概念产生以前的时代(20世纪80年代以前)

从新中国成立到1978年,与物流相关的采购、运输、仓储、包装等各环节也都是分别开展的,没有物流的概念,更没有系统管理物流活动的思想与机制。

1979年以后,企业经营自主权逐步扩大,多种经济成分开始进入市场,商品流通体制、交通运输体制也发生了重大变化:工业企业开始自主决定其原材料的采购和产品的生产与销售;商贸流通企业开展了商品物流配送中心的试点工作;运输企业突破传统的经营观念,扩大了业务范围;货运代理企业作为托运人与承运人之间的桥梁与纽带,开办了代理货物托运、取货送货、订舱配载、联运服务等多项业务。

2. 物流概念的引进与试验(20世纪80年代)

1978年11月,原国家物资总局会同有关单位共17人组成中国物资工作考察团,赴日本考察生产资料管理和流通现状,在回国后写出的考察报告中,专门介绍了商流和物流的含义及日本物流合理化管理经验,该考察报告收录在中国物资经济学会编写、中国物资出版社出版发行的《外国和港澳地区物资管理考察》一书中。

1979年3月,中国物资经济学会筹备组成立,同年5月,以原国家物资总局等单位组成的中国物资工作者代表团,赴日本参加第二届国际物流会议,专门对日本的物流进行了考察。同年10月,桓玉珊副局长应中国物资经济学会筹备组之邀,向在京的1700名物资工作者作了题为《国外重视物流研究》的学术报告,第一次在公开场合介绍了国外物流现状。

1979年10月22日至11月6日，应中国物资经济学会筹备组的邀请，"日本物的流通协会物流访华团"一行10人，作为国外第一个来访的专业物流团体，在各地共举行了11场物流学术讲演和座谈，给我国的物资工作者带来了崭新的物流概念。

1980年3月，中国物资经济学会正式成立后，截至1989年，中国物资经济学会共组织了19批物流团组出国访问考察或参加国际物流会议，全面、系统地掌握了国外物流发展现状和管理经验，为我国物流启蒙和宣传教育奠定了坚实基础。1979年至1989年期间，中国物资经济学会接待的国外物流专业考察团组有21批之多。东京大学教授、权威物流学者林周二先生曾四次率团来华进行物流学术交流。

1981年，北京物资学院的王之泰教授在物资部的专业刊物《物资经济研究通讯》上大篇幅连载发表了《物流浅谈》一文，首次较为完整地将物流概念引入中国，系统地论述了物流概念、物流管理、物流结构及物流信息等。1982年，中国物资经济学会秘书处靳伟紧接其后，连续在《物资经济研究》杂志上发表了题为《日本物流管理沿革、现状、特点及发展趋势》的文章，详细介绍了日本从物流用语的引进到物流理论研究、物流管理实践的全过程。

我国出版的第一本物流专业著作是1986年2月由吴润涛、靳伟、王之泰三人翻译，中国物资出版社出版的《物流手册》。1987年，以李京文、徐寿波为主编，王之泰、吴润涛为副主编的《物流学及其应用》一书出版。这些文章以及专业书籍的发表和出版发行，使我国物流业界了解了物流知识，掌握了国外物流现状和发展趋势，为我国企业物流实践提供了参考，也为我国后来的物流发展奠定了坚实的基础，同时还为我国的物流文库提供了宝贵的历史资料。

中国物流研究会，1984年8月在北京成立。1986年秋季，北京科技大学邀请德国多德蒙特大学教授、著名物流学者尤尼曼先生来华讲学，与该大学吴清一教授、中国著名物流学者进行了学术交流。第二年，在吴清一教授的主持下，该大学邀请了日本的"物流之父"平原直先生来北京举办物流培训班，为我国开展物流人才教育开了一个好头。1989年，吴清一教授又以录像的形式展开了物流启蒙教育，取得了良好的效果。

1989年4月，中国物资经济学会在北京成功地举办了第八届国际物流会议，有21个国家、360名代表出席，同时举办的国际物流机械展览会也获得了圆满成功。国际会议之后，"物流"用语在中国大地进一步传播开来，物流理论研究也出现了新的可喜局面。

20世纪80年代,中国交通运输协会及大专院校、科研单位、中国物资出版社,也以各种方式积极开展了物流知识宣传普及、启蒙教育和国际交流等活动,与中国物资经济学会、中国物流研究会一样,为我国的物流启蒙教育做出了不可磨灭的贡献。

由于物流概念是由我国生产资料流通部门及其研究者们引进的,因此,无论是理论研究还是实践应用,都是以生产资料流通领域的物流活动为主,而对其他领域的物流研究很少,也很少应用。这一时期的物流研究,以及物流理论的应用还主要侧重于宏观方面,很少对企业的微观物流进行研究与应用。随着20世纪80年代中后期中国经济体制改革的深化与改革重点的转移,物流理论的研究与实践应用,经过一段时间的试验后也逐渐由热转冷。

3. 物流研究与实践应用的复兴与发展(20世纪90年代)

20世纪90年代中期,企业竞争日益激烈,物流再度成为人们关注的热点问题。这一时期,我国物流发展的主要特点是:物流的功能与作用得到了全社会的普遍认同;各级政府与行业组织十分重视物流产业的发展;物流基础设施与物流网点建设步伐加快;专业化物流企业发展迅速;物流研究与物流教育发展迅速;物流标准化、信息化步伐加快。据统计,我国的物流业总产值一直呈上升趋势,在1978年仅为172.3亿元,而到1997年就高达4 526亿元,是1978年的26倍,发展迅速。

1996年,为满足宝洁公司物流配送的需要而成立的宝供物流公司,标志着我国物流企业的第三方物流的诞生。20世纪90年代末,海尔物流也应运而生,标志着我国第一方物流的诞生。此后,中远物流、中外运物流、中海物流等中国的物流企业纷纷亮相,海外物流企业如马士基物流、TNT物流、UPS物流等也竞相登陆。

4. 物流发展的新阶段(2000年以后)

我国"十五"规划中提出了培育城市物流配送中心样板的建议,工业制造企业把目光转向物流;许多专家称2001年为中国物流发展的"起步年";2001年3月1日,原国家经贸委等六部门联合印发《关于加快我国现代物流发展的若干意见》,被认为是我国政府有关部门第一个针对物流发展提出的综合性政策意见;2002年,即中国加入世界贸易组织的第一年,跨国物流企业纷纷抢滩中国市场,国内企业加快向现代物流转型;2004年经国务院批准,国家发改委会同商务部等九部门联合印发了《关于促进我国现代物流业发展的意见》。

2005年由国家发改委牵头,商务部等十三个部门和两个行业协会参加的全国现代物流工作部际联席会议制度正式成立,并组织召开了全国首次现代物流工作会议;国家标准化管理委员会和国家发改委等八部门联合颁布《全国物流标准2005—2010年发展规划》;国家发改委、国家统计局和中国物流与采购联合会首次联合发布我国物流经济运行统计数据;首次全国现代物流工作会议召开;第14届国际采购与供应管理联盟世界大会在北京召开;国家税务总局发出《关于试点物流企业有关税收政策问题的通知》,37家物流企业列入营业税改革试点名单;跨国物流巨头并购我国民营物流企业,物流行业重组整合步伐加快;我国首次定期发布采购经理指数(PMI)。

2006年,在《中共中央关于制定国民经济和社会发展第十一个五年规划的建议》中,将"大力发展现代物流业"单列一节,现代物流的产业地位得以确立;国家发改委发出《关于组织实施社会物流统计核算与报表制度的通知》,我国社会物流统计核算制度正式建立;国务院常务会议审议通过《全国沿海港口布局规划》;新修订的《物流术语》和新制定的《企业物流成本构成与计算》(GB/T20523—2006)两个国家标准颁布;教育部高等学校物流类专业教学指导委员会和教育部中等职业学校物流专业教学指导委员会相继设立;原国家邮政局实行政企分开,重新组建新的国家邮政局和中国邮政集团公司;等等。

2007年国务院《关于加快发展服务业的若干意见》指出,提升物流的专业化、社会化、现代化水平,大力发展第三方物流。国家发改委组织召开"首届全国制造业与物流业联动发展大会",推动制造业与物流业联动发展。我国"五纵七横"公路国道主干线基本贯通,全国高速公路通车总里程达5.3万公里,居世界第二位。国务院常务会议审议并原则通过《综合交通网中长期发展规划》。我国大陆港口集装箱吞吐量突破1亿标准箱,连续五年位居世界第一。我国铁路第六次大提速,铁路货运能力提高12%。2007年中央1号文件提出,健全农村市场体系,发展适应现代农业要求的物流产业。

2008年,国务院办公厅印发《关于加快发展服务业若干政策措施的实施意见》;国务院组建交通运输部,原交通部、中国民航总局、国家邮政局归并其中;全国物流行业在抗击特大地震和雨雪冰冻两场自然灾害中做出重要贡献;商务部发布《关于加快我国流通领域现代物流发展的指导意见》;国际金融危机爆发,中国物流业受到重大影响;海峡两岸海运直航、空运直航、直接通邮三项协议正式实施,我国"物流行业产业损害预警系统"启动。

进入21世纪以来,我国物流业总体规模快速增长,服务水平显著提高,发展的环境和条件不断改善,为进一步加快发展奠定了坚实基础。

一是物流业规模快速增长。2008年,全国社会物流总额达89.9万亿元,比2000年增长4.2倍,年均增长23%;物流业实现增加值2万亿元,比2000年增长1.9倍,年均增长14%。2008年,物流业增加值占全部服务业增加值的比重为16.5%,占GDP的比重为6.6%。

二是物流业发展水平显著提高。一些制造企业、商贸企业开始采用现代物流管理理念、方法和技术,实施流程再造和服务外包;传统运输、仓储、货代企业实行功能整合和服务延伸,加快向现代物流企业转型;一批新型的物流企业迅速成长,形成了多种所有制、多种服务模式、多层次的物流企业群体。全社会物流总费用与GDP的比率,由2000年的19.4%下降到2008年的18.3%,物流费用成本呈下降趋势,促进了经济运行质量的提高。

三是物流基础设施条件逐步完善。交通设施规模迅速扩大,为物流业发展提供了良好的设施条件。截至2008年底,全国铁路营业里程8万公里,高速公路通车里程6.03万公里,港口泊位3.64万个,其中沿海万吨级以上泊位1 167个,拥有民用机场160个。物流园区建设开始起步,仓储、配送设施现代化水平不断提高,一批区域性物流中心正在形成。物流技术设备加快更新换代,物流信息化建设有了突破性进展。

四是物流业发展环境明显好转。国家"十一五"规划纲要明确提出"大力发展现代物流业",中央和地方政府相继建立了推进现代物流业发展的综合协调机制,出台了支持现代物流业发展的规划和政策。物流统计核算和标准化工作,以及人才培养和技术创新等行业基础性工作取得明显成效。

但是,我国物流业的总体水平仍然偏低,还存在一些突出问题:一是全社会物流运行效率偏低,社会物流总费用与GDP的比率高出发达国家1倍左右;二是社会化物流需求不足和专业化物流供给能力不足的问题同时存在,"大而全""小而全"的企业物流运作模式还相当普遍;三是物流基础设施能力不足,尚未建立布局合理、衔接顺畅、能力充分、高效便捷的综合交通运输体系,物流园区、物流技术装备等能力有待加强;四是地方封锁和行业垄断对资源整合和一体化运作形成障碍,物流市场还不够规范;五是物流技术、人才培养和物流标准还不能完全满足需要,物流服务的组织化和集约化程度不高。

2008年下半年之后,随着国际金融危机对我国实体经济的影响逐步加深,物流业作为重要的服务产业也受到了严重冲击。物流市场需求急剧萎缩,运输和仓储等收费价格及利润大幅度下跌,一大批中小型物流企业经营出现困难,提供运输、仓储等单一服务的传统物流企业受到严重冲击。整体来看,国际金融危机不但造成物流产业自身发展的剧烈波动,而且对其他产业的物流服务供给也产生了不利影响。

应该看到,实施物流业的调整和振兴、实现传统物流业向现代物流业的转变,不仅是物流业自身结构调整和产业升级的需要,也是整个国民经济发展的必然要求。

国家对物流基础设施的大投入,各级政府对物流事业的大力支持,使我国物流迎来大发展的时期。

 关键概念

物流　供应物流　生产物流　销售物流　回收物流　废弃物流　物流园区　效益背反

 思考题

1. 概述物流概念的来龙去脉。
2. 物流一般有几个环节?各个环节的基本功能是什么?
3. 结合实际谈谈物流的实质及其作用。
4. 简述美国、日本、欧洲和中国物流的发展历程。
5. 什么是效益背反?举例说明物流活动中存在的效益背反现象。

第二章
包装与流通加工管理

学习目标

1. 了解包装的概念以及包装和物流之间的关系;
2. 熟悉包装的功能,了解包装标识及其作用;
3. 了解常用的包装材料及其发展趋势,了解常见的包装技术,了解几种常见的包装分类方法;
4. 了解常见的不合理包装,熟悉包装合理化,掌握包装的发展趋势;
5. 了解国际货物包装;
6. 了解流通加工的定义、作用、类型;
7. 熟悉流通加工合理化的途径。

包装与流通加工均为现代物流系统的构成要素,与运输、保管、搬运均有十分密切的关系。为了提高仓储和运输的效率,保护好产品,需要采用符合国际标准的包装设计、包装技术和包装材料。流通加工是按客户的需求,经济合理地为客户提供服务的物流活动,其结果增加了产品的附加价值、提高了供需双方的效益与效率。因此,对企业而言,流通加工与市场活动有密切关系。本章重点介绍物流过程中包装和流通加工的基本概念、功能、分类、操作流程、相关技术及各环节的合理化要求等。

一、包装管理

现代物流中对包装的定义越来越明晰。商品包装的作用并不仅仅在于保护商品和营销,包装对于物流过程同样具有重要的意义,合理有效的包装管理能够提升物流过程的效率并降低物流成本。

（一）包装概述

1. 包装的概念

包装是为了在流通过程中保护商品、方便储运和促进销售，而按照一定的技术方法使用容器、材料以及辅助物等将物品包封并予以适当的装饰和标志工作的总和。简言之，包装就是包装物和包装操作的总称。

各个国家对包装有不同的定义。

美国把包装定义为："包装是使用适当的材料容器而施与技术，使其能将产品安全到达目的地——即在产品运输过程的每一个阶段，不论遭到怎样的外来影响，均能保护其内装物，不影响商品价值。"[①]

日本对包装的定义是："包装是指物品在运输、保管过程中，为保护其价值和状态对物品施以适当的材料、容器的技术以及实施的状态。"

我国将包装定义为："为在流通过程中保护产品，方便储运，促进销售，按一定技术方法而采用的容器、材料及辅助物等的总体名称。也指为了达到上述目的而采用容器、材料和辅助物的过程中施加一定技术方法等的操作活动。"[②]

一般人们又将包装分为消费包装和工业包装，消费包装关注的重点是市场营销，而工业包装关注的重点是物流。美国和日本对包装的定义着重于包装的保护作用，这与包装的初始功能相符合；而我国对包装的定义在这两个方面的作用都有所概括，提出了包装促进销售和方便储运的作用。

2. 包装与物流的关系

在现代物流的理念提出以前，包装被视作产品生产工作的最后一个环节，属于生产领域的行为，包装设计的主要出发点在于促销和对产品的保护，而这往往不能满足流通的需求。在现代物流观点中，包装与物流的关系较之与生产的关系更加密切。

（1）包装是物流的开始。在社会再生产过程中，商品包装处于生产过程的末尾和物流过程的开端。传统的生产观念认为商品包装是生产过程的最后一个环节，所以在实际的生产过程中，商品包装的设计都是从生产的角度来考虑的，但是这样却不能满足物流的需要。在现代物流领域，一般都把商品包装看作是物流过程的起点，没有包装就无法实施其他的物流活动，个别的散货和汽车等除外。

---

① 郑全成：《运输与包装》，清华大学出版社、北京交通大学出版社2005年版，第108页。
② GB/T4122.1—1996《包装通用术语》。

（2）包装是物流的一个重要环节。从物流的范畴来看，包装、装卸、保管、库存管理、流通加工、运输、配送等诸种活动构成物流的各环节，只有经过包装以后的产品，才能在物流后续环节中保证原有价值的完整，并顺利实现产品的价值和使用价值。将包装纳入物流的范畴，以提高物流全过程效率和效益的出发点来进行包装设计，更有利于整个生产和流通过程的整体运作，当然这种设计并不应与商品的价值最大化相违背，我们所追求的是供应链整体价值最大化。在物流过程中还存在着再次包装，商品从生产过程进入物流过程，包装有时更多的是从方便物流的角度进行考虑，并非最终的销售包装。在全球化的商业环境下，这种情况更为普遍。另外为追求物流运输的规模优势，会将商品在运输前集装化，最后在销售地的配送中心，从集装化包装拆出的商品，将进行以最终销售为目的的再包装。

（3）包装是物流过程其他环节的基础。商品在物流过程中将面临各种因素的冲击，如运输过程的振动、装卸搬运时跌落、仓储过程的挤压，合适的包装是商品不受损伤、保持其价值的前提。优良的包装有适合物料搬运设备的良好接口，便于装卸搬运机械的使用，提高了装卸搬运的效率。合理的包装形状和大小有利于更有效地利用运输工具和仓储空间，提高物流资源的利用率。

3. 包装的功能

由于包装具有保护性、单位集中性和便利性，所以一个产品进行了包装，必须有以下功能：降低保管成本，方便产品运输和保管，降低运输费用，简化仓库管理工作，打破商品的季节性，促进商品的销售，保护商品的使用价值和合法权益。包装的定义对包装的功能已有部分涉及，下面对包装的功能进行全面的论述。

（1）保护功能。包装的保护功能是最基本也是最重要的功能。它应能保护产品使之不受损害和损失，保持其价值。商品在流通过程中，对其产生伤害的因素有：环境条件，如温度、湿度、气体、放射线、微生物、昆虫、鼠类等；人为因素，商品在运输、装卸、储存过程中，因操作不慎或不当使商品受到冲击、震动、跌落而损伤，或堆放层数过多而压坏。因此，在商品运输、储存过程中一个好的包装能够抵挡侵袭因素。在设计商品的包装时，要做到有的放矢，根据不同产品的形态、特征、运输环境、销售环境等因素，选择合理的包装材料、包装技术、缓冲设计、包装结构、尺寸、规格等要素，赋予包装充分的保护功能，对危险货物采用特殊包装，防止其对周围环境及生活的伤害。这样才能实现物流中的首要任务——将产品完好无损地实现物理转移。

只有有效的保护，才能使商品不受损失且完成流通过程，实现所有权的转移。在实际流通过程中，由于包装不合格未能有效地保护商品，导致商品破损变形、发生化学变化的事例屡有发生,如电脑主机运到时凹凸不平、显示器屏幕破碎、书籍受潮等。而一旦发生以上情况,商品虽然也从生产者转到消费者手中,却不能完全实现甚至根本无法实现其所有权的转移,因为商品已部分降低或完全丧失了使用价值。

包装在保护商品自身的同时,也相应保护运输工具或同一运输工具上的其他商品。如油漆等物质商品包装不当而污染车厢及其他物品,鲜活畜类包装不当粪便污染飞机等案例也时有发生。

总之,只有首先具备保护商品的功能,包装服务才是合格的。

(2) 促销功能。促销功能是包装设计需要考虑的重要因素之一。目前,越来越多的商品在超级市场中以自助的形式出售,而典型的购买者每分钟浏览300个产品。如果53%的顾客是即兴购买,有效的包装就要像"5秒钟商业广告"一样。包装必须执行许多推销任务,它必须有足够的吸引力,说明产品的特色给消费者以信心,形成一种有利的总体印象。一个成功的例子就是图书,消费者经常只是简单地从封面选择书。如企鹅图书公司花费了50万美元以"经典书,新面孔"的口号来促销,因而使得陶乐思·派克的《完全故事》的销售额上升了400%、《堂吉诃德》的新译本上升了50%、《傲慢与偏见》上升了43%[①]。

(3) 信息承载和传递功能。商品的包装物上包含着大量的信息,如商品的基本信息、特殊标识、一个条形码或者射频识别码。

商品的外层包装包含大量生产商想要传递给顾客的信息,如品牌、产品的功能、特点、体积、重量、有效使用日期、使用须知等,这些信息在推销商品的同时,也向顾客传递如何正确使用该产品的相关信息。

特殊标识同样是商品包装不可或缺的内容,它们通常代表着一些在流通过程中需要特别注意的信息,如易碎品轻拿轻放、有毒物品、易燃易爆物品,在运输、装卸搬运、存储过程中都需特别关注。

条形码也是商品包装所必需的内容。传统的物流系统中,商品包装的信息承载和传递功能通过在包装上印刷商品信息的方式实现,如今随着计算机网络的普及和企业管理信息化的发展,条形码技术承担了这一功能,极大地提高了物流过程的整体效率。条形码在零售业的广泛应用(如POS机)使零售业科学地管理商品采购销售系统成为可能,也大大提高了零售系统效率。目前一个没有条形码的商品已经无法进入越发庞大的销售网络。而射频识别技术带来了更先

---

① 菲利普·科特勒、凯文·莱恩·凯勒著,梅清豪译:《营销管理》,上海人民出版社2006年版,第437页。

进的零售系统信息解决方案,相对于条形码射频卡能够承载更多的信息,读取速度也更快,在沃尔玛的销售系统中已经有所应用,相信随着射频卡成本的进一步降低,在零售业会有更多的运用。

(4) 方便功能。商品的包装能为人们带来很多的方便,对提高工作效率和生活质量,都发挥着重要的作用。包装的方便功能体现在下面几个方面。

方便使用:合适的包装,使消费者在开启、使用、保管和收藏时感到方便。如用胶带封口的纸箱、易拉罐、有撕口的塑料包装、喷雾包装、便携式包装等,以简明扼要的语言或图示,向使用者说明注意事项和使用方法。

方便生产:对于批量生产的产品,包装要适应生产企业机械化、专业化、自动化的需要,兼顾资源成本和生产成本,尽可能地提高劳动生产率。

方便处理:一方面指可以重复使用的包装,如各种周转箱、啤酒和各种饮料的玻璃瓶等;另一方面是从环保的角度出发,使用各种绿色材料,如纸、木材、可降解塑料、重复使用的金属等材料进行包装,节省资源并减少环境污染。

(5) 定量功能。包装的定量功能在液体商品中很常见,如海飞丝洗发液有大小两个包装,大瓶 400 毫升和小瓶 200 毫升,这就是定量作用。生产企业只需制作特定大小的包装容器,然后灌装就生产出不同包装不同容量的产品,而不需要在包装时再次进行测量,这就大大提高了生产和包装的效率。各种液体商品的包装多具有这种功能,如饮料、汽油等。定量包装同时也能方便销售,比如在香烟销售中,"包"已经成为一种单位。

从上面这些功能我们可以看出,设计最优的包装带来的是供应链价值最大化,具有促进销售方便生产加工,方便物流以提高物流效率降低物流成本、方便顾客使用等作用。设计最优的包装也应满足环保的要求:节省能源、减少污染。

4. 包装标识

包装标识是用简单的文字或图形在运输包装外面印制的特定记号和说明事项,以便于商品的储存、运输和装卸。包装标志按表现形式,可分为文字标志和图形标志两种;按内容和作用,又可分为收发货标志、包装储运图示标志和危险货物包装标志等。

关于包装标识,国家《产品质量法》《商标法》等法律规定,产品或产品包装上的标识应有以下九种:

(1) 产品要有检验合格证。

(2) 有中文标明的产品名称、厂名和厂址,进口产品在国内市场销售必须有中文标志。

(3) 根据产品的特点和使用要求,需标明产品规格、等级、所含主要成分的名称和含量也应当予以标明。

(4) 限期使用的产品,应在显著位置标明生产日期、保质期或保存期。

(5) 对于容易造成产品本身损坏或者可能危及人身、财产安全的产品应有警示标志或中文警示说明。

(6) 已被工商部门批准的注册商标,其标志为"R"或"注"。

(7) 已被专利部门授予专利的,可在产品上注明。

(8) 生产企业应在产品或其说明、包装上注明所执行标准的代号、编号、名称。我国现行标准分四级,即国家标准 GB、行业标准 HB、地方标准 DB、企业标准 QB。

(9) 已取得国家有关质量认证的产品,可在产品或包装上使用相应的安全或合格认证标志。

对食品、医药商品而言,包装标识具有更加重要的作用,与消费者的健康和生命安全息息相关。

此外,还有一类包装标识通常被称为包装标志,它们是为了便于货物交接、防止错发错运,便于识别,便于运输、仓储和海关等有关部门进行查验等工作,也便于收货人提取货物,在进出口货物的外包装上标明的记号。这类包装标志有以下类型:

运输标志,即唛头。这是贸易合同、发货单据中有关标志事项的基本部分。它一般由一个简单的几何图形以及字母、数字等组成。唛头的内容包括:目的地名称或代号,收货人或发货人的代用简字或代号、件号(即每件标明该批货物的总件数)、体积(长×宽×高)、重量(毛重、净重、皮重)以及生产国家或地区等。

指示性标志。按商品的特点,对于易碎、需防湿、防颠倒等商品,在包装上用醒目图形或文字,标明"小心轻放""防潮湿""此端向上"等。

警告性标志。对于危险物品,例如易燃品、有毒品或易爆炸物品等,在外包装上必须醒目标明,以示警告。

5. 包装材料及其发展趋势

包装材料与包装功能存在着不可分割的关系,无论物品包装材料的选择还是包装技术的实施,都是为了保证和实现物品包装的功能。由于包装材料的物理性能和化学性能的千差万别,包装材料的选择对保护物品有着非常重要的作用,常用的包装材料如下:

(1) 纸制包装。这是指用纸袋、瓦楞纸箱、硬质纤维板作为包装容器,对商品进行包装。这一类包装占整个包装材料使用量的 40%。纸制包装具有原料来源广、生产成本低、保护性能优良、透气性好、加工储运方便、印刷装饰性好、安全卫生、绿色环保易于回收处理、复合加工性能好等诸多优点,在全球许多国家的包装业中占主导地位,其使用还在逐年上升。纸作为包装材料主要有纸包、纸箱和瓦楞纸箱,其中瓦楞纸箱还具备一定的刚性,有较强的抗压、抗冲击能力。但是纸的防潮、防湿性较低,这是纸制包装最大的弱点[①]。

(2) 木制包装。这是指使用普通木箱、花栏木箱、木条复合板箱、金属网木箱以及木桶、木笼等木制包装容器对商品进行包装。木制包装以其抗震、抗压的优点在包装材料中占有重要的地位,一般用在重物包装以及出口物品的包装等方面。但由于木材的资源有限,同时塑料、复合材料、胶合板等包装材料的发展,木材作为包装材料的比重不断下降,其中相当一部分被瓦楞纸箱代替。

(3) 塑料包装。这是指用塑料膜、塑料袋以及塑料容器进行产品的包装。主要的塑料包装材料有聚乙烯、聚氯乙烯、聚丙烯、聚苯乙烯等。塑料包装材料质轻、机械性能好,具有适宜的阻隔性与渗透性、化学稳定性好、光学性能优良、卫生性能好、具备良好的加工性和装饰性。近几十年来,塑料包装材料的发展很快,使用非常广泛,除作为包装容器常用的塑料桶、塑料箱和塑料袋,塑料作为包装材料还可用作薄膜、防震缓冲材料、密封材料、带状胶带和捆扎打包带等。目前塑料包装材料向薄壁轻量化、复合化和环保无污染化发展,其使用会更加广泛。

(4) 玻璃陶瓷包装。这是利用耐酸玻璃和耐酸陶瓷制成的容器对商品进行包装。作为包装材料,玻璃具有一系列非常可贵的特性:透明,坚固耐压,良好的阻隔性、耐蚀性和光学性质;能够用多次成型和加工方法制成各种形状和大小的包装容器;玻璃的原料丰富,价格低廉,并且具有回收再加工性能。玻璃材料的不足之处主要是较低的耐冲击和较高的密度,以及熔制玻璃时较高的能耗。玻璃制品一直是食品、化学、文教用品、医药卫生等行业的常用包装材料。虽然近年来玻璃包装受到来自纸、塑料、金属等材料的冲击,在包装中所占的比例在减少,但由于玻璃具备许多其他材料无法替代的优异性能,仍然在包装领域中占有重要的地位。为增加玻璃包装的竞争力,研制生产高强度、低密度的玻璃包装材料成为一个重要的发展方向。陶瓷具有类似玻璃的一些特性,在此不加赘述。

(5) 金属包装。包装所用的金属材料主要指钢材、黑白铁、马口铁和铝材,其形式为薄板和金属箔,前者为刚性材料,后者为柔性材料。金属作为包装材料具有优良的力学性能,耐压强度高、不易磨损、耐高温、耐湿度变化、耐虫害、耐有害物质侵蚀;综合保护性能好,具有阻气性、防潮性、遮光性、较高的保香性能;外表美观,具有特殊的金属光泽、便于印刷和装饰;加工性能好,具有很好的延展性和

---

① 王建清:《包装材料学》,国防工业出版社 2004 年版。

强度;资源丰富;废弃物处理性好,金属可以回炉再生,循环使用,减少环境污染。

但金属也有很多缺点,如化学稳定性差,尤其是钢材耐腐蚀性差,金属中的一些有害物质会对商品产生污染,加工工艺比较复杂且成本较高,密度较大,制成的容器较重。

目前金属包装材料中使用最多的是马口铁和金属箔,金属包装通常有金属圆筒、白铁内罐、储气瓶和金属丝、网等。虽然金属包装材料在某些领域的应用已部分地被塑料或其他复合材料所代替,但因其优良的综合性能,仍然被采用。随着冶炼技术和轧钢技术的进步,未来的金属材料包装将越来越薄,越来越轻,并且作为复合材料的重要组成部分得到更广泛的使用。

(6)复合包装材料。这复合包装材料是将两种或两种以上的材料复合在一起,取长补短,形成一种完美的材料。如纸和塑料、纸和金属箔复合所形成的包装材料。

随着包装技术的发展,对包装材料的要求也越来越高,复合材料由几种材料复合在一起,兼具不同材料的优良性能。如金属内涂层、玻璃外涂膜、纸上涂蜡,或将塑料薄膜与铝箔、纸、玻璃纸以及其他具有特殊性能的材料复合在一起,以改进包装材料的透气性、透湿性、耐油性、耐水性、耐药品性、刚性,使其发挥防虫、防尘、防微生物作用,对光、香、臭等气味的隔绝性及耐热、耐寒、耐冲击,具有更好的机械强度和加工使用性能,并具有较好的印刷及装饰效果。

常见的复合包装材料有防腐复合包装材料、耐油复合包装材料、代替纸的包装材料、特殊复合包装材料、防蛀复合包装材料和具有高气体隔绝性的复合包装材料。

目前,复合包装材料发展迅速,种类越来越多,使用的范围也越来越广,并且仍然呈现出较好的发展势头。

(二)包装分类及其技术要求

包装是一个复杂的知识体系,优良的包装设计需要根据商品的特征选择合适的包装材料,并综合物流过程进行合理的设计。

1. 包装类型

现代包装门类繁多、品种复杂,这是由于要适应各种商品性质的差异和不同装载工具的要求,使包装的设计、选料、包装技法、包装形态等出现了多样化。对包装的分类具有很大的实际意义:便于有目的性地进行合理的包装设计;便于对包装管理的研究,有利于包装标准的制定和包装标准化;有利于加强包装技术研究,提高包装的科学技术水平。

对包装的分类,主要有下列几种方法。

(1) 按包装在流通中的不同作用分类,分为商业包装和物流包装。

销售包装,即直接接触商品并随着商品进入零售网点与消费者或客户直接接触的包装,所以又称为商业包装。销售包装是以促进商品销售为主要目的的包装。它主要是根据零售业的需要,作为商品的一部分或为方便携带所做的包装。这种包装的特点是:外形美观,有必要的装饰,包装单位适合顾客的购买量以及商店陈设的要求。为了达到商品的营销目标及让顾客满意,对商品包装的外观和功能要作正确的选择,并考虑包装的尺寸、形状、颜色以及图案。在流通过程中,商品越接近顾客越要求包装有促进销售的效果。

在销售包装上,有的还需要印有条码,否则将无法进入绝大多数超级卖场,因此,很多国家都不进口包装上无条形码的商品。销售包装还需具备方便用户使用的功能,包括能够便利家庭存储。

物流包装,又称工业包装或运输包装,是商品运输、保管等物流环节所要求的必要包装。它以具有保障产品安全、方便装卸搬运和储存、加速交换、点验为主要目的。

在运输包装中主要考虑的问题是:抵御在储运过程中温度、湿度、紫外线、雨、雪等气候和自然条件因素对商品的侵害;减缓压力、震动、冲击、摩擦等外力对商品的作用;防止商品散漏、溢泄、挥发而造成的污染;便于流通环节中装卸、搬运、保管等各项作业;提高运载工具的载重力和容积;缩短各种作业时间和提高作业效率。

物流包装的方式主要有两种:单件运输包装和集合运输包装。

单件运输包装是根据商品的形态或特性将一件或数件商品装入较小的容器内的包装方式。制作单件运输包装时要注意选用适当的材料,要求结构造型科学合理,同时还应考虑不同国家和地区的气温、湿度、港口设施和不同商品的性能、特点、形状等因素。

单件运输包装有很多种,按照包装外形来分,有包、箱、桶、袋等;按照包装的质地来分,有软件包装、半硬件包装和硬件包装;按照制作包装所采用的材料来分,一般常用的有纸制包装、金属包装、木制品包装、塑料包装、棉麻制品包装,以及竹、柳、草制品包装和玻璃制品包装、陶瓷包装。

集合包装是将一定数量的单件商品组合成一件大的包装或装入一个大的包装容器内。集合运输包装种类有:

集装箱:集装箱一般由钢板、铝板等金属构成,可以反复周转使用,又是运输的组成部分,在公路运输、海运、铁路运输、空运中都会被用到,是一种很常见的集装方式。

集装包、袋：集装包是用合成纤维或复合材料编织的抽口式的包，适于已经包装好的桶装和袋装的多件商品。每包一般可容纳 1—1.5 吨重的货物。

托盘：托盘是用于集装、堆放、搬运和运输的放置作为单元负荷的货物和制品的水平平台装置。作为与集装箱类似的一种集装设备，托盘现已广泛应用于生产、运输、仓储和流通等领域，被认为是 20 世纪物流产业中两大关键性创新之一。托盘以其自身重量小、回空容易、装盘容易等优点在集装领域中备受青睐。常见的托盘主要有：平托盘、柱式托盘、箱式托盘和轮式托盘。托盘下部有可供叉车叉入的叉入口，便于装卸，每一托盘一般可装载 1—1.5 吨，为防止装入托盘的货物散落，需要用厚箱板纸、收缩薄膜、拉伸薄膜等将货物捆扎在托盘上。

（2）按包装的层次分类，分为单件包装、内包装和外包装。

单件包装。单件包装又称小包装、个体包装，是指直接用来包装物品的包装，通常与商品形成一体，是物品送到使用者手中的最小单位。这种包装一般属于商业包装，设计美观，能够起到促进销售的作用。

内包装。内包装是相对于外包装而言的，指包装货物的内部包装，即考虑到水分、潮湿、光照、热源、碰撞、震动等因素对产品的影响，选择相应的材料或包装物对物品所做的保护性包装。内包装具有便利销售和简化计量的作用，同时也是一种组合包装，如一条香烟内装 10 包、10 盒火柴组成一包。

外包装。外包装是指货物的外部包装，即指物品放入箱、袋、罐等容器中或直接捆扎，并有标识、印记等。其目的是保护物品并便于物品的运输、装卸和保管。常见的外包装形式有瓦楞纸箱、木箱、钢桶、塑编袋等。

（3）按包装所使用的技术进行分类，有防潮包装、防水包装、防霉包装、防虫包装、防震包装、防锈包装、防火包装、防爆包装、防盗包装、防伪包装、保鲜包装、儿童安全包装、透气包装、阻气包装、真空包装、充气包装、灭菌包装、冷冻包装、施药包装、药品包装、压缩包装、危险品包装等。

（4）按包装的适用性分类，分为专门包装和通用包装两种。

专门包装即根据被包装物的特点进行专门设计、专门制造，只适用于某种专用产品的包装。

通用包装即不进行专门的设计、制造，而是根据标准系列尺寸制造的包装，用于包装各种标准尺寸的产品。

还有很多种包装分类方式，如按包装使用的群体进行分类有民用包装、军用包装和公用包装；按包装的产品进行分类，有食品包装、药品包装、化妆品包装、纺织品包装、玩具包装、文化用品包装、仪器仪表包装、小五金包装、家用电器包装等。

总之，包装可以从不同的角度根据不同的目的加以分类。包装的管理部门、生产部门、使用部门、储运部门、科研部门、教育部门等，可选择适合自己的特点和要求的分类方法，以利于本系统工作的有序进行。

2. 包装的技术与要求

产品在流通过程中会发生各种变化和损伤，为保护产品的质量和使用价值，必须充分注意流通环境中的诸因素，合理选择包装方法。设计包装通常从销售包装和物流包装两个方面加以考虑。

销售包装技术是使包装和产品形成一个整体，具有一定的保护作用，同时要具有促销的作用，并能令顾客满意。本书将主要围绕物流包装技术展开论述。

物流包装技术是将物流包装体和产品形成一个有机的整体，目的是以最低的物质消耗和资金消耗，保证产品完好地送达用户手中。产品的特性不同，在流通过程中受到内外各种因素影响，其物性会发生各种质变：有的受潮变质，有的受震动冲击损坏，有的接触氧气而变质等。针对流通过程中各种有可能产生的损坏和变质，包装设计主要有防震包装、防潮包装、防锈包装、防霉包装等技术。包装设计主要从包装材料选择和包装结构设计两个方面进行。

（1）防震包装技术，又称缓冲包装，是为减缓内装物受到的冲击和振动，保护其免受损坏采取一定的保护措施的包装。为了防止损伤需要选用合适的缓冲材料，并合理地设计包装结构和包装方法，包装设计过程主要考虑产品特性和流通环境两个因素。

第一，产品特性。内装物特性包括形状、尺寸、质量、材质、结构特性以及抗冲击、抗震动、抗压缩、抗曲折性能等。有时需要通过试验来查明产品易破坏的部分及破损原因，进而找出产品允许的脆值。脆值是内装物所能承受而不损坏的最大加速度值，也就是产品破坏前的临界加速度值，它是以重力加速度的倍数来计量，即 $G=a/g$（其中 G 代表脆值，a 代表物体的加速度，g 代表重力加速度）。脆值越大，在设计产品包装时，可以选择刚度大的材料；反之则应仔细考虑缓冲要求。

第二，流通环境。缓冲包装技术的流通环境是指包装件在运输、装卸和储存中的机械环境，主要指冲击和震动。商品在流通过程中可能受到的最大的冲击是在装卸搬运过程中，人工装卸的冲击力远远大于机械装卸产生的冲击力。装卸搬运过程中产生的冲击力可以用跌落的高度来表示，跌落的高度越高，对商品可能产生的伤害就越大。可能会导致商品发生变形、弯曲、折断、扭曲、凹瘪、破碎、裂缝等直接性破坏。

防震（或缓冲）包装结构是指对产品、包装容器、缓冲材料进行系统考虑后，所采用的缓冲固定方式。一个典型的缓冲包装结构有五层：产品（包括内衬）、内包装盒(箱)的缓冲衬垫、内包装盒(箱)、外包装箱内的缓冲衬垫、外包装箱。而一般的缓冲包装结构为三层：产品(包括内衬)、包装箱内缓冲衬垫和包装箱。

缓冲包装方法一般有全面缓冲、部分缓冲和悬浮式缓冲三种方法。

全面缓冲包装方法是将产品(内装物)的周围空间用缓冲材料衬垫，而对其进行全面保护的一种包装方法。具体有压缩包装法、浮动包装法、裹包包装法、模盒包装法和就地发泡包装法等。

部分缓冲包装方法是指仅在产品或内包装的拐角或局部地方使用缓冲材料衬垫。它既能得到较好的效果，又能降低包装成本，适合于包装成批生产的产品，如家电产品、仪器仪表等，应用很广泛。可以有天地盖、左右套、四棱衬垫、八角衬垫和侧衬垫等。

悬浮式缓冲包装方法是指先将产品置于纸盒中，产品与纸盒间各面均用柔软的泡沫塑料衬垫妥当，盒外用帆布包紧、缝合，或装入胶合板箱，然后用弹簧张吊在外包装箱内，使其悬浮吊起，通过弹簧盒泡沫塑料同时起缓冲作用。此方法适用于极易受损且需确保安全的产品，如精密机电设备、仪表、仪器等。

(2) 防潮包装技术。防潮包装就是为防止因潮气影响包装进而影响内装物质量而采取一定防护措施的包装。防潮包装主要是采用一些防潮材料对商品进行封装，阻隔外部空气相对湿度的变化对产品的影响。

要彻底隔绝空气中潮气的渗透，只能采用较厚的金属和玻璃容器，而目前广泛采用的防潮材料，如塑料薄膜，都不能完全阻止潮气的渗透，复合材料使用也比较多。防潮包装技术的选择要根据内装物的形状、性质、防潮要求来确定，在防潮材料的选择上，既要防止产生不足包装以至于使产品在流通过程中发生损坏，又不能过度包装而产生浪费，导致成本过高。

(3) 防锈包装技术。为防止内装物锈蚀采取的防护措施的包装方法称为防锈包装。防锈包装方法经由清洗、干燥、防锈处理和包装四个步骤逐步进行的，应选择各种适当的方法加以应用。

清洗。清洗是尽可能地清除金属制品表面的油迹、汗迹、灰尘、加工残渣等。常用的清洗方法主要有浸洗、擦洗、喷淋和超声波清洗等，通常会根据清洗物的大小、形状繁简、批量大小等选择合适的清洗方法。清洗时选择清洗剂很重要，常用的清洗剂有碱性溶剂，如氢氧化钠、碳酸钠、磷酸钠、水玻璃等；表面活性剂，如肥皂、合成洗涤剂等；有机溶剂，如石油系列溶剂如汽油、煤油等，烃类溶剂如三氯乙烯、丙酮、乙醇等。

干燥。金属制品清洗后表面常附有溶剂和水分，应立即进行干燥处理，避免部分金属马上再次生锈。干燥应进行得迅速可靠，干燥处理的方法有压缩空气吹干、烘干、红外线干燥、擦干、滴干、晾干和脱水干燥。

防锈处理。防锈处理是指清洗、干燥后,选用适当防锈剂对金属制品进行处理的阶段。这是最根本、最重要的工作。在缺少防锈剂或防锈剂应用得不理想时,应代之以密封防潮处理。将金属物品置于洁净干燥的空气中,或将其保持在加温状态的空气中,防止金属表面凝结露珠而再次被锈蚀。加干燥剂然后进行封装也是一种可行的防锈方法,但考虑流通过程中封装可能遭到破坏和严密的封装可能导致的高成本两个因素,此法通常不可行。因此即使采用密封防潮包装,如有可能最好也要进行防锈处理。所谓防锈处理,是以某种形式将腐蚀抑制剂使用到金属表面形成一层薄膜来防锈。通常采用防锈油脂、气相防锈和可剥离性塑料。

包装。包装是防锈包装技术的最后阶段,从防锈角度看,包装的目的是防止外部环境的冲击而导致防锈皮膜损伤,防止防锈剂的流失而污染其他物品。需要根据金属制品的防锈需求年限和流通的环境合理地设计包装。

选择包装材料,例如选用包装纸、隔离材料、容器、缓冲材料、垫衬材料、粘胶带和捆绳等时,应注意以下几点:干燥没有吸湿性;没有异物附着;不含有酸性组成成分和可溶性盐类。那些和金属直接接触的缓冲材料的选择也尤为重要,主要材料是玻璃纸、羊皮纸、蜡纸、皱纹防水纸、聚乙烯加工纸、聚偏二氯乙烯加工纸。金属箔胶贴等,有时也使用聚乙烯屑、碎玻璃纸、防水性石蜡和泡沫塑料等。

(4) 防霉包装技术。这是指为防止内装物霉变影响质量而采取一定防护措施的包装。它除防潮措施外,还有对包装材料的处理。

包装产品的发霉变质是由霉菌引起的,霉菌在一定条件下很容易在各种有机物上繁殖生长,霉菌从产品中吸取营养物质就会产生霉物,使产品中的有机物产生生物化学变化而分解,由此导致产品变糟、牢度降低;有的产品长霉后影响外观,还会引起机械、仪表、电工、仪器的机械故障;并且霉菌能加快一些金属的腐蚀速度。

防霉包装技术方法通常采用冷冻包装、真空包装或高温灭菌方法。冷冻包装的原理是减慢细菌活动和化学变化的过程以延长储存期,但不能完全消除食品的变质。高温灭菌方法对能够引起食品腐败的微生物在包装过程中用高温处理除霉。而对于干燥处理的食品,应作封闭或充气处理防止水汽进入而导致发霉。

防止运输包装内的货物发霉,可以使用防霉剂。机电产品的大型封闭箱,可适当采取开设通风孔或通风窗等相应措施。

其他还有危险品包装技术、防虫包装技术等,本书不再详述。

从上面几种包装技术我们可以看出,包装设计技术大体分为三个步骤:第一,分析商品可能受到的损伤;第二,分析影响因素主要包括产品特性和流通环境两个因素;第三,设计包装,包括包装材料选择和包装结构设计两个主要内容。

包装设计的原则我们将在下面包装合理化的内容中讨论。

(三) 包装合理化

设计合理的包装,对营销和物流系统的所有要素——服务、成本和便利性等因素进行优化。

1. 包装合理化的要点

包装合理化是物流合理化的组成部分。包装的合理化不只是包装本身的合理与否问题,而是整个物流合理化前提下的包装合理化。包装合理化一方面包括包装总体的合理化,这种合理化往往用整体物流效益与微观包装效益的统一来衡量;另一方面也包括包装材料、包装技术、包装方式的合理组合及运用。以下是包装合理化的三个要点。

(1) 防止包装不足。包装不足可能导致商品在流通过程中的损失及降低物流效率。包装不足主要体现在四个方面:包装强度不足导致包装防护性不足,造成包装货物损失;包装材料选择不当,材料不能很好地承担运输防护和促进销售的作用;包装容器的层次和容积不足,缺少必要层次与所需的体积不足也会造成损失;包装成本过低,不能保证有效包装。包装不足造成的主要问题是商品在流通过程中的损失及降低促销能力,这一点不可忽视。

(2) 防止包装过剩。包装过剩是指以下几个方面:包装物强度设计过高,如包装材料截面过大,包装方式大大超过了强度要求等,从而使包装防护性过高;包装材料选择过高,如可以用纸板却采用了镀锌、镀锡材料等;包装技术过高,包装层次太多,包装体积过大;包装成本过高,一方面可能是包装成本的支出大大超过减少损失可能获得的效益;另一方面,提高了商品的价格,有损商品在同类商品中的竞争力,也损害了消费者的利益。

包装过剩的浪费不可忽视,对于消费者而言,购买的主要目的是内装物的使用价值,包装物大多作为废物丢弃。此外,过重、过大的包装有时会适得其反,反而会降低促销能力,所以也不可取。

(3) 防止包装污染。包装污染主要包括两个方面:包装材料中使用的纸箱、木箱、塑料容器等,要消耗大量的自然资源;商品包装的一次性、豪华型,甚至采用不可降解的包装材料,会严重污染环境。

2. 包装合理化的方法

包装的合理化是指适应和克服流通过程中的各种障碍,适应物流发展而不断优化,取得最佳经济效益,充分发挥包装实体作用的包装。近代工业包装合理化朝着包装尺寸标准化、包装作业机械化、包装成本低廉化、包装单位大型化、包装材料资源节省化等方向不断发展。

(1) 包装尺寸标准化。各种进入流通领域的产品按规定尺寸进行包装后可按一定规定随意组合,有利于小包装的集合,有利于集装箱及托盘的装箱、装盘等。包装尺寸的标准化有一定局限性,大部分工业产品,尤其是散、杂货可以实现包装的标准化;有些产品,如长形、异形等无法按尺寸包装的,可做个别处理。

(2) 包装作业机械化。实现包装作业的机械化是提高包装作业效率、减轻人工包装作业强度的基础。包装机械化首先从个装开始,之后向装箱、封口、挂提手等外装关联作业推进。

(3) 包装成本低廉化。包装成本中占比例最大的是包装材料费。不少容器和附属材料的总费用都超过包装总成本的50%。因此降低包装成本应首先从降低包装材料费用开始,尽量降低材料的档次,节约材料的费用支出。劳务费是影响包装成本的第二个因素,节约劳务费用的办法是提高包装作业的机械化程度,在购置包装机械机会成本相对较小的基础上,降低包装作业对人工的依赖程度。最后,在包装设计上要防止过剩包装,应根据商品的价值和商品特点设计包装。

(4) 包装的大型化和集装化。包装的大型化和集装化十分有利于物流系统在装卸、搬运、保管等过程的机械化;有利于加快这些环节的作业速度,从而加快全物流过程的速度;有利于减少单位包装,节约包装材料的费用;还有利于货物保护。可以认为,为实现物流过程的机械化、自动化,提高物流效率,包装的大型化和集装化是必不可少的。

(5) 包装材料资源节省化。实现包装材料资源节省化的重要途径是加大包装物的再利用程度,加强废弃包装物的回收,减少过剩包装,同时要开发和推广新型包装方式,减少对包装材料的使用。

二、流通加工及其管理

(一) 流通加工的含义与作用

1. 流通加工的概念

流通加工(Distribution processing)是流通过程中的加工活动,是为了方便运输、储存、销售、方便用户以及物质充分利用、综合利用而进行的加工活动[①]。我国国家标准《物流术语》对流通加工的定义是："物品在从生产地到使用地的过程中，根据需要施加包装、分割、计量、分拣、刷标签、拴标签、组装等简单作业的总称。"

流通加工的出现反映了人们对物流理论和概念的认识的转变，也是现代生产大型化、专业化导致的标准化与消费个性化相冲突的产物。

流通加工有别于生产加工，是在物品流通过程中的辅助性加工活动。主要体现在：

加工对象不同，流通加工的对象是已经具有商品属性并进入流通的商品，生产加工的对象是原材料、零部件和半成品；加工内容不同，流通加工多是简单加工，如分拣、分装、贴标签，生产加工一般是比较复杂的加工；加工目的不同，流通加工的目的是方便物流过程、完善物品的使用价值、更好地满足客户的多样化需要、降低物流成本、提高物流质量和效率，而生产加工的目的是创造具有使用价值和价值的商品；所处领域不同，流通加工是流通领域的内容，由物流企业完成，生产加工处在生产领域，由生产企业完成。

2. 流通加工的作用

（1）方便流通。包括方便运输、方便储存、方便销售、方便用户。例如流通加工中将原木加工成模板，装入集装箱后进行运输；钢板厂生产的薄板，60吨为一卷，运输、包装、储存起来都非常方便，但运到金属公司销售给客户时，有的客户只买几米，为了方便销售、方便用户，就需要金属公司用切板机将钢板切割、裁剪成适合用户需要的尺寸。

（2）提高生产效益和流通效益。由于采用流通加工，生产企业可以进行标准化、整包装的规模化生产，提高了生产效率，节省了包装费用和运输费用，降低了成本；而流通企业可以促进销售，增加销售收入，同时流通加工也是流通企业一种收入来源。

（3）降低用户的成本。用量较小或临时性的用户，缺乏进行高效率初级加工的能力，依靠流通加工省去进行初级加工的机器设备和人力的投资，降低了成本。目前发展较快的初级加工有：净菜加工；水泥混凝土的加工；原木或板方材到门窗的加工；冷拉钢筋及冲制异形加工；钢板预处理、整形、打孔等加工。

（4）提高加工效率和设备利用率。建立集中的加工点，可以采用效率高、技术先进、加工量大的专用机具和设备。提高加工质量和加工效率的同时也提高

---

① 刘北林：《流通加工技术》，中国物资出版社2004年版，第1页。

了利用率。例如一般的使用部门在对钢板下料时,采用气割的方法,需要留出较大的加工余量,不但出材率低,而且由于热加工容易改变钢的组织,加工质量不好。集中加工可以采用高效率的剪切设备,一定程度上避免了上述缺点。

(5) 充分发挥各种运输工具的最高效率。流通加工使商品满足从生产环节到流通环节的各种运输要求。流通加工环节一般设在消费地,在消费地将产品加工成多规格、小批量、多用户的形式,并主要利用汽车和其他小型车辆来进行配送。而从生产企业到流通加工这一阶段的输送主要利用船舶、货车等大运量运输手段完成。有利于实现各种运输工具的集装运输,形成规模优势,提升了运输工具的使用效率,降低了物流成本。

(6) 提高物资利用率。利用流通加工环节,对生产企业运来的简单规格产品集中下料,可以提高原材料利用率,优材优用、小材大用、合理套裁,有明显的经济效果。例如可以将木材根据需要加工成各种不同大小的板,提高综合利用率。对平板玻璃进行流通加工(集中裁制、开片供应),玻璃利用率可由不集中套裁时的 62%—65% 提高到 90% 以上。平板玻璃集中套裁可以从生产企业直达加工中心,减少了由于分散加工在多次运输中的破损率。

(7) 为流通部门增加收益,体现物流的"第三利润源泉"。流通加工是流通部门获得更多的利润、创造价值的理想选择。对加工企业而言,采用相对简单、投入相对少的流通加工,可获得较为理想的经济效益;对社会而言,流通企业获利的同时社会效益也会提高。这便是人们把物流比作"第三利润源泉"在流通加工环节上的体现。

(二) 流通加工的职能与内容

流通加工一般都是比较简单的加工,常见的职能主要有下面几种。

1. 剪板加工

剪板加工把成卷和大规格的钢板裁小,或裁切为毛坯,降低了商品销售起点,扩大了企业销售数量,增加了企业的收益。剪板加工精度高(切缝最小可少于 0.2 毫米),这样可大大减少废料和边角余料,也可减少再加工的切削量。一般来说,钢板集中加工的利用率比分散加工可提高 20%。剪板加工的切割方式与企业通常用的气割切割方式,除了在材料利用率上有优势外,对材料本身的质量也具有高度的保证。气割的方法不仅会使钢材发生变化,更会对未来产品产生不利的影响。

2. 配煤加工

采用优质煤炭(比如气煤、肥煤),单烧一般性小型锅炉是一种浪费,其热量不能充分发挥。适当掺烧劣质煤(褐煤或高灰分、低挥发粉煤)不但不会降低热效率,有时还能提高热效率。烧用动力配煤比单烧劣质煤提高热效益 20% 以上,综合热效率可提高 5%—10%。

3. 木材流通加工

在木材流通加工点将原木裁成各种锯材,同时将碎木、碎屑集中加工成各种规格的板材,甚至还可进行打眼、凿孔等初级加工,木材的综合利用率可以达到 95% 以上,出材率提高到 72%。

4. 冷冻加工

冷冻加工是指为解决鲜肉、鲜鱼和药品等在流通中保险及搬运装卸问题,采取低温冷冻的方式加工。

5. 分选加工

分选加工是指针对农副产品规格、质量离散较大的情况,为获得一定规格的产品,采用人工或机械进行分选的加工。

6. 精制加工

精制加工是指在农、牧、副、渔等产品的产地和销地设置加工点,去除无用部分,甚至可以进行切分、洗净、分装等加工。

7. 分装加工

分装加工是指为了便于销售,在销售地区按所要求的零售地点进行新的包装、大包装改小、散装改小包装及运输包装改销售包装。

8. 组装加工

组装加工是指采用了半成品(高容量)包装出厂,在消费地由流通部门所设置的流通加工点进行拆箱组装,随即进行销售。各种大型的机械设备常常采用这种方式。

9. 加工定制

加工定制是指企业委托其他企业进行加工和改制,弥补企业加工能力不足或商店不经营的一项措施,如非标准设备、工具、配料和半成品等,可以为带料加工和不带料加工,前者由使用单位供料,加工厂负责加工;后者由加工厂包工包料[①]。

(三) 流通加工的类型与方式

1. 流通加工的类型

根据不同的目的和作用,流通加工的类型可以分为很多种,主要有:

---

① 韦恒、熊健等:《物流学》,清华大学出版社 2007 年版。

(1) 为弥补生产领域深加工不足而进行的加工。有许多产品的生产加工都只能到一定程度,这是由于存在许多限制因素限制了生产领域不能完全实现终极的加工。例如钢铁厂的大规模生产只能按标准规定的规格生产,以便产品有较强的通用性,使生产能有较高的效率和效益;木材如果在产地完成成材制成木材的话,就会造成运输的极大困难,所以原生产领域只能加工到原木、板方材这个程度。进一步的下料、切裁则由流通加工完成[①]。

(2) 为适应用户多样化的需要而进行的加工。生产企业为了实现高效率和低成本的目标,进行的是机械化的大规模生产,而用户需求存在着多样性和变化性两个特点。为适应这种需求,流通部门常常对单一化、标准化的产品进行多样化的改制加工。例如,对钢材卷板的舒展、剪切加工,平板玻璃按需要的规格开片加工,木材改制成枕木、板材、方材,线材按用户需求进行切割等加工。

(3) 为保护产品进行的加工。在商品的整个流通过程中都存在商品保护的问题,为了保护商品的使用价值,防止商品在运输、储存、装卸搬运、包装等过程中遭受损失,主要采取稳固、改装、冷冻、保鲜、涂油等加工方式,这种方式一般并不改变进入流通领域商品的外形和性质。例如,对水产品、肉类、蛋类的冷冻加工、防腐加工,丝、棉、麻的防虫、防霉加工,煤炭的防高温自燃加工,水泥的防潮加工等。

(4) 为方便物流,提高物流效率的加工。有些商品本身的形态使之难以进行物流操作。如鲜鱼的装卸、储存操作困难,过大设备搬运、装卸困难,气体运输困难等。进行流通加工可以使物流各环节易于操作,如鲜鱼冷冻、过大设备解体、企业液化等[②]。

(5) 为方便销售和促进销售而进行的加工。流通加工可以从若干方面起到促进销售的作用。如将大包装或散装物分装成适合依次销售的小包装的分装加工;将原以保护产品为主的运输包装换成促进销售为主的销售包装,以起到吸引消费者、指导消费的作用;将零配件组装成用具、车辆以便于直接销售;将蔬菜、肉类、鱼类洗净切块以满足消费者要求;等等。这种流通加工可能是不改变商品的本体,只进行简单改装的加工,也有许多是组装、分块等深加工。

(6) 为提高加工效率的流通加工。许多生产企业的初级加工由于数量有限,加工效率并不高,也难以加大投资购进先进的设备。流通加工以集中加工的形式,解决了单一企业加工效率不高的弊端。它以一家流通加工企业的集中加工代替了若干家生产企业的初级加工,促使生产水平有一定的提高。

---

① 韦恒、熊健等:《物流学》,清华大学出版社 2007 年版。
② 韦恒、熊健等:《物流学》,清华大学出版社 2007 年版。

(7) 为提高原材料利用率的加工。流通加工利用其综合性强、用户多的特点，可以实行合理规划、合理套裁、集中下料的办法，这就能有效提高原材料利用率，减少损失浪费。

(8) 为衔接不同运输方式，使物流合理化的流通加工。在干线运输及支线运输的节点设置流通加工环节，可以有效地解决大批量、低成本、长距离干线运输多品种、少批量、多批次末端运输和集货运输之间的衔接问题。在流通加工点与大生产企业间形成大批量、定点运输的渠道，以流通加工中心为核心，组织对多用户的配送。也可在流通加工点将运输包装转换成销售包装，从而有效衔接不同目的的运输方式。

(9) 以提高经济效益，追求企业利润为目的的流通加工。流通加工的一系列优点，可以形成一种"利润中心"的经营形态。这种类型的流通加工是经营的一环，在满足生产和消费要求基础上取得利润，同时在市场和利润引导下使流通加工在各个领域能有效地展开。

2. 流通加工的方法

流通加工作业的方法有很多，客户的需求不同，在作业流程中的时间点也不同。

流通加工一般都是简单的初级加工，如按用户的要求下料、套裁、改制等；辅助性的活动，如给商品加贴条码、拴标签、简单包装等；也有些是深加工活动，如把蔬菜、水果等食品进行冲洗、切割、称重、分级和装袋，把不同品种的煤炭混合在一起，加工成"配煤"等。

（四）流通加工的管理及合理化

1. 流通加工的管理

组织流通加工的方法和组织运输、交易等的方法区别较大，许多方面类似于生产组织和管理。因此，流通加工的管理需要特殊的组织和安排。

(1) 流通加工可行性分析。流通加工只是生产加工制造的一种补充形式，在决定是否需要进行流通加工前应进行可行性分析。

第一，研究是否可以延续生产过程或改造生产方式，使之充分与需求衔接。在技术不断进步的情况下，原来难以实现的多品种灵活生产若可以实现，便无须设置流通加工来衔接。只有在生产过程确实不能满足要求或经济效益不好的情况下才可考虑设置流通加工。

第二，充分考虑技术进步的因素，研究是否可通过集装、专门装运等方式，而不进行未实现流通的加工。有些加工，如增加防护性运输包装的加工，是在运输技术水平较低情况下所需进行的加工。因此如果开拓少包装的运输技术，则可省略流通加工。

总之,流通加工虽然有许多优越性,但毕竟在产需之间打入了楔子,造成了中间环节,存在许多致使效益降低的因素。因此,即使在技术上可行,也要研究效益问题,要进行效益对比以及加工中心本身投资回报的计算等。

(2) 流通加工的生产管理。其内容及项目很多,如劳动力、设备、动力、财务、物资等方面的管理,对于套裁型流通加工,其最具特殊性的生产管理是出材率的管理。这种流通加工形式的优势就在于物资的利用率高、出材率高,从而获取效益。为此要加强消耗定额的审定及管理,并采用科学方法进行套裁的规划及计算。

(3) 流通加工的质量管理是对加工产品的质量控制。由于加工成品一般是国家质量标准上来作规定的品种和规格,因此进行这种质量控制的依据主要是用户要求。各用户要求不同、质量宽严程度也不一,流通加工据点必须能进行灵活的柔性生产才能满足质量要求。此外,全面质量管理中采用的方法也可以在此采用。

(4) 流通加工的技术经济指标。衡量流通加工可行性,对流通加工环节进行有效的管理,可以考虑两类指标:

第一类,流通加工建设可行性指标。流通加工仅是一种补充性加工,规模、投资都必然低于生产性企业,投资额较低、投资时间短、建设周期短、投资回收速度快且投资效益较大。因此,投资可行性分析可采用静态分析法。

第二类,流通加工日常管理指标。由于流通加工的特殊性,不能全部搬用考核一般企业的指标。例如,在八项技术经济指标中,对流通加工较为重要的是劳动生产率、成本利润率指标。此外,还有反映流通加工特殊性的指标。

增值指标:反映流通加工后单位产品的增值程度。

$$增值率 = \frac{产品加工后价值 - 产品加工前价值}{产品加工前价值} \times 100\%$$

品种规格增加额及增加率:

$$品种规格增加率 = \frac{品种规格增加额}{加工前品种规格} \times 100\%$$

资源增加量指标:

$$新增出材率 = 加工后出材率 - 原出材率$$

$$新增利用率 = 加工后利用率 - 原利用率$$

2. 流通加工合理化

流通加工合理化的含义是实现流通加工的最优配置,也就是对是否设置流通加工环节、设置的地点、加工的类型、采用的技术装备等问题做出正确抉择。这样做不仅要避免各种不合理的流通加工形式,而且要做到最优。

(1) 不合理流通加工的若干形式。流通加工仅是生产过程的延续,实际上是生产本身或生产工艺在流通领域的延续。这个延续可能有正、反两方面的作用,即一方面可能有效地起到补充完善作用,另一方面也可能产生对整个过程的负效应。各种不合理的流通加工都会产生抵消效益的负效应。

几种不合理的流通加工形式如下:

第一,流通加工地点设置不合理。流通加工地点设置即布局状况是整个流通加工是否有效的重要因素。一般而言,为衔接单品种大批量生产与多样化需求的流通加工,加工地设置在需求地区才能实现大批量的干线运输与多品种末端配送的物流优势。

一般而言,为了方便,物流的流通加工环节应设在产出地,即设置在进入社会物流之前,如果设置在物流之后即设置在消费地,则不但不能解决物流效率问题,而且在流通中增加了一个中转环节。

即使产地或需求地设置流通加工的选择是正确的,还有一个流通加工在小地域范围的正确选址问题,如果处理不善仍然会出现不合理现象。这种不合理主要表现在交通不便,流通加工与生产企业或客户之间距离较远,流通加工点的投资过高(如受选址的地价影响),加工点周围社会、环境条件不良等。

第二,流通加工方式选择不当。流通加工方式包括流通加工对象、流通加工工艺、流通加工技术、流通加工程度等。若本来应由生产加工完成的却错误地由流通加工完成,或反之,都会造成不合理性。

流通加工不是对生产加工的代替。所以一般而言,工艺复杂、技术装备要求较高,或加工可以由生产过程延续或轻易解决者都不宜再设置流通加工,尤其不宜与生产过程争夺技术要求较高、效益较高的最终生产环节,更不宜利用一个时期市场的压迫力使生产者变成初级加工或前期加工,由流通企业完成装配或最终形成产品的加工。如果流通加工方式选择不当,就会出现与生产夺利的恶果。

第三,流通加工作用不大,形成多余环节。有的流通加工过于简单,或对生产及消费者作用都不大,甚至有时流通加工是盲目的,同样未能解决品种、规格、质量、包装等问题;实际却增加了环节,这也是流通加工不合理的重要形式。

第四,流通加工成本过高,效益不好。流通加工之所以能够有生命力,是因为有较大的产出投入比,如果流通加工成本过高,则不能实现以较低投入实现更高使用价值的目的。除了一些必需的、按政策要求即使亏损也应进行的加工外，都应看成是不合理的。

（2）流通加工合理化应该考虑的因素。进行流通加工需要一定的场地、设施、设备和专用工具，并需要将劳动力与之合理配合。在设置流通加工时，需进行可行性分析，并掌握相关的流通加工的基本技术和方法。流通加工子系统可依据加工物品、销售对象和运输作业的要求，考虑以下几方面的问题：选择加工场所与分析加工过程的安全性、经济性；加工机械的配置与空间组织；流通加工的技术、方法；流通加工作业规程：加工质量保障体系；加工对象，如产品的销售渠道与销售市场情况；满足客户需要的指标及考核；降低流通加工费用；流通加工组织与管理；等等。

（3）流通加工合理化的原则。第一，加工和配送相结合。这是将流通加工设置在配送点中，一方面按配送的需要进行加工；另一方面加工又是配送业务流程中分货、拣货、配货之一环，加工后的产品直接投入配货作业，这就无须单独设置一个加工的中间环节，使流通加工有别于独立的生产，而使流通加工与中转流通巧妙结合在一起。同时，由于配送之前有加工可使配送服务水平大大提高。这是当前流通加工合理化的重要形式，在煤炭、水泥等产品的流通中已表现出较大的优势。

第二，加工和配套相结合。在对配套要求较高的流通中，配套的主体来自各生产单位，但是完全配套有时无法全部依靠现有的生产单位进行，适当的流通加工能有效促成配套，大大提高流通作为桥梁与纽带的能力。

第三，加工和合理运输相结合。流通加工能有效衔接干线运输与支线运输，促进两种运输形式的合理化。利用流通加工，在支线运输转干线运输或干线运输转支线运输这本来就必须停顿的环节，不进行一般的支转干或干转支，而是按干线或支线运输合理要求进行适当加工，从而大大提高了运输及运输转载水平。

第四，加工和合理商流相结合。通过加工有效促进销售、使商流合理化也是流通加工合理化的考虑方向之一。加工和配送的结合提高了配送水平，强化了销售，是加工与合理商流相结合的一个成功的例证。此外，通过简单改变包装加工，形成方便的购买量，通过组装加工消除客户使用前进行组装、调试的困难，都是有效地促进商流的例子。

第五，加工和节约相结合。节约能源、节约设备、节约人力、节约耗费是实现流通加工合理化的重要因素，也是目前我国设置流通加工、考虑其合理化的普遍形式。

对于流通加工合理化的最终判断，不仅要看其是否能实现社会效益和企业本身的效益,而且要看其是否取得了最优效益。对流通加工企业而言,与一般生产企业的一个重要不同之处是,流通加工企业更应树立社会效益第一观念,只有在以补充完善为己任的前提下,才有生存的价值。如果只是追求企业的微观效益,不适当地进行加工甚至与生产企业争利,这就有违流通加工的初衷,或者其本身已不属于流通加工范畴了。

 关键概念

包装　流通加工

 思考题

1. 举例说明包装的各项功能。
2. 列举目前常用的包装材料,并集合实例说明其优缺点。
3. 简述合理化包装的要求。
4. 标准化、集装化是包装发展的重要趋势,分析其对整个物流系统的意义。
5. 搜寻流通加工案例,分析流通加工的作用。
6. 列举流通加工合理化的要求。
7. 流通加工合理化的原则。

第三章 运输与配送管理

学习目标

1. 了解运输的概念、两种不同的运输原则和运输的参与者;
2. 了解运输的功能及其重要作用;
3. 熟悉六种不同的运输方式,重点掌握不同运输方式的比较与选择;
4. 了解交通运输业的发展方向;
5. 了解配送的概念与类型,熟悉现代物流的配送模式;
6. 熟悉配送中心的概念与分类,以及配送中心的功能;
7. 熟悉配送中心的规划与设计,并能准确列出配送作业管理的流程;
8. 掌握协同配送的概念、功能和类型;
9. 熟悉降低配送成本的策略。

运输与配送同属于物流系统中的线路活动,是供应链物流活动的重要一环,它将商品从生产地转移到消费者手中,或者从消费者逆向转移到生产者,通过对物品空间的移动和管理实现物流空间价值。通常情况下,运输以远距离、大批量的货物转移为主要目的,而配送主要从事于近距离和小批量货物的高频率转移,并辅助以多种服务功能,两者相辅相成,互为补充。从现代供应链物流的角度来看,运输配送不仅仅是一种物质产品移动的行为,更是决定客户服务和供应链物流成本费用的重要环节。因此,当今的运输配送管理不再是狭义的运输活动本身的作业行为,而是对整个运输和配送进行战略定位、整体规划、分析决策和服务全过程的管理。

一、运输管理

(一) 运输概述

1. 运输的概念

国家标准《物流术语》对于运输的定义是:"用设备和工具,将物品从一地点向另一地点运送的物流活动。其中包括集货、分配、搬运、中转、装入、卸下、分散等一系列操作。"

运输是人、财、物的载运,有时专指物的载运及运输。它是在不同地域范围内如两个城市或两个地点之间,以改变物品的空间位置为目的的活动,对物品进行空间位移。运输不同于搬运,区别就在于运输是较大空间范围的活动,而搬运是在同一地域之内的活动。

运输是物流的主要功能之一。按物流的概念,物流是物品实体的物理性移动,这种移动不但改变了物品的时间状态,也改变了物品的空间状态。运输承担了改变物品空间状态的主要任务;运输再配以搬运、配送等活动就能圆满完成改变空间状态的全部任务。在现代物流观念未诞生之前,甚至就在今天,仍有不少人将运输等同于物流,其原因是物流中很大一部分责任是由运输来承担的,是物流的主要功能。据调查,货物运输费用往往占物流总成本的三分之一到三分之二,因此提高运输的效率对于改善物流活动具有极大的帮助。

运输是物质资料,包括原材料的物理性移动,是从供应者到使用者的包装、保管、装卸搬运、流通加工、配送以及信息传递的过程,活动本身一般并不创造产品价值,只创造附加价值。但运输并非多余,而是不可省略、不可跨越的过程。货物运输的实质和作用主要表现在:① 保值,保证产品从生产者到消费者移动过程中的质量和数量,即保护产品的存在价值,使该产品在到达消费者时使用价值不变。② 节约,搞好运输,能够节约自然资源、人力资源和能源,同时也能够节约费用。如,集装箱化运输可简化商品包装,节省包装用纸和木材;机械化装卸作业可大幅度降低人员开支。③ 增强企业竞争力,提高服务水平,搞好运输有助于实现零库存、零距离和零流动资金占用,是提高服务水平,构筑企业供应链,增加企业核心竞争力的重要途径。④ 加快商品流通,促进经济发展。⑤ 创造社会效益和附加价值,实现装卸搬运作业机械化、自动化,在提高劳动生产率的同时解放生产力,把工人从繁重的体力劳动中解脱出来,这本身就是对人的尊重,是创造社会效益。比如,日本多年前开始的"宅急便""宅配便",国内近年来开展的"宅急送",都是为消费者服务的新行业,它们的出现使居民生活更舒适、方便。关于运输创造附加值,主要表现在流通加工方面。比如,把钢卷剪切成钢板、把原木加工成板材、把粮食加工成食品、把水果加工成罐头,名烟、名酒、名著、名画都会通过流通中的加工,使装帧更加精美,从而大大提高了商品的欣赏性和附加价值。

2. 运输应满足的基本经济原则

规模经济和距离经济这两个基本的经济原理对运输的效率有显著的影响。

在运输中,规模经济是指,在既定的技术条件下,每单位重量运输产品的成本随着运输产品的规模增加而降低。例如,与只利用部分车辆容积的小型运输方式(如零担运输)相比,充分利用整个车辆容积的大型运输(如整车运输)的单位重量的运输成本要小得多。同样,大容量的运输工具如火车和轮船的单位重量的运输成本要远远低于卡车和飞机等小容量的运输工具。运输中的规模经济效益之所以广泛地存在,是因为随着运送重量的加大,相关管理费用、设备费用、装卸货时的停车费和发票费用等固定成本会得到更有效的分摊。

距离经济是指每单位重量的运输费用随着距离的增加而减少。运输中的距离效益也叫作"远距离递减原则"。距离效益的原则与规模效益基本相似。具体来说,长距离使固定成本在更多的英里基数上进行了分配,因此可以降低单位距离的成本。

当对不同的运输方式进行评估时,这些比例原则就会显出各自的重要性。因此,力图使承运的产品量达到最大、运送距离达到最长,同时充分满足客户要求,这就是运输任务的主要目标。

3. 运输服务的参与者

(1) 发货人和收货人

发货人和收货人有共同的目标,即在最短的时间内以最低的成本把产品从起始地运往目的地。在此过程中,运输所提供的服务包括明确的提货和交货时间、预计的运输时间、零货物损失、及时准确的信息交换以及运费结算等。

(2) 承运人和运输服务中间商

承运人是提供运输服务的商业机构,其目的在于通过不断降低运输成本和提高服务质量,获得最大的经营利润。作为服务性公司,承运人一方面希望尽可能多地向客户收取高额费用,另一方面试图将完成运输所需的人工、燃料、车辆设备等相关成本降到最低。为实现上述目标,承运人会科学协调提货和发货时间,将不同发货人的产品集中在一起进行集并运输,从而实现规模经济和距离经济。

运输服务中间商不进行运输作业操作，它们一般不拥有运输设备，但它们在货运公司和客户之间起到协调作用。如，运输服务中间商从各托运人处汇集一定数量的装运任务，然后在大批量的基础上购买运输。这时运输服务中间商获得的运费率要低于其向各托运人索取的运费率，这两个费率的差额减去中间商的成本便构成利润。运输服务中间商的主要类型有货运代理人、运输经纪人、托运人协会。货运代理人是以赢利为目的，整合各顾客手中的小批量装运成大批量装载，然后通过承运人进行运输。目前出现了一种新型的运输代理人，即互联网经纪人，或称为网上经纪人，它们有效地实现了承运人的运输能力与托运人的需求之间的协调。运输经纪人是替托运人、收货人和承运人协调运输安排的中间商，他们通过收取佣金获得利润。经纪人主要提供装运配载、费率谈判、跟踪管理等服务项目。托运人协会在作业上类似于货代，也是把小批量装载整合成大批量装载以获得成本经济。区别是，托运人协会是资源组织起来的非营利性组织。

（3）政府

运输对于经济的稳健发展有直接影响，因此政府越来越多地参与到承运人的实际运作中。为了支持经济增长，政府希望创造一个稳定高效的运输环境。

要创造一个稳定高效的运输环境，承运人必须要以合理的费用提供关键的运输服务。在有些情况下，政府，如美国邮政局，会直接参与到提供运输服务的运作过程中。政府通过限制承运人的服务市场以及限定承运人的收费价格等方式对承运人进行管理。同时政府也使用了一些手段以促进承运业的发展，如支持研究工作以及提供公路、机场等运输必备设施及信息网络等相关基础设施。直到今天，有些国家的政府仍然享有对运输市场、服务和价格的绝对控制权。有了这种控制权，政府就会对地区经济、产业或企业的健康发展产生重要的影响。

（4）公众

公众也是运输体系中的一个参与者，公众与运输的可得性、运输费用、运作效率以及环境和安全标准都有关系。通过采购物品，公众直接地对运输提出了需求。虽然最低运输成本对于消费者而言十分重要，但同时也应该充分地考虑对环境的影响和安全问题。对大气的污染以及漏油事件是重要的社会问题，它们与运输服务密切相关。

4. 运输的两项主要功能

物流系统由物质包装、运输配送、装卸、存储保管、流通加工和物流信息等子系统组成。在物流体系的所有动态功能中，运输功能是核心。没有运输，整个物流网络就无法构成一张"网"，物质的价值和使用价值便失去了实现的途径，从而使得社会再生产难以进一步持续下去。因此，无论是企业采购原材料物流以及产品销售物流,还是物流企业从生产企业采购产品进行仓储或是将仓储的物资转移到消费者手中,都离不开运输。

运输企业主要提供两种类型的服务:产品转移和产品存储。

(1) 产品转移

无论运输的对象是原材料、零部件、装配件、在制品还是产成品,也不管是在制造过程中将被转移到下一阶段,还是更接近最终的顾客,运输都是必不可少的。运输服务的基本价值就在于将货物运送到某一个确定的地点。运输的主要价值是使产品在供应链中进行移动。对于采购、生产和客户服务而言,运输渠道是否通畅将起到至关重要的作用。运输对于逆向物流的重要性也同样不可忽视。如果没有可靠的运输作为保障,很多商业活动都无法正常地开展下去。运输利用的是时间资源、财务资源和环境资源,那么,只有当它确实提高产品价值时,该产品的移动才是重要的。

运输之所以涉及利用时间资源,是因为产品在运输过程中通常是难以存取、不可用的。我们将运输系统中的产品称为在途库存,在途库存是各种供应链战略,如准时化和快速响应等业务所要考虑的一个因素,以尽可能减少在途库存的存货。信息技术的发展极大地增加了在途库存的可得性,同时也能够为运输提供准确的地点信息和到货时间信息。

运输之所以要使用财务资源,是因为产生于驾驶员劳动报酬、运输工具的运行费用、设备投入的资本以及一般杂费和行政管理费用分摊。除此之外,还要考虑因产品灭失损坏而必须弥补的费用。

运输还直接或间接地使用环境资源。从直接使用资源方面来看,在我国,运输是耗费燃料和石油最多的产业之一。虽然使用节能车辆能够减少运输对燃料和石油的消耗,但是能源的总消耗量仍然很高。此外,运输产生的交通拥堵、空气污染以及噪声污染都会不可避免地产生环境费用。

运输的主要目的就是要以最低的时间、财务和环境资源成本,将产品从原产地转移到规定地点。此外,产品灭失损坏的费用也必须是最低的;同时,产品转移所采用的方式必须能满足顾客有关交付履行和装运信息的可得性等方面的要求。

(2) 产品存储

运输的另一项功能就是产品的存储,即将运输工具临时作为储存设施,这种功能容易被忽视。如果转移中的产品需要储存,但在短时间内(例如几天后)又将重新转移的话,那么,该产品在仓库卸下来和再装上去的成本也许会超过储存在运输工具中每天支付的费用。因此运输工具在运货的起点或终点也可以起到储存产品的作用,但是相对而言,它们是较为昂贵的储存设备。运输的主要价值在于实现货物的移动,而利用运输工具来进行储存时就无法达到运送产品的目的,也就实现不了运输的价值。究竟是应该使用运输工具进行存储,还是应该暂时将产品存放在仓库中,就需要对这两种方式的优缺点进行分析,做出权衡。如果产品要在几天之内运送到一个新的地点,那么卸货、储存、再装货的费用就可能会超过暂时使用运输工具进行储存的费用。在本质上,这种运输车辆被用作一种临时储存设施,但它是移动的,而不是处于闲置状态。

转移是另一种运输服务,它也具有临时储存产品的功能。当运货地点发生改变而产品仍处在运输途中时,我们就可以使用转移的方法。举例来说,产品最初是由上海运往杭州,然后在运输途中,产品的目的地改为北京。在这种情况下,转移这项服务就有了用武之地。以前,人们通常使用电话来实现转移;而现在,托运人、承运商总部、运输车辆之间通过卫星通信技术来进行交流,实现了更加高效的货物转移。

因此,尽管使用运输车辆来储存产品成本是昂贵的,但当需要考虑装卸费用、储存容量限制,或延长前置时间的能力时,从物流总成本和运作绩效的角度看,这种方法也具有一定的可行性。

5. 运输的主要作用

(1) 运输是物流网络的构成基础

物流系统是一个网络系统,由物流节点(物流中心、配送中心或车站码头等)与运输路线构成。物品在空间上发生位移,称为线路活动;其他物流活动在节点上完成,称为节点活动。无论是何种物流网络,缺少了线路活动,网络节点将成为孤立的点,网络也将不存在,最终客户的需求将得不到满足。因此,运输在物流网络中的构成是一个重要的基础条件。

物流合理化是指在各物流子系统合理化的基础上形成的最优物流系统总体功能,即系统以尽可能低的成本创造更多的空间效用、时间效用、形质效用;或者从物流承担的主体来说,以最低的成本为客户提供更多优质的物流服务。运输是各功能的基础与核心,直接影响各物流子系统,只有运输的合理化,才能使物流结构更加合理,总体功能更优。因此运输合理化在很大程度上影响着物流合理化。

(2) 运输是物流系统功能的核心

物流系统具有创造物品的空间效用、时间效用以及形质效用的三大功能。时间效用主要通过仓储来实现,形质效用通过流通加工得以实现,空间效用则通过运输来实现。运输是改变空间位置的主要手段,再配以装卸搬运、配送等活动,就能圆满完成改变空间状态的全部任务。运输在物流中的重要作用在不同的时期表现为不同的形式。在运输业没有得到充分发展,位移能力不足构成经济发展主要制约因素的时候，运输的地位比较突出，经济增长也更多地依赖于社会运输能力的增加；而随着现代运输体系逐渐成为社会经济运转的重要基础，物流管理的地位就会开始上升，如何对包含运输在内的物流的各个环节进行优化，成为影响经济发展的重要因素。

(3) 运输是社会物质生产的必要条件之一

马克思将运输称之为"第四个物质生产部门"，是将运输看成是生产过程的继续，这个继续虽然以生产过程为前提，但如果缺失，生产过程则不能最后完成，生产出来的产品将不能完成"惊险的一跃"。所以，虽然运输这种生产活动和一般生产活动不同，它不创造新的物质产品，不增加社会产品数量，不赋予产品以新的使用价值，但这一变动却能够使生产继续下去，使社会再生产不断推进，所以将其看成是一种物质生产部门。

运输作为社会物质生产的必要条件，表现在：第一，在生产过程中，运输是生产的直接组成部分，没有运输，生产内部的各环节就无法联结。第二，在社会上，运输是生产过程的继续，这一活动联结生产与再生产、生产与消费的环节；联结国民经济各部门、各企业；联结着城乡，联结着不同的国家。

(4) 运输可以创造"场所效用"

场所效用的含义是：同种"物"由于空间场所不同，其使用价值的实现程度不同，其效益的实现也不同。由于改变场所而发挥最大使用价值，最大限度提高了投入产出比，即"场所效用"。通过运输，将"物"运到场所效用最高的地方，就能发挥"物"的潜力，实现资源的优化配置。从这个意义来讲，也相当于通过运输提高了物的使用价值。

(5) 运输是"第三利润源"的主要源泉

运输与静止的保管不同，它是运动中的活动，要靠大量的动力消耗才能实现这一活动，而运输又承担大跨度空间转移的任务，所以活动的时间长、距离长，消耗也大。消耗的绝对数量大，其节约的潜力也就大。

从运费来看，运输费用在全部物流费用中占的比例最高，一般综合分析计算社会物流费用，运输费用在其中约占50%，有些产品运费甚至高于产品的生产费用，因此节约的潜力是巨大的。

由于运输总里程大，运输总量巨大，通过体制改革和运输合理化可大大缩短运输吨公里数，从而获得比较大的节约。

(二) 运输的主要方式

主要的运输方式有：铁路运输、公路运输、水路运输、航空运输、管道运输及多式联运六种。

1. 铁路运输

铁路运输是利用运行在铁轨上的火车来从事货物运输的一种方式。铁路运输有其自身的特点：

第一，一般符合规模经济和距离经济的要求，运输速度快、运输成本低，目前我国铁路平均运输时速达到140—160公里，随着铁路建设的进一步发展，平均时速可提高到200—300公里。对于大规模、长距离的货物运输来讲，铁路运输是一种有效抑制成本、提高运送生产率的方式。

第二，受地理和气候的影响较小，具有较高的连续性和可靠性，安全性也在逐步提高，对保障货物及时、准确抵达具有积极作用。

第三，铁路运输网络可遍布全国，可在大范围内实现大量运输。

第四，铁路运输需要进行货物的中转作业，在铁路始发站或到达站会发生货车间的商品中转，故装卸、搬运次数较多，影响物流速度。

第五，铁路运输弹性和灵活性不够，临时配车运输较难实现，不能实现"门到门"的服务。在近、中距离运输情况下，铁路运输的运费较高。因为车辆调配困难，铁路运输不能满足应急运输的要求。

2. 公路运输

公路运输又叫汽车运输，它是以货车为运载工具，提供商品在空间移动的物流服务，是配送货物的主要形式。一般来说，公路运输可以用来运输任何产品，但根据公路运输自身的特点，主要用来运输制造产品。公路运输的主要特点有：

第一，可实现机动、灵活、快速的输送，汽车可以在任何可通行的道路上实施运输活动，且能够随时提供物流服务。汽车在燃料、汽油补给等方面优于其他运输手段，故可对应多频度、少量配送，在时间和空间上具有相当的弹性。且车种丰富，可满足不同货物、不同层次、不同产业的运输需求。

第二，可以准确而迅速地实现"门到门"服务，公路运输不同于其他运输方式的最大特点在于货物发生地与最终到达地间不存在在车站、港湾、机场等物流节点实行货物中转，基本上不需要货物收集、输送、配货等中间环节，而实行直接输送。

第三，因汽车的载重量有限，运输单位较小，所以，公路运输属于能源消耗型运输方式，一般批量较小，不太适合批量大的运输。此外，能源效率差、搬运生产性较低、人力费和运输单价偏高都是公路运输所特有的问题。

第四，公路运输比较依赖气候和环境的变化，所以，气候和环境的影响可能会影响运送时间。

3. 水路运输

水路运输是所有运输方式中最悠久的输送形式，其运输能力比较大，运输距离比较长，单位商品的运输费用也比较低，主要用于长距离、低价值、高密度、便于用机械设备搬运的大宗货物的运输。因此，水路运输最大的优点就是成本低廉，能源消耗较低。

但是水路运输的速度在所有的运输方式中是最慢的，受天气和自然环境制约明显，运输计划很容易被打乱；水路运输所运输的货品必须在码头停靠装卸，需要进行港湾基础设施的建设，需配备专用的装卸、搬运机械；受运输路线、停靠泊位限制；货物破损率较其他运输手段高。

4. 航空运输

航空运输是利用飞机作为运载工具所进行的输送方式。航空运输已成为国际货物运输的一种常用的形式。

航空运输最大的优点是运输的速度非常快，是所有运输方式中最为迅速的输送手段，因此，适合客户急需物资，或易腐烂、易变质货物的运输；航空运输能维持较高的商品质量，飞机运输货物途中对于货物的振动和冲击较小，且管理体制和设施完善，很少发生商品破损、丢失等事故；航空运输以单个货舱为单位装载货物，能实现简易包装运输，可以节省包装的费用；减轻无货库存负担，在一般远距离或运输速度较慢的情况下，不仅存在仓库或物流中心库存，而且还会发生运输途中商品仓储库存问题，因此，总库存量巨大，而航空运输消减了库存商品数量，在途库存接近零。

航空运输的不足也很明显。如无法实现货物大量运输；受货物重量及规格限制；航空费用非常高；不能实现"门到门"运输，恶劣天气等情况可能也会影响航运及时性的实现。

航空运输的业务形式主要有班机运输、包机运输、集中托运、航空快递、送交业务、货到付款，各业务形式有自己的特点和服务对象，这里不加赘述。

5. 管道运输

管道运输是一种比较特殊的运输形式，是指用加压设施加压流体（液体或气体）或流体与固体的混合物，通过管道输送到使用地点的一种运输方式。利用管道运输的大部分物品主要是油品（原油和成品油）、天然气（包括油田伴生气）、煤浆以及其他矿浆，其运输形式是靠物体在管道内顺着压力方向循序实现的。

管道运输的优点有：第一，运输工具和运输通道合二为一，运量大，占地少，运营费用最低、能耗最小。第二，基建投资少，建设周期短。第三，受天气情况影响非常小，可以长期稳定地使用，安全可靠，连续性强。

但运用管道运输存在很多的局限性,主要是:第一,管道运输系统只能输送特定的物料,如石油、天然气、特定的粉状或粒状物料(精矿、矿石、煤或其他固体物料),运输功能比较单一,不如其他运输方式可以进行大多数物资的运输或客运。第二,只能进行定向定点运输,一般只能运输大宗、特定物料的输送,不如其他运输方式可进行双向、不定点多种物资的运输。第三,管道运输系统的输送能力一经确定便不易改变,如需增加运力,往往需要另建管道运输系统。

管道运输和其他运输方式的重要区别在于管道设备是静止不动的。管道运输就其运输对象不同可分为气体管道、液体管道、水浆管道(输送矿砂、煤粉)和压缩空气管道(输送邮件、单证)等;就其铺设位置不同可分为架空管道、地面管道和地下管道,其中地下管道居多。

6. 多式联运

多式联运,是指从装运地到目的地的运输过程中包含两种以上的运输方式。《联合国国际货物多式联运公约》对国际多式联运所下的定义是:按照多式联运合同,以至少两种不同的运输方式,由多式联运经营人把货物从一国境内接运货物的地点运至另一国境内制定交付货物的地点。而中国海商法对于国内多式联运的规定是,必须有一种方式是海运。集装箱作为连接各种运输工具的通用媒介,起到促进联合直达运输的作用。

多式联运的优势一方面体现在它克服了单个运输方式或手段所固有的缺陷,从而在整体上保证了运输全过程的最优化和效率化;从流通渠道看,多式联运有效解决了由于地理、气候、基础设施建设等各种市场环境的差异而造成的商品在产销空间、时间上的分离,从而促进了生产与销售的紧密结合。

多式联运的主要特点是:第一,简化托运、结算及理赔手续,托运人只需办理一次托运,订立一份运输合同,一次支付费用,一次保险,同时,由于采用一份货运单证,统一计费,可简化制单和结算手续,此外,一旦运输过程中发生货损货差,由多式联运经营人对全程运输负责,从而也可简化理赔手续,减少理赔费用。第二,缩短货物运输时间,减少库存,降低货损货差事故,提高货运质量。第三,多式联运方式下,各个运输环节和各种运输工具之间配合密切,从根本上保证了货物安全、迅速、准确、及时地运抵目的地,因而也相应地降低了货物的库存量和库存成本。第四,能实现"门到门"运输,这对保证供应链管理和产、销、物结合管理目标的实现有积极意义。

各运输方式都有各自的技术特性和服务特点。运输服务的利用者可以根据货物的性质、大小、必要的运输时间、运输成本预算等条件选择相适应的运输方式和运输机构,或者合理组织多种运输手段,实行复合运输或多式联运。

(三) 不同运输方式的比较与选择

表 3-1 是对各种运输方式的固定成本以及可变成本结构进行的分类和比较,表 3-2 列出了各种模式在速度、可得性、可靠性、实际能力以及频率等方面的特点。前述多式联运因为是多种运输方式的结合,故不列入比较范围。

表 3-1　各种模式的成本结构比较

铁　　路:设备、站点、铁轨等固定成本高,可变成本低
高速公路:较低的固定成本(公路是由公众出资建设的、现成的),适中的可变成本(燃料、维修等)
水　　运:适中的固定成本(船只和设备),较低的可变成本(具有可运送大吨位货物的能力)
管　　道:固定成本高(通行权、建设费用、控制站点、泵送的能力),最低可变成本(不存在大量劳动力成本)
空　　运:较低的固定成本(飞机、物料处理和货运系统),较高的可变成本(燃料、劳动力和保养等)

表 3-2　不同的运输模式的相关运营特点

运营特点	铁路	公路	水路	航空	管道
速　度	3	2	4	1	5
可得性	2	1	4	3	5
可靠性	3	2	4	5	1
运输能力	2	3	1	4	5
频　率	4	2	5	3	1
综合得分	14	10	18	16	17

注:得分最少者为最佳

速度决定运输过程中所耗费的时间,空运在所有的运输方式中是最快的。可得性是指某一种运输模式所具有的、能够服务于任何既定发货地和目的地的能力,公路运输工具因能够直接穿梭于产品的生产地和销售地之间,因此具有最强的可得性。可靠性是指就期待的或公开的运输进度表来说,某一种运输方式发生变化的可能性的大小,管道运输因服务的可持续性以及受天气和交通堵塞的制约很小,故其可靠性排名第一。实际运输能力是指某一种运输模式应对各种运输要求的能力,比如像货载尺寸的要求等,水运的实际运输能力最强。频率与预计运输的数量有关,管道运输,因为其能够在产品的生产地和销售地之间提供可持续性服务,在频率项目上同样居于前列。

(四) 运输的新变化

自 20 世纪 50 年代以来，人们就意识到铁路、水运、公路、航空和管道等运输方式必须协调发展，合理分工。综合看来，运输的新变化主要体现在以下几个方面：

1. 运输的智能化

随着信息传播、处理和决策等科学技术的发展，智能化成为交通运输系统的一个发展趋势。所谓智能运输系统（Intelligent Transportation System，简称 ITS），就是将信息处理、通信、控制，以及高科技的电子技术等最新的科研成果，应用于交通运输网络中。它与传统的交通管理系统最显著的区别是，将服务对象的重点由以往的管理者转向道路使用者，即用先进的科技手段向道路用户提供必要的信息和便捷的服务，以减少交通堵塞，从而达到提高道路通过能力的目的。另外，从系统论的角度来看，ITS 将道路管理者、用户、交通工具及设施有机地结合起来并纳于系统之中，提高了交通运输网络这个大系统的运行效率。ITS 系统的功能主要包括信息提供、安全服务、计收使用费和减少交通堵塞等方面。系统向道路管理者和用户提供的主要是道路交通情况的实时信息及相关的其他信息，如天气等；而安全服务的内容则有危险警告、人车事故预防、行车辅助等，它们通过不同的方式来帮助减少交通事故；费用收取主要是以电子方式自动地向用户收取道路使用费或车辆停放费等。当然，系统还可以根据人们的需要提供更多的服务。

智能运输系统是在重点以公路运输系统智能化发展的基础上发展起来的，各国的 ITS 虽然在研究的领域和内容上不尽相同，但都是本着提高交通运输效率，改善交通安全以及减少由于交通运输给环境带来的不良影响等方面来进行研究的。

在铁路先进列车控制系统的思想体系中，列车运行管理系统、列车运行调度系统等都是通过基于客户机——服务器结构、分布式数据通信网、分布式数据库和现代人工智能的技术，使系统自动收集列车运行数据，协助调度人员进行列车运行调度，控制列车运行的。

水路运输系统的智能化主要包括船舶智能化、岸上支持系统智能化和船舶交通管理系统智能化三方面。

航空系统的智能化主要是通过基于卫星的通信、导航和监视对空中的交通管制进行改进。改进后的空中交通管制在空中流量管理、技术管制、航区的飞行等方面发生了一系列的变化。

2. 运输的高速化和重载化

运输的高速化和重载化主要体现在铁路运输方面。

半个世纪以来，发达国家的铁路竞相采用高新技术，在重载、高速和信息技术等方面取得了重大突破。高速运输是现代铁路发展的方向。高速铁路克服了普通铁路速度低的不足，运送速度快，能力大；能有规律、稳定的运送和货物，受天气影响较小；安全、正点；能耗低于飞机和汽车；可使用各种能源发电，供电力牵引使用；有利于环保。因此，重载运输已成为世界各国铁路运输货物运输发展的共同趋势。目前京沪线、京哈线、京广线等全国铁路六大干线普遍开行5 000吨的重载列车，部分线路达到5 300吨—6 500吨，大秦线已普遍开行万吨的重载列车，并成功开行了每天70组重载列车。截至2005年底，全国5 000吨及以上的重载运输线路里程达到1.13万公里，主要包括京哈线、哈大线、京沪线、大秦线、大淮线、京秦线、新月线、同蒲线、滨洲线、滨绥线等。

公路货运车辆高速化和重载化运输是非常复杂的问题，高速和重载对社会、经济和法制环境都有相当的危害，需综合考虑，由于其影响方面众多，不能仅以单一指标的改善作为终极目标。公路重载运输社会经济影响评估的基本模型包含货运需求、车辆使用、运输成本、车型演化与路面性能这五个子系统。车辆高速化和载重化程度对环境及交通安全的影响、车辆运输的空间特征等的研究也正在进行。

3. 运输的复合化

各种运输方式在产生和发展过程中，承运人仅在自己的业务范围内独立组织和完成运输任务，托运人为了将货物运到目的地，有时要与多个运输单位签订运输合同，并多次结算费用和办理保险。为了解决这种运输组织形式带来的问题，货运代理应运而生，即由一个运输机构或运输经营人对货物运输全程负责，完成和组织包括从起运地接受货方的货物开始到运输至最终目的地交货位置的时间内所涉及的全部运输、衔接和运输服务业务，而货主只要与这个机构或经营人签订一份全程运输合同，一次性交付费用，办理一次保险，就可以实现货物的全程运输。

采用多式联运的方式有利于发挥综合运输的优势，合理组织各种运输方式的衔接和配合，选择最佳的运输方式和最佳的运输路线，加速货物和资金的周转，充分发挥综合运输的整体功能。

国际货物的多式联运可以为货主提供全程所有的运输服务。目前国际多式联运大都是集装箱运输。国际多式联运由于手续简单、中间环节少、运输成本低、以较高运输组织水平实现合理运输等优点，逐渐得到各个方面的认可，并逐步发展起来。

4. 运输的集装箱化

集装箱运输是交通运输现代化的产物,自 1956 年大西洋轮船公司(后更名为海陆联运公司)首先开始海陆集装箱联运以来,各大航运公司纷纷效仿,集装箱运输也迅速发展起来。利用集装箱运输货物,可以提高货物的装卸效率和运输工具的利用率,加快货物和资金的周转,节约包装和运杂费用。集装箱运输打破了各种运输方式之间的严格界限,使其成为一个统一的运输整体,实现了产、运、销的门到门快速联运线。

大陆桥运输是以铁路或公路运输系统为中间桥梁把大陆两端的海洋运输连接起来的运输方式,实质是海陆联运。一般所说的大陆桥运输,是指采用符合国际标准化组织(ISO)规定的 20 英尺或 40 英尺集装箱,装载在直达专用列车上,利用大陆作为中间桥梁,将其大陆两边的海上运输线连接起来,形成跨越大陆、连接海洋的国际集装箱连贯运输方式,因此大陆桥运输实际上是"国际铁路集装箱运输"。世界上主要的大陆桥有美国大陆桥、加拿大大陆桥、西伯利亚大陆桥,1990 年,我国铁路北疆线与苏联土西铁路(现为哈萨克斯坦铁路)正式接轨,标志着与西伯利亚大陆桥平行的欧亚第二条大陆桥的贯通。

5. 运输的绿色化

经济的发展,使得商品的运输量增多,而现在的汽车、火车、飞机、轮船等运输工具都是主要的环境污染源。为了减少环境污染,新的运输工具,如电动汽车、以甲醇为原料的汽车等相继被开发出来,但因经济性问题,还未大量投入使用。

传统运输是相对于现在绿色运输而言的,传统运输存在着很多弊端。如,基础设施建设占用了大量的耕地和有经济价值的土地资源;运输过程中耗用了大量的能源,产生了大量的空气污染,据研究报道,运输是空气污染的主要制造者,空气中有 67% 的一氧化碳,42% 的氮氧化合物和 44% 的悬浮物质都是运输产生的;交通是最主要的噪声源,包括交通工具发动机、喇叭、汽笛等的噪声,也包括交通基础设施建设过程中的施工机械的噪声污染;交通运输产生大量的固体废弃物污染;交通事故频繁且后果严重;产生大量不合理运输。

而所谓绿色运输,指的是以节约能源、减少废气排放为特征的运输,绿色运输是绿色物流的一项重要内容。根据运输环节对环境影响的特点,运输绿色化的关键原则就是降低运输工具的行驶总里程。围绕这一原则的绿色运输途径有多种:

(1) 绿色运输方式,即结合其他几种运输方式,降低公路运输的比例。

(2) 环保型运输工具,主要是针对货运汽车,采用节能型的或以清洁燃料为动力的汽车。

（3）绿色物流网络，即路程最短的、最合理的物流运输网络，以便减少无效运输。

（4）绿色货运组织模式，指的是城市货运体系中，通过组织模式的创新，降低货车出动次数、行驶里程、周转量等。

随着科技的进步，交通运输业正向着智能化、高速化、重载化、综合化、环保化的方向发展。针对现代物流的要求，发展公路、铁路、水运和航空的联运，高速货运、集装箱运输，建立集约化的仓储等物资流通中心，实行物资的及时和综合配送等，也成为交通运输业的主要方向。在这些物流业务不断分化和组合的过程中，交通运输在行业内部形成了自己的专业化分工。从而形成了一个系统的运输网络，为企业构建自己的供应链提供了平台，为物流管理的社会化提供了基础条件。

案例 3-1

运输企业的转型

德国是一个物流业发达的国家，表现在：第一，大量制造企业和商业企业将运输服务、装卸搬运、仓储业务、包装及流通加工交给第三方物流公司，形成了发达的物流产业；第二，第三方物流公司，包括几千人的大型跨国物流集团，仅极少数拥有自己的车队，绝大多数将运输业务转交给专业运输车队。现通过原民主德国一国有运输公司的案例，说明运输公司如何适应物流需求发展壮大。

1. NEVAG 公司现状

NEVAG 公司的前身是梅克伦堡州运输交通公司（原译名），相当于我国的省级运输公司。1993 年实行私有化，公司由单纯的州货物运输公司，逐步发展为集运输、仓储、配送功能为一体的中型物流企业。NEVAG 注册资本 1 300 万欧元，年利润 300 万欧元，现有员工 440 人，拥有车辆 220 辆。公司总部在梅克伦堡州新勃兰登堡市，主营业务包括：

冷藏冷冻货物限时运输（欧洲境内 48 小时门到门，德国境内 24 小时门到门）；

冷藏冷冻货物仓储与配送服务（24 小时装载、卸货、发运）；

原料牛奶收集；

多式联运及报关。

2. 经验与启示

（1）抓住机遇，改制成功

1990 年，民主德国地区刚刚实行市场经济，NEVAG 并没有急于私有化，将原国有资本（如车辆、地盘）瓜分、出卖，然后坐吃老本，而是通过股份制，明确了产权、使用权和管理权,强化了公司从州级到地区级的主干组织和业务网络。正因为如此,1993年才被史蒂勒斯家族所看中,出资收购。反观其他5个原民主德国州(原民主德国共有6个州)的运输公司,无一存活。

(2) 集中力量更新设备,走专业化道路

1993年,通过私有化筹到资金后,及时更新车辆,将原有普通火车淘汰,大力发展大型专业化运输车队,如冷藏集装箱车、原料牛奶灌装冷藏车、深度冷冻集装箱车等。这些车有很强的温度控制功能,冷藏车货箱温度保持在4℃以下,冷冻车保持在－18℃。由于车辆价值昂贵,每台车价值高于10万欧元,一般个人或小型运输公司难以购置,避免了现在在普通货物运输市场上的激烈竞争,保证了持续获得较高利润。

(3) 看准物流客户需求,伴随客户一起成长

1990年后,随着原联邦德国地区的大型零售商向东扩张,NEVAG公司利用自己的设备和网络优势,承接了多家超市连锁商店(如阿尔迪(ALDI)、爱威(REWE))的奶制品配送服务。随着这些超市在民主德国地区的发展,NEVAG公司也垄断了原民主德国6州的原料奶和奶制品运输市场,业务范围发展到全欧洲,而阿尔迪也成为欧洲最大的连锁超市,其公司老板阿尔迪兄弟几年来牢牢占据德国财富排名第一的位置。

(4) 财产管理与体制改革同步进行,资本滚动做大

1990年改制和1993年私有化后,公司的资产管理非但没有放松,反而由于产权、使用权、管理权的责任分明和长期固定,设备得到了很好的保养和维修,现有车辆的70%是1993年、1994年购置的,运行性能良好。另外,在通过运输获得收益后,及时投资修建冷藏仓库和冷冻仓库,发展仓储、配送、报关等一系列增值服务,完成了由一个州的运输公司向一个面向欧洲的现代化物流公司的质的飞跃。

二、配送管理

(一) 配送概述

1. 配送的概念

国家质量技术监督局在2001年颁布的《中华人民共和国国家标准——物流

术语》中,对配送作了如下定义:

配送(distribution)是指在经济合理区域范围内,根据用户要求,对物品进行挑选、加工、包装、分割、组配等作业,并按时送达指定地点的物流活动。

另外一个被广泛认同的定义是:配送就是根据用户的要求,在物流据点内进行分拣、配货等工作,并将配好的货送交收货人的过程。

配送是物流中一种特殊的、综合的活动形式,是商流与物流紧密结合,包含了商流活动和物流活动,也包含了物流中若干功能要素的一种形式。

从物流来讲,配送几乎包括了所有的物流功能要素,是物流的一个缩影或在某小范围中物流全部活动的体现。一般的配送集装卸、包装、保管、运输于一身,通过这一系列活动完成将货物送达的目的。特殊的配送则还要以加工活动为支撑,所以包括的方面更广。但是,配送的主体活动与一般物流却有不同,一般物流是运输及保管,而配送则是运输及分拣配货,分拣配货是配送的独特要求,也是配送中有特点的活动,以送货为目的的运输则是最后实现配送的主要手段,从这一主要手段出发,常常将配送简化地看成运输中之一种。

从商流来讲,配送和物流不同之处在于,物流是商物分离的产物,而配送则是商物合一的产物,配送本身就是一种商业形式。虽然配送具体实施时,也有以商物分离形式实现的,但从配送的发展趋势看,商流与物流越来越紧密的结合,是配送成功的重要保障。

概括而言,以上关于配送的概念反映出了如下信息:

(1) 配送是最终资源配置

配送是资源配置的一部分,是"最终资源配置"。在社会再生产过程中,配送处于接近用户的那一段流通领域。接近顾客是经营战略至关重要的内容。美国兰德公司对《幸福》杂志所列的 500 家大公司一项调查表明,"经营战略和接近顾客至关重要",证明了这种配置方式的重要性。因此,可以说,配送是接近顾客的配置,是从物流节点至用户的终端运输。

(2) 配送实质是送货

配送是一种送货,但和一般送货有区别:一般送货可以是一种偶然的行为,而配送却是一种固定的形态,甚至是一种有确定组织、确定渠道,有一套装备和管理力量、技术力量,有一套制度的体制形式。所以配送是高水平的送货形式。

(3) 配送是一种"中转"形式

配送是从物流节点至用户的一种特殊送货形式。从送货功能看,其特殊性表现在:从事送货的是专职流通企业,而不是生产企业;配送是"中转"型送货,而一般送货尤其从工厂至用户的送货往往是直达型;一般送货是生产什么送什么,有什么送什么,配送则是企业需要什么送什么。所以,要做到需要什么送什么,就必须在一定中转环节筹集这种需要,从而使配送必然以中转形式出现。当然,广义上,许多人也将非中转型送达货物纳入配送范围,将配送外延从中转扩大到非中转,仅以"送"为标志来划分配送外延,也是有一定道理的。

(4) 配送是"配"和"送"的有机结合

配送与一般送货的重要区别在于,配送利用有效的分拣、配货等理货工作,使送货达到一定的规模,以利用规模优势取得较低的送货成本。如果不进行分拣、配货,有一件运一件,需要一点送一点,这就会大大增加动力的消耗,使送货并不优于取货。所以,追求整个配送的优势,分拣、配货等项工作是必不可少的。

(5) 配送以用户要求为出发点

在定义中强调"按用户的订货要求",明确了用户的主导地位。配送是从用户的利益出发,按用户要求进行的一种活动,因此,在观念上必须明确"用户第一""质量第一",配送企业的地位是服务而不是主导地位,因此不能从本企业利益出发,应从用户利益出发,在满足用户利益基础上取得本企业的利益。更重要的是,不能利用配送货损伤或控制用户,不能利用配送作为部门分割、行业分割、割据市场的手段。要注意的是,过分强调"按用户要求"是不妥的,用户要求受用户本身的局限,有时实际会损失自我或双方的利益。对于配送者讲,必须以"要求"为据,但是不能盲目,应该追求合理性,进而指导用户,实现共同受益的商业原则。

2. 配送的分类

按照不同的分类标准,配送可以分为很多不同的类型。

(1) 按配送组织主体分类

按照配送组织的主体或者说按实施配送的节点不同进行分类,配送可分为配送中心配送、仓库配送、商店配送。

配送中心配送的。组织主体是专门从事配送的配送中心。配送中心的规模通常比较大,可按配送需要储存各种商品,储存量也较大。配送中心的建设及工艺流程是根据配送需要专门设计的,所以配送能力大,配送距离较远,配送品种多,配送数量大。可以承担工业企业生产用主要物资的配送、零售商店补充商品的配送、向配送商店实行补充性配送等。配送中心配送是配送的重要形式,也是我国现代物流的发展方向。

仓库配送通常是以仓库为据点进行的配送。它可以是将仓库完全改造成配送中心,也可以是在保持原仓库储存保管功能的前提下,增加一部分配送职能,使其成为专业的配送中心。由于可以利用原仓库仓储保管设施及能力、收发货场地、交通运输线路等,所以仓库配送仍然是一种重要的配送类型。

商店配送的组织主体是商业或物资的门市网点,这些网点主要承担零售,规模一般不大,但经营品种较齐全。这种配送组织者实力很有限,往往只是小量、零星商品的配送。商业及物资零售网点比较多,配送半径比较短,所以更加灵活机动,可以承担生产企业重要货物的配送和对消费者个人的配送,它们对配送系统的完善起着重要的作用,是配送中心的辅助及补充的形式。

(2) 按配送商品数量和种类分类

按照配送商品的数量和种类分,配送可分为少品种大批量配送、多品种小批量配送、配套型配送。

少品种(或单品种)、大批量配送,其特点在于配送量大,品种单一或较少,可以使车辆满载并使用较大载重的车辆,从而提高车辆利用率,因而配送成本较低。其主要使用类型是生产企业、商业贸易领域,不太适合终端消费领域。

多品种、小批量、多批次配送,是按用户需求,将用户所需要的各种物品配送齐全,并进行配载后送达用户。通常,配送的优势体现在多品种、小批量的配送中,这种方式也正切合现代"消费多样化""需求多样化"的新观念。这种配送类型主要适用于对配送频率要求较高的企业销售和供应领域,也适用于电子商务领域。

配套型配送,是按照生产企业或建设单位的要求,将其所需要的多种物资或配套产品配备齐全后直接运送到生产厂家或建设工地的一种配送方式。通常,生产零配件的企业向总装厂供应协作件时多采用这种形式。配套型配送有利于生产企业专注于其生产业务,有利于建设单位加快设施工程进度。

(3) 按企业经营环节分类

按照企业经营环节来分,配送可以分为分销配送和供应配送。

分销配送。分销配送是企业为落实营销战略所实行的促销型配送。企业的市场经营状况是配送活动开展的前提,配送是企业提高企业竞争力和客户满意度的重要手段。而且,由于受销售情况的限制,分销配送的随机性较强而计划性相对较差。

供应配送。供应配送是企业为了自己的产品供应需要而采取的配送服务方式。供应配送的主要目的是为了保证生产或销售,提高商品或原材料的供应能力。供应配送应用领域主要是生产型大型企业、企业集团或商业连锁超市集团公司。

(4) 按配送时间和配送商品数量分类

按照配送时间和配送商品数量来分,配送可以分为定时配送、定量配送、定时定量配送、定时定路线配送、即时配送等种类。

定时配送是按规定的时间间隔进行配送。这种配送方式由于时间固定，所以易于安排工作计划、易于安排使用车辆，对于用户来讲也易于安排接货力量（如人员、设备等）。

定量配送是指按照规定的数量，在一个指定的时间内进行配送。这种配送方式所配送的货物数量比较固定，备货工作比较方便，可以依据托盘、集装箱及车辆的装载能力来测定配送的数量，从而可以有效利用托盘、集装箱等集装方式做到整车配送，因此配送的效率较高。定量配送的不足之处在于，由于每次配送的数量保持不变，因此不够机动灵活，有时会增加用户的库存，造成库存过高或销售积压等问题。

定时定量配送是按照规定的时间和数量来组织配送，兼有定时配送和定量配送两种形式的优点，但是对配送组织要求较高，计划难度大，实际操作较为困难。定时定量配送一般适用于专业化程度较高的生产配送中心配送。

定时定路线配送是指在规定的运行路线上，制定到达时间表，按运行时间表进行配送，也可以称为班车配送或列车时刻表配送。这种配送方式对于配送企业而言，有利于安排车辆运行及人员配备，比较适合用于用户比较集中，用户需求较为一致的环境。对于用户来说，这种配送方式既可以在一定路线、一定时间进行选择，又可以有计划地安排接货。然而，由于这种配送方式的配送时间和配送路线不变，因而对用户的适应性较差，灵活性或机动性不强。

即时配送是指完全按照用户提出的送货时间和送货数量，随时进行配送的组织方式。这是一种灵活性很强的应急配送方式。对于客户而言，可以用即时配送来代替保险储备。其优点是适应用户要求的能力强，对提高企业的管理水平和作业效率有利。目前，即时配送已经有了较大的发展，并作为用户企业实现零库存的手段，因此具有广阔的发展前景。

（5）按加工程度分类

按照加工程度来分，配送可分为加工配送和集疏配送两种。

加工配送是与流通加工相结合的配送方式，也就是在配送据点中设置流通加工功能，或者流通加工与配送据点组成一体化的配送方式。流通加工与配送相结合，可以使流通加工更加具有针对性和增值性。

集疏配送是一种只改变产品数量的组织形式，是不改变产品本身的物理、化学性质，并与干线运输相结合的配送方式。集疏配送多表现为大批量进货后，小批量多批次发货，或零星集货后形成一定批量后再送货等。

（6）按配送专业化程度分类

按照配送专业化程度来分，配送可分为综合配送和专业配送两种。

综合配送所配送的商品的种类比较多,且来源渠道不同,但在一个配送网点中组织不同专业领域的产品向用户配送,因此综合性较强。

综合配送的局限性在于产品性能和品质差别很大,在组织时技术难度较大。因此,综合配送只适合于具有一定共同性的大类产品,而对于差异性较大的产品则难以实现综合化。

专业配送是按照产品大类的不同来划分专业领域的配送方式。专业配送的优势是可根据专业的共同要求来优化配送设施,优选配送机械及配送车辆,从而制定适应性较强的配送流程,大幅提高配送各环节的效率。在专业配送领域已经形成了多种形式,如小杂货配送、钢材配送、生鲜食品配送、家具配送、家电配送等。

(二) 配送中心

1. 配送中心的概念

《物流术语》国家标准对配送中心(Distribution Center)的定义是"从事配送业务具有完善的信息网络的场所或组织,应基本符合下列要求:① 主要为特定的用户服务;② 配送功能健全;③ 辐射范围小;④ 多品种、小批量、多批次、短周期;⑤ 主要为末端客户提供配送服务"。

根据日本出版的《物流手册》的定义,配送中心是从供应者手中接受多种大量货物,进行倒装、保管、分货、拣选、配货流通加工和信息处理等作业,然后按照众多需要者的订货要求备齐货物,以高水平实现销售和供应服务的现代组织机构和物流设施。

配送中心是基于物流合理化和发展市场两个需要而发展的,是以组织配送式销售和供应,执行实物配送为主要功能的流通型物流节点。它很好地解决了用户小批量多样化需求和厂商大批量专业化生产的矛盾,因此,逐渐成为现代化物流的标志。

2. 配送中心的类型

从理论上和配送中心的作用上,可以有许多理想的分类。配送中心的功能、构成和运营方式就有很大区别,因此,在配送中心规划时应区分配送中心的类别及其特点。

第一,按配送中心的经济功能可分为供应型配送中心、销售型配送中心、储存型配送中心和加工型配送中心。

供应型配送中心以向客户供应商品,提供后勤保障为主要特点。这类配送中心大多与生产企业、大型商业组织建立起相对稳定的供需关系,为其供应原材料、零配件或者零售商品，一般路线较为固定，有大批量、多品种的特点。

销售型配送中心是以销售经营为目的，借助配送这一服务手段来拓展经营活动。多为商品生产者和经营者为促进商品的销售，通过为客户代办理货、加工和送货等服务手段来降低物流成本，提高客户满意度。这类配送中心是典型的配销经营模式，反应能力强，灵活性好，从事多品种、少批量、多用户的配送较有优势。销售型配送中心面向消费者，因而配送中心多建在城市周围，采用对品种混装配送。销售配送中心大体有三种类型：一种是生产企业为本身产品直接销售给消费者的配送中心，在国外，这种类型的配送中心很多；另一种是流通企业作为经营的一种方式，建立配送中心以扩大销售，我国目前拟建的配送中心大多属于这种类型，国外的例证也很多；第三种，是流通企业和生产企业联合的协作性配送中心。比较起来看，国外和我国的发展趋向，都向以销售配送中心为主的方向发展。

储存型配送中心充分强化商品的储存和储备功能，在充分发挥储存作用的基础上开展配送活动。一般来讲，在买方市场下，企业成品销售需要有较大库存支持，其配送中心可能有较强储存功能；在卖方市场下，企业原材料、零部件供应需要有较大库存支持，这种供应配送中心也有较强的储存功能。大范围配送的配送中心，需要有较大库存，也可能是储存型配送中心。我国的储存型配送中心多起源于传统的仓储企业，目前拟建的配送中心，都采用集中库存形式，库存量较大，多为储存型。瑞士 GIBA—GEIGY 公司的配送中心拥有世界上规模居于前列的储存库，可储存 4 万个托盘；美国赫马克配送中心拥有一个有 16.3 万个货位的储存区，可见存储能力之大。

加工型配送中心主要对商品进行清洗、下料、分解、集装等活动，储存作业和加工作业占主导地位。我国上海市和其他城市已开展的配煤配送，配送点中进行了配煤加工，上海六家船厂联建的船板处理配送中心，原物资部北京剪板厂都属于这一类型的中心。由于流通加工多为按照用户要求进行单品种大批量的加工作业，分类作业量小，一般不设分拣、配货流程环节。在建筑材料如水泥、钢板等商品的配送供应中，通常需要大量的加工活动，在生产资料的配送活动中有加工型配送中心。

第二，按配送中心的辐射范围可分为城市配送中心和区域配送中心。

城市配送中心是以城市范围为配送范围的配送中心，由于城市范围一般处于汽车运输的经济里程，可直接配送到最终用户，且采用汽车进行配送。所以，这种配送中心往往和零售经营相结合，由于运距短，反应能力强。因而从事多品种、少批量、多用户的配送较有优势,其服务对象多为连锁零售商业的门店或最终消费者。

区域配送中心库存商品准备充分,以较强的辐射能力和库存准备,向省(州)、市际、全国乃至国际范围的用户配送商品。这种配送中心配送规模较大,一般而言,用户也较大,配送批量也较大。其服务对象经常是下一级的城市配送中心,也为营业所、批发商、零售商或生产企业用户服务。虽然也从事零星的配送,但不是主体形式。例如一些大型连锁集团建设的区域配送中心,主要负责某一区域范围内部分商品的集中采购,再配送给下一级配送中心。这种类型的配送中心在国外十分普遍,阪神配送中心、美国马特公司的配送中心、蒙克斯帕配送中心等就属于这种类型。

3. 配送中心的主要功能

配送中心在以下几个方面发挥较好的作用:① 减少交易次数和流通环节;② 产生规模效益;③ 减少客户库存,提高库存保证程度;④ 与多家厂商建立业务合作关系,能有效而迅速地反馈信息,控制商品质量。配送中心是现代电子商务活动中开展配送活动的物质技术基础。

配送中心与传统的仓库、运输不同,一般的仓库只重视商品的储存保管功能,一般传统的运输只提供商品运输配送的功能,而配送中心重视商品流通的全方位功能,同时具有商品储存保管、流通行销、分拣配送、流通加工及信息提供的功能(见图3-1)。

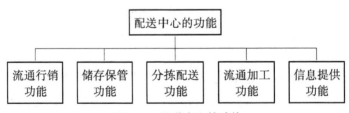

图3-1 配送中心的功能

(1) 流通营销功能。流通营销是配送中心的一项重要功能,尤其在现代化工业的时代背景下,各项信息媒体发达,加上商品品质的稳定及信用度提高,因此有许多的直销经营者利用配送中心,通过电视或互联网等行销商品。此种商品营销方式大大降低了购买成本,因此广受消费者的喜爱。例如在国外有许多物流公司的名称就是以营销公司命名。

(2) 仓储保管功能。商品的交易完成之后,除了采用直配直送的批发之外,均将商品经过实际入库、保管、流通加工包装而后出库。在配送中心一般都有库存保管的储区,为了防止缺货,或多或少都有一定的安全库存。安全库存的数量视商品的特性及生产前置时间的不同而不同。一般国内制造的商品库存较少,而国外制造的商品因船期的原因库存较多,约为2—3月;另外生鲜产品的保存期较短,因此保管的库存量比较少;冷冻食品因其保存期限较长,因此保管的库存量比较多。

(3) 分拣配送功能。配送中心发挥的另一个功能就是分拣配送,不同的客户对于商品的种类、规格、数量等会提出不同的要求,配送中心就是为了满足多品种小批量的客户需求而发展起来的,因此配送中心必须根据客户的要求进行集货、分拣、备货、配装作业,并以最快的速度送达客户手中,或者是早于指定时间配送到客户。配送中心的分拣配送效率是物流质量的集中体现,是配送中心的最重要的功能。

(4) 流通加工功能。配送中心的流通加工作业包含分类、磅秤、大包装拆箱改包装、产品组合包装、商标、标签粘贴作业等。这些作业是提升配送中心服务品质的重要手段。

(5) 信息提供功能。配送中心除了具有行销、储存保管、配送、流通加工等功能外,还为配送中心本身及上下游企业提供各式各样的信息情报,以供配送中心营运管理策略指定、商品路线开发、商品销售推广策略指定参考。例如哪一个客户订多少商品,哪一种商品比较畅销,从计算机的 EIQ 分析资料中非常清楚,甚至可以将这些宝贵资料提供给上游的制造商及下游的零售商作经营管理的参考。

4. 配送中心的规划与设计要求

配送中心是以组织配送式销售和供应,执行实物配送为主要机能的流通型物流结点。配送中心的建设是基于物流合理化和发展市场两个需要而发展的。所以配送中心就是从事货物配置(集货、加工、分货、拣选、配货)和组织对用户的送货,以高水平实现销售和供应服务的现代流通设施。

我国国家标准物流术语中规定,从事配送业务的物流场所和组织,应符合下列条件:① 主要为特定的用户服务;② 配送功能健全;③ 完善的信息网络;④ 辐射范围小;⑤ 多品种,小批量;⑥ 以配送为主,储存为辅。

配送中心是一个系统工程,其系统规划包括许多方面的内容,如图 3-2 所示。应从物流系统规划、信息系统规划、运营系统规划等三个方面进行规划。物流系统规划包括设施布置设计、物流设备规划设计和作业方法设计;信息系统规划也就是对配送中心信息管理与决策支持系统的规划;运营系统规划包括组织机构、人员配备、作业标准和规范等的设计。通过系统规划,实现配送中心的高效化、信息化、标准化和制度化。

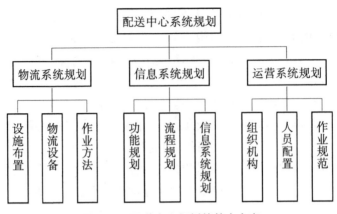

图 3-2　配送中心规划的基本内容

5. 配送中心设计与规划的要素

配送中心的设计与规划除了必须先了解是属于哪一种配送中心外,还要注意配送中心的规划要素,也就是指 E、I、Q、R、S、T、C 等几个英文字母,它分别代表的意义如下所示:

E—Entry:指配送的对象或客户

I—Item:指配送商品的种类

Q—Quantity:指配送商品的数量或库存量

R—Route:指配送的通路

S—Service:指物流的服务品质

T—Time:指物流的交货时间

C—Cost:指配送商品的价值或建造的预算

(三) 配送作业管理

1. 配送的基本环节

从总体上看,配送是由备货、理货和送货等三个基本环节组成的,其中每个环节又包含着若干项具体的、枝节性的作业活动。

(1) 备货。它是配送的准备工作和基础环节,其目的在于把用户的分散需求集合成规模需求,通过大规模的采购,来降低进货成本,在满足用户要求的同时也提高了配送的效益。严格来说,备货应当包括两项具体活动:筹集货物和储存货物。

筹集货物:在不同体制下,筹集货物(或者说是组织货源)是以不同的行业为主体去完成的。若生产企业直接进行配送,筹集货物的工作由企业自己组织完成。在专业化流通体制下,筹集货物的工作则会出现两种情况:一种是由提供配送服务的配送企业直接承担,此项工作一般是通过向生产企业订货或购货完成;另一种是订货、购货等筹集货物的工作由货主(接受配送服务的需求者)自己去做,配送组织只负责进货和集货等工作,货物所有权属于货主。所以不管具体做法怎样不同,就总体活动而言,筹集货物都是由订货或购货、进货、集货及相关验货、结算等一系列活动组成的。

储存货物:储存是购货、进货的延续,是维系配送活动连续运行的资源保证。在配送活动中,货物储存有两种表现形态:一种是暂存形态;另一种是储备(包括保险储备和周转储备)形态。暂存形态的储存是按照分拣、配货工序的要求,在理货场地储存少量货物,是为了适应"日配""及时配送"的需要而设置的,其数量多少对下一环节的工作方便与否产生很大影响。储备形态的储存是按照一定时间配送活动的要求和根据货源的到货情况有计划地确定的,它是使配送持续运作的资源保证。如上所述,用于支持配送的货物的两种储备,不管是哪一种形态的,相对来说,数量都比较多。据此,货物储备合理与否,会直接影响配送的整体效益。

(2) 理货。它是区别于一般送货的重要标志,是配送活动中必不可少的重要内容。理货包括货物分拣、配货和包装等项作业。

货物分拣指采用适当的方式和手段,从储存的货物中分拣出用户所需要的货物。

(3) 送货。它是配送活动的核心,是备货和理货工序的延伸,也是配送的最终环节,要求做到确保在恰当的时间,将恰当数量的恰当货物,以恰当的成本送达恰当的用户。在物流活动中,送货的形态实际上就是货物的末端运输。由于配送中的货物需要面对众多的客户,并且要多方向运动,因此在送货的过程中,经常进行运输方式、运输路线和运输工具的选择。按照配送合理化的要求,必须在全面计划的基础上,制定科学的、距离较短的货运路线,选择经济、迅速、安全的运输方式和适宜的运输工具。

2. 配送的作业流程

不同类型的配送中心,其作业流程的长短不一,内容各异;但是作为一个整体,其作业流程又是统一的、一致的。下面分一般流程和特殊流程分别介绍配送中心的作业流程。

(1) 配送的一般作业流程。所谓一般作业流程指的是作为一个整体来看,配送中心在进行配送作业时所展现的常规流程。配送的一般流程如图3-3所示。

这种流程可以说是配送中心的典型流程,其主要特点是:配送中心内有较大的存储场所,分货、拣选、配货场所及装备也较大。

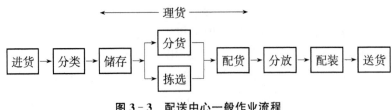

图 3-3 配送中心一般作业流程

(2) 配送的特殊作业流程。特殊作业流程是指某类型配送中心执行不同的任务、进行配送作业时所经过的程序。其中包括不带存储库的配送中心流程、加工配送型配送中心流程和批量转换型配送中心流程。

不带存储库的作业流程：在流通实践中，有的配送中心主要从事配货和送货活动，即专门以配送为职能，它本身不设置储存库和存货场地，而将存储场所转移到配送中心之外的其他地点。因此，在其作业流程中，没有储存工序。为了保证配货、送货工作的顺利开展，有时配送中心也暂存一部分货物，暂存设在配货场地中，在配送中心中不单设储存区。实际上，在这类配送中心内部，货物暂存和配货作业是同时进行的。在现实生活中，配送生鲜食品的配送中心通常都按照这样的作业流程开展业务活动。其作业流程如图 3-4 所示。

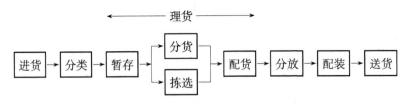

图 3-4 不带储存库的配送中心作业流程

加工型配送中心作业流程如图 3-5。

图 3-5 加工配送型配送中心作业流程

加工型配送中心多以加工产(成)品为主，因此在其配送作业流程中，存储作业和加工作业居主导地位。通常这种中心流程的特点是：进货是大批量、单品种的产品，因而分类的工作不重或基本上无须分类存放。储存后按照用户要求进行加工。因此，加工后便可直接按用户分放、配货。所以，这种类型的配送中心有时不单设分货、配货或拣货环节。配送中心加工部分及加工后分放部分占较多位置。

转换批量型配送中心作业流程如图 3-6。

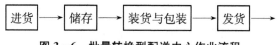

图 3-6 批量转换型配送中心作业流程

这是将批量大、品种较单一产品进货,转换成小批量发货式的配送中心。不经配煤、成型煤加工的煤炭配送和不经加工的水泥、油料配送的配送中心大多属于这种类型。这种配送中心的作业流程十分简单,基本不存在分类、拣选、分货、配货、配装等工序,但是由于是大量进货,储存能力较强,储存工序和装货工序是主要工序。

(四) 协同配送

1. 协同配送的概念

协同配送(common delivery)又称为共同配送,是为了提高物流效率,由许多企业一起进行配送。协同配送也称共享第三方物流服务,指多个客户联合起来共同由一个第三方物流服务公司来提供配送服务。它是在配送中心的统一计划、统一调度下展开的。按日本运输省的定义,协同配送是指:"在城市里,为使物流合理化,在几个定期运货需求的合作下,由一个卡车运输业者使用一个运输系统进行的配送。"也就是说,协同配送把过去按不同货主、不同商品分别进行的配送,改为不区分货主和商品集中运货的"货物及配送的集约化",也就是把货物都装入同一条路线运行的车上,用同一台卡车为更多的顾客运货。

协同配送的目的在于最大限度地提高人员、物资、金钱、时间等物流资源的效率,取得最大效益,即达到降低成本的同时提高服务;此外,还可以去除多余的交错运输,并取得缓解交通、保护环境等社会效益。

虽然目前共同配送在发达国家已经成为一种潮流,但它并不是一个全新的概念。早在1950年,日本开始考虑"协同配送"的方式;1961年,美国哈灵顿仓储服务公司就将Quaker公司、General Mills公司、Pillsbury公司以及其他公司的日用食品杂货订单整合成一个整车运输发往同一个销售商,这就大大降低了运输成本。在当时,这种做法只是被简单地称为"库存整合"。

2. 协同配送的功能

协同配送是经过长期的发展和探索形成的一种配送形式,也是现代社会中广泛采用、影响面较大的一种配送方式。协同配送的功能可以从两个角度分析。

从货主(厂家、批发商、零售商)的角度来看,共同配送可以提高物流效率,由于共同配送是多个货主企业共享一个第三方物流服务公司的设施和设备,从而由多个货主共同分担配送成本,降低了成本。另外,通过整合多个不同货主的零散运输变成整车运输,运输费用在降低。共同配送还可以降低每个货主的日常费用支出,降低新产品上市时的初始投资的风险。

从第三方物流服务商的角度来看,共同配送同样可以降低他们的成本,从而间接地为其客户带来费用的节省。著名的美国第三方物流商 Exel 的副总裁托马斯认为:"我们之所以能够降低成本,是因为人工、设备和设施费用分摊到了很多共享的客户身上。这些零散客户共享所带来的生意就像大客户所带来的生意量一样大,使得我们可以发挥物流的规模效益,从而节约成本,这些成本的节约又反过来可以使我们公司实施更加优惠的低价政策。"第三方物流服务商多数为中小企业,不仅资金少,人才不足,组织脆弱,而且运量少、运输效率低、使用车辆多,独自承揽业务在物流合理化及其效率上受到限制。如实现合作化,则筹集资金、大宗运货、通过信息网络提高车辆使用效率、进行往返运货等问题能够得到较好的解决。同时,也可以通过协同配送扩大向顾客提供多批次、小批量的服务。

3. 协同配送的类型

(1) 按照协同配送运作的具体形式,协同配送可分为仓库中心型、物流中心型和往返输送型三种,详见图 3-7 和图 3-8。

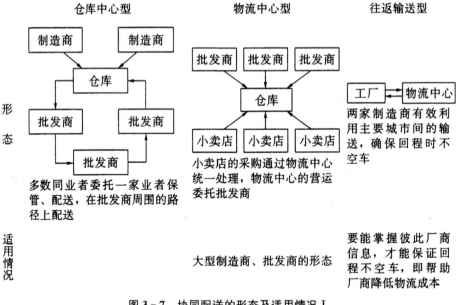

图 3-7　协同配送的形态及适用情况 Ⅰ

(2) 按照配送主体的不同,协同配送可以分为以货主为主体的协同配送与以物流业者为主体的协同配送。

以货主为主体的协同配送是由有配送需要的厂家、批发商、零售商以及由它

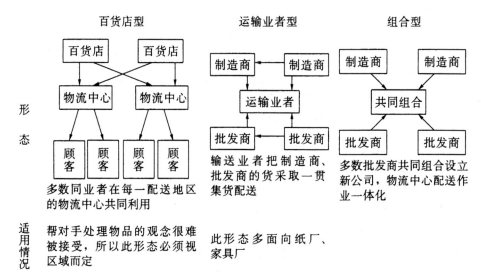

图 3-8 协同配送的形态及适用情况 Ⅱ

们组建的新公司或合作机构作为主体进行合作,解决个别配送效率低下的问题。这种配送又可以分为发货货主主体型和进货货主主体型两种配送方式。

以物流业者为主体的协同配送。即由一个配送企业(物流业者组建的新公司或合作机构为主体)综合某一地区内多个用户的要求,统筹安排配送时间、次数、路线和货物数量,全面地对多家用户进行配送。又可以分为公司主体型和合作机构主体型。

协同配送是物流配送发展的总体趋势,当然,协同配送涉及很多具体的细节问题,在实施过程中难免会出现一些困难。首先,各业种经营的商品不同,有日用百货、食品、酒类饮料、药品、服装乃至厨房用品、卫生洁具等,林林总总,不一而足。不同的商品特点不同,对配送的要求也不一样,协同配送存在一定的难度。其次,各企业的规模、商圈、客户、经营意识等方面也存在差距,往往很难协调一致。还有费用的分摊、泄露商业机密的担忧,等等。

(五) 配送成本最小化

配送活动增加了产品价值,提高了企业的竞争力,但完成配送活动是需要付出配送成本的。对配送的管理就是在配送目标即满足一定的顾客服务水平与配送成本之间寻求平衡:在一定的配送成本下尽量提高顾客服务水平,或在一定的顾客服务水平下使配送成本最小。在一定的顾客服务水平下使配送成本最小有五种策略。

1. 混合策略

混合策略是指配送业务一部分由企业自身完成。这种策略的基本思想是，尽管采用纯策略（即配送活动要么全部由企业自身完成，要么完全外包给第三方物流完成）易形成一定的规模经济，并使管理简化，但由于产品品种多变、规格不一、销量不等等情况，采用纯策略的配送方式超出一定程度反而会造成规模不经济。而采用混合策略，合理安排企业自身完成的配送和外包给第三方物流完成的配送，能使配送成本最低。

2. 差异化策略

差异化策略的指导思想是：产品特征不同，顾客服务水平也不同。当企业拥有多种产品线时，不能对所有产品都按同一标准的顾客服务水平来配送，而应根据产品的特点和销售水平来设置不同的库存、不同的运输方式以及不同的储存地点，忽视产品的差异性会增加不必要的配送成本。

3. 合并策略

合并策略包含两个层次：一是配送方法上的合并；二是共同配送。

（1）配送方法上的合并。企业在安排车辆完成配送任务时，充分利用车辆的容积和载重量，做到满载满装，是降低成本的重要途径。由于产品品种繁多，不仅包装形态、储运性能不一，在容重方面，也往往相差甚远。一车上如果只装容重大的货物，往往是达到了载重量，但容积空余很多；只装容重小的货物则相反，看起来车装得满，实际上并未达到车辆载重量。这两种情况实际上都造成了浪费。实行合理的轻重配装、容积大小不同的货物搭配装车，就可以充分利用车辆的有效容积，取得最优效果。最好是借助电脑计算货物配车的最优解。

（2）共同配送。共同配送是一种产权层次上的共享，也称集中协作配送。共同配送可减少企业的配送费用，配送能力得到互补，而且有利于缓和城市交通拥挤，提高配送车辆的利用率。

4. 延迟策略

传统的配送计划安排中，大多数的库存是按照对未来市场需求的预测量设置的，这样就存在着预测风险，当预测量与实际需求量不符时，就出现库存过多或过少的情况，从而增加配送成本。延迟策略的基本思想就是对产品的外观、形状及其生产、组装、配送尽可能推迟到接到顾客订单后再确定。一旦接到订单就要快速反应，因此采用延迟策略的一个基本前提是信息传递要非常快。

实施延迟策略常采用两种方式：生产延迟（或称形成延迟）和物流延迟（或称时间延迟），而配送中往往存在着加工活动，所以实施配送延迟策略既可采用形成延迟方式，也可采用时间延迟方式。具体操作时，常常发生在诸如贴标签

(形成延迟)、包装(形成延迟)、装配(形成延迟)和发送(时间延迟)等领域。

5. 标准化策略

标准化策略就是尽量减少因为品种多变而导致的附加配送成本,尽可能多地采用标准零部件、模块化产品。采用标准化策略要求厂家从产品设计开始就要站在消费者的立场去考虑怎样节省配送成本,而不要等到产品定型生产出来之后才考虑采取什么技巧降低配送成本。

关键概念

运输　规模经济　距离经济　多式联运　配送　配送中心　协同配送

思考题

1. 结合实例说明运输在物流系统中发挥着什么样的功能?

2. 六种基本运输方式各有什么特点?回答在运输方式选择时主要应考虑什么因素,并对这几个因素作简单分析。

3. 作为物流管理者,本着综合成本最低的原则,如何使运输方式更加合理?应如何对其进行比较选择?

4. 物流配送中心的定义是什么?它应具备哪些基本功能?如何对配送中心进行分类?

5. 作为物流管理者,物流配送中心的规划与设计应注意哪些必要的问题,简要描述配送中心规划与设计的内容与程序。

6. 配送作业的作业流程是什么?请以流程图详细说明之。

7. 协同配送的功能和类型有哪些?

8. 降低配送成本的策略有哪些?

第四章
采购与供应链管理

学习目标

1. 理解采购及相关概念的定义和内涵,了解采购分类中各个概念的含义;
2. 了解采购的重要性和采购管理的目标,掌握采购管理的含义;
3. 能够概括采购制度、授权和采购作业流程;
4. 了解质量和质量成本的概念以及采购中应用的质量思想;
5. 了解 MRP 采购、JIT 采购,掌握定量定期模型和价格折扣的分析;
6. 掌握供应商选择的原则和注意事项。

一、采购概述

采购是企业经营活动的一项重要内容,也是供应链运行管理中不可或缺的环节。有效的采购与供应管理可以为大多数现代企业的成功作出显著贡献。同时,采购职能已从企业生存的必要条件变成企业管理的一个热点,人们也更深入地探求采购与供应领域潜在的改进机会。

(一) 采购的含义

1. 从购买、采购到供应管理

购买(buying)所描述的是一个选购过程,包括了解需求、找到并选择合适的供应商,就价格和其他相关交易条款进行协商,最后是确保货物的运送。

采购(purchasing or procurement)比购买的概念更专业,含义则更广泛,它包括购买、储存、运输、接受、进厂检验以及相应的废料处理。

供应(supply)是采购部门在日常采购运作基础上,面向增值的业务活动,强化与供应商的关系,以流程为导向整合企业内外部资源的战略性活动过程。

供应在过去常用来概括负责内部消耗用的物料、文具和办公用品的部门或仓库的功能,而现在人们更多地按照广义的供应来理解。美国国家采购管理协会(National Association of Purchasing Management,简称 NAPM)的《采购与供应关键词汇表》中,就将供应管理定义为:"一个被许多组织机构所采用的系统管理观念,它被创造出来是为了使物料成本、质量、服务等各个因素更好地发挥作用。它是通过巩固下列活动而完成的——采购、运输、库存管理、物料的内部分配。这些活动又联合起来形成一个独立部门,类似于组织的物料管理形式的安排。"[1] 因此有理由认为,供应管理将会取代采购这个职能称呼。上述成立于 1915 年的美国国家采购管理协会(NAPM),也已改为供应管理学会(Institute for Supply Management,简称 ISM)。由于 20 世纪占统治地位的称呼一直是采购,所以不会有大量企业变更职能名称,因而国际上通行的说法是采购与供应管理,在我国比较常用的说法为采购管理。

2. 采购的含义

采购是指在需要的时间和地点,以低成本高效率获得适当数量和品质的物资,并及时交付需要部门使用的一个过程。上述采购定义只限于就"购买"行为加以解释,即狭义的采购。所谓"购买"即买方支付对等的代价,向卖方换取物品的行为过程,也就是商场上所流行的"银货两讫"或"一手交钱,一手交货"。买方必须将"银钱"转让给卖方,可以是现金、远期支票或者本票、信用证等付款方式,付款的时间可以在交易之前、交易进行时,甚或在交易完成之后;同样的,卖方必须把"货品"转让给买方。所以在这种"一手交钱,一手交货"的交易过程中,买卖双方一定会发生银钱和货品"所有权"的转移与占有。

从广义的采购来看,除了"购买"的方式之外,还可以采取"租赁""借贷""交换"等方法来达成采购的目的。广义的采购是指取得,不一定需要银货两讫。租赁、借贷及交换的最大特色在于只要取得物品的"使用权",而不必持有与物品对等价值的银钱作为交易的筹码,也同样可以达到采购的目的。

客观地讲,定论性质的采购定义是不存在的。如我国国家标准《物流术语》对采购与供应的定义也无记录。由于不同企业,及非营利性质的不同组织所处市场环境不同,因此对采购的理解也不尽相同。但在实践中人们对于采购概念的基本认识可以分为以下三个方面:① 所有采购都是从资源市场获取资源的过程;② 采购既是一个商流过程,也是一个物流过程;③ 采购是企业必须从事的经济活动。

---

[1] 米歇尔·R. 利恩德斯等:《采购与供应管理》,机械工业出版社 2003 年版,第 5 页。

(二) 采购的类型[①]

采购可以有多种分类方法,这里介绍按采购主体分类和按采购方法分类两种。

1. 按采购主体分类

(1) 个人采购。它是指个人生活必需品的采购。一般是单一品种、单次、单一决策、随机发生的,带有很大的主观性和随意性,与个人的偏好有关。即使采购失误,也只是影响到个人,造成的损失不至太大。

(2) 家庭采购。家庭成员为了家庭的生活需要,几乎每天都要发生采购活动。一个家庭中,几乎绝大多数需求都要靠采购来获得。家庭采购与个人采购有相似之处。

(3) 企业采购。它是市场经济下一种最重要最主流的采购。企业是大批量商品生产的主体,在社会分工日益细化的条件下,为了实现大批量商品生产必须进行大批量商品的采购。例如汽车整车生产企业,为了维持汽车装配线的正常运转就要有强有力的采购活动来做保证。一辆汽车有上万个不同的零部件,除少量零部件由汽车整车企业生产外,绝大部分采购自其他汽车零部件专业生产企业。企业的采购不但采购数量大,采购的市场范围宽,而且对采购活动的要求特别严格。企业要对所需求品种、需求量、需求规律进行深入的研究,要对国内外众多的供应商进行分析研究,还要对采购过程各个环节进行深入研究和科学操作,才能完成好采购任务、保证企业生产所需的各种物资的适时适量供应。

(4) 政府采购。《中华人民共和国政府采购法》所称政府采购,是指各级国家机关、事业单位和团体组织,使用财政性资金采购依法制定的集中采购目录以内的或者采购限额标准以上的货物、工程和服务的行为。政府采购以政府机构或履行政府职能的部门为主体,作为市场经济国家管理政府公共支出的一种基本手段。据有关资料介绍,各国政府采购的资金一般占 GDP 的 10% 以上,实行政府采购制度可节约资金 10% 左右,这两个 10% 对国家财政是有很大贡献的。政府采购也和企业采购一样,属于集团采购,但是它在持续性、均衡性、规律性、严格性、科学性上都没有企业采购那么强。政府采购最基本的特点是其资金来源的公共性。由于政府采购是一个国家内最大的单一消费者,其购买力非常巨大,对社会经济有着非常大的影响力,采购规模的扩大或缩小,采购结构的变化对社会经济发展状况、产业结构以及公众的生活环境都有着十分明显的影响。

[①] 王槐林:《采购管理与库存控制》,中国物资出版社 2004 年版,第 3—6 页。

(5) 其他采购。其他如事业单位(学校、医院、文体单位等)、军队等的采购活动,基本部分与政府采购差不多,也是一种集团采购。公立的学校、医院有部分采购已纳入类似政府采购的制度下管理,与政府采购同属于公共采购范围。军队采购往往会有一些特殊性,例如与军事有关、与保密有关、与特殊的需求有关。

以上几类采购活动中,个人采购最简单,需求比较简单、明确和单一;家庭采购就比较复杂一点,因为品种虽然单一,但是需求较为复杂,要满足每个人的需求意愿,而且要到较大的市场中去选择商品完成交易;最复杂的是企业采购、政府采购、事业单位采购和军队采购等的集团采购。它们要满足更多方面、更广泛、更持久的需求,要在更大的市场范围内选购商品、保障质量和数量、及时而安全地运输、安全地支付货款等。因此本章重点是研究企业采购活动。

2. 按采购方法分类

(1) 传统采购

企业传统采购的一般模式是,每个月的月末,企业各需用单位报下个月的采购申请单,报下个月需要采购物资的品种数量,然后采购部门把这些表格汇总,制订出统一的采购计划,并于下个月实行采购实施。采购来的物资存放于企业的仓库中,满足下个月对各个单位的物资供应。这种采购,以各个需要单位的采购申请单为依据,以填充库存为目的,管理比较简单、粗糙、市场响应不灵敏、库存量大、资金积压多、库存风险大。

(2) 科学采购

订货点采购。这是根据需求变化的大小和订货提前期的长短,精确确定订货点、订货批量或订货周期、最高库存水平等,建立起连续的订货启动、操作机制和库存控制机制,达到既满足需求又使得库存总成本最小的目的。这种采购模式以需求分析为依据,以填充库存为目的,采用一些科学方法,兼顾满足需求和库存成本控制,操作比较简单。但是由于市场的随机因素多,使得该方法同样具有库存量大、市场响应不灵敏的缺陷。

MRP采购即物料需求计划采购,主要应用于生产企业,它是生产企业根据主生产计划和主产品的结构以及库存情况推导出生产主产品所需要的零部件、原材料等的生产计划和采购计划的过程。这种采购计划规定了采购的品种、数量、采购时间和交付时间,计划比较精细、严格。它也是以需求分析为依据、以满足库存为目的的。它的市场响应灵敏度及库存水平都比以上方法有所进步。

准时化采购,也称JIT采购,是一种完全以满足需求为依据的采购方法。它对采购的要求,就是要供应商能恰好在用户需要的时候,将合适的品种、合适的数量送到用户需求的地点。它是以需求为依据改造采购过程和采购方式,使它们完全适合于需求的品种、需求的时间和需求的数量,做到既能灵敏响应需求的变化,又使得库存向零库存趋近。因而是一种比较科学、比较理想的采购模式。

供应链采购是一种供应链管理机制下的采购模式。在供应链管理机制下,采购不再由采购者操作,而是由供应商操作。采购者只要把自己的需求规律信息即库存信息向供应商连续及时传递,供应商根据物资的消耗情况不断及时小批量补充库存,保证采购者既满足需求又使库存量最小。供应链采购对信息系统、供应商操作要求都比较高。它也是一种科学的、比较理想的采购模式。

电子商务采购即网上采购,是在电子商务环境下的采购模式。基本特点是在网上寻找供应商、寻找品种、网上洽谈贸易、网上订货甚至在网上支付货款,在网下送货进货。这种模式的好处在于扩大了采购市场的范围、缩短了供需距离、简化了采购手续、减少了采购时间、降低了采购成本、提高了工作效率,是一种很有前途的采购模式。但是电子商务采购要依赖于电子商务的发展和物流配送水平的提高。我国越来越多的企业以及政府采购采用了网上采购方式。

(三) 采购销售比

由于信息发达和全球经济高度自由化的结果,过去企业借助技术领先、市场垄断等所能获得的超额利润已逐渐消失,加上保护消费者权益的呼声日益升高,偏高的产品售价将在保护弱者的呼声下逐步退让,最终导致企业必须以降低采购成本的途径,来代替提高售价的方法,达到提升利润的目的。上述超额利润包括超额制造利润或超额销售利润的消失,使各行业进入"微利时代",使企业必须以低成本来参与竞争,这里低成本包含不断降低的采购成本。

美国调查局《生产商年度调查》(Annual Survey Manufactures)所收集的数据,给出了美国整个生产部门即包括各行业的采购额占销售额的比例。这个比例称为采购销售比。

$$采购销售比 = 采购总额/销售总额 \times 100\%$$

$$采购总额 = 物料成本 + 新增资本支出$$

新增资本支出包括永久性扩建的资金、生产设施重大改造的资金、购买用于替换目的的新机械设备,以及可计入固定资产账户的生产能力的新增部分。

在 1989—1998 这 10 年间,这个比例在 56%—58% 之间波动,相当稳定,而其间销售额增长约 40%。

采购销售比随行业的不同而各异,1998 年美国工业分类系统各行业的该数值为 42%—80% 不等,新增资本支出占 2%—5%。全美国各行业的采购销售比平均值为56%(扣除资本支出为52%),它大约是其余成本(44%)的1.35倍,其余成本主要用于支付工资、奖金、运营费用、税金、利息以及股利等。1998年所有员工的酬劳成本(包括薪金以及附加福利)只占采购销售比的1/3,约18%。对企业来说,任何所用成本超过企业收入一半以上的职能,都应该引起管理层的足够重视。因此,采购销售比显示了特定行业采购功能的价值和作用。采购销售比越高,采购职能在公司中的重要性就越大。

有专家估计,从世界范围来说,对于一个典型的企业,一般采购成本(包括原材料、零部件)要占60%,工资和福利要占20%,管理费用占15%,利润占5%。国内企业各种物质的采购成本,一般要占企业销售收入的70%。从采购销售比数据,我们可以清楚地看出采购成本是企业成本控制的主体和核心部分,控制采购成本是企业成本控制中最有价值的部分。因此采购职能从企业生存的必要条件变成企业管理的一个热点,人们更深入地探求采购领域中潜在的改进机会。在这种进程中拓展了采购与供应的含义,如购买、采购、供应、物料管理、物流、供应管理以及供应链管理等,这些概念的使用随企业的不同而有所不同,但是所有这些概念的核心是采购职能。

二、采购管理的含义、目标、制度和作业流程

本节实际上是讨论采购管理的规划,所谓采购管理规划是指企业决策层对企业采购管理的一个深入的详尽的、有战略性的框架或模式。采购管理规划的讨论,可以包括采购管理的目标、采购组织、采购制度和采购流程,以及采购计划和采购预算等。由于篇幅限制,这里仅讨论目标、制度和流程,并总结关键采购要素。

(一)采购管理的含义

采购管理是对采购行为的规划、执行与控制。即企业为完成生产经营计划,处在确保适当的商品品质的条件下,从适当的供应商,于适当的时间以适当的价格、适当的数量采购原材料、服务和设备的管理活动。

采购管理的具体步骤包括采购规划如设定采购目标、建立采购制度和组织;采购的执行为如何做到供应商、品质、时间和地点、价格、数量这五个适当;采购的控制如采购人员的行为规范、采购绩效评估以及采购资金占用等。

采购管理的含义中五个适当与英文文献中的5R的说法基本对应。5R为

准确的产品(the right product)、准确的地点(in the right place)、准确的数量(in the right quantity)、在准确的时间(at the right time)、用准确的价格(at the right price)。

(二) 采购管理的目标[①]

无论是制造业还是流通业企业,采购的总体目标的标准表述是:它不仅通过降低采购成本来提高产品的利润和服务的效率,并且获得的物品(物料和商品)应该是货真价实的(即满足质量方面的要求),数量是符合要求的,并以准确的时间发送至正确的地点,物品必须来源于已经选择的合适的供应商。同时,还要获得合适的服务(订单处理、送货和配送及售后服务)和合理的价格。并且,根据生产需求的不断变化,将加工的物料、在制品由仓库发送到加工现场,或者将采购的商品和产品配送至各连锁成员以及中间商,并到达最终消费者。

由于采购与供应人员必须同时满足上述条件,所以采购与供应的决策可以被形象地比喻成一个杂技演员,总是试图将几个球同时保持在空中。在制造业,如果发送的货物不能达到质量和效果标准,或是它们直到实施生产计划之后两个星期才被送到使用地,以至造成生产线中断的话,那么即使以最低的价格去购买货物也不能被接受。另一方面,如果所购买的货物是出于急需,购买者就不能按正常的购货提前期来采购,这时所谓"合理"价格也许比正常价格高许多。采购与供应决策者总是试图去协调这些常常是互相冲突的目标,他们必须通过作出合理取舍来得到这些目标的最优组合。

对采购的总体目标更为具体的表述如下:

1. 提供不间断的物料、供应和服务,以便使整个组织正常运转

物料和生产零部件的缺货会使企业的经营中断,由于必须支出的固定成本所带来的运营成本的增加,以及无法兑现向顾客作出的交货承诺,所造成的损失极大。例如,没有外购的轮胎,汽车制造商不能制造出完善的汽车;没有外购的手术器械,医院也不可能进行手术等。

2. 使库存投资和损失保持最低限度

保证物料供应不中断的一个办法是保持大量的库存,但是库存必然要占用资金,这些资金就不可能用于其他方面。持有库存的年成本一般要占库存商品价值的20%—50%,如果采购与供应部门可以用价值1 000万元的库存(而不是原来的2 000万元)来保持企业的正常运作的话,那么在年库存储存成本为30%

---

① 熊伟等:《采购与仓储管理》,高等教育出版社2006年版,第27—30页。

的情况下,1 000万元库存的减少不仅意味多出1 000万元的流动资金,而且还意味着节省300万元的库存费用。

3. 保持并提高质量

为了生产产品或提供服务,每一项物料都要达到一定的质量要求,否则最终产品或服务将达不到期望的要求,或是其生产成本远远超过可以接受的程度。纠正低质量物料投入产生的内部成本可能是巨大的。例如,一个质量较差的弹簧被安装到柴油机车的刹车系统上,其成本可能为几十元钱。但是,如果这部机车在使用过程中,这个有缺陷的弹簧出了毛病,那么必须拆卸下来重装弹簧。考虑到机车不能运行而减少了铁路公司的收入,以及可能造成的以后订货再订货方面的损失,这种情况下的重置成本就会变成数千元。

4. 发现或发展有竞争力的供应商

一个采购与供应部门必须有能力找到或发展供应商,分析供应商的能力,从中选择合适的供应商并且与其一起努力对流程进行持续的改进。归根到底,采购与供应部门的成功依赖于以上这些能力。只有当确定的那个供应商在工作上雷厉风行,而且富有责任感的时候,公司才能以最低的价格得到所需的物资和服务。例如,如果公司采购的一套复杂的计算机系统的供应商后来停业了,因而不能进行长期的系统维护、修改和升级,那么最初是很优惠的价格,现在由于供应商不能继续履行其承诺的义务,就会产生很高的生命周期成本(购置成本加上运营成本)。

5. 与供应商建立双赢、合作的伙伴关系

随着供应链的延伸,供应商和最终用户之间的距离在拉大,呈现出产品和制造的个性化以及供应商与客户关系更加紧密的趋势。对于任何一个想保持竞争力的企业来说,缩短交货提前期是重要的。在大部分企业中,产品提前期的大部分都花在了各种非增值活动中。人员和部门的数量也是延长提前期的一个因素。供应商和客户之间交易成本的增加是企业物流管理的主要压力之一。企业要减少交易成本的增加,必须改变以往和供应商对立、竞争的关系,选择合适的供应商并将其看作是供应链的成员,通过信息共享来缩短交货提前期,降低交易成本同时保证货源供给。

6. 当条件允许时,将所购物料标准化

从公司全局的角度出发,采购与供应部门应该去购买就其用途而言在市场上能得到的最好的物料。如果某种部件能够起到原先两种或三种不同的部件所起到的作用,那么购买一批这种部件就可以使企业由于减少了物料购买数量从而减少最初价格的支付;在不降低绩效水平的前提下减少总的库存投资;降低员工培训成本和设备使用过程中的维护费用,这些都可以使企业效率得到提高并且加强供应商之间的竞争。

7. 以最低的总成本获得所需的物资和服务

在一家典型的企业中,企业采购与供应部门的活动消耗的资金比最多。除此以外,采购活动的利润杠杆效应可能会非常明显(利润杠杆效应是指企业在购买所需的物料、用品和服务时,通过改进采购方法,从付给供应商的金额中节省一定比例如10%,这部分节省直接进入损益表的税前利润,利润可能增长100%的效应)。尽管"价格型购买者"这个词由于意味着其在采购时所关注的唯一因素是价格而常被人理解为贬义词,但是当确保质量、发送和服务等方面的要求都得到满足时,采购部门还是应该全力以赴地以最低的价格获得所需物资和服务。

8. 在企业内部与其他职能部门之间建立和谐而富有生产效率的工作关系

在一个企业中,如果没有其他部门和个人的合作,采购经理的工作就不可能圆满完成。例如,如果采购需要提前期来确定有竞争力的供应商并与其签订有利的合同,那么,物料使用部门和生产控制部门就必须及时提供物料需求方面的信息;工程技术部门和生产部门也应该对可能带来经济效益的替代物料和新的供应商加以考虑。由于必须确定订货检验程序,当发现质量问题后,对目前供应商绩效的评估,都要求采购部门与质量控制部门紧密合作。为了取得批量折扣和维护良好的长期供货关系,会计部门应该及时向供应商支付货款。如果来自采购、收货和对货物进行的检验过程等环节中的信息流发生了问题,采购与供应部门有责任予以纠正,因为供应商毕竟不是直接同会计、收货和到货检验的部门打交道。在许多企业中,从新产品创意开始,采购与供应部门就同其他内部顾客(营销、设计、工程技术部门等)紧密合作,他们必须通过跨职能采购团队的形式来作出采购决策。

9. 以可能的最低水平的管理费用来完成采购目标

使采购与供应部门正常运作需要耗费企业的各种资源。如果采购流程的效率很低,则采购的费用就很高。采购与供应部门应该尽可能有效和节俭地完成采购目标,这就需要采购经理经常对部门的运作情况进行监管,以确保所有的活动耗费都是有效的。采购经理应对采购方法、程序和技术等方面可能进行的改进经常性地保持关注。具备高效采购过程的公司可以通过降低成本、提高弹性和减少反应时间来获取竞争优势,同时允许供给人员将精力集中在可以增值的活动上。

10. 提高企业的竞争地位

只有当一个企业能够有效地控制供应链所有环节上的成本和时间,从而避免诸如过多的库存、搬运和检验等不增值或延长时间的活动时,这个企业才能够表现得富有竞争力。然而,也存在其他机会,如获得新技术、灵活的配送安排、更快的反应速度、获得高质量产品和服务、产品设计与技术支持等。从长远来看,成功的企业经常寻找供应链中的机会,从而可以为顾客提供一个更有价值的建议,而供应就是这些机会中的一个特定领域。从长远的观点看,任何企业的成功都依赖于它与顾客建立和维持良好关系的能力,而对供应的有效管理则会直接或间接地影响最终顾客。对于企业的全面战略和为了提升企业的竞争地位而制定的内部供应战略来说,采购与供应管理都会有潜在的贡献。

(三)采购制度和授权

1. 采购制度

采购制度,即采购决策制度,是指企业对采购工作的管理所采用的方式,也就是采购多少、采购什么、采购期限、选择供应商等的采购决策权属于哪一级来划分的采购领导制度。可分为集中制、分权制和混合制三种,制度的核心是采购授权的范围和额度。选择何种管理方式与企业的规模、地理条件、产品种类等都有密切关系。

(1)集中制是指企业在核心管理层建立专门的采购机构,统一组织企业所需物品采购的采购决策制度。采购的决策权集中于总公司,其他分公司或分厂均无权采购。集中制的优点主要在于能产生采购的规模效应。

跨国公司的全球采购部门的采购就是集中制采购的典型应用,公司以组建内部采购部门的方式,来统一管理其分布在世界各地的分支机构的采购业务,减少采购渠道,通过批量采购以获得价格优惠。

随着连锁经营、特许经营和外包制造(OEM)模式的增加,集中采购更是体现了经营主体的权力、利益、意志、品质和制度,是经营主体赢得市场,保护产权、技术和商业秘密,提高效率,取得最大利益的战略和制度安排。

集中采购制度有利于获得采购规模效益,降低进货成本和物流成本,争取主动权;易于稳定本企业与供应商之间的关系,得到供应商在技术开发、贷款结算、售后服务等多方面的合作;责任重大,常采取公开招标、集体决策的方式,可以避免那些非法或不道德的行为;有利于采购决策中专业化分工和专业技能的发展,同时也有利于提高工作效率,减少采购管理中的重复劳动;对所购物料较容易达到标准化;有利于节省运费和获得价格折扣;也可以推动供应商有效管理。他们不必同时与公司内许多人打交道,而只需和采购经理联系。

集中采购制度的缺点是:采购流程过长,延误时效,对小额采购、地域性采购及紧急采购状况难以适应；对非共同性物料集中采购，并没有数量折扣利益；采购与需用部门分离，采购绩效较差，如规格确认、物品转运等费事耗时。

(2) 分权制或称分散制，是指将采购决策权分散给企业下属各需用部门，如子公司、分厂、车间或分店，实施满足自身生产经营需要的采购制度。

企业的分公司或分厂分散在各地时，企业的分公司或分厂所需物资差异较大时，常采用分散采购决策制度。

分权采购制度的优点在于可以因地制宜，争取时效。本地采购人员更清楚需用部门的需求、当地供应商、运输和储存设施；本地采购人员将会对紧急需求作出更快的反应；本地采购人员对利润中心直接负责，对内部用户有更强的顾客导向；较少的官僚采购程序，较少需要内部协调，与供应商直接沟通。

分权采购制度的缺点主要是缺乏规模经济效应，无法享受价格优惠。同时也不利于采购资金的统一管理和使用，不利于人力、物力和财力的节省等。

(3) 混合制。一般来说，一种方法的优点往往是另一种方法的弱点，因此常常使用两种方法的组合以便从两者最好的特性中获益。混合制就是兼具集中制和分权制的优点。凡属共同性物料、数量和采购金额较大者、进口品等，均集中由总公司采购部集中办理；对于有差异的、小额的、临时性的物品由分公司或分厂自行采购。

2. 采购部门的授权

(1) 采购决策权。如果采购与供应部门想圆满地完成采购工作，必须在四个关键领域拥有决策权。在企业使用跨职能采购团队时，这个团队将作为决策者来行使这些权力。这四项采购决策权应该被制定为公司政策，并为公司的决策层所认可。

第一，供应商的选择。采购与供应部门在了解和判断供应商有能力提供企业所需物资方面，在分析供应商的可靠程度方面，应该是行家是专家。同时对大多数采购物项来说处于一个买方市场中，有选择最优供应商的可能性。

第二，决定最适当的价格和交易条件。这是采购职能的一个主要专业领域，对价格和结算、付款、验收等条件的确定有经验。为了能取得最低的最终价格和采购总成本，采购部门必须有回旋的余地。

第三，查询和质疑物品的规格。采购与供应部门通常能提供与目前所使用的物资功能相同的替代品，而且也有责任提请使用者和申请采购者关注这些替代品。当然，是否接受这些替代品要由使用者最终作出决定。

第四，负责与供应商有关的一切活动。采购与供应部门必须全面负责与现有和潜在的供应商的一切联系和活动，以防止产生所谓的"后门销售"现象。如果供应商的相关人员需要和采购企业的工程技术人员或生产人员直接交换意见,采购部门应负责安排会谈并对会谈结果加以审核。

(2) 内部授权。采购与供应部门为实施分层负责,提高效率,通常采购主管会将采购金额、品种和数量等采购权力授予下属。如采购主管秉承上级主管或公司制度,在一定金额内有决定采购的权限,采购主管可能对其管辖的较低级主管再予授权,均属于采购的内部授权。内部授权可以缩短采购作业流程,争取时效,使高级主管专精于重要物品的采购,并有时间从事人员监督与改革规定、作业改善等事宜。内部授权仅限于对采购组织内人员授权。

(3) 外部授权。指由采购与供应部门对原无采购职责的其他单位,基于事实上的需要而授予一定采购权力。外部授权的对象是采购组织外的人员,如企业的需用部门、跨职能采购团队、专案项目团队等,企业外的相关组织如采购联合体等(独立企业成立采购联合体,将各企业共同物料的需求加以汇总,从而能够向供应商要求更低价格和更优惠的交易条件。联合采购方式的基本理论依据是"大的就是好的")。

(四) 采购作业流程[①]

采购与供应管理需要制定一系列标准化运作程序,以便于处理大量的日常工作。采购作业流程会因为采购的来源(国内采购、国外采购)、价格确定的方式(询价、招标或谈判)和采购的对象(物料、工程发包)等不同而在作业细节上有若干差异。但对于基本的流程则每个企业都大同小异。

采购程序的关键步骤是:发现需求;对需求进行描述;确定可能的供应商并对其加以分析;确定价格和采购条件;拟定并发出采购订单;对订单进行跟踪并/或催货;接受并检验收到的货物;结清发票并支付货款;维护记录。

有研究表明,提高采购价值的 70% 的机会在于采购过程的前两个阶段,即发现需求和制定规格阶段。采购管理中应该充分重视这两个阶段,以保证没有漏掉增加价值的机会。

1. 发现需求

发现需求是负责具体采购业务的人员解决"采购什么、采购多少、何时采购"的问题,同时也是企业全体需用部门提出"需要什么、需要多少、何时需要"的问题。这个过程也可以称为需求分析,注意这里用的动词"发现"和"分析",均带有主动性,即采购管理组织是主动去发现需求、主动去分析需求的。由于对企业效

---

① 米歇尔·R. 利恩德斯等:《采购与供应管理》,机械工业出版社 2001 年版,第 62—81 页。

益的影响而言,在发现需求的阶段收效可能性更大(产品概念和设计阶段),所以在这一阶段把握住机会,采购经理和供应商发挥作用会比后续的采购阶段大很多。

传统采购模式下,通常采用收集采购申请(请购单)的做法来完成企业采购工作的第一步。采购申请的内容包括需求部门;需求品种、规格、型号;需求数量(申请数量、审批数量);需求时间;品种的用途;特别要求等。此类采购可以分为两类:

(1) 一般物料的需求属于直接需求,即需求点的需求,可以不设仓库库存,直接用于需求点的消耗。采购管理的任务是要维持零库存运行。

(2) 仓库存量管理的需求,如补充安全库存量的不足。属于间接需求,即属于库存的需求,采购物资先存入仓库,再通过仓库去供应各项直接需求。

在物料需求计划(MRP)运营模式下,各项需求由计算机汇总并提出,如采购任务单和制造任务单。

2. 对所需产品或服务加以准确描述

如果不了解使用部门到底需要什么,采购部门不可能进行采购。出于这个目的,就必然要对所申请采购的需求品、物品、商品和服务有一个准确的描述。准确地描述所需的商品和服务是采购部门和使用者,也是跨职能采购团队共同的责任。若描述不够准确,轻则会浪费时间;重则会产生严重的财务后果并导致供应的中断、公司内部关系的恶化、丧失产品或服务改进的机会或是失去供应商的尊重和信任。

用来描述所需物品或服务的字眼应该统一。为了避免误解,可制定合适的词汇手册,如库存目录或采购目录等。

产品描述主要由使用部门和制定规格的部门负责,采购人员不能随便改动,但他们有权力坚持要求准确、详细地进行描述,以使每个潜在的供应商都完全清楚产品特性。

一件产品的描述可以采用各种形式,也可能是几种形式的组合。通过描述,买方可以向卖方清楚、准确地表达所需产品的特性。"规格"一词,则用于指某种专门的描述形式。常用的描述方式有:品牌描述、至少同等规格、物理和化学特性规格、物料和制造方式规格、性能或功能规格、工程制图描述、市场等级描述、样本描述、商业标准描述等。

3. 对可能的供应源加以选择

供应商的选择是采购职能中重要一环。可以根据需求描述在原有供应商中选择业绩良好的厂商,或者以登报、上网等方式公开征求。这就涉及高质量供应源的确定和对供应商的评价,此问题留待供应商选择章节阐述。

4. 确定价格和采购条件

采购条件或称交易条件,如结算、付款、验收、运输等条件,都与价格有关。确定价格和采购条件的方法有三种:询价方式、招标方式和谈判方式。其中询价方式是最常用的方式,招标方式用于重大采购项目,谈判方式也可用于重大项目但成本较高。

5. 拟定采购订单

采购订单的样式可以各不相同,实用的采购订单所必备的要素有:序列编号、发单日期、接受订单的供应商名称和地址、所需物品的数量和描述、发货日期、运输要求、价格、支付条款等,以及对订单各方有约束的各种条件。这些约束条件哪些应该包括到合同中而哪些又是不必要的则要通过双方磋商决定。

采购方公司都有准备好的采购订单,供应商在销售自己生产的产品时希望使用自己准备的销售协议。通常情况下到底选用哪一方准备的文书,有时取决于双方相对实力的强弱、采购物品的特点、交易的负责程度以及确定或发出订单方面所制定的战略。

6. 跟踪和催货

跟踪是对订单作例行追踪,以便确保供应商能履行交付的承诺。采购方应对质量或发运方面的问题尽早了解,以便采取相应的措施。

催货是对供应商施加压力,以使其履行合同上的发运承诺或是加快已经延误的货物发运。催货应该仅适用于采购订单的一小部分,因为被选中的供应商应该是能遵守采购合约的可靠的供应商。

7. 货物的接收和检验

货物的接收和检验根据采购合同的规定进行,对交付时间、产品质量和数量方面等有要求。在现代化企业的生产运营中更强调交货期的准确,如实施了JIT库存管理系统的公司中,对已获认证的供应商的物料可以完全免除接收和检验程序,直接送往使用点。

8. 结清发票、支付货款

结清发票的程序在不同企业中是不同的。对于发票的审核和批准到底是供应部门还是会计部门的职责,仍存在一定争议。主张由采购部门审核的理由是,采购部门是交易最初发生的地点,有差错可以立即采取行动;主张由会计部门审核的理由是,这实际上是一项会计工作,应该集中到会计部门进行核查。

9. 维护记录

这一步骤把与订单有关的文件副本进行汇集和归档,把想保存的信息转化为相关的记录。如单证的保存,供应商、商品和招投标文件等信息等。这些记录信息可以作为日后供应商评价的依据，也可以在必要时作为法律证据。

三、关键采购要素

关键的采购要素包括质量的选定、数量的确定、价格的议定和供应商的选择。

（一）质量的选定

质量作为产品或服务的一种资质因素越来越受到重视。一个具有专业眼光的采购方只和可以证实自己有满足客户特定要求的供应商进行合作。在采购活动中的一种趋势是：从质量控制到供应商的质量保证的转化，同时采购方对供应商所采用的管理体系的重视程度，超过了对其产品和服务的衡量和评估。

采购质量管理工作主要包括三个方面：第一是怎样把质量管理原理运用在采购运作中；第二是如何与供应商合作，不断改进和提高产品的质量；第三是如何建立采购质量保证体系。

1. 质量的含义

在传统意义上，质量意味着满足产品的规格要求；在全面质量管理的意义上，质量的含义已经扩展到企业内部和外部所有与供应商有关的活动上；在供应链管理的意义上，质量已经包括到最终用户需求的满意上。一个得到广泛支持的观点是：顾客认为质量是什么，质量就是什么。英国标准协会把质量定义为：能够满足指定需求的产品或服务的所有特性、特点的集合。简而言之，质量即"满足要求"或者"适宜性"。我们可以将质量定义或解释为：与满足要求有关的一个产品或服务的所有特色和特点的集合。

2. 努力从供应商处寻求质量保证

传统的观点认为，采购方确定采购物项的质量和规格，供应商的供货在经过检测合格后通过验收。近几十年中，由于物料需求计划和准时制生产方式的推行，已经使物料管理在数量、运送和存货方面产生了革命性变化。要求采购方对质量有一个新的认识：在没有安全库存可用的条件下，要求供货的零部件刚好在使用之前到达，其质量一定是安全合格的。这种额外的压力以及其他所有保证高质量的迫切要求，已经促使采购方努力从供应商处寻求质量保证。

质量概念认为：一个企业的产品或服务的质量是与生产它们的工序密不可分的。也就是说，因为生产过程中各道工序的质量控制都有保证，就能生产出合格的产品。因此，采购方应努力从供应商处寻求所购物品的质量保证，应延伸到对所选供应商的生产线、各道工序以及管理体系等的考察和评价上。

著名的质量管理专家戴明认为,质量的重点应该是第一次就准确生产,而不是通过检验使其合格。第一次准确生产应该是一种低成本的方式,因为它负担了基本的预防成本和检验成本后,大大降低了由产品缺陷引发的矫正成本。供应商是否按照第一次就准确生产的思想来管理产品生产,就成为采购方考察所购物项质量的主要依据。

3. 与质量有关的成本

在很多企业中,与质量有关的成本都隐藏得很深,因此很难在决策中得到考虑。有研究表明,产品的最终成本中有 30%—40% 可以归结为质量成本。与质量有关的成本主要有三大类,即检验成本、预防成本和矫正成本。

检验成本包括采购方和供应方的企业中的检验体系和检验发生的费用,还应该包括额外的运送和存货成本。采购方可以使用供应商的质量控制报告,以及确认供应商第一次就准确生产的管理模式来降低检验成本。

预防成本包括质量保证体系、审查供应商资格、员工培训以及防范性检测等费用。

矫正成本是与不合格产品或服务有关的返工、替换、处理甚至产品召回时的相关费用。矫正成本种类繁多,这些成本可能大大超过预防和检验成本。

矫正成本也可称为失效成本,并可细分为内部失效成本和外部失效成本两部分。内部失效成本是运作系统内(即企业内)的低质劣质所引起的损失。外部失效成本是指不合格产品或服务送到消费者手上后有关的返工、替换或处理的相关费用。外部失效成本可能会大大超过产品自身的成本,包括损害消费者的健康和安全、失去顾客群等。

(二) 数量的确定

在采购物项的质量问题已经解决的前提下,需要对定购多少和何时定购作出决策。采购订货一次为多少数量,与交付次数或频率有关,与形成的周转库存多少有关。周转库存又称循环库存,是企业为生产和流通能正常运行而暂时存放的库存。采购组织对采购数量与交付问题的思路是,减少库存、提高交付频率以及降低各次交付数量。

1. 库存成本

持有库存的目的包括:提供和维持好的客户服务水平;平滑通过生产过程中的物流;应对供应与需求的不确定性;等。对于任何一种库存物项,持有它的成本必然远高于不持有的成本。因此,供应链管理方面一些有影响的学者指出,库存方面的投资是一种浪费,应当尽可能避免。我们将在下文讨论存货成本的主要类型。

(1) 储存成本,包括库存物品的处理费用、存储设施成本、库存处理设备成本,劳务和作业成本,以及保险费、损耗、偷盗、废弃、税费和资金成本等。总之,任何与拥有库存有关的成本都包括在内。库存的储存成本可能会很高,生产性存货的年储存成本占库存总价值的 25%—50%。

(2) 订货成本,包括采购订货过程中发生的全部费用,如管理、行政、电话、邮件、传真、会计、运输、检验和接收成本。

(3) 缺货成本,是指企业未适时适地持有所需零部件或物料时所发生的成本。对流通企业来说,缺货意味着丧失商机所致的销售额损失和可能的客户流失;对生产企业来说,缺货可能影响正常的生产运营,甚至不得不停工停产。许多企业中的缺货成本都很难精确估算,但人们普遍认为缺货成本真实存在,并且要比储存成本大很多。

2. 经济订货批量模型

周转库存的订货批量可以用经济订货批量模型(Economic Order Quantity Model,简称 EOQ)来确定,它是通过平衡订货成本和储存成本,确定一个最佳的订货数量来实现最低总库存成本的方法。

基本 EOQ 模型的假设条件为:① 需求量确定并已知;② 已知连续不断的需求速率;③ 已知不变的订货周期时间;④ 集中到货,而不是陆续入库;⑤ 不允许缺货;⑥ 订货价格不变,与订货的数量、时间无关。

总库存成本(TC)为购置成本、订货成本、储存成本和缺货成本之和,由于不允许缺货即缺货成本为零,简单 EOQ 模型只涉及订货成本和储存成本间的权衡分析。

$$TC = RC + RS/Q + QKC/2$$

其中,R——每年的需求量;Q——订货批量;S——每次的订货成本;C——商品的单价;K——年储存成本系数(%);KC——每件商品的年储存成本。

TC 函数对变量 Q 微分并整理,可得总库存成本最小值时的订货批量 Q,也可叫作 EOQ:

$$Q = \sqrt{2RS/KC}$$

经济订货批量模型属于定量订货方式,所谓定量订货方式是指当库存量下降到预定的最低的库存数量(订货点或再订货点:ROP)时,按规定数量(一般以 EOQ 为标准)进行订货补充的一种库存管理方式。在上述简单 EOQ 模型条件

下,需求速率 R 和采购提前期(Lead Time,简称 LT)都是常量,则再订货点是:

$$ROP = R \times L$$

其中,L——采购提前期,量纲可以是天、周或工作日,相对应的以 365 天、52 周或 250 个工作日为一年。

为更好地说明模型的应用,请看下例:

企业对某产品的年需求为 900 单位,每单位价格为 45 元,该产品的年储存成本系数为 25%,订货成本为每批 50 元,提前期为 10 个工作日。

$$Q = \sqrt{2RS/KC} = \sqrt{\frac{2 \times 900 \times 50}{20\% \times 45}} = 89(单位)$$

$$ROP = R \times L = 900 \times 10/250 = 36(单位)$$

由于总库存成本曲线为 U 形曲线,其底部比较平坦,可以对求得的 EOQ 数量作一定修正。由于包装或运输的限制,改为选择订购 96(8 打)或 100 单位时,可以在不增加多少成本的基础上给企业带来便利。

定量订货法的主要优点是可以充分发挥经济订货批量的作用,可以使平均库存量和库存费用最低;主要缺点是要随时盘存,花费较大的人力和物力。定量订货法适用于 ABC 分类管理中的 A 类物资,实行重点管理。

3. 定期订货方式

定期订货方式是指按预先确定的订货间隔期间进行订货补充的一种库存管理方式。定量订货法是基于物资数量控制的订货方法,所以确定订货点是用一个库存数量水平来表示。定期订货法是基于时间控制的订货方法,所以确定订货点是用一个特定的时间来表示,即用订货周期 T 来表示。订货点采购属于一种比较传统的采购管理系统,同时又是一种库存控制系统,定量法和定期法是订货点采购中最基本的库存控制方法。

定量订货法是从数量上控制库存量,虽然运作比较简单,但需要每天或经常检查库存量,既费时又费力。特别是在仓库大、品种多而工作人员少的情况下,无论是检查实物还是账本,其工作量难度都很大。定期订货法只在发放订单时检查库存,比较好地解决了盘点的问题。但是定期订货法必须调高存货水平,以防止在检查期间和提前期内缺货。

定期模型的目标是确定最优的订货时间。根据经济订货批量的例子,每年有 R/Q 个周期,因此经济订货周期(EOI)记为 T,$T = Q/R$。用 EOQ 公式替换 Q 值,便得出:

$$T=\sqrt{2S/RKC}$$

将上例数据代入公式，$T=0.1$(年)，即 10 次/年。

一年有 250 个工作日，相当于每隔 25 个工作日或每隔 5 周订货一次。在实际组织运作中，为了与报表同步每隔四周或一个月订货一次比较合适，则可将订货周期和批量作一定修正，每年的总成本会有小量增加。

如同在定量法中，把订货提前期内的需求量作为制定订货点的依据一样。在定期法中是把订货周期和其后一个订货提前期合在一起，即 $T+L$ 的长度为一个时间单元，称为保险时间。把保险时间内的需求作为确定最高库存量 Q_{max} 的依据。在提前期和需求速率都不变的情况下：

$$Q_{max}=R(T+L)$$

在定期订货法中，每次的订货量一般都是不一样的，这与每次订货时还剩下的库存量有关，还与订货时已订未到量和已售出未发货量有关。

订货量＝最高库存量－订货未到量＋延迟发货量

定期订货法的优点是不必每天或经常检查库存，大大减轻了工作人员的工作量。主要缺点是安全库存量比定量法高，原因是它的保险时间较长，其间的需求量也较大，因而所设安全库存量也较大。其次，不能利用经济订货批量进行订货，就不能发挥经济订货批量较经济的优越性。

定期订货法主要适用于 ABC 分类管理中的 C 类或再加上 B 类物资，即那些品种数量多而价值低的物资。这些物资实行一般管理，可以较大地降低采购管理的成本，同时对采购效益又没有太大的影响。

4. MRP 采购

物料需求计划(Material Requirements Planning，简称 MRP)是一种精确安排生产计划的系统，又是一种极为有效的库存物料控制系统，当情况发生变化而必须修改时，MRP 可以作为一种重新安排生产的手段。在需要的时间供给所需物料是 MRP 可以保证的，同时它可以使库存保持最小化。

MRP 是以计算机为基础的一个信息系统，它是按反工艺顺序来确定产成品的相关需求(如零部件和原材料)的订货(或生产)数量与时间进度的。大多数制造商的产成品需求属于独立需求，独立需求是指一种物品需求与其他物品的需求不相关联，也不是从其他物品的需求中派生出来的需求。独立需求物品包括企业的最终产品和售后服务准备的零件。相关需求也称为非独立需求，是指与其他物品的需求有关联的物品需求，或是从其他物品的需求中派生出来的需求。订货点法只适用于独立需求的物资,而 MRP 则适用于相关需求物资的库存控制和管理。

MRP 的逻辑原理如图 4-1。MRP 有三项基本输入,即主生产进度计划、主产品结构文件和库存状态文件。为运行 MRP 还需要有物料编码、安全库存量等基础性输入。

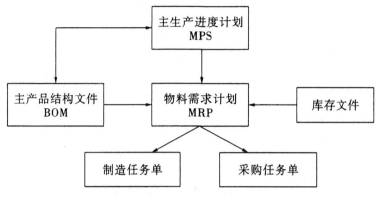

图 4-1　MRP 逻辑原理

主生产进度计划(Master Production Schedule,简称 MPS)是指在每个时间段内主产品的需求数量和需求时间,在平衡企业资源和生产能力的基础上制定出的生产进度表,它是 MRP 系统最主要的输入信息。

物料清单(Bill of Materials,简称 BOM),也称为主产品结构文件,它不简单的是一个物料清单,还提供了主产品的结构层次、所有各层零部件的品种、数量和装配关系。一般用一个自上而下的结构树表示,参数包括零部件名、数量和相应的提前期。所谓提前期则包括生产准备提前期和采购提前期,区别在于该零部件是自行制造还是外购的。生产准备提前期是指从发出投产任务单到产品生产出来所花的时间。采购提前期是指从发出订货到所购货物采购回来入库所花的时间。

库存状态文件(Inventory Status Records,简称 ISR),它包含主产品和零部件、原材料各个品种在运行前的期初库存量的静态资料,还提供并记录系统运行过程中实际库存量的动态变化资料。

MRP 的输出包括主产品及其零部件在各时间段(如周)的净需求量、计划接受量和订单发布量。根据零部件是自行制造的还是要外购的区别,分别形成制造任务单和采购任务单。

MRP 采购实施中应注意的第一点是:订货批量时大时小,无论是包装还是运输都不方便,甚至不能实现。同时基本 MRP 系统中对订货成本或生产准备成本是忽略不计的。所以采购数量可以经济订货批量为基础,并对批量就供应商包装单元约束及运输单元约束作一定调整,形成固定订货批量进行采购。

MRP 采购实施中应注意的另一点是：必须要有良好的供应商管理作为基础。如果没有良好的供应商管理，就不能与供应商建立起稳定的长期的采供关系，则供货时间准确性要求很难保证。

5. JIT 采购

准时制生产方式(Just In Time,简称 JIT)是起源于日本丰田汽车公司的一种生产管理方式。JIT 采购，又叫准时化采购，是由准时化生产的管理思想演化而来的。其基本思想是"杜绝浪费"，"只在需要的时候，按需要的量，生产所需要的产品"。这种生产方式是追求一种无库存生产系统或是库存量达到最小的系统，为此开发和成功应用了看板管理技术。所谓看板就是一张信息卡片，又称为要货指令。由需求方向供货方发出的看板，就是向供应商发出什么时间把什么品种、什么规格、多少数量、从什么地方送到什么地方的指令。

JIT 采购的主要特点见表 4-1。

表 4-1　JIT 采购与传统采购的区别

项　目	JIT 采购	传　统　采　购
批量采购	小批量,送货频率高	大批量,送货频率低
供应商选择	长期合作,单源供应	短期合作,多源供应
供应商评价	质量、交货期、价格	质量、价格、交货期
检查工作	逐渐减少,最后消除	收货、点货、质量验收
协商内容	长期合作关系,质量和合理价格	获得最低价格
运输	准时送货,卖方负责安排	较低成本,买方安排
文书工作	文书工作少,需要的是有能力改变交货时间和质量	文书量大,改变交货期和质量的采购单多
产品说明	供应商革新,强调性能宽松要求	买方关心设计,供应商没有创新
包装	小,标准化容器包装	普通包装,无特别说明
信息交流	快速,可靠	一般要求

资料来源：王槐林：《采购管理与库存控制》，中国物资出版社 2008 年版，第 148 页

JIT 采购方法和传统采购方法有一些显著差别，成功实施 JIT 采购的前提有以下四点：一是看板管理；二是选择最佳的供应商，并对供应商进行有效管理；三是供应商与采购方的紧密合作；四是卓有成效的采购过程质量控制。实行 JIT 采购的效益非常好，但是基础工作要求高，对人员素质和管理水平要求高。

案例 4-1

一汽大众的"零库存"

一汽大众汽车有限公司的产品中目前仅捷达车就有七十余个品种、十余种颜色，而每辆车都有两千多种零部件需要外购。从 1999 年到 2000 年末，公司的捷达车销售数量从 43 947 辆一路跃升至 94 150 辆，市场兑现率高达 95%—97%。与这些令人心跳的数字形成鲜明对比的是公司零部件居然基本处于"零库存"状态，而造成这一巨大反差的就是一整套较为完善的物流控制系统。那么，一汽大众实现"零库存"的方法有哪些呢？

1. 进货的"零库存"处理流程

下面结合具体的操作实例来介绍进货"零库存"的处理流程。只要走进一汽大众的一个标有"整车捷达入口处"牌子的房间，就能看见在上千平方米的房间内零零星星摆着几箱汽车玻璃和小零件，四五个工作人员在有条不紊地用电动叉车往整车车间运送零件。在入口处旁边的一个小亭子里，一位小伙子正坐在电脑前用扫描枪扫描着一张张纸单上的条形码——他正在把订货单发往供货厂。

一辆满载着保险杠的货车开了进来，两个工作人员见状立即开着叉车跟了上去。几分钟后，这批保险杠就被陆续送进了车间。据保管员讲，一汽大众的零部件的送货形式有三种。

第一种形式是电子看板，即公司每月把生产信息用扫描的方式通过电脑网络传递到各供货厂，对方根据这一信息安排自己的生产，然后公司按照生产情况发出供货信息，对方则马上用自备车辆将零部件送到公司各车间的入口处，再由入口处分配到车间的工位上。刚才看到的保险杠运作就采取了这种形式。

第二种形式称为"准时化"（Just in time），即公司按整车顺序把配货单传送到供货厂，对方也按顺序装货并直接把零部件送到工位上，从而取消了中间仓库环节。

第三种形式是批量进货，供货厂对于那些不影响大局又没有变化的小零部件每月分批量地送货 1—2 次。

过去这个房间是整车车间的仓库，当时库里堆放着大量的零部件，货架之间只有供叉车勉强往来的过道，大货车根本开不进来。不仅每天上架、下架、维护、倒运需要消耗大量的人力、物力和财力，而且储存、运送过程中总要造成一定的货损货差。现在每天平均两小时要一次货，零部件放在这里的时间一般不超过 1 天。订货、生产零件、运送、组装等全过程都处于小批量、多批次的有序流动中。公司原先有一个车队专门往来各车间送货,现在车队已经解散了。

2. 在制品的"零库存"管理

公司很注重在制品的"零库存"管理,从以下的运作过程中就可以看得出来。

在一汽大众流行着这样一句话:"在制品是万恶之源",用以形容大量库存带来的种种弊端。在生产初期,捷达车的品种比较单一,颜色也只有蓝、白、红三种。公司的生产全靠大量的库存来保证。随着市场需求的日益多样化,传统的生产组织方式面临着严峻的挑战。

1997年,"物流"的概念进入了公司决策层。考虑到应用德方的系统不仅要一次性投入1500万美元,每年的咨询和维护费用也需要数百万美元,中方决定自己组织技术人员和外国专家进行物流管理系统的研究开发。

1998年初,公司开发了与自身情况相适应的物流信息系统,该物流控制系统获得成功并正式投入使用。如今,投资不足300万元人民币的系统已经经受了生产十几万辆车的考验。在整车车间,生产线上每辆车的车身上都贴着张生产指令表,零部件的种类及装配顺序一目了然。计划部门通过电脑网络向各供货厂下达计划,供货厂按照顺序生产、装货,生产线上的工人按顺序组装,一伸手拿到的零部件保证就是他正在操作的车上的。物流管理就这样使原本复杂的生产变成了简单而高效率的"傻子工程"。令人称奇的是,过去整车车间的一条生产线仅生产一种车型,生产现场尚且拥挤不堪,如今在一条生产线上同时组装两三种车型的混流生产线,却不仅做到了及时、准确,而且生产现场空间比原先节约了近10%。此外,存储的零部件减少了,公司每年因此节约的成本达六七亿元人民币。同时,供货厂也减少了30%—50%的在制品及成品储备。先进的管理带来了实实在在的效益,也引发了一场深刻的管理革命。

3. 实现"无纸化办公"

随着物流控制系统的逐步完善,电脑网络由控制实物流、信息流延伸到公司的决策、生产、销售、财务核算等各个领域中,使公司的管理变得科学化、透明化。现在,公司主要部门的管理人员人手一台微机,每个人以及供货厂方随时都可以清楚地了解每一辆车的生产和销售情况。公司早已实现了"无纸化办公",各部门之间均通过电子邮件联系。德国大众公司每年的改进项目达100多个,一汽大众依靠电脑网络实现了与德方同步改进,从而彻底改变了过去那种对方图纸没送来就干不了活的被动局面。工作方式的改善,不仅使领导层得以集中精力研究企业发展的战略性问题,也营造了一个激烈竞争的环境,促使每个员工不断提高自身的业务素质。

"零库存"是现代物流中的管理理念,它实质上是在保证供应的前提下,实现库存费用最低的一种管理方式,最终要实现整体物流成本最低的目标。降低库存水平并非降低供应保证程度,而是运用各种技术手段,实现更高水平的准时供应。

透过"零库存",我们看到,对于一个企业来说,进行物流管理,领导者的超前意识、一批兢兢业业的专业技术人员和企业较强的开发能力是必不可少的前提。

案例来源:张理:《现代物流案例分析》,中国水利水电出版社2008年版,第67—69页(经整理)。

(三) 价格的议定[①]

确定所需支付的价格是采购过程中的一项重要决策,是否具备得到"好价钱"的能力有时是衡量一个优秀采购者的首要标准。在采购的各个要素中,强调价格的重要性是十分必要的,价格综合反映了商品的质量、规格、性能、服务、结算条件和运输条件等,是买卖双方关心的焦点。

1. 供应商议定价格的方法

由于市场竞争的原因,大多数企业不愿意透露其价格确定的方法。但是,供应商确定价格的方法无外乎成本法和市场法。

(1) 成本定价法,是指直接成本和间接成本得到完全补偿后,还能够取得一定利润的确定价格方法,商品价格应该是直接成本加间接成本再加上一定百分比的利润。对采购方而言,通过对产品成本分析可以寻求成本较低的供应商,可以寻求成本较低的替代品,也可以采用成本分析技术进行采购谈判。

(2) 市场定价法,是指价格由市场供求关系决定,而且价格可能与成本基本不相关的定价方法。在市场定价条件下,采购商必须接受市场上现行的价格,选择那些愿意提供非价格优惠条件的供应商。除价格以外的采购交易条件包括保管存货、提供技术服务、优良的质量、及时交货、运输优惠等。另外,采购方还可以使用替代品或者在有条件的情况下自己生产。

2. 商品种类的区别

价格的确定并不是仅通过分析供应商的成本就能够把握的,不同种类的商品在价格变动上有明显差别。

(1) 原材料:如铜、小麦、原油、钢铁、水泥等大宗商品,这个类别又称为敏感性商品。由于这类商品的价格变动比较敏感,即经常有大幅度的上涨或下跌。同时企业又是大批量采购,对采购绩效影响很大。采购商掌握原材料价格变动

[①] 米歇尔·R. 利恩德斯等:《采购与供应管理》,机械工业出版社2001年版,第245—262页。

的趋势,比掌握某特定时间的价格来得更重要。

(2) 特殊商品:如企业生产线专门需要的零件和材料,一般是下订单定做的。特殊商品的价格通常是利用报价单方式来确定。

(3) 标准商品:如螺栓、螺帽等标准件,各种型号的钢材,电子元器件等。这类商品的价格是相对稳定的,一般会有价格折扣条款。

(4) 低值易耗品:包括维护、修理和辅助物品、办公用品等相对较小价值的商品。采购方对这类商品的价格没有必要具体分析,只要保证供应就行。

3. 确定价格的方法

采购过程中确定价格的方法有多种,其中最为常见的是询价方式、招标方式和谈判方式。

(1) 询价方式。询价采购又可以称为报价单方式采购。采购方向选定的若干供应商发询价函件,将采购物项的要求等通知有关厂商,让他们报价,然后根据各个供应商的报价而选定供应商进行采购的方法。询价采购的优点是供应商少而精,采购过程简单,成本低。缺点是被选的供应商数量少、范围窄,不一定是最优的结果。询价采购中应选择至少三家以上的供应商发出报价邀请,有效报价也应有三家以上可作比较,即应遵循货比三家原则。

(2) 招标方式。招标方式采购可以选择公开招标方式:公开发布招标公告,刊登在公开媒体上,面向所有合适的供应商。也可以采用选择性招标方式:直接邀请经选择的供应商参加投标。后者与前者相比较,可以明显减少工作量、时间和成本。

招标方式采购适用于重大的项目或影响较深远的采购项目,如寻找较长期供应物资的供应商,寻找一次较大批量供货的供应商,寻找一项大工程的物资供应商等。

(3) 谈判方式。招标方式受一些条件限制,就不能发挥其高效率。例如单一供应源、卖方市场、物项规格不完全或可能产生不同理解的状况、供应商有串通嫌疑时,谈判就成为价格确定过程中的一种较好的方法。

谈判方式采购使用在不宜公开招标的大宗采购项目上,原因是谈判方式是价格确定过程中最复杂也是成本最高的一种方法。采购谈判的重点是确定价格,但是其他许多方面也是可以通过谈判来确定的,例如质量、技术支持、交付、运输等的细节。

4. 价格折扣

价格折扣是供应商用来吸引客户购买的促销策略。采购方针对供应商的不同折扣策略,可采取不同的措施来应对。

(1) 现金折扣,是指在赊销的情况下,卖方为了鼓励买方尽快支付货款,按原价给予一定的折扣。例如,货款必须在一个月内付清,如果客户在 10 天内付款,则给予 2% 的现金折扣;采购方若企业资金许可,可提前付款以享受现金折扣。采购方应该非常用心地保证企业取得现金折扣,在收货过程和各种文件处理过程中不浪费时间,因为为此投入的资金回报率相当高($2\% \times 360 \div 20 = 36\%$)。

(2) 商业折扣,是指制造商提供给特殊分销商或者优先客户的采购折扣,以保证商品的销售渠道通畅。采购方应注意分销商的级别,从高级别分销商处获取低成本的商品,有时比直接从制造商处进货的成本更低。

(3) 数量折扣,是指卖方为鼓励客户购买更多产品而采取的一种价格策略,其折扣与购买数量大致成比例关系。在数量折扣条件下,设有两个及两个以上价格,称为区段价格。享受某一价格区段下的最小订货批量为折扣点。采购方要以总成本低原则来进行成本比较,取总成本低的对应批量为最佳采购批量。

下面是关于数量折扣问题的例子。

企业对某产品的年需求为 900 件。年储存成本系数为 25%,订货成本为每批 50 元。供应商的定价为:订货在 1—199 件间,价格为 45 元;订货在 200—399 件间,价格为 43 元;订货在 400 件以上时,价格为 41.5 元。

本例需要进行多个价格区段的成本比较,为了减少工作量,可以采用简化的计算分析方法。具体可分为以下四个步骤:

第一步,分清价格区段和折扣点。

画出价格区段图(图 4-2),标出折扣点。图中 $Q_1 = 200, Q_2 = 400$ 为折扣点。

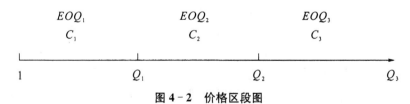

图 4-2 价格区段图

第二步,求各区段价格下的经济订货批量,并判断其是否可行。

根据公式,$EOQ_i = \sqrt{2RS/KC_i}$

求得,$EOQ_1 (C_1 = 45) = 89$(件),可行;

$EOQ_2 (C_2 = 43) = 92$(件),不可行,舍去;

$EOQ_3 (C_3 = 41.5) = 93$(件),不可行,舍去。

第三步,判断需要比较总成本的点。

需要比较总成本的点包括:可行的 EOQ 以及比该 EOQ 订货批量大的且享

受更低单价的折扣点。本例中是 EOQ_1、Q_1、Q_2 共三个点。

第四步，计算总成本并比较大小，取总成本最小的对应批量为最佳批量或经济批量。

总成本公式：$TC=RC+RS/Q+QKC/2$

$TC_1(EOQ_1=89,C_1=45)=41\,506(元)$

$TC_2(Q_1=200,C_2=43)=40\,000(元)$

$TC_3(Q_2=400,C_3=41.5)=39\,538(元)$

经过比较总成本 TC_3 为最低，取其对应批量 400 件为最佳订货批量。

(4) 累积折扣，是另一种类型的数量折扣，其订货数量不是根据某一次的采购量确定，而是根据某一时期的总采购数量来确定。采用累积折扣的供应商希望促使采购者只从单一货源订货，而不是从多个货源订货。这种折扣影响采购方对供应源的选择，采购方要考虑采购物项是否适合于选择单一货源，即考虑该物项选择单一货源采购的利弊得失，以此来作决策。

(四) 供应商的选择

大多数重要的采购决策都与正确选择供应商有关，就是说如果选择了合适的供应商的话，采购方的需求就会完全得到满足，而且一直都会获得所需要的货物和服务。但是，这与供应商选择决策的复杂性不相符，因为要作出正确的决策就必须考虑多方面因素。

1. 优秀供应商应具备的品质

要给优秀的供应商下一个大家都能接受的定义是有困难的。在典型的采购商—供应商关系中，优秀的供应商应具备下面这些品质：按时准确交付，提供的产品有稳定的质量，报出合理的价格，企业运营背景稳定，提供良好的服务支持和技术支持，对采购方的需求作出及时回应，遵守相关承诺，使采购方了解进展状况。

一般而言，传统观点认为应该鼓励供应商为了能被采购方接受而积极参与竞争，因而很少关注优秀供应商的品质。现代意义上的采供关系认为，买卖双方正在寻求一种长期互利的关系，参与交易过程的双方都可以获得利益。这种观点用协作或配合这样的术语来说明买卖双方的关系，预示着理想的组织能促使"2+2=5"的情况产生，即买卖双方间的联合会产生额外的收益。

2. 供应商选择原则

供应商选择决策的基本准则是"Q. C. D. S"原则，也就是质量、成本、交付与服务并重的原则。在这四个因素中，质量是最重要的因素，要确认供应商有一套稳定有效的质量保证体系，要确认供应商具有生产所需产品的设备和工艺能力，如已达到第一次就准确生产的水平。其次是成本与价格,要对所需产品进行成本分析,并通过双赢的价格实现成本节约。再次是交付方面,要确定供应商拥有足够的生产能力,对突发的需求增加能够应付,要有稳定的交付提前期和按时交付能力。最后是服务方面,包括供应商的售前售后服务的记录,以及能够持续改进的能力。

上述总原则以外,供应商选择的具体原则主要包括:

(1) 灵活操作原则。不同行业、企业、产品需求,不同环境下的供应商评价应该是不一样的,要保持一定程度的灵活可操作性。

(2) 门当户对原则。所选择供应商的规模和层次应与采购商相当。这样,供应商才会在生产期、售后服务、价格确定等方面给予足够的重视和相当的优惠。

(3) 半数比例原则。购买数量不超过供应商产能的50%,避免供应商依赖于采购方,限制采购方变动的自由度。

(4) 供应源数量控制原则。同类物料的供应商数量为2—3家,有主次供应商之分。

(5) 学习更新原则。对供应商评估的指标、项目以及评估的工具与方法等,都需要不断地改进和更新。

以上所列选择供应商的若干基本原则,并不是说各个企业在选择供应商时要遵循的标准是一致的,而是需要根据具体的情况进行综合分析,再制定出一套切实可行的标准。

3. 供应商选择的其他考虑[①]

供应商选择的其他考虑包括:采购方应该依赖单个供应商还是同时使用几个供应商? 采购方应该直接向制造商购买,还是通过分销商? 采购方应该优先考虑当地供应源,还是应该对地理位置不予考虑? 采购方应该选择大型、中型还是小型供应商?

(1) 单一供应源

采购方特意将自己某特定类型的采购项目全部交给一个供应商供货,称为单一供应源或单一供应商。这种方式变得越来越流行,如准时化采购模式中。但是,这种决策也不是总是正确的,在一定情况下,使用一个以上的供应源会更加有利。

选择向单一供应商发放某种细项的所有订单的理由有以下几个方面:成功的合作关系,与供应商的长期合同等;供应商是专利权、专有技术的唯一所有者;

---

① 米歇尔·R. 利恩德斯等:《采购与供应管理》,机械工业出版社2001年版,第188—192页。

供应商能够提供很有价值的、非常出色的产品和服务；订单交易总量太小，不宜再分；集中购买可以获得价格折扣或较低运费，而在别处无法获得；承接采购方的全部业务，供应商会更合作、更积极主动；因采购物品牵涉模具、工具或高成本的备货过程，多件设备或多次备货使成本增高；安排交付更容易；使用准时制生产、无库存购买等；高效的供应商关系要求供应商越少越好；单一供应源是建立合作关系的前提条件；尽管单一供应源与现代管理的许多趋势，特别是与质量运动、合作伙伴、战略供应源等一致，但还没有普遍适用。

(2) 多个供应源

不选择单一供应源的原因，主要是采购方不希望受制于单一供应源。选择多个供应源的原因，则主要是可以造成供应商竞争机制。

选择多个供应源的理由有以下几个方面：是一种比较传统的做法；供应商有了竞争对手，会尽量提供良好的价格和服务；能确保供应，至少能够确保部分供应；采购组织具有协调多个供应源的能力；可以避免供应商的依赖；可以更大程度使用供应商的未用产能；有必要时，很可能要做出备份安排；战略原因如军事准备、确保供应等；使用小供应源或单一供应源的风险很高；供应商没有足够产能；对潜在供应商进行试订货阶段。

采购方不希望自己被紧紧地捆在供应源上而降低柔性，尤其是当供应商规模较小时。同样原则，供应商与单个顾客的义务量也不希望超过其义务总量的某个百分比，如20%—30%。

比较传统的做法是，采购方故意选2—3个供应商，可造成供应商之间的竞争，实行AB角或ABC角制。如一个品种设两个供应商，主供应商承担50%—80%的供应量，副供应商承担20%—50%的供应量。一段时间后，可以对主副供应商评比一次，当主供应商比副供应商的分数明显低时，将主供应商降为副供应商，副供应商则升为主供应商。评比的时间间隔不能太短，最少一个季度或半年，否则不利于供应稳定和纠正错误。

(3) 商业分销商

企业还会面临直接向制造商采购货物，还是从专业渠道，如批发商、分销商甚至零售商处购买的问题。在一些销售渠道中，分销商对大量产品的销售起着很重要的作用，如分销中大量问题的解决方案和运输成本增加等。制造商发现更多地利用分销商是有利的，促使其惠顾分销商、批发商等。在许多情况下，分销商还提供一些额外的服务，使得他们更具有吸引力。

分销商通常是指聚集商品、储存商品，并将种类繁多的商品销售给用户的中间商。分销商的优势在于拥有品种多、数量多的商品库存，还拥有本地供应或较近距离供应的优势,所以分销商的主要卖点就是即时可获得性。另外,高级别的分销商还有价格低的优势,原因是该分销商能享受到制造商的优惠折扣。

总体而言,制造商和分销商各有其优势,选择制造商还是分销商的问题往往与当地采购供应源密切相关。

(4) 供应源的地理位置

一项调查显示,即使价格较高或质量较差,四分之三的采购方仍首选当地供应源。这一行为主要基于以下两点。第一,本地供应源能比远距离供应源更能经常提供可靠服务。采供双方的沟通更方便,交货更迅速,运输成本更低,而且双方人员互相了解。在发现问题或紧急需要某种商品时,双方很容易取得联系。因此,选取本地供应源有许多合理的经济的原因。如在准时制生产系统中,本地供应对采购方来说是至关重要的。第二,企业与当地社区的牵涉面很大,希望支持地方社区,当然也希望社区在各方面的支持。这一点属于非经济因素,当企业认识到这一点时,就说明它建立了良好的公共关系。

(5) 供应商规模

需求的规模与性质也影响到选择供应商规模的决策。通常,需求越大供应商规模就应该越大,即所谓门当户对原则或对等原则。小型供应商总是用来满足本地的较小的需求,它的柔性、回应速度和可获得性较好,它显示的忠诚与服务是大供应商不能比的,它喜欢去填补大型供应商不能或宁可不做的小空白。缺点是价格较高,且容易依赖关键客户等。大型供应商更适合于大量需求,这时技术、质量与总成本等要素更为关键,它的稳定性强得多,可利用资源也多得多,可大大降低供应业务的日常风险。中型供应商的优缺点则介于两者之间。总之,采购方应该选择大、中还是小型供应商,或者说哪一种规模的供应商最受欢迎,应该视企业具体情况而定。

案例 4-2

采购管理对企业竞争地位和顾客满意度的影响

20 世纪 90 年代,美国一家主要的汽车制造商决定从一家企业购买汽车玻璃(单一货源)。供应合同执行几个月后,发现在这家汽车玻璃厂即将来临的用工合同谈判可能会陷入僵局,甚至可能发生长期罢工。为了保护自己,尽管存货储存成本很高而且仓储设施容量不够充足,汽车公司还是囤积了 90 天的玻璃存货。他们这样做是对的,玻璃厂果然发生了罢工,而且工会只对提供给汽车制造商的玻璃产品罢工。罢工持续了 118 天,汽车制造商不得不把他们的生产线关闭了一个多月。结果造成销量减少到盈亏平衡点以下,汽车制造商当年发生了严重的财务亏损。总裁对股东解释说,玻璃厂的罢工使他们的汽车销量减少了10万辆(一个月的销售量)。汽车用户显然不会愿意等到罢工结束,所以他们转而去购买其他竞争者生产的汽车。经销商可以对顾客说:"车在这里,一个月以后再把它交回来,我们会为你装上玻璃。"然后这笔买卖就成交了。可是,说服顾客现在把车取走,一个月后再送回来装玻璃,是很难的。实际上,如果顾客购买了其他厂家的汽车并且也喜欢这种车型,那么他就会在未来购买时转向新的经销商。经销商为此失去的未来汽车销售可能达50万辆。

此案例说明对于提高顾客满意度和追求不断改进的企业目标,供应部门可以做出很大贡献。

资料来源:米歇尔·R.利恩德斯等:《采购与供应管理》,机械工业出版社2001年版,第14页。

四、供应链管理

(一) 供应链的概念和特征

20世纪80年代以来,全球经济一体化的浪潮不断推进,资本流动国际化、跨国界生产和流通、在消费地生产和组装产品形成新趋势。由于全球采购、全球生产、全球销售趋势的形成,也由于新经济和信息时代的到来,国际专业分工日趋明显;同时还因为国际贸易竞争、企业争夺国际市场的激化,为了降低成本、加强竞争力,越来越多的跨国公司采取了加强核心业务,甩掉多余包袱的做法。它们将生产、流通和销售等多种业务外包给合作伙伴,自己只做自己最擅长、最为专业的部分。这样做既维持了国际贸易份额,又与贸易对象国紧紧地融合在一起,增强了抗风险的能力,减少了外界干扰。供应链形成后,它们既达到了预想的目的,又节省了费用,而利润不减少,稳定度加强,风险降低。跨国公司在全球范围内寻求合作伙伴,在众多的选择对象中择优选择,结成广泛的生产、流通、销售网链,形成了一股潮流和趋势。

1. 供应链的概念

美国供应链协会对供应链的概念给出了权威性的解释:"供应链囊括了涉及生产与交付最终产品和服务的一切努力,从供应商的供应商到客户的客户。供应链管理包括管理供应与需求,原材料、备品备件的采购、制造与装配,物件的存放及库存查询,订单的录入与管理,渠道分销及最终交付用户。"

我国国家标准《物流术语》对供应链的定义是:"供应链(supply chain)是生产及流通过程中,涉及将产品或服务提供给最终用户活动的上游与下游企业所形成的网链结构。"

实际上,供应链的范围比物流要宽,不仅将物流系统包含其中,还涵盖了生产、流通和消费,从广义上涉及了企业的生产、流通,再进入到下一个企业的生产和流通,并连接到批发、零售和最终用户,既是一个社会再生产的过程,又是一个社会再流通的过程。狭义地讲,供应链是企业从原材料采购开始,经过生产、制造,到销售至终端用户的全过程。这些过程的设计、管理、协调、调整、组合、优化,是供应链的主体;通过信息和网络手段使其整体化、协调化和最优化,是供应链的内涵;运用供应链管理实现生产、流通、消费的最低成本、最高效率和最大效益,是供应链的目标。供应链是由各种实体构成的网络,网络上流动着物流、资金流和信息流。这些实体包括一些子公司、制造厂、仓库、外部供应商、运输公司、配送中心、零售商和用户。一个完整的供应链始于原材料的供应商,止于最终用户。

2. 供应链的特征

从供应链的含义可以看出,供应链是一个网链结构,由围绕核心企业的供应商、供应商的供应商和用户、用户的用户组成。一个企业是一个节点,节点企业和节点企业之间是一种需求与供应关系。因此,供应链主要具有以下一些特征:

(1) 协调性和整合性。供应链本身就是一个整体合作、协调一致的系统,它有多个合作者,每个供应链成员企业都是"链"中的一个环节,为了一个共同的目的或目标,协调动作、紧密配合,行动都要与整个链的动作一致,绝对服从于全局,做到方向一致、动作一致。

(2) 选择性和动态性。供应链中的企业都是在众多企业中筛选出的合作伙伴,合作关系是非固定性的,也是在动态中调整的。因为供应链需要随目标的转变而转变,随服务方式的变化而变化,它随时处在一个动态调整过程中。

(3) 复杂性。不少供应链是跨国、跨地区和跨行业的组合。各国的国情、体制、法律、文化、地理环境、习俗都有很大差异,经济发达程度、物流基础设施、物流管理水平和技术能力等也有很大不同,而供应链操作又必须保证其目的的准确性、行动的快速反应性和高质量服务性,这便不难看出供应链复杂性的特点。

(4) 虚拟性。在供应链的虚拟性方面,主要表现在它是一个协作组织,而并不一定是一个集团企业或托拉斯企业。这种协作组织以协作的方式组合在一起，依靠信息网络的支撑和相互信任关系，为了共同的利益，优势互补、协调运转。由于供应链需要永远保持高度竞争力，必须是优势企业之间的连接，所以组织内的吐故纳新、优胜劣汰是必然的。供应链犹如一个虚拟的强势企业群体，在不断地优化组合。

(5) 交叉性。节点企业可以是这个供应链的成员，同时又是另一个供应链的成员，众多的供应链形成交叉结构，增加了协调管理的难度。

(6) 面向用户需求。供应链的形成、存在、重构，都是基于一定的市场需求而发生，并且在供应链的运作过程中，用户的需求拉动是供应链中信息流、商品流和服务流、资金流运作的驱动源。

(二) 供应链管理概述

1. 供应链管理的含义

供应链管理 SCM(supply chain management)是一个自 20 世纪 80 年代开始使用和风靡的术语，它最早开始于咨询业，后来引起人们极大的关注，但对于供应链管理的定义，不同的学者有许多不同的表述。

我国《物流术语》将供应链管理定义为：利用计算机网络技术全面规划供应链中的商流、物流、信息流、资金流等，并进行计划、组织、协调与控制。

供应链管理的含义应从以下几个方面理解：

(1) 供应链管理是一种运作管理技术，它能够使企业的活动范围从物流活动扩展到所有的企业职能。这些职能包括市场营销、加工制造和财务，所有这些职能都以最佳的方式紧密地结合在一起，成为一个整体。在这个层面上的企业集成将使企业管理者能够将他们日常的、在竞争中起决定性作用的主要价值活动的运作连接在一起，并保持高度的协同。这种运作活动包括四个方面：第一个方面是输入物流，包括销售预测、库存计划、寻找资源和采购以及内向运输；第二个方面是处理活动，包括生产、增值处理、处理过程中的库存管理以及产成品仓储；第三个方面是输出活动，包括产成品存货、客户订单管理、企业外部和企业内的运输运动；第四个方面包括物流系统计划、物流设计和物流控制。对供应链管理的运作进行高效管理，可以确保企业围绕着战术目标，将所有的工作职能优化，并为客户创造价值。

(2) 供应链管理是物流一体化管理的扩展，其目的是将组织的物流职能和供应链中合作伙伴使用的对等职能的物流部分进行合并或紧密连接，以便将企业内部物流职能和外部供应商和客户，或者第三方物流联盟连接在一起，形成一个完整的集成化系统。另外，还能使库存计划人员直接通过计算机网络查看他们供应商的库存,或者使生产人员能够满足统一计划的客户需求。在当今的业务环境中,任何企业都不能独立地参与竞争,或是自己全部占有保持市场领导地位的所有竞争能力和知识,所以对物流环节的集成,是供应链运作管理的一个重要方面。

(3) 战略。供应链管理的实际应用,是以一个共同目标为核心的组织管理。供应链管理包含加快发货速度、降低成本的方面,也包含利用新的管理方法和信息技术的力量,以便在针对市场具体需求的产品和服务方面实现重大突破。尽管供应链管理的运作方面能为企业提供生存能力及市场竞争能力,然而供应链管理的战略作用能使供应链中的合作伙伴达成共识,构筑发展和互利的供应链联盟,管理复杂的客户和供应商之间的关系,以便在市场中处于领导地位,并开拓业务、探索新的机遇。

因此,供应链管理是指运用集成的管理思想和方法,以实现供应链整体高效率为目标,对整个供应链系统,包括从原材料阶段一直到最终产品交付用户这一过程中,与产品相关的物流、信息流、资金流、价值流及业务流所进行的计划、协调、组织、执行和控制等管理活动[1]。

2. 供应链管理涉及的内容

供应链管理主要涉及四个主要领域:供应(supply)、生产计划(schedule plan)、物流(logistics)、需求(demand)。供应链管理是以同步化、集成化生产计划为指导,以各种技术为支持,尤其以 Internet/Intranet 为依托,围绕供应、生产作业、物流(主要指制造过程)、满足需求来实施的。供应链管理主要包括计划、合作、控制从供应商到用户的物料(零部件和成品等)和信息。供应链管理的目标在于提高用户服务水平和降低总的交易成本,并且寻求两个经常有冲突的目标之间的平衡。在以上供应链管理涉及的四个领域的基础上,可以将供应链管理细分为职能领域和辅助领域。职能领域主要包括产品工程、产品技术保证、采购、生产控制、库存控制、仓储管理、分销管理,而辅助领域主要包括客户服务、制造、设计工程、会计核算、人力资源、市场营销。

由此可见,供应链管理关心的并不仅仅是物料实体在供应链中的流动,除了企业内部与企业之间的运输问题和实物分销以外,供应链管理还包括以下主要内容:

(1) 战略性供应商和用户合作伙伴关系管理。
(2) 供应链产品需求预测和计划。

---

[1] 黄中鼎:《现代物流管理》,复旦大学出版社 2019 年版,第 282—285 页。

(3) 供应链的设计(全球节点企业、资源、设备等的衡量、选择和定位)。

(4) 企业内部与企业之间物料供应与需求管理。

(5) 基于供应链管理的产品设计与制造管理、生产集成化计划、跟踪和控制。

(6) 基于供应链的用户服务和物流(运输、库存、包装等)管理。

(7) 企业间资金流管理(汇率、成本等问题)。

(8) 基于互联网或局域网的供应链交互信息管理等。

供应链管理注重总的物流成本(从原材料到最终产成品的费用)与用户服务水平之间的关系,为此要把供应链各个职能部门有机地结合在一起,从而最大限度地发挥出供应链整体的力量,达到供应链企业群体获益的目的。

3. 供应链管理的目标

供应链管理的目标是在总成本最小化、客户服务最优化、总库存最少化、总周期时间最短化以及物流质量最优化等目标之间寻找最佳平衡点,以实现供应链绩效的最大化。

(1) 总成本最小化。采购成本、运输成本、库存成本、制造成本以及供应链的其他成本费用都是相互联系的。因此,为了实现有效的供应链管理,必须将供应链各成员企业作为一个有机整体来考虑,并使实体供应物流、制造装配物流与实体分销物流之间达到高度均衡。

(2) 客户服务最优化。供应链管理的本质在于为整个供应链的有效运作提供高水平的服务。而由于服务水平与成本费用之间的悖反关系,要建立一个效率高、效果好的供应链网络结构系统,就必须考虑总成本费用与客户服务水平的均衡。供应链管理以最终客户为中心,客户的成功是供应链赖以生存与发展的关键。因此供应链管理的主要目标就是要以最小化的总成本费用实现整个供应链客户服务的最优化。

(3) 总库存最少化。在实现供应链管理目标的同时,要使整个供应链的库存控制在最低的程度,"零库存"反映的即是这一目标的理想状态。所以,总库存最少化目标的达成,有赖于实现对整个供应链的库存水平与库存变化的最优控制,而不只是单个成员企业库存水平的最低。

(4) 总周期时间最短化。当今的市场竞争不再是单个企业之间的竞争,而是供应链与供应链之间的竞争。从某种意义上说,供应链之间的竞争实质上是基于时间的竞争,如何实现快速、有效的客户反应,最大限度地缩短从客户发出订单到获取满意交货的整个供应链的总周期时间,已成为企业成功的关键因素之一。

(5) 物流质量最优化。在市场经济条件下,企业产品或服务质量的好坏直接关系到企业的成败。同样,供应链物流服务质量的好坏直接关系到供应链的存亡。如果在所有业务过程完成以后,发现提供给最终客户的产品或服务存在质量缺陷,就意味着所有成本的付出将不会得到任何价值补偿,供应链的所有业务活动都会变为非增值活动,从而导致整个供应链的价值无法实现。

(三)供应链管理的原则和实施步骤

1. 供应链管理的七项原则

(1) 根据所需的服务特性来划分客户群。传统意义上的市场划分基于企业自己的状况,如行业、产品、分销渠道等,然后对同一地区的客户提供相同水平的服务;供应链管理则强调根据客户的状况和需求,决定服务方式和水平。

(2) 根据客户需求和企业可获利情况,设计企业的后勤网络。如,一家造纸公司发现两个客户群存在截然不同的服务要求:大型印刷企业允许较长的提前期,而小型的地方印刷企业则要求在 24 小时内供货,于是它建立的是 3 个大型分销中心和 46 个紧缺物品快速反应中心。

(3) 监测市场的需求信息。销售和营运计划必须监测整个供应链,以及时发出需求变化的早期警报,并据此安排和调整计划。

(4) 时间延迟。由于市场需求的剧烈波动,而且距离客户接受最终产品和服务的时间越早,需求量预测就越不准确。因此,企业不得不维持较大的中间库存。

(5) 与供应商建立双赢的合作策略。迫使供应商相互压价,固然能使企业在价格上收益;但与供应商相互协作则可以降低整个供应链的成本,企业将会获得更大的收益,而且,这种收益将是长期的。

(6) 在整个供应链领域建立信息系统。信息系统首先应该处理日常事务和电子商务;其次支持多层次的决策信息,如需求计划和资源规划;最后应该根据大部分来自企业之外的信息,进行前瞻性的策略分析。

(7) 建立整个供应链的绩效考核准则。供应链的绩效考核准则应该建立在整个供应链上,而不仅仅是局部的、个别企业的独立标准,供应链的最终验收标准是客户的满意程度。

2. 供应链管理的实施步骤

(1) 比对企业的业务目标同现有的能力和业绩,查找并改善现有供应链的显著弱点,迅速提高企业的竞争力。

(2) 同关键客户和供应商一起探讨和衡量全球化、新技术及竞争局势,建立供应链的远景目标。

(3) 制定从现实过渡到理想供应链目标的行动计划,同时衡量企业实现这种过渡的现实条件。

(4) 根据优先级安排上述计划,并且承诺相应的资源。根据实施计划,首先定义长期的供应链结构,使企业在与正确的客户和供应商建立的正确的供应链中,处于正确的位置;然后重组和优化企业内部和外部的产品、信息和资金流;最后在供应链的重要领域,如库存、运输等环节提高质量和生产率。

(四) 供应链管理的效益

1. 供应链管理的内部效益

(1) 实现供需的良好对接。供应链把供应商、生产商、分销商、零售商紧密连接在一起,并对之进行协调、优化管理,使企业之间形成良好的互动关系,缩短产品、信息的流通渠道,从而可以使消费者需求信息沿供应链逆向准确地、迅速地反馈给生产厂商。生产厂商据此对产品的增加、减少、改进、质量提高、原料的选择等作出正确的决策,保证供需良好的对接。

(2) 促使企业采用现代化手段。供应链是一个整体,相关的各企业为共同的整体利益而奋斗。要达到这个目标,整个供应链中的物流、资金流、信息流必须畅通无阻。为此,作为供应链中每个节点的企业,必须采用先进的技术与设备,科学的管理方法,共同为销售提供良好的服务。

(3) 降低社会库存。供应链的形成,要求对组成供应链的各个环节进行优化,建立良好的相互关系,采用先进的设备,从而促进产品、需求信息的快速流通,减少社会库存量,避免库存浪费,减少资金占用,降低库存成本。

(4) 减少流通费用。供应链通过各企业的优化组合,成为最快捷、最简便的流通渠道,是供应网络中的最优化网络。它的实现,除去了中间不必要的流通环节,大大地缩短了流通路线,从而有效地减少了流通费用。

2. 供应链管理的外部效益

(1) 实现信息资源共享。在信息化的时代,谁拥有信息,谁就能在激烈的竞争中多一个坚强的后盾。供应链管理充分意识到这一点,它不仅利用现代科技手段,采用最优流通渠道,使信息快速、准确反馈,而且在供应链的各企业之间实现了资源共享。

(2) 提高服务质量。现代企业越来越注意审视和响应消费者需求,而消费者要求提供消费品的前置时间越短越好。为此,供应链通过生产企业内部、外部及流通企业的整体协作,大大缩短了产品的流通周期,加快了物流配送的速度,按消费者的需求生产产品,并快速送到消费者手中。

(3) 产生规模效应。供应链管理把供应商、生产厂商、分销商、零售商等作为一个整体,联系在一条链上,并对之优化,使企业与相关企业形成了一个融会贯通的网络整体。该整体中的各个企业虽各为一个实体,但为了整体利益的最大化共同合作、协调相互关系、加快商品从生产到消费的过程、缩短产销周期、减少库存等,使整个供应链对市场作出快速反应,能够产生规模效应。

关键概念

采购　采购管理　询价采购　供应商选择原则　供应链管理

思考题

1. 结合实例说明采购与供应管理有哪些目标。
2. 分析不同授权背景下采购制度的特点和差异。
3. 分析采购四大关键要素的内涵及其相互关系。
4. 分析 JIT 采购与传统采购的区别。
5. 分析供应商确定价格的主要方法。
6. 简述供应链管理的实施步骤。

第五章
仓储管理

学习目标

1. 了解仓储的概念，了解各种不同的仓储定义和特点；
2. 了解并掌握仓储功能的各种经济利益和服务利益；
3. 了解仓储的产权决策、数量决策、规模决策，重点掌握产权决策；
4. 了解自有仓库选址的影响因素、基本流程；
5. 了解选址的各种定性方法；
6. 了解选址的各种定量方法，掌握重心法、迭代法的应用；
7. 了解储存合理化的主要标志和实现储存合理化的途径。

在物流系统的七个基本功能要素中，运输和储存长期以来被看作是物流活动的两大支柱。运输功能完成了"流"的过程，而储存完成的是物品停顿过程中最重要的活动。与储存相关的，有物品储存的场所即各类仓库，以及对物品如何进行在库保管。仓储中的"仓"是指仓库，仓库是存放物品的场所，是进行仓储活动的主体设施。在我国国家标准《物流术语》中，仓库（warehouse）的定义是保管、储存物品的建筑物和场所的总称。根据日本《仓库业法》的定义，仓库是指为防止物品丢失或损坏的工作体，或是为防止物品丢失或损坏而进行工作的地面及水面，是供保管物品用的场所。仓储中的"储"就是储存，《物流术语》中储存（storing）的解释是：保护、管理、贮藏物品。所以仓储是对物品进行保管及对其数量、质量进行管理控制的活动。

一、仓储的分类与效益

(一) 仓储的分类

仓储的本质就是为了物品的储藏和保管,由于经营主体、仓储对象、经营方式或仓储功能不同,使得不同的仓储活动具有不同的特性。

1. 按仓储经营主体不同划分

(1) 企业自营仓储,是自用仓储,一般不进行其他仓储经营。企业自营仓储可分为生产企业和流通企业的自营仓储。生产企业自营仓储是指生产企业使用自有仓库设施对原材料、半成品、产成品等实施储存保管的行为,仓储对象比较单一,以满足自身生产需要为原则。流通企业自营仓储是指流通企业以自有仓库设施对其经营的商品进行储存保管行为,仓储对象种类较多,其目的是为了支持销售运营。企业自营仓储相对而言,具有规模小、数量众多、专业性强的特点,而且仓储专业化程度低、设施简单。

(2) 商业营业仓储,是指仓储经营人以其拥有的仓储设施,向社会提供商业性仓储服务的仓储行为。营业仓储的经营内容包括提供货物仓储服务和提供仓储场地服务。仓储经营人与存货人通过订立仓储合同方式建立仓储关系,并且依据合同约定提供相应服务和收取仓储费用。

(3) 公共仓储,是指公用事业的配套仓储设施,为车站、码头等提供相应的仓储配套服务。建立公共仓储的主要目的是为保证车站、码头灯的货物存放和运输顺畅,具有内部服务性质,从属于公共服务。对于存货人而言,公共仓储同样适用营业仓储的关系,只是不需独立签订仓储合同,而是将仓储关系包含在公共服务的相关合同之中。

(4) 战略储备仓储,是指国家根据国防安全、社会稳定的需要,对战略物资实行储备而产生的仓储。战略储备由政府通过立法、行政命令、直接控制的方式进行,由指定的政府部门或机构进行运作。战略储备物资主要有粮食、能源、有色金属、淡水等,特别重视储备物品的安全性,其储备时间较长。

2. 按仓储功能划分

(1) 储存仓储,是指储存仓储为物资较长时间存放的仓储,特别注重对储存物品的质量保管。由于物资存放时间长,仓储费用降低就很重要,所以储存仓储的地点一般都设在较偏远的地区,储存仓储物资具有品种少但存量大的特点。

(2) 配送仓储,即配送中心的仓储,注重对物品库存量的控制,其物品的种类繁多但批量小。配送仓储是商品在销售或进行生产使用前的最后储存阶段,在这个环节需要进行销售或使用前的前期处理,如拆包、分拣、组配等作业。配送仓储一般在商品的最终消费地区内进行,采用大量进货、分批少量出库的操作方式,以便方便快捷地将商品送达消费者和销售商。

(3) 转换运输仓储,是衔接不同运输方式、在不同运输方式转换处进行的仓储,如在港口、车站库场。转换运输仓储的目的是为了保证不同运输方式的高效衔接,减少运输途中装卸次数和停留时间。这种仓储具有大进大出、存期短的特点,因此比较注重货物的作业效率和周转率。

(4) 物流中心仓储,是以物流管理为目的的仓储活动,是为了实现有效的物流管理,对物流的时间准确性、过程、数量、方向等进行控制的环节。物流中心仓储一般设置在经济地区中心、交通较便利、储存成本较低的地方,具有的特点:仓储品种少,进库批量较大,一定批量分批出库,周转能力强。

3. 按仓储物品处理方式划分

(1) 保管式仓储,又称为纯仓储,是按保管物原样保持不变的方式进行的仓储。保管的物品除了发生不可避免的自然损耗和自然减量外,数量、质量、件数不发生变化,到期后保管人原物交还存货人。保管人对保管物没有所有权。

(2) 加工式仓储,是指在保管期间根据存货人的要求对保管货物进行一定加工的仓储方式。根据要求可以对货物进行外观、形状、成分构成、尺寸等方面的加工,使仓储物品发生委托人所希望的变化。

(3) 消费式仓储,是指保管人在接受保管物时,同时接受保管物的所有权,保管人在仓储期间有权对仓储物行使所有权,但到仓储期满后,保管人应将相同种类、品种和数量的替代物交还给委托人所进行的仓储。消费式仓储经营人可利用仓储物来开展经营性的增值活动,仓储费收入已经不是主要收入来源,有时甚至采取无收费仓储。消费式仓储的开展能充分利用仓储财产价值,提高了社会资源的利用率。消费式仓储已广泛应用在期货仓储中。

4. 按仓储对象划分

(1) 普通物品仓储,是指不需要特定保管条件,不需要设置特殊的保管条件的物品仓储。一般的生产物资、普通生活用品、普通工具等类物品就属于普通物品,这类物品的仓储采用无特殊装备的通用仓库或货场进行仓储。

(2) 特殊物品仓储,是指在保管中有特殊要求和需要满足特殊保管条件的物品仓储,如危险品仓储、冷库仓储、粮食仓储等。特殊物品仓储一般都采用专用仓库,这些仓库需要按照物品的物理、化学、生物特性,以及相应法规规定进行专门的仓库建设和实施管理。

(二) 仓储的效益①

从物流系统的成本—效益角度看,仓储功能可以按照其所实现的经济利益和服务利益加以分类。

1. 经济利益(economic benefits)

当利用一个或多个仓储设施直接降低物流的总成本时,就产生了仓储的经济利益。比如一个物流系统增加一个仓库将使运输总成本下降,同时运输总成本下降的金额又大于仓库的固定成本和变动成本的话,物流总成本也会下降,物流总成本下降就证明该仓库在经济上是合理的、有利益的。仓储的基本经济利益有以下四项:

(1) 装运整合(consolidation)。通过装运整合的安排,整合仓库接收来自一系列制造工厂指定送往某一特定顾客的材料,然后把这些材料整合成单一的一票装运。整合的好处是有可能实现最低的运输费率,并减少在某一顾客的收货台处拥塞的可能。图5-1说明了仓库的装运整合流程。装运整合的主要利益是把几票小批量装运的物流流程结合起来联系到一个特定的市场地区。整合仓库可以由单独一家厂商使用,也可以由几家厂商联合起来共同使用。通过这种装运整合方案的利用,每一个单独的制造商或托运人都能够享受到物流总成本低于其各自分别直接装运的成本。

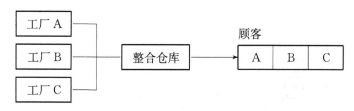

图5-1 装运整合作业

(2) 分类和交叉(break bulk and cross dock)。分类和交叉站台的仓库作业与整合仓库作业有相似之处,但是不对产品进行储存。分类作业接受来自制造商的顾客组合订货,并把它们装运到个别的顾客处去。分类仓库或分类站把组合订货分类或分割成个别的订货,并安排当地的运输部门负责递送。由于长距

---

① 唐纳德·J.鲍尔索克斯等:《物流管理:供应链过程的一体化》,机械工业出版社1999年版,第302—305页。

离运输的是大批量装运,所以运输成本相对比较低,同时进行跟踪也比较容易。图 5-2 是分类作业流程图。

图 5-2 分类作业

交叉站台作业也具有类似的功能,但是涉及更多制造商。零售连锁店广泛地采用交叉站台作业来快速补充商店存货。交叉站台先从多个制造商处运来整车的货物;收到货物后按顾客分类或按地点进行分配;然后货物通过交叉站台被装上指定去适当顾客处的车辆;待该车辆装满了来自多个制造商的组合产品后,被放行运往零售商店。交叉站台作业的经济利益包括从制造商到仓库、从仓库到顾客的满载运输所降低的成本,和由于产品不需要储存而降低在交叉站台设施处的搬运成本。交叉站台作业流程见图 5-3。

图 5-3 交叉站台作业

(3) 加工/延期(processing/postponement)。仓库还可以通过承担加工或参与少量的制造活动,延期或延迟生产。具有包装或加标签能力的仓库可以把产品的最后一道加工工序一直推迟到了解该产品的需求时为止。例如,可以在接到具体的顾客订单后,给罐头贴上标签和完成最后的包装。加工/延期作业提供了两个基本经济利益:第一,风险最小化,因为最后的包装可以等到确定具体的订购标签和收到包装材料时才完成;第二,通过对基本产品使用各种标签和包装配置,可以降低存货水平。由于降低风险和降低存货水平,往往能降低物流系统的总成本,即使在仓库包装要比制造商的工厂处包装的成本更高。

(4) 堆存(stockpiling)。仓储设施的基本功能就是用于保护货物和堆放产品。其经济利益来源于通过堆存克服商品产销在时间上的隔离,如季节性生产的粮食和季节性消费的产品;可以克服商品生产在地点上的隔离,如甲地生产、乙地销售的产品；可以克服商品产销量的不平衡等来保证商品流通过程的连续性。

2. 服务利益（service benefits）

当一个仓库主要是根据服务条件来证明其存在是否合理时，支持的理由便是整个物流系统在时间和空间方面的能力得到了改进。因此，通过仓储获得的服务利益应该从整个物流系统来分析。在一个物流系统中安排一个仓库服务于某个特定的市场可能会增加成本，但同时有可能增加市场份额、收入和毛利等。通过仓库实现的基本服务利益有以下五项。

(1) 现场储备（spot stock）。在实物配送中经常使用现场储备，尤其是那些产品品种有限或产品具有高度季节性的制造商偏好这种服务。例如，农产品供应商常常向农民提供现场储备服务，以便在销售旺季把产品堆放到最接近关键顾客的市场中去，销售季节过后，剩余的存货就被撤退到中央仓库中去。

(2) 配送分类（assortment）。提供配送分类服务的仓库可以为制造商、批发商或零售商利用，按照对顾客订货的预期，对产品进行组合储备。配送分类可以是代表来自不同制造商的多种产品的配送分类，也可以是由顾客指定的各种配送分类。配送分类仓库可以使顾客减少其必须打交道的供应商数目，并因此改善了仓储服务；还可以对产品进行装运整合以形成更大的装运批量，并因此降低运输成本。提供配送分类服务的仓库通常具有广泛产品品种的储备，局限于一些战略地点，并且常年发挥作用。配送分类流程与交叉站台作业类似，只要把交叉站台改为配送中心即可。图 5-4 为配送分类流程。

图 5-4 配送分类流程

(3) 组合（mixing）。仓库转运组合类似于仓库分类作业，除了涉及几个不同的制造商的装运以外。当制造工厂在地理位置上距离较远时，通过长途运输组合作业，有可能降低整个运输费用和仓库需要量。例如，从制造工厂装运整卡车的产品到批发商处，每次大批量装运可以享受尽可能低的运输费率；一旦产品到达组合仓库时，就可以按照每一个顾客的要求或市场需求，选择每一种产品的运输组合。通过运输组合进行转运，在经济上通常可以得到特别运输费率的支持，即给予各种转运优惠。在转运组合运作中，也可以与定期储存在仓库里的产品结合在一起进行转运。由于转运组合服务仓库的存在，可以使物流系统中整个产品储存量降低。组合之所以分类为服务利益,是因为存货可以按照顾客的精确分类进行储备。图5-5为转运中组合的流程。

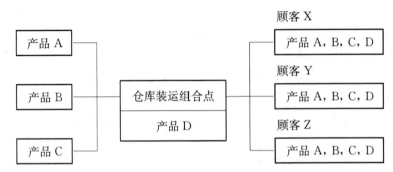

图5-5 转运中组合的流程

(4) 生产支持(production support)。生产支持服务的仓库可以向装配工厂提供稳定的零部件和材料供给。由于较长的前置时间(提前期),或需求的重大变化,所以对外购的项目进行安全储备是完全必要的。对此,大多数总成本解决方案均建议经营一个生产支持仓库,以经济而又适时的方式,向装配工厂供应加工材料、零部件和装配件。图5-6为生产支持作业流程。

图5-6 生产支持作业流程

(5) 市场形象(market presence)。市场形象因素基于这样的见解和观点,即地方仓库与距离更远的仓库相比,对顾客的需求反应更敏感,提供的递送服务也更快。尽管市场形象的利益不如其他服务利益那样明显,但是它常常被营销经理看作是地方仓库的一个主要优点,营销经理认为地方仓库将会提高市场份额,并有可能增加利润。

二、关键仓储决策

在企业的仓储管理中,仓库的产权、数量、规模、选址等方面的决策,是最基本也是最重要的仓储决策,它们直接影响仓库资源的配置能力。

(一) 仓库产权决策

企业仓储决策的第一项内容就是产权,即选择采用自有仓库、租赁公共仓库还是合同制仓库。从成本和客户服务的角度看,选择其中之一或结合使用是仓储管理决策的一项重要内容。

1. 自有仓库仓储[①]

企业利用自有仓库进行仓储活动具有以下优点:

(1) 可以更大限度地管理控制仓储。由于企业对自有仓库拥有所有权,所以企业作为货主能够对仓储实施更直接的管理控制,使企业易于将仓储的功能与企业的整体运营体系进行协调。

(2) 自有仓库仓储的管理更具灵活性。这里的灵活性不是指能迅速增加或减少仓储空间,而是指由于企业是仓库的所有者,可以按照企业运营的要求和产品的特点对仓库进行设计和布局。

(3) 自有仓库成本低于公共仓储。自有仓库得到长期、充分的利用时,成本将低于公共仓储。这在某种程度上说也是一种规模经济。反之,如果企业自有仓库的利用率低,则应转向公共仓储。

(4) 可以为企业树立良好形象。企业将产品储存在自己的仓库会给客户一种企业长期经营的良好印象,客户会认为企业经营十分稳定、可靠,是产品的持续供应者,这有助于传递良好的企业形象。

并不是任何企业都适合拥有自己的仓库,因为自有仓储也存在以下缺点:

(1) 自有仓库固定的容量和成本长期占用企业部分资金。自有仓库的容量是固定的,当企业对仓储空间的需求减少时,仍必须承担自有仓库中未利用部分的成本;当企业对仓储空间有额外需求时,自有仓库却无法满足;自有仓库还存在地理位置和结构的局限,可能使企业失去战略性优化仓库选址的灵活性;可能在市场的大小、市场的位置和客户的偏好发生变化时,企业受仓库结构和服务不能适应变化的限制,将失去许多商业机会。

(2) 自有仓库的建设投资和运营成本高。自有仓库是一项长期的有风险的投资,并且因为其专业性强而难以出售。因此,投资建造自有仓库的决策一般都非常慎重。

2. 租赁公共仓库仓储

企业利用公共仓库进行仓储活动具有以下优点:

[①] 侯文龙等:《现代物流管理》,经济管理出版社 2006 年版,第 193—195 页。

（1）低财务成本。从财务角度看，企业不需要自建仓库的较大资本投资，只需支付较少的租金就可以得到仓储服务。

（2）满足额外的存储需求。大多数企业由于产品的季节性、促销活动或其他原因而导致存货量变化，利用公共仓储则不受仓库容量的限制，能够满足企业在不同时期对仓储空间的需求，尤其是库存高峰时大量额外的库存需求。使用公共仓储的成本将直接随着储存数量的变化而变动，便于企业掌控成本。

（3）低仓储、运输成本。公共仓储的规模经济可以降低企业的仓储、运输成本。公共仓储会产生自有仓储难以达到的规模经济，大大提高了仓库的利用率，降低了存货的单位储存成本；规模经济使公共仓储能提供更好的服务，如更有效搬运设备等；规模经济使公共仓储有利于整合（拼箱）作业和大批量运输，降低企业的运输成本。

（4）经营活动更加灵活。使用公共仓储时企业的经营活动更加灵活。由于公共仓储的合同是短期的，当情况发生变化时，企业能灵活地改变仓库的位置；企业不必因仓库业务量的变化而增减员工；企业还可以根据仓库对分销系统的贡献以及成本和服务质量等因素，临时签订或终止租赁合同。

（5）便于企业掌控保管和搬运成本。当使用公共仓储时，根据每月的仓储费用单据可以清楚地掌握保管和搬运的成本。企业使用自有仓库时，就很难确定仓储的可变成本和固定成本的变化情况。

使用公共仓库进行仓储也有一些缺点：

（1）增加了产品的包装成本。公共仓库中存储了各种不同种类的物品，而各种不同性质的物品有可能互相影响，因此企业使用公共仓储时必须对产品进行保护性包装，从而增加包装成本。

（2）增加了企业控制库存的难度。货主与公共仓库经营者都有履行合同的义务，但盗窃等对产品的损坏给货主造成的损失将远大于得到的赔偿，因此使用公共仓库比使用自有仓库要承担更大的风险。另外企业还可能因使用公共仓库泄露有关的商业机密。

3. 合同制仓储

在物流发达的国家，越来越多的企业转向利用合同仓储或称第三方物流仓储。合同仓储不同于一般公共仓储，它能够提供专业化的高效、经济和准确的物流服务。如果企业只需要一般水平的仓储、搬运服务，则应利用公共仓储。从本质上讲，合同仓储是生产企业和仓储企业之间建立的伙伴关系，与传统仓储比较，合同仓储能为货主提供特殊要求的空间、人力、设备和特殊服务。

企业利用合同制仓储有以下优点：

（1）有利于企业有效利用资源。合同仓储比自有仓储更能有效处理季节性产品生产经营中普遍存在的淡、旺季存储问题，比只处理一季产品的自有仓储能更有效地利用设备、设施与空间。合同仓储的管理具有专业性，物流管理专家更具有创新性的分销理念和降低成本的方法，有利于物流系统提高效能。

（2）有利于企业扩大市场。合同仓储能通过设施的网络系统扩大企业的市场覆盖范围，同时货主在不同位置的仓库得到的仓储管理和一系列物流服务是相同的。许多企业将其自有仓库数量减少到有限的几个，而将各地区的物流转包给合同仓储公司。通过这种自有仓储和合同仓储相结合的网络，企业在保持对集中仓储设施直接控制的同时，利用合同仓储来降低直接人工成本，扩大市场的地域范围。

（3）有利于企业降低运输成本。由于合同仓储处理不同货主的大量产品，因此经过整合（拼箱）作业后可以大规模运输，大大降低运输成本。

尽管合同仓储有诸多优点，但也存在一些不利因素。企业最担心的问题是对物流活动失去直接控制。由于企业对合同仓储的运作过程和外部员工等缺乏控制，这一因素成为产品价值较高的企业利用合同仓储的最大障碍。

4. 仓库选择战略[①]

企业应该选择哪种类型的仓库，是自有仓库、公共仓库还是合同仓库，应充分考虑市场状况和自身的特点和条件，在综合考虑成本、形象协同作用、行业协同作用、作用灵活性、地点灵活性以及规模经济等因素后作出合理的选择。

（1）成本因素。自有仓库和合同仓库可以用来满足企业年度的基本储存要求，而公共仓库可被用来应付旺季之需。通常自有仓库全年都处于满仓的可能性极小，例如事实上全年满仓利用的时间在 $75\%—85\%$ 之间，$15\%—25\%$ 的时间里仓库空间并没有得到充分利用。在这种情况下，可以采取建自有仓库以满足 75% 的需求，而用公共仓库来应付高峰期的需求。第二种结合使用公共仓库的情况是由于市场需要，如某特定地点的中央仓库可以是自有仓库，市场销售或现场仓库可以使用低成本的公共仓库。合同仓库则可同时用于上述两种情况。

（2）形象协同作用。形象协同作用是指厂商在与企业有关联的建筑附近拥有存货而获得的市场营销利益。一般认为，当供应商能够在其设施附近保持存货时，顾客的满意度会较高。自有仓库、合同仓库所能提供的地方形象对

[①] 唐纳德·J. 鲍尔索克斯等：《物流管理：供应链过程的一体化》，机械工业出版社 1999 年版，第 310—311 页。

产品和顾客有好处。自有仓库的形象协同作用最高,合同仓库次之,公共仓库第三。

(3) 行业协同作用。行业协同作用是指厂商与服务于同一行业的其他厂商驻扎在同一地点所产生的行业利益。例如,当某行业的厂商与服务于同一行业的其他供应商分享公共仓库设施时,降低运输成本是获得的主要利益,因为共同使用同一公共仓库,可以频繁递送来自多家供应商的整合装载服务。因此可见,公共仓库和合同仓库可以提高行业协同作用的潜力。公共仓库的行业协同作用最强,合同仓库次之,自有仓库最弱。

(4) 作业灵活性。指企业调整仓储策略和作业程序以满足顾客需求的能力。自有仓库是在完全控制之下经营的,被认为作业灵活性更大。合同仓库的灵活性次之,公共仓库的灵活性较小。但也有许多公共仓库和合同仓库的经营已显示出较高的灵活性和响应性。

(5) 地点灵活性。指仓库迅速调整地点和数目,以使用季节性和永久性需求变化的能力。一般来说,公共仓库可以提供更好的地点灵活性,合同仓库稍次,自有仓库较差。

(6) 规模经济。指通过先进技术的应用来降低材料搬运成本和储存成本的能力。高流量的仓库一般有更大的机会来实现这方面的利用,因为它们能够在更大的产品流量上分摊花费在技术上的固定成本。通常认为,公共仓库可以更好地提供规模经济,合同仓库次之,自有仓库较差。

近来,公共仓库作为补充储存的传统角色已发生了较大的变化,由于现代商业十分重视存货的周转,以及迅速满足顾客订货的能力。要实现这两个要求,在物流结构中必须保持高度的灵活性。一些较大的公共仓库和合同仓库正在将其经营活动的范围扩大到包含位于主要市场的仓库网络,这种趋势已经有可能向制造商提供有效的物流公用事业服务,即运输、订货处理、存货控制、仓储等所需的所有功能都可以由公共仓库的物流综合性服务来提供。这种多设施、共同管理的公共仓库网络,将在数量上、地理覆盖面上大大增加。

(二) 仓库数量决策[①]

仓储决策的另一项重要内容是企业采用集中仓储还是分散仓储的策略,其实质就是要确定企业物流系统应该使用几个仓库。通常只有单一市场的中小规模的企业只需一个仓库,而产品市场遍布各地的大规模企业,需经过综合权衡各

[①] 王玲、罗泽涛:《现代企业后勤学》,经济科学出版社 2000 年版,第 151—152 页。

类影响因素才能正确选择合理的仓库数量。

1. 总成本[①]

企业在决定其仓库数量时必须考虑到总的仓库网络成本的大小。总的仓库网络成本包含总运输成本和总库存成本两项。从运输节约的角度出发,运输成本优势是由于使用了仓库以达到最大的集运而取得的。运输成本与集运点(仓库)的关系表明,总运输成本开始会随着物流网络中的集运点的增加而减少;当仓库设施数量扩张到超过了最大集运点数量时,由于进入每一个仓库设施的能够被集运的货物量减少,总运输成本将增加。总库存即平均库存为平均安全库存和平均临时库存之和。平均安全库存随着仓库数量的增加而上升,但上升速率逐步递减。平均临时库存则随着仓库数量的增加而下降。平均库存在仓库增加时是上升的,由于每一个仓库的净增量是有限的,因此真实库存是以递减率增加的。所以总库存成本的最低点是采用一个仓库,随着物流系统中使用的仓库数量增加,以递减的速率增加的。总的仓库网络成本是总库存成本和总运输成本之和,表现为典型的 U 形曲线特征,也就是在理论上是可以找到总成本最小的仓库设施数量。值得注意的是库存和运输之间存在重要的成本"利益互换"关系,例如系统里不保持安全库存,系统的最小总成本将会接近最小运输成本所对应的仓库数量点。总仓库网络成本见图 5-7。

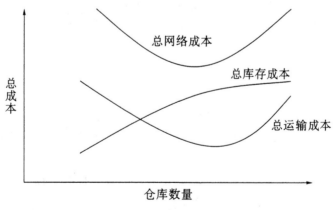

图 5-7 总仓库网络成本

2. 客户服务

当客户对服务标准要求很高时,需要更多的仓库来及时满足客户需求。

[①] 唐纳德·J. 鲍尔索克斯等:《物流管理:供应链过程的一体化》,机械工业出版社 1999 年版,第 381—390 页。

3. 运输能力

运输能力是影响仓库数量的另一因素。如果企业得不到合适的运输服务，就要增加仓库的数量；反之，选择快运服务为客户提供快捷的服务，就可以减少仓库的数量。在运输服务水平下降的情况下，企业通常采用增加仓库的投资作为改善运输服务的替代手段。

4. 小客户

企业采用分散仓储的另一原因是小批量客户的存在。将集中仓储在中心仓库的零担货物形式送到客户手中，比起先将整车货物运到分散于各地的仓库，再以零担货物形式送到当地客户手中的费用要高得多。现在，越来越注重库存成本的客户通常希望多次少量进行采购，同时希望得到一致的订货周期，供货企业需要将货物存放到距离更近的仓库中。因此，如果小的零售商和批发商是企业分销渠道的一部分，企业就会接到许多小订单，也就需要更多的仓库。

5. 计算机的应用

许多企业已经将计算机用于仓储管理和决策，如销售和成本分析、订单处理、存货控制、运输管理和仓库布局等，可以大大提高仓库资源的利用率和运作效率，使企业对仓库的控制不再受仓库数量的限制。

6. 单体仓库的规模

单体仓库的规模越大，其单位投资成本就越低，而且可以采用处理大规模货物的设备，使单位仓储成本也降低。因此，仓库规模大，则数量可少；规模小，则数量应增加。

（三）仓库规模决策

仓库的仓储规模是指仓库能够容纳的货物的最大数量和总体积。要确定仓库的仓储规模，首先要收集和测定有关的数据，然后再确定仓库的容积。

1. 测定物品储存量

直接影响仓库仓储规模的主要因素，是需要仓库储存的商品量。为了能够准确地计算仓库储存空间，需要收集两方面的数据：一是物品储存的数量。仓储规模与储存物品的总量成正比，储存量越大所需的储存空间也越大。二是物品的储存时间。仓储空间还受物品储存时间和物品周转速度的影响。在物品储存量不变的情况下，仓储物品的周转速度快，相对在库平均储存时间越短，所需储存空间就越小。因此，根据历史资料，并考虑影响物品储存时间的各种因素，预测物品周转速度和平均库存水平，是准确确定仓库储存空间大小的重要依据。

另外,对于季节性产品来说,各个时期的储存量有非常大的变动,季节性产品的平均储存量将不能反映其正常的储存空间需要量,必须进一步分析产品储存量在全年的分布情况,特别是储存高峰期产品储存空间的需要数量。

2. 在预测物品储存量的基础上确定所需仓储面积

物品储存量与仓库容量之间具有一定的比例关系。确定仓库规模不仅要求能够准确预测物品储存量,还要求根据储存量与储存空间之间的合理比例关系,来正确测算仓库的储存面积。同时,物品品种、性能、包装、保管要求、仓库设施、设备和管理水平等也都直接影响物品储存量和仓库储存空间。所以,必须对影响两者关系的各种主要因素做大量细致的调查分析,摸清其规律,才能比较准确地确定仓库的储存面积,进而确定仓库的面积等参数。

(四)仓库选址决策

仓库选址是指用科学的方法确定仓库设施的地理位置。如果企业选择租赁公共仓库,选址决策的重要性就相对小些。尽管企业也需要确定在何地租赁公共仓库,但公共仓库的位置是已经确定的,而且该决策是暂时的,可以根据需要随时改变。如果企业选择自建仓库,尤其对于市场遍布于全国甚至全球的大型企业而言,仓库的选址决策变得极为重要了。

仓库选址是仓库经营的策略性问题,选址方案是物流网络规划设计的重要内容。合理的库址选择有利于充分利用人力、物力和自然资源,有利于促进当地的经济发展,也有利于仓库自身的发展前景和经济效益。如果库址选址不当将会给企业带来致命的缺陷,且这些缺陷是无法通过企业经营管理来弥补的。

仓库位置的选定包括以下两方面的内容,即包括仓库所在地区的选择和在该地区内具体位置的确定,通常成为选位和定址。所谓地区是指一个比较大的行政区域,如某个城市、县、乡镇等;具体的位置是指仓库在该地区实际的坐落点。关于仓库选址尤其是自有仓库的选址问题,将在本章后文进行阐述。

三、自有仓库选址决策[①]

自有仓库是指企业为了保管本企业的物品(包括原材料、半成品、产成品等)而独自建设和运营的仓库。自有仓库是以成本为中心,不以赢利为目的,即只为

---

① 高晓亮等:《仓储与配送管理》,清华大学出版社、北京交通大学出版社 2006 年版,第 22—31 页。

企业自身使用，不对社会开放，并由企业自己进行仓库经营和管理。

（一）自有仓库选址的影响因素

影响仓库选址的因素可分为成本因素和非成本因素两类。成本因素是指与成本直接有关的，可以用货币单位度量的因素；非成本因素是指与成本无直接关联，但能影响成本和企业发展的因素。

1. 成本因素

（1）运输条件。运输距离的远近、运输环节的多少和运输方式的不同，对运输成本都有比较直接的影响。因此通过合理选址使运输距离最短，尽量减少运输中间环节，在靠近码头、铁路等交通运输网络发达的地方选址，可以使运输成本最低且服务最好。

（2）原材料供应和产品销售。从原材料供应来看，仓库应尽量定位在原料或产品产地附近，这不仅能够保证原材料的安全供应，而且能够降低运输费用，减少时间延迟，获得最低的采购价格。从销售组织来看，库址应接近产品主要销售地区，对于产品销售地区相对分散的企业，应综合考虑以达到总体最优。

（3）用工条件。仓库作业需要一定素质的人才。在不同地区，劳动力的供给数量和质量是不同的，劳动力的生产效率也不一样。不同地区的劳工工资水平也有高低。这些用工条件都是仓库选址决策时需要考虑的问题。

（4）建筑和用地条件。不同的仓库选址方案，对土地的征用、建筑条件等方面的要求不同，从而可能导致不同的成本开支。库区占地面积应考虑平面和立体两方面的影响，平面的占地面积应能满足生产或销售对原材料和产品储存的需要；同时，还要预留可能的存储发展的空间。

2. 非成本因素

（1）自然条件。这是指能否设置仓库设施，有无特殊的阻碍其建设的天文、地质、气候等自然条件。根据仓库对地基的一般技术要求，应选择地质坚实、平坦、干燥、承载力较高的地基。另外，气温过冷或过热都将增加仓库气温调节费用，潮湿多雨的环境则不大适合纺织、木材等物品的存储。

（2）客户条件。首先要考虑顾客的地理位置分布状况，顾客集中地或分布于周围地区，在那里设立仓库就能达到较理想的效果。其次也要考虑顾客需求的变化、人们的购买力水平变化和未来可能发生的变化等情况。

（3）水电供应条件。仓库应选择具有可靠水源、电源的地方，以保证供水和供电。特别应注意对水源的分析，调查用水高峰期消防水源的保障程度，以防紧急情况下供水的不足。

(4) 法规制度条件。应考虑选址是否符合当地法律规定,当地的税收制度、环保制度如何等。

(二) 选址的基本流程

仓库选址决策的基本流程如图 5-8 所示。

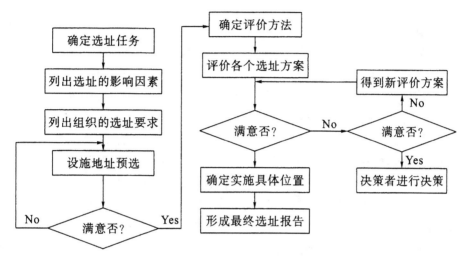

图 5-8 设施选址流程图

1. 确定选址任务

在物流系统设计中,如果新设仓库或其他物流设施能得到服务或成本优势的话,这个仓库或设施应当被建立。也就是要明确新仓库应该符合企业发展目标和生产运作的战略要求,能为企业带来收益。只有在此前提下,才能开始进行选址工作。

2. 列出各种选址影响因素

影响选址的因素很多,先收集相关数据,再认真对这些因素进行主次排列,权衡取舍。

3. 列出企业的选址要求

就是将选择目标明确化。

4. 设施选址预选

根据选址目标和要求以及收集的数据,对设施地址进行预选,并确定多个备选地址以供选择。

5. 确定选址评价的方法

对初步拟订的候选方案进行分析,分析方法可以是定性的或定量的,有时要综合多种评价方法以确定最佳评价方案。

6. 形成最终选址报告

根据评价得出的各方案的结论,形成最终选址报告,并提交给企业最高决策层批准。

(三) 定性方法选址

1. 优缺点比较法

优缺点比较法适合于非经济因素的比较评价,是一种最简单也最容易实行的设施选址的定性分析方法。具体做法是:罗列出各个方案的优缺点进行比较分析并按最优、次优、一般、较差、极坏五个等级对各个方案的各个特点进行评分,将每个方案的各项得分加总,得分最多的方案为最优方案。

优缺点比较法的比较因素可以有:区域位置、面积及地形、地势与坡度、风向和日照、地质条件、土石方工程量、场址、现在所有者情况、交通情况、与城市的距离、供电和给排水、地震、防洪措施、经营条件、协作条件、建设速度等。

优缺点比较法是以定性因素比较并辅以经济概算的实用方法,基本上是就事论事,缺乏量化的比较,科学性不足,对外成本因素考虑较少,难以满足市场经济条件下的运作。但是这种传统方法中各种选址因素的罗列分析、调查研究的经验,在选址中制订各种候选方案时仍然大有借鉴之处。

2. 加权因素比较法

加权因素比较法是把提供比较的各项因素进行加权综合比较,充分考虑了各种因素对方案的影响程度,是一种比较通用的方法。关键在于选择好比较的因素,合理地确定各个因素的权重,并客观地对每个方案的各个因素打分。

加权因素评价的程序:

(1) 明确要评价的方案。

(2) 选定评价的因素。

(3) 制定评价评分表。

(4) 确定每个因素的相对重要性(权重)。

(5) 给各个方案的每个因素评分。

(6) 计算加权分。

评分可以由设施规划人员单独进行,也可以与其他人员共同进行。评分的方式有两种:一是每人各自评分,然后进行对比;二是通过集体讨论评分。各自评分的结果一般有半数以上的因素得分相同,可以把讨论集中到有差异的因素方面。共同评分有助于避免主观因素和个人偏好,协调不同意见。参加评分的人员最好包括管理人员和运行人员,但人数不宜过多。

3. 专家调查法

专家调查法又称德尔菲法。专家调查法常用于预测工作,也可用于对设施选址进行定性分析,与其他专家法的区别在于用"背对背"的判断代替"面对面"的会议,即采用函询的方式,依靠调查机构反复征求每个专家的意见,经过客观分析和多次征询反复,使各种不同意见逐步趋向一致。

专家调查法的优点是:

(1) 匿名性,避免出现迷信权威的现象。

(2) 反馈性,进行多次反馈征询意见,有利于提高调查的全面性、可靠性和客观性。

(3) 对调查结果量化,对所结果进行统计处理,提高了调查的科学性。

专家调查法的缺点有:

(1) 缺乏客观标准。该方法使用于缺乏历史资料或未来不确定因素较多的场合。

(2) 可能得出中庸的结论。由于汇总后的反馈材料水准不高等原因,有可能作出趋近中位数或算术平均数的结论。

(3) 反馈次数多、时间长。有的专家可能中途退出,影响调查的准确性。

4. Hoover 方法

根据美国选址专家 Edgar Hoover 提出的选址评价方法,仓库选址可划分为以市场定位、以制造定位和以中间定位三种情况。理由是从设施选址政策角度看,仅当销售与市场营销影响增加或总成本减少时,仓库才应当在一个物流系统中建立。

(1) 以市场定位的仓库选址。该方法是以充分满足市场需求为前提,在最靠近顾客的地方选择仓库地址,追求顾客服务水平的最大化,缩短将产品配送给顾客的时间。同时还可以在一定程度上获得仓库运输方面的规模经济。采用这种方法,主要应考虑将产品从仓库运输到配送中心或最终市场的影响因素,如运输成本、顾客订货时间、产品生产进度、产品订货批量、本地化运输的可行性和顾客服务水平等。

(2) 以制造定位的仓库选址。该方法就是选择最靠近生产工厂的位置建造仓库。仓库作为装配与集运被生产的物品的地点,这些仓库存在的基本原因是便于向客户运输各类产品。以制造定位的仓库的优点在于它能跨越一个类别的全部产品并提供卓越的服务。

(3) 以中间定位的仓库选址。选址坐落在客户与制造厂之间的仓库是中间定位的仓库,这些仓库与以制造定位的仓库类似,为广泛的库存品种提供集运,从而减少物流成本。为了提升企业的竞争能力和提高经济效益,企业面临着地区化集群生产的需要。当两个或更多工厂的产品被卖给一个客户时,最小总成本的物流解决办法可能是设一个中间的用于集运和分类的仓库。

(四) 定量方法选址

定量选址方法大致可归纳为两大类:应用连续型模型选址和应用离散型模型选址。对于连续型模型可应用重心法来求解,这类方法认为仓库地点可取直角坐标上的任意点(x_i, y_i)。对于离散型模型可用整数规划法、逐次逼近的模拟方法等来求解,这类方法认为仓库的备选地点是有限的几个场所,最合适的地点只能从中选出。

1. 重心法

设有几个顾客,地点坐标分别为$(x_1, y_1), (x_2, y_2), (x_3, y_3), \cdots, (x_n, y_n)$,各自对应的货物运输量分别为$W_1, W_2, W_3, \cdots, W_n$,该仓库的地点坐标为$(x_0, y_0)$。当仓库到顾客之间的直线距离乘以对应的运量,再乘以运输费率所得的乘积之和(即总运输成本)为最小时,此地点即为最优地点,并用(x_0^*, y_0^*)表示。如果把单一仓库的模型扩展为多个仓库的模型,问题就变得复杂得多。由于这种方法考虑了从仓库到顾客的运输费用,还考虑了仓库的管理费用和从工厂到仓库的运输费用,即按总费用最小的原则来选择地点,所以它是适用的。

重心法的优点是不限于在特定备选地点进行选择,灵活性较大。但是由于灵活性大,实际上很难得到最优的地址,可能这个地址位于河流、湖泊或其他无法实现的地点。这是重心法的一个缺点。

另外,从仓库到顾客的发送,被认为都是直线往复的运输,也是不符合实际情况的。现实中,多数情况下是一台发送车巡回于数个顾客之间,而且通常要考虑实际的道路距离,这样会使重心法的求解相当复杂。这是重心法的另一个缺点。

2. 混合整数规划法

混合整数规划法是解决物流网络设计问题常用的数学方法。运用这种方法进行仓库选址,决策目标是在物流网络中确定仓库的数量、容量和位置,使得产品的物流总成本最小。决策问题的约束条件为:① 不能超过每个工厂的生产能力;② 所有产品的需求必须得到满足;③ 各仓库的吞吐量不能超过其吞吐能力;④ 必须达到最低吞吐量仓库才可以开始运营;⑤ 同一顾客需要的所有产品必须由同一仓库供给。这种方法在计划管理中日益得到广泛的应用,但其求解方法比较复杂。

3. 鲍姆尔-沃尔夫(Baumol - Wolfe)法

此方法以运输问题为基础,同时也考虑非线性的费用函数。运输费用与运输距离在运输量和运输单价一定时的关系是线性的,但是仓库(流通中心)的管理费在工作效率提高时,需采用边际费用递减的非线性费用函数来描述。其解法采用分阶段逐次逼近的方法。首先,按照运输问题求解运输费用和发送费用;然后求管理费用函数的微分,使边际费用最小;再进一步解运输问题。按此顺序反复进行。这种方法在能够确定仓库(流通中心)费用函数时,被认为是有效的方法。

4. 反町氏方法

这一方法的模型与混合整数规划模型相同。但是日本三菱综合研究所的反町洋一找出了有效的求解方法,即用线性规划(LP)方法确定各配送中心的市场占有率,求出配送分担地区的重心,再用混合整数规划法的"筹型法"确定场址的建设位置。此方法在日本已有几个应用实例。

该方法是按下面两个阶段的顺序反复进行计算的:① 确定各流通中心分担的发送区域;② 求出各发送分担区的重心。

该方法计算时间短,是一种有效的计算方法。但在计算管理费用时,不管流通中心的工作效率如何,都作为固定费用看待,这是此方法的一个不足之处。

5. 逐次逼近模拟法

用解析方法求解仓库地点选择问题,特点是能获得精确的最优解。但这种方法对某些复杂问题难以建立起恰当的模型,或者由于模型太复杂,往往求解困难。无论是重心法还是混合整数规划法,都各有其优缺点,而且目前很难判定哪个是最有效的方法。模拟方法是将实际问题用数字方程和逻辑关系的模型表示出来,然后通过模拟计算和逻辑推理确定最佳选址方案。模拟方法较之用数学模型求解简单,逐次逼近模拟法就属于这种方法。

在选择仓库的备选地点时,先确定 m 个地点作为仓库地址的选择基准,然后根据一定的准则,优选出$(m-1)$个备选点,逐次逼近最优选址方案。或者在某一准则下,先选择第一个地点,随后增选第二个地点,再按这样的顺序进行下去。在增选地点时要计算物流系统的费用,如果增选地点物流费用减少则继续增选;如果费用开始增加,就停止增选。

6. 重心法的应用

为了简化选址问题,设仓库只有一个,并且不考虑从生产厂到仓库的运输费用和仓库的管理费用。只考虑从仓库到顾客的发送费用,仓库的选址问题就是使总发运费用 H 为最小的问题。

设有 n 个顾客,各自的坐标为 $(x_i, y_i)(i=1, 2, \cdots, n)$,仓库的坐标为 (x_0, y_0)。该仓库到顾客的发送费用为 C_i,总发运费用为 H,则有

$$H = \sum_{i=1}^{n} C_i \tag{5-1}$$

而 C_i 又可以表示为

$$C_i = h_i w_i d_i \tag{5-2}$$

式中:h_i 为从仓库到顾客 i 的发送费率(单位吨公里的发送费);w_i 为向顾客 i 的发送量;d_i 为从仓库到顾客 i 的直线距离。d_i 也可以表示为

$$d_i = \sqrt{(x_0 - x_i)^2 + (y_0 - y_i)^2} \tag{5-3}$$

把式(5-2)代入式(5-1)中,得到

$$H = \sum_{i=1}^{n} h_i w_i d_i \tag{5-4}$$

将式(5-3)代入式(5-4)。为求 H 最小,将该式分别求 x_0, y_0 的偏导,并令其等于零,得出最优 x_0^*, y_0^* 的模型:

$$x_0^* = \frac{\sum_{i=1}^{n} h_i w_i / d_i}{\sum_{i=1}^{n} h_i w_i / d_i} \tag{5-5}$$

$$y_0^* = \frac{\sum_{i=1}^{n} h_i w_i y_i / d_i}{\sum_{i=1}^{n} h_i w_i / d_i} \tag{5-6}$$

因式(5-5)和式(5-6)右边还含有 d_i,即含有要求的未知数 x_0 和 y_0,而要从两式的右边完全消去 x_0 和 y_0,计算起来很复杂。为简化计算,通常采用迭代法(试错法)来进行计算。

迭代法的计算步骤如下:

① 先用几何重心点作为仓库的初始地点 (x_0^0, y_0^0),此时的 $d_i = 0$。

② 利用式(5-3)和式(5-4),计算与 (x_0^0, y_0^0) 相应的总发送费用 H^0。

③ 把 (x_0^0, y_0^0) 分别代入式(5-3)、式(5-5)、式(5-6)中,计算仓库的改善地点 (x_0^1, y_0^1)。

④ 利用式(5-3)和式(5-4),计算与 (x_0^1, y_0^1) 相应的发送费用 H^1。

⑤ 找 H^1 与 H^0 进行比较,如果 $H^1 \geqslant H^0$,则 (x_0^0, y_0^0) 为最优解;如果 $H^1 < H^0$,则返回第三步进行计算,再把 (x_0^1, y_0^1) 代入式(5-3)、式(5-5)、式(5-6)中,计算出再改善地点 (x_0^2, y_0^2)。反复计算,直至 $H^{n+1} \geqslant H^n$,求出最优解 (x_0^*, y_0^*)。H^n 为最少总运费。

应用迭代法的一般做法是将顾客间的重心点作为初始地点(故称重心法),也可采用任选初始地点,或根据各顾客的位置和发送量的分布情况选取初始地点。

【范例】已知四个区域市场 $M_1(2, 2)$、$M_2(11, 3)$、$M_3(10, 8)$、$M_4(4, 9)$,各市场的供货任务分别为 2、3、2.5 和 1。现需要设置一个中转仓库,已知仓库到各市场的发送费率为 5。求总发送费用最小的仓库地点。

解:首先按照向各市场发送货物量,求四个市场所构成的四边形的重心,重心坐标为 $(\bar{x}, \bar{y})$。

$$\bar{x} = \frac{\sum_{i=1}^{n} h_i w_i x_i}{\sum_{i=1}^{n} h_i w_i} \tag{5-7}$$

$$\bar{y} = \frac{\sum_{i=1}^{n} h_i w_i y_i}{\sum_{i=1}^{n} h_i w_i} \tag{5-8}$$

因为 h_i 相同,所以

$$\bar{x} = \frac{2 \times 2 + 3 \times 11 + 2.5 \times 10 + 1 \times 4}{2 + 3 + 2.5 + 1} = 7.8$$

$$\bar{y} = \frac{2 \times 2 + 3 \times 3 + 2.5 \times 8 + 1 \times 9}{2 + 3 + 2.5 + 1} = 4.9$$

四个市场的重心为 $(7.8, 4.9)$,再把这个坐标作为初始地点 (x_0^0, y_0^0),用迭代法来改善它,使总发送费用为最小。

按步骤②求 H^0。首先根据式(5-3)计算 d_i

$$d_1 = \sqrt{(7.8-2)^2 + (4.9-2)^2} = 6.5$$

$$d_2 = \sqrt{(7.8-11)^2 + (4.9-3)^2} = 3.7$$

$$d_3 = \sqrt{(7.8-10)^2 + (4.9-8)^2} = 3.8$$

$$d_4 = \sqrt{(7.8-4)^2 + (4.9-9)^2} = 5.6$$

则由式(5-4),有

$$H^0 = (2 \times 6.5 + 3 \times 3.7 + 2.5 \times 3.8 + 1 \times 5.6) \times 5 = 196$$

按步骤③求(x_0^1, y_0^1),有

$$x_0^1 = \frac{2 \times 2/6.5 + 3 \times 11/3.7 + 2.5 \times 10/3.8 + 1 \times 4/5.6}{2/6.5 + 3/3.7 + 2.5/3.8 + 1/5.6} = 8.6$$

$$y_0^1 = \frac{2 \times 2/6.5 + 3 \times 3/3.7 + 2.5 \times 8/3.8 + 1 \times 9/5.6}{2/6.5 + 3/3.7 + 2.5/3.8 + 1/5.6} = 5.1$$

按步骤④,用改善的地点(8.6, 5.1)计算d_i与H^1

$$d_1 = \sqrt{(8.6-2)^2 + (5.1-2)^2} = 7.3$$

$$d_2 = \sqrt{(8.6-11)^2 + (5.1-3)^2} = 3.2$$

$$d_3 = \sqrt{(8.6-10)^2 + (5.1-8)^2} = 3.2$$

$$d_4 = \sqrt{(8.6-4)^2 + (5.1-9)^2} = 6.0$$

$$H^1 = (2 \times 7.3 + 3 \times 3.2 + 2.5 \times 3.2 + 1 \times 6) \times 5 = 191$$

因为 $\quad H^1 = 191 < H^0 = 196$

所以,应返回步骤③计算(x_0^2, y_0^2)得

$$x_0^2 = \frac{2 \times 2/7.3 + 3 \times 11/3.2 + 2.5 \times 10/3.2 + 1 \times 4/6.0}{2/7.3 + 3/3.2 + 2.5/3.2 + 1/6.0} = 9.0$$

$$y_0^2 = \frac{2 \times 2/7.3 + 3 \times 3/3.2 + 2.5 \times 8/3.2 + 1 \times 9/6.0}{2/7.3 + 3/3.2 + 2.5/3.2 + 1/6.0} = 5.2$$

再按步骤④,用再改善的地点(9.0, 5.2)计算d_i与H^2

$$d_1 = \sqrt{(9.0-2)^2 + (5.2-2)^2} = 7.7$$

$$d_2 = \sqrt{(9.0-11)^2 + (5.2-3)^2} = 3.0$$

$$d_3 = \sqrt{(9.0-10)^2 + (5.2-8)^2} = 3.0$$

$$d_4 = \sqrt{(9.0-4)^2 + (5.2-9)^2} = 6.3$$

$$H^2 = (2 \times 7.7 + 3 \times 3.0 + 2.5 \times 3.0 + 1 \times 6.3) \times 5 = 191$$

所以 $\quad H^2 = 191 \geqslant H^1 = 191$

可以知道（x_0^1，y_0^1）已接近于最优解，最后所求得的最佳地点是(8.6，5.1)。

四、储存合理化标准与方法[①]

仓储管理的日常运作中要解决的中心问题是储存合理化问题。储存合理化就是选择合适的仓储空间，对合适的储存物品进行合适的库存管理的综合性系统管理。合理储存的实质是在保证储存功能实现的前提下，使储存系统的成本最低。

（一）储存合理化的标准

1. 数量标志

在保证存储物品满足需求的前提下，应有一个合理储存数量的范围。运用现代管理科学的各种库存控制方法，已经能在各种约束条件下面，对合理的数量范围作出决策。

2. 时间标志

在保证储存功能实现存储物品的"时间价值"的前提下，寻求一个合理的储存时间，这是与数量有关的问题。储存量越大而消耗速率越慢，则储存的时间越长；反之则短。在具体衡量时常用周转速度指标来反映时间标志，如周转天数、周转次数等。个别被储物品的储存时间长短也能反映合理程度，这种情况虽然反映不到宏观周转指标中去，但也标志储存存在不合理。

3. 质量标志

保证被储存物品的质量，是完成储存功能的根本要求。只有这样，商品的使用价值才能在通过物流系统后得以最终实现。在储存活动中增加时间价值或利润，都是以保证商品质量为前提的，这里的质量是指反映使用价值的质量。现代物流系统已经拥有很有效的维护物品质量、保持物品使用价值的商品养护技术手段和管理手段。

4. 结构标志

这是根据存储物品的不同品种、不同规格、不同花色的数量比例关系，对储存合理性的判断。特别是相关性很强的各种物品之间的比例关系，更能反映储存的合理性。

---

① 刘志学：《现代物流手册》，中国物资出版社 2001 年版，第 147—149 页。

5. 分布标志

仓储网点的合理布局,也是合理储存的一个重要标志。仓储网点过多或过少,不仅会影响仓储合理化,还会影响这个物流系统的运作效率。

6. 费用标志

从仓租费、维护费、保管费、损失费、占用资金的利息支出等,都能从实际费用上判断储存的合理与否。

(二) 储存合理化的方法

1. 实行物品的 ABC 分类管理

ABC 分类管理是实施储存合理化的基础。这种方法把仓储物品分为三类,例如把品种少、占用资金多的重要物品归为 A 类;把品种多、占用资金少的次要物品归为 C 类;把处于中间状态的归为 B 类。在仓储管理中需要对不同等级的物品采用不同的管理方法。

对 A 类物品实行重点管理,即精细化的管理。这类物品品种的数量虽少,但对企业却最为重要,是最需要严格管理和控制的库存。仓库必须对这类库存定时进行盘点,加强进货、发货、运送管理,在满足企业内部需要和客户需要的前提下维持尽可能低的经常库存量和安全库存量,加强与供应链上下游企业合作,以降低库存水平,加快库存周转率。

对 B 类物品实行一般控制。这类物品属于一般重要的库存,一般进行例行管理和控制。

对 C 类物品采用简便方法管理。这类物品品种数量最大,但对企业的重要性最低,被认为是不重要的库存。对这类库存,一般进行简单的管理和控制,如减少库存管理人员、库存检查时间间隔较长等。

2. 适当集中储存

在形成一定社会总规模的前提下,追求经济规模、适度集中储存是合理化的重要途径。适度集中储存就是利用储存规模优势,以适度集中代替分散的小规模储存来实现合理化。集中库存的集中度要在总储存费及运输费之间取得均衡,即所谓适度。

3. 加快周转速度

仓储现代化要求将静态储存变为动态储存,实现快进快出、大进大出。周转速度快会带来一系列的合理化好处:资金周转快、资本效率高、货损减少、仓库吞吐能力增加、成本下降等。具体做法如采用单元集装存储,建立快速分拣系统等。

4. 实行"先进先出"方式

"先进先出"是一种有效保证物品储存期不至于过长的合理化措施,也成为储存管理化的准则之一。具体做法如采用贯通式货架系统、"双仓法"储存、计算机存取管理系统等。

5. 提高仓容利用率

提高仓容利用率的主要目的是减少仓储设施的投资,提高单位仓储面积的利用率,以降低成本,减少土地占用。

6. 采用储存定位系统

有效的定位系统不仅能大大节约寻找、存放、取出的时间,而且能防止差错,便于清点和实行订货点库存管理等的管理方式。行之有效的储存定位方式有:第一种,"四号定位"方式,是用一组四位数来确定存取位置、固定货位的方法,是我国手工管理中采用的科学方法。四个数字相应的表示序号、架号、层号和位号。这就使每一个货位都有一个组号,在物品入库时,按规划要求对物品编号,并记录在账卡上。提货时按四位数字的指示,就能很容易地将物品分类出来。第二种,计算机定位系统,入库时将存放货位输入计算机,出库时按计算机的指示,人工或自动寻址,找到存放物品的拣选取货方式。这种方式可以充分利用每一个货位,而不需专位待货,有利于提高仓库的储存能力。

7. 采用有效的监测清点的方式

对储存物品数量和质量的监测是科学库存控制的重要内容。监测清点的有效方式为"五五化"堆码,是我国手工管理中采用的一种科学方法,储存物品堆垛时,以五为基本计算单位,堆码成各种总数为五的倍数的货垛。这种堆垛方式可过目成数,清点方便、数量准确、不易出现差错,大大加快人工点数的速度,收发快、效率高;电识别系统,货位上设置光电识别装置,对物品进行扫描,并将准确数目自动显示出来。

8. 采用现代储存保养技术

这是储存合理化的重要方面,主要有:气幕隔潮技术、气调储存技术、塑料薄膜封闭方法等。

9. 采用集装箱、集装袋、托盘等运储装备一体化方式

采用这种方式通过物流活动的系统管理,将储存、运输、包装、装卸等物流活动一体化。

在物流过程中,由于集装箱等集装设施的出现,省去了入库、验收、清点、堆垛、保管、出库等一系列储存作业,不但能够使仓储合理化,而且也是促使整个物流系统合理化尤其是运输功能合理化的一种有效方法。

案例 5-1

GPC 的销售网络

GPC 集团每年都销售数目惊人的各类产品,其销售业务主要由 4 个子集团来完成:汽车配件集团通过 NAPA(National Automotive Parts Association)和其他相关机构销售近 30 万件汽车配件产品。NAPA 公司是世界上数一数二的汽车配件及汽车用品销售商,在美国拥有 61 家分销中心,5 800 家汽配连锁店,10 800 个连锁的维修站、养护中心及事故车维修中心等,常备库存能提供 30 万件以上产品,这些产品还包括美国、日本、德国和欧洲、亚洲及世界各地其他厂商生产的各种车型的配件、维修工具与装备、汽车养护用品、油品、化学品和其他附属用品等;工业配件集团每年销售 200 万件以上的产品给各类用户;办公用品集团通过下属公司 SPR 销售上千种的商务和办公用品;电子和电器设备集团也设有子公司 EIS,销售 75 000 多件产品。汽车配件和汽车用品是 GPC 公司的主要产品。

GPC 销售汽车配件产品和办公用品等产品的方式如下所述。GPC 是 Rayloc 的母公司,后者拥有 Rayloc 商品销售服务(Rayloc Merchandise Distribution Service,简称 RMDS),负责将 GPC 的产品从供应商分销到各销售中心。RMDS 拥有自己的运输车队和分销中心,主要是利用公司自行拥有的条件完成销售任务,极少借助第三方物流的力量。RMDS 建立了多处分销中心,在奥特兰大的分销中心和印第安纳波利斯的分销中心,还分别建立了 5 个 Rayloc 销售中心,提供与分销中心相类似的业务。RMDS 根据每周的计划安排,主要是使用自己的运输工具,完成给定的销售任务。

通常,RMDS 的运输车队负责将分销中心的产品分发拨到一个或多个 GPC 销售中心。当产品运送到销售中心后,车队将开往下一个计划的供应商处或其他的供应商处,装载客户订购的产品,再返回到分销中心里,将产品卸载到分销中心,再根据商品目的地的差异,有条理地存放这些产品,安排适当的运输车辆,以便完成下一次的运输业务。车队还经常从销售中心挑选出少量的频繁使用的产品和零部件,分别运送产品给供应商,运送零部件到工厂。

每个 GPC 销售中心都要独立管理自己的车队,并与 RDMS 运输系统独立开来,负责运送销售中心的产品给具体客户。

客户(批发商和零售商)提供订单给销售中心;销售中心根据得到的订单中的商品清单,挑选出客户指定的商品,组织运输车辆装卸运输。销售中心每天有两次主要的运输安排。如果客户的订单下得早,商品中午就会被运送出去,当天即可送到客户的手中;如果订单下得晚,车辆则要下午出发,午夜才能运送到客户处。

在每次运货时,车队则要从销售中心运送商品到多个客户处。有些销售中心(如 NAPA 销售中心)有时也搭顺风车,运送少量的急需产品到零售商店,甚至是车间。在销售中心,借助第三方单位的车辆仅仅是需要运送一些小商品时才采用。

讨论和思考:

(1) 在这个案例中,大量的问题都涉及销售网络的优化设计。你认为 GPC 销售网络选址应考虑哪些影响因素?

(2) 由于 GPC 公司销售是由于下属各子集团进行销售,有时也会出现 GPC 的下属集团在相同的城市内分别建有自己的销售中心的情况。如何将这些销售中心有机地联合起来以降低物流费用?

资料来源:高晓亮等:《仓储与配送管理》,清华大学出版社、北京交通大学出版社 2006 年版,第 48—49 页。

 关键概念

仓储　自有仓库　储存合理化

 思考题

1. 仓储的主要分类方法和主要类型有哪些?
2. 仓储的主要功能有哪些?
3. 基本仓储决策的主要内容是什么?
4. 影响自有仓库选址的因素有哪些?
5. 自有仓库选址的基本流程有哪些?
6. 定性选址方法有哪些?
7. 定量选址方法有哪些?
8. 储存合理化的方法有哪些?

第六章
物流战略与规划

学习目标

1. 理解物流战略的概念及特征；
2. 了解物流战略管理环境分析的内容及物流环境的新变化；
3. 掌握物流战略管理的过程及物流战略规划的基本内容；
4. 理解物流战略管理实施的制约因素；
5. 掌握物流战略控制的步骤和方法。

一、物流战略管理概述

(一) 物流战略的含义和特征

1. 物流战略的含义

战略(strategy)一词源于希腊语"strategos"或演变出的"stragia"。前者的意思是"将军"，后者的意思是"战役""谋略"，都是指指挥军队的科学和艺术[①]。

早在春秋战国时期，齐人孙武在总结过去战争经验的基础上，写成了《孙子兵法》，虽未用"战略"命名，但其内容蕴涵着丰富的战略思想，流传至今，被世界各国运用。

随着人类社会的发展，"战略"一词后来被运用到政治领域，作为某个政党所规定的在一定历史时期内的全局性方针，包括政治斗争中预期达到的主要目标和为达到目标所做的力量部署、采用的手段等。

随后，"战略"这个术语又被广泛地应用到社会经济领域。

---

① 解培才：《企业战略管理》，上海人民出版社 2002 年版，第 1—2 页。

20世纪五六十年代战略概念引入企业。

1962年美国管理学家钱德勒出版《战略与结构》一书,首先将战略一词用于公司管理。

1965年美国教授安索夫首次发表了《公司战略》一书,从此,制定和实施企业战略被看作是企业成功的关键。

战略与物流联系起来就形成了物流战略,它被广泛使用也是近期的事情。

物流战略(logistics strategy)是指为寻求物流的可持续发展,就物流发展目标以及达到目标的途径与手段而制定的长远性、全局性的规划与谋略[①]。

2. 物流战略的特征

物流战略是指导企业物流走向未来的行动纲领。它一般具有以下特征:

(1) 全局性。物流战略是根据企业总体发展的需要而制定的,它以全局去实现对局部的指导,发挥战略的整体优化效应,使局部得到最优的结果,使全局目标得以实现。全局性决定了物流战略具有综合性和系统性。

(2) 长远性。物流战略考虑的不是企业物流管理中一时一事的得失,而是企业在未来相当长一段时期内物流的总体发展问题,通常着眼于未来较长时期(5年以上)的发展目标。长远性也就带来了物流战略的方向性和阶段性。

(3) 纲领性。物流战略所制定的战略目标、战略重点、战略对策等是属于方向性、原则性的,它是企业物流发展的行动纲领,对企业物流活动具有权威的指导作用。它必须通过分解落实等过程才能变为具体的行动计划。

(4) 动态性。物流战略的制定必须考虑它的稳定性与灵活性相结合。物流战略是关于物流企业总体长远生存发展的行动纲领,必须稳定。但同时,在实施物流战略过程中,要根据环境、条件变化,适时地加以调整使物流战略适应环境的变化。利用可能发生的变化和新的发展机会,制定新的物流战略,达到组织的目的[②]。

(5) 风险性。物流战略的制定,必须十分重视物流领域的风险防范。风险既可能是超出预期的损失,也可能是超出预期的收益。所以作为物流管理者,必须树立正确的风险观。在制定物流战略时要勇于面对风险,审时度势,掌握应对风险的本领和技巧,在国内外瞬息万变的市场环境中实现物流的战略目标。

3. 物流企业战略体系

对于大型企业来说,为了发挥物流企业战略对企业各个层次的指导和统帅作用,必须形成一个战略体系。

---

① GB/T18354—2001《物流术语》。
② 解培才:《企业战略管理》,上海人民出版社2002年版,第10页。

物流企业战略从不同角度可以有不同的划分方式。按照战略层次分类[①]：

(1) 公司层战略，又称企业总体战略。这是物流企业最高层次的战略。它是为实现物流企业总体目标，对物流企业未来发展方向所做出的、总体性的战略。企业总体战略类型按不同角度分类归纳有按战争态势分、按企业规模分、按战略空间分。

(2) 业务层战略，又称事业部战略或竞争战略，是一种分散的物流战略。根据企业总体战略的要求和事业部生存发展的需要所制定的事业部的运行和发展作出的正确谋略。企业的一般竞争战略有三种，即低成本战略、差异化战略、集中化战略。

(3) 职能战略，又称部门战略。它的特点是按照物流职能分别确定任务使用的资源。企业主要的职能战略包括财务战略、人力资源战略、研发与设计战略、采购战略、生产战略、营销战略[②]。

公司总体战略是事业部战略和职能部战略的制定依据，事业部战略是公司总体战略的具体化和展开，职能战略是公司及事业部各种职能部门相对应的战略，是公司总体战略按公司各专门职能的落实和具体化，也是事业部战略按事业部的各专门职能的落实和具体化。

案例 6-1

中国对外贸易运输（集团）总公司发展战略

中国对外贸易运输（集团）总公司（简称中国外运）成立于 1950 年，是国务院国资委直属的中央企业。中国外运的前身为中国海外运输公司和中国陆运公司。经过几代人的努力，已成为一家以国际货运代理为主的，集各种陆海空等业务为一体的、综合性的特大型国有企业。1990 年第 11 届亚洲运动会指定的国际货运总代理，1999 年昆明世博会的国际货运总代理，2008 年初，与北京奥组委和奥运会赞助商分别签署了《委托报关报检承诺书》和《奥运村现场物流合作协议》，全面参与了 2008 年北京奥运会的服务。2008 年 3 月 12 日，中国外运与上海世博局签约，中国外运正式成为中国 2010 上海世博会指定物流服务商。

为了确保 21 世纪中国外运的竞争优势和可持续发展，1998 年中国外运决定集团发展战略的研究。经过一年多深入、广泛的调研和论证，1999 年底，中国

---

① 解培才：《企业战略管理》，上海人民出版社 2002 年版，第 10 页。
② 任浩：《战略管理——现代的观点》，清华大学出版社 2008 年版，第 32 页。

外运确定了面向 21 世纪的发展战略,并制定通过了《中国对外贸易运输(集团)总公司发展战略纲要》,《纲要》指出:把中外运从一个传统的外贸运输企业建成由多个物流主体组成的,按照统一的服务标准流程和规范体系运作的现代化、国际化、综合性的大型物流企业集团。

2000 年,中国外运已经贯彻和实施《纲要》,与此同时,中国外运物流部又提出了《中外运物流营销体系建设方案的设想》《中外运物流作业体系方面的设想》和《中外运物流仓储信息系统实施方案的设想》等实施方案。

2006 年,中国外运制定了《中国外运集团"十一五"发展战略与规划》明确了发展的愿景、理念和今后五年的战略目标。

案例来源:牛鱼龙:《世界物流经典案例》,海天出版社 2003 年版,第 301—305 页,www.sinotrans.com(经整理)。

4. 研究物流战略的重要性①

自改革开放以来,随着经济全球化、市场国际化的发展,物流环境发生了重大变化。物流活动的有效开展,不仅取决于对日常物流活动的有效组织与管理,更取决于对物流活动的总体性谋划。因此,物流战略问题引起了我国理论界和实业界的关注和重视。研究与制定物流战略,可以使企业或其他组织从更高、更远、更全面的角度来观察和发现物流问题,从而有利于长期、系统地解决物流发展问题。

(1) 企业竞争加剧突出了物流战略的重要性。随着企业经营环境的变化,企业在物流方面的竞争也日益激烈。这主要表现在以下两方面:一是参与竞争的企业越来越多。目前物流战略作为企业战略管理的一个组成部分已为大多数企业认同,因而不同类型的企业都在积极开拓物流业务,建立自身独特的物流系统,从而使物流竞争的范围越来越广。另外,当今企业竞争中的另一类现象也值得我们关注,即竞争领域不断扩大。原来企业的竞争是局限在各国国内进行,如今随着经济的全球化,物流服务越来越无国界限制,特别是 WTO 所推进的服务贸易自由化,更使物流市场竞争具有国际化的特性,这无疑给本来就具竞争性的物流经营活动带来更深刻的影响,使竞争范围更加宽广。所以,没有统一、合理的物流战略,将无法在国际竞争中取胜。二是随着物流技术与手段的发展,物流竞争也越来越激烈。激烈的物流竞争既反映在物流服务的多样化,即外延上,又反映在物流服务的高技术、高效率,即内涵型发展上。所有这些都使物流竞争比

---

① 夏春玉:《物流与战略管理》,东北财经大学出版社 2007 年版,第 28 页。

任何时期都要激烈,更需要在战略上来指导物流活动。

现代企业的竞争已彻底改变了原来简单搬运式的物流功能,转而越来越体现出服务的差异化、纵深化和网络化。显然,在这种竞争加剧、不断变化的市场环境中,企业如果不能事先制定出明确、富有弹性的物流战略,是不可能在未来的竞争中求得生存和发展的。

案例 6-2

联合包裹运送服务公司(UPS)在战略
调整中解决企业的市场定位

1907 年 19 岁的年轻人吉姆·凯西在美国华盛顿州西雅图市成立了自己的美国快递公司,UPS 的前身;1913 年成立了批发商包裹递送公司;1919 年由西雅图向外扩展业务更名为 UPS;1929 年公司开办了联合航空邮件快递;1975 年 UPS 终于实现了全国性的包裹业务;1988 年 UPS 与中外运签订了代理业务合作协议,正式进入中国市场;1995 年 UPS 开展了国际空运包裹与文档服务;1996 年 UPS 与中方合作伙伴中外运成立了第一家合资企业;1998 年 UPS 成为一家正式的航空公司;2001 年美国运输部授予 UPS 中国直航权;2003 年 7 月 UPS 将其大中华总部设于上海;2004 年 3 季度 UPS 公司全球的营业额增长 7.7%,而中国的出口量增长达到 125%;2004 年末 UPS 进入中国 16 年迈出在中国独资来的第一步;2005 年 UPS 获得中国最主要城市国际快递业务的独立经营权。

100 年来 UPS 不断调整市场战略,多次成功地寻找优势,抓住机遇,已经由一家拥有技术的货车运输公司逐渐演变成拥有货车的技术型公司,实现了由传统物流公司向电子物流公司的跨越。现在正从单一的包裹递送公司转型到一个全球拥有 3 万亿美元的供应链市场。

致力于配送物流服务网络,其战略调整立足于突破包裹递送的界限要"在全球的任何地方、以任何方式、在任何时间、为客户处理任何货物"。

案例来源:Vincent Ferng 编著:《全球最大物流公司——UPS》,上海财经大学出版社 2007 年版,第 33 页,www.ups.com/content/corp/about/history/2002.html(经整理)。

(2) 经济可持续发展需要企业制定合理的物流战略。经济的持续增长促进了物流量的急剧膨胀,巨大的物流量在缺乏有效管理和组织的情况下,极易造成运输车辆以及次数增加。车辆、运行次数上升带来的结果,首先是城市堵车、交通堵塞现象日趋严重,特别是在大都市、中心城市,原来交通堵塞状况就比较严重,如果过度增加路面负荷,就会导致效率低下以及各种社会问题。有关研究表明,造成城市运输体系效率低下的原因可以归结为九个方面,即迅速增长的交通量、缺乏维护良好的运输设施、居住空间结构与运输系统不匹配造成低效率、运输技术的不适当混合与错用、无效的交通管理与执法、公共交通服务不足、城市平民阶层特有的交通问题、高事故率、薄弱的人才培训系统等。上述几个方面的要素中有很多都与物流管理有着一定关联。其次,运量增大对社会产生的另一个负面影响是环境破坏问题,特别是物流产业中货车运输已成为大气污染、噪声、振动等现象的元凶之一。如今几乎所有的大都市都制定了限制汽车废气排放的规定,在这种状况下,应该使用何种适合环境的运输工具,以及如何安排共同配送等都是企业经营应当考虑的问题。所以在战略上合理安排、管理物流不仅关系到企业自身物流效率的高低,也关系到整个社会持续发展的问题。

(二)物流战略管理的定义及过程

1. 物流战略管理的定义

"战略管理"一词的应用要比"战略"晚几十年。

战略管理的形成是在20世纪70年代后期。最早由安索夫在其1976年出版的《战略计划走向战略管理》一书中提出[①]。它大致经历了以下几个阶段:

20世纪60—70年代,西方战略管理理论产生;

20世纪80年代,形成了以竞争为基础的战略管理理论;

20世纪90年代,研究的重点是在复杂多变的环境中如何应变(核心竞争力和竞争优势)。

国内外学者对战略管理的表述虽各有侧重,但都认为战略管理是一个包括战略制定和战略实施(包括评价和控制)的过程。而物流战略管理正是在此基础之上发展而来的。本章采用的是《中华人民共和国国家标准——物流术语》(GB/T18354—2006)的定义。

物流战略管理(logistics strategy management),是通过物流战略设计、战略实施、战略评价与控制等环节,调节物流资源、组织结构等最终实现物流系统宗旨和战略目标的一系列动态过程的总和[②]。

---

① 任浩:《战略管理——现代的观点》,清华大学出版社2008年版,第34页。
② GB/T18354—2006《物流术语》。

物流战略管理是一个动态的管理过程，是一种崭新的管理思想和管理方式。物流战略管理的重点是制定战略和实施战略，而制定战略和实施战略的关键是对企业外部环境的变化进行分析，对企业物流资源、条件进行审核，并以此为前提确定企业的物流战略目标，使三者达成动态平衡。物流战略管理的任务，就在于通过战略制定、战略实施、战略控制，实现企业的物流战略目标。

2. 物流战略管理的过程①

物流战略管理由三个阶段构成，即物流战略制定、物流战略实施、物流战略控制。

(1) 物流战略制定。战略规划的制定就是企业在内外环境分析的基础上，按照一定的程序和办法，规定战略目标，划分战略阶段，明确战略重点，制定战略对策，从而提出指导企业物流长远发展的全局性总体谋划。战略规划的制定是一项十分重要而又十分复杂的系统工程，需依照一定的程序和步骤。一般说来，制定战略规划的程序有以下几个互相衔接的环节：

第一，树立正确的战略思想。战略思想是指导战略制定和实施的基本思想，是整个战略的灵魂，它贯穿于物流战略管理的全过程，对战略目标、战略重点、战略对策起一个统率作用。战略思想来自战略理论、战略环境的客观分析以及企业领导层的战略风格。一个企业的战略思想主要应该包括：竞争观念、市场营销观念、服务观念、创新观念和效益观念等。

第二，进行战略环境分析。这是制定战略的基础和前提。如果对组织内外环境没有全面而准确的认识，就无法制定出切合实际的战略规划。

第三，确定物流战略目标。物流战略目标是指企业在完成基本物流服务过程中所追求的最终结果。它是由战略决策者根据企业的物流目标而确定的。物流战略目标为企业物流活动的运行指明了方向，为企业物流评估提供了标准，为其资源配置提供了依据。利用物流战略目标可以对企业全部物流服务活动进行有效管理。

第四，划分战略阶段，明确战略重点。战略阶段是指战略的制定和实施在全过程中要划分为若干个阶段，一步一步地达到预定的战略目标。一个较长期的战略，如 5 年、10 年的战略规划，必须是逐步实现、逐步推进，因此就要划分为若干个阶段。战略阶段的划分，或者叫作战略步骤的划分，实际上是对战略目标和战略周期的分割。这种划分和分割，要求明确各战略阶段的起止时间以及在这段时间内所达到的具体目标，这些具体目标和阶段的总和就构成了总的战略目

---

① 夏春玉：《物流与战略管理》，东北财经大学出版社 2007 年版，第 30 页。

标和战略周期。战略重点是指对战略目标的实现有决定意义和重大影响的关键部位、环节和部门。抓住关键部位突破薄弱环节,就能带动全局实现战略目标。

第五,制定战略对策。战略对策是指为实现战略指导思想和战略目标而采取的重要措施和手段。根据组织内外环境情况及变动趋向,拟订多种战略对策及应变措施,以保证战略目标的实现。

第六,战略评价和选择。战略评价是一个战略制定阶段的最后环节。如果评价后战略方案被否定,就要按照上述程序重新拟订;如果评价后战略规划获得肯定,则结束战略制定而进入战略的具体实施阶段。

(2) 物流战略实施。物流战略实施就是将战略转化为行动,主要涉及以下一些问题:企业如何建立年度物流目标、制定物流政策、配置物流资源,以便使企业制定的物流战略能够得到落实;为了实现既定的战略目标,还需要获得哪些外部资源以及如何使用;需要对组织结构做哪些调整;如何处理可能出现的利益再分配与企业文化的适应问题,如何进行企业文化管理,以保证企业物流战略的成功实施等。

物流战略实施是战略管理过程中难度最大的阶段,战略实施的成功与否,能否实现战略目标的关键。

(3) 物流战略控制与调整。物流战略控制是物流战略管理的最后阶段。物流战略控制可分为三个步骤:制定控制标准,根据标准衡量执行情况,纠正偏差。战略控制的方法主要有:事前控制、事中控制和事后控制。

物流战略调整就是根据企业情况的发展变化,即参照实际的经营事实、变化的经营环境、新的思维和新的机会,及时对所制定的战略进行调整,以保证战略对企业物流管理进行指导的有效性,包括调整企业的长期物流发展方向、企业的物流目标体系、企业物流战略的执行等内容。

物流战略制定固然重要,但物流战略实施与控制同样重要。一个良好的物流战略仅是物流战略管理成功的前提,有效的物流战略实施、控制才是物流战略目标顺利实现的保证。

二、物流战略的环境分析及战略制定

(一) 物流战略管理的环境分析

物流战略管理环境分析是企业物流战略决策的前提和基础。企业物流战略环境分析主要是对企业物流外部环境和内部条件的分析。外部环境分析的目的是趋利避害,即通过分析抓住机会,避免威胁。外部环境度量可以由复杂性和稳定性两个维度分析,内部条件分析的目的是扬长避短,即通过分析发扬优势,克服劣势。

1. 企业物流外部环境分析

所谓物流企业的外部环境,是指存在于企业之外,对物流企业活动的开展产生决定性影响的各种因素的总和。物流企业外部环境主要由一般环境因素和行业环境因素构成。物流企业外部环境对企业物流活动来讲,是不可控因素,企业无法改变外部环境,外部环境的存在与变化是不以企业的意志为转移的。但企业可以通过对外部环境的分析,寻找自己发展物流的机遇和空间,从而确定自己的物流发展战略。

(1) 一般社会环境

社会环境分析即宏观环境分析,可细分为政治、法律、经济、社会文化和技术等五种环境分析。

第一,政治环境。政治环境主要包括政治制度、政党制度、政府治国的重大方针政策、政治性社团组织的地位和作用等。政治环境是影响一国政局稳定的最根本因素,而国内政局是否稳定,必将影响企业的发展。现代物流业得到了政府的重视,表现在国家领导人针对我国物流管理问题发表过多次讲话、各种物流会议不断召开,为现代物流业的发展提供了良好的政治环境。

第二,法律环境。法律环境主要受国家的立法制度、各项法令法规的建设及执行情况等因素的影响。一个地区或国家的法律体系是否完善对于物流企业的发展至关重要。

第三,经济环境。经济环境是指国民经济发展水平、国家经济政策和社会经济发展的战略制定及实施情况,国内外经济形势及其发展趋势等。

在经济环境中,关键性的战略因素有:国民经济发展状况及其发展规律、国民生产总值及其变动趋势、人均收入及其变动趋势、利率水平高低、货币供给松紧、失业人员的比例、通胀的程度及变动趋势、国民收入分配及再分配过程中的积累与消费、投资与储蓄的比例状况以及工资与物价的控制状况、资源供应与成本、市场机制的完善程度等。

就企业而言,如果经济发展良好,一般来说企业也会处于有利地位;反之,如果经济萧条,市场不景气,对企业就可能不利。物价水平和通货膨胀程度对企业也会有很大影响。在劳动工资、原材料价格不断增长,而商品价格却不能同步增长的情况下,企业就必须千方百计降低消耗、提高劳动生产率,以保证赢利。政府制定的产业政策也会对企业经营与物流管理产生重大影响。在经济发展的不同时期，政府会制定鼓励发展或约束发展的产业政策，以及相应的税收、信贷等措施，财政金融政策也是不可忽视的因素。总之，经济增长率、物价水平等指标将直接影响消费者的可支配收入量和购买力，从而改变了市场容量和企业生产规模，最终将对企业的物流活动产生影响。

当今世界经济全球一体化已不可逆转，资源在世界范围内更加自由、全面、便捷地流动和配置，使得世界各国经济愈益相互开放和融合，各国经济的发展、变化愈益相互影响和制约。企业对宏观环境的分析，不能离开经济全球一体化这个大背景。

第四，社会文化环境。社会文化环境是指社会文化发展水平的概况，包括社会结构、风俗习惯、文化底蕴、文化发展、价值观念、伦理道德与人口统计因素、自然资源与生态环境和地理条件等。

第五，技术环境。技术环境是指社会科学技术的发展水平与发展趋势。现代科学技术为现代物流业的发展提供了广阔前景与技术支撑。现代科学技术，尤其是 IT 技术及自动控制技术的发展，使得社会生产过程中的各种"流"，主要是物流、商流、信息流、资金流的流动数量和流动速度大大增加，尤其是以现代技术为支撑的资金流、信息流速度的加快，要求与之相应的物流更加快捷；同时由于信息技术在物流领域的广泛运用，将信息流和物流进行集成已成为一种趋势。这两个因素共同促进了现代物流业的发展。

（2）行业环境

企业行业环境分析，亦称特殊环境分析，是企业的直接环境因素。行业环境分析一般包括：行业因素分析和行业竞争结构分析。行业因素包括行业的发展阶段、规模和趋势、进入该行业的障碍、行业中供应商的数量和集中度、行业中消费者的基本特征等。

根据生命周期理论，一个行业的发展需要经历四个阶段，即开发阶段、成长阶段、成熟阶段和衰退阶段。企业可以通过分析其所在行业的发展水平确定该行业所处发展阶段，并据此制定不同的物流战略。如果企业所在行业处于开发阶段，那也就意味着该行业还是一个新兴的产业，它的发展潜力和发展空间比较大，市场中的竞争者较少，企业可以采用发展战略，企业物流系统的建设可以高于企业物流的现实要求，即进行超前建设为将来的发展打好基础；如果企业所在行业处于成长阶段，产品的种类减少、生产标准化程度增加，客户需求和市场竞争者的数量同时增加，企业也可采用发展战略，但物流系统应该加强配送功能的建设，保证现有销售渠道的畅通以降低缺货情况的发生；如果企业所在行业发展到成熟阶段,产品的开发和研究投入开始减少,社会对企业产品的需求下降,企业可以采用适当紧缩战略,企业的物流设备、设施投资应适当减少,部分设施也将退出使用;如果企业所在行业发展到了衰退阶段,企业物流战略继续采用紧缩战略,物流支出将继续下降,应该以维持基本服务水平为主,而不应该进行新设施的投资。

2. 物流企业内部条件分析

企业内部条件是相对于外部环境而言的,是指物流企业发展的内部因素。相对于企业外部环境来说,企业内部条件是可控因素,是物流企业发展的基础,企业从事物流活动的能力取决于企业内部条件中诸因素之间的联系和比例关系。同时,企业内部条件也是一个动态的概念,并不是一成不变的。

战略分析要了解企业自身所处的相对地位,具有哪些物流资源与物流能力;还需要了解与企业有关的利益和相关者的利益期望,在战略制定、评价和实施过程中,这些利益相关者会有哪些反应,这些反应又会对企业物流产生怎样的影响和制约。企业内部条件分析主要包括以下两个方面:

(1) 物流企业资源分析

企业开展物流活动必须具备一定的基础条件,其主要内容是企业的物流资源,以及在物流资源基础上组合起来的物流能力。

企业的物流实力首先反映在企业的物流资源基础上。企业的物流资源,指贯穿于整个物流企业各环节的一切物质与非物质形态的要素。其主要内容分为两类:

第一,有形资源。企业的有形物流资源,主要是物质形态的资源,如各种物流设施、设备、物流网点及物流工具等。另外,企业的财务资源,如现金、债权、股权、融资渠道和手段等,也可归于有形资源一类。有形资源是企业开展物流活动的硬件要素。

第二,无形资源。企业无形资源的种类很多,主要包括以下一些内容:人力资源、组织资源、技术资源、企业文化和企业形象。

人力资源:企业内有关物流技术和管理人员的类型,以及他们的知识、经验、适应性、预见能力和学习能力。

组织资源:企业内部的物流组织结构、各部门间沟通、协调的效率,以及用户规模、物流服务网络。

技术资源:企业现有物流技术状况、技术储备等。

企业文化和企业形象:企业的价值观、企业精神、企业经营理念,以及企业在社会公众、顾客、利益相关者中的形象等。

企业物流资源分析的目的,是为企业物流资源配置提供必要的依据,从而更好地发挥企业的物流优势。企业最重要的物流资源毫无疑问是人力资源。人才是企业发展的关键,因而把合适的人置于合适的岗位,人才与职位的恰当配置是非常重要的。同时,在现代企业中任何一种资源只有同其他资源结合在一起,才能发挥其应有的作用。因此,资源的结构平衡问题也就值得企业重视。此外,对企业来讲,有些资源可能是短缺的,甚至处于"瓶颈"状态,因而以短缺资源或"瓶颈资源"作为资源配置的基点,也是企业必须考虑的。再者,新技术的发明、新工艺的应用,以及员工劳动技能的提高,必将改变企业的物流资源配置结构,因而企业物流资源的配置必然是动态的,需要不断地加以调整。

(2) 物流企业能力分析

物流企业能力是与物流企业资源密切联系的。所谓物流企业能力,就是能够把企业的物流资源加以统筹整合以完成预期的任务和目标的技能,主要体现为对物流资源的利用与管理能力。

企业既要分析物流资源状况,更要分析物流能力水平。企业物流能力只有在物流活动中才会逐步显现出来,任何企业都不可能具备无所不能的物流能力。资源在投入使用前比较容易衡量其价值,而能力在发挥前往往是难以评价的,资源需要通过能力去实现增值,能力只有通过使用资源才得以体现。在经济全球化不断推进的条件下,资源可以突破区域、国家的界限,但对资源的使用能力只有靠企业自己不断地增强。

3. 物流环境的新变化

20 世纪 90 年代以后,推动物流发展和物流地位改变的环境要素有以下几个方面[①]:

(1) 消费者行为的变化

以个人收入和闲暇时间的增加为背景,20 世纪 90 年代以后,人们对生活的追求从原来的温饱型、数量型转向小康型,重视生活的质量。伴随着这种生活意识的变化,在经济社会向国际化、信息化以及人口结构高龄化急剧转变的基础上,出现了消费者价值的多元化以及生活类型的多样化的趋向,其结果是消费开始向个性化和多样化方向发展,表现在消费行为上就是,人们不再侧重购买为满足需求规模而大量生产的商品,而是在重视商品质量和体现自己生活方式的基础上,购买具有差别化的商品。这种消费行为上的变化对企业的生产和经营产生了深远的影响,同时在适应消费行为变化的过程中强化了物流管理在企业战略中的地位。

---

① 宋华、胡左浩:《现代物流与供应链管理》,经济管理出版社 2000 年版,第 54—56 页。

(2) 生产经营方式的变化

在大量消费社会中，当厂家研制、开发出新产品以后，通过各种各样的媒体，特别是电视广告等促销手段的运用和商业推广，能唤起全国规模的需求，这种营销的背后隐含的是消费者具有"与他人一致"的消费意识。与这种消费者统一的消费行动相对应，零售业以百货业和综合超市为中心，通过大量购进、大量陈列廉价的商品来推动销售额的增长。

但是随着消费个性化、多样化的发展，原来那种商品在一部分人中开始流行后，大家争相购买的情况会越来越少，而且流行商品的生命周期也会越来越短。在这种状况下，厂家要准确预测特定商品的流行程度十分困难。此外，基本生活必需品在全社会得到满足之后，商品在质量上的稍微改进或价格的稍微降低都不能大量激发消费者的购买欲望，因而开发出具有爆发性需求规模的革新产品也会越来越困难。

正因为如此，如今很多企业都在积极开展多品牌战略，即将原来的产品加以改良，附加各种机能，形成产品间微妙的差异，积极开展多品种生产战略。多品种战略的实施意味着企业的经营从原来生产主导的消费唤起战略转向消费主导的商品生产战略。这种战略转换也改变了原来从事专职大量运输、贮存的物流服务管理活动，要求物流既讲求效率，又能促进生产、销售战略的灵活调整和转换。

(3) 零售形式的多样化

对应于消费个性化、多样化发展，零售业中以家居日用品为中心，进货品种广泛的零售店、购物中心等业态的销售额急剧扩大。另外，由于生活类型的多样性带来了诸如活动时间深夜化、利用汽车购物等消费行动的多样化，因此在零售业中通宵营业的 24 小时店（便利店）或利用汽车购物为前提的郊外仓储式商店等新型业态也相继诞生，并实现了快速成长。这些都改变了原来的流通格局，同时也推动了物流服务的差异化和系统化管理的发展。

(4) 无库存经营的倾向

零售业中与消费个性化、多样化以及企业多品种生产相对应，无论在既存的零售业态百货店和超市中，还是在新兴的 24 小时店等新业态中，经营的商品品种数都越来越多。但是与此同时，由于政策、环境、房地产价格等原因，店铺的规模和仓库规模不可能无限扩大，特别是在大都市中，由于人口密度大、地价昂贵、消费更新快、环境限制严格等原因，更加限制了仓储店和仓储空间的扩大。在这种情况下，只有提高店内管理效率通过加快商品周转来抵消仓储空间不足等问题。如今，在国际上大型零售业的经营方针均已从原来通过新店开设寻求外延型发展，转向充实内部管理和投资，积极探索内涵型发展。除此之外，另一个推动零库存经营的原因是由于消费行为的多样化、个性化发展,生产企业商品多品种、少数量生产,实际需求的预测十分困难,在这种状况下,库存越大零售企业承担的风险也越大,因此为了降低风险,零售企业必须尽可能地压缩库存,实现实时销售。具体看,现代零售企业的管理重点是:迅速确定经营中的"畅销品"与"滞销品",以此为基础确定订货商品的种类和数量(单品管理);在有限的空间里陈列更多的商品,降低销售风险,极力抑制各类商品的库存量,彻底实现无库存管理和库存成本的削减(无库存经营)。

(5) 信息技术的革新

"单品管理"和"无库存经营"能成为现实,首先是因为 20 世纪 80 年代后期展开的信息技术的革新,具体反映在 POS 系统(point of sales,销售时点信息管理系统)和 EOS 系统(electronic ordering system,电子补充发货系统)的导入。POS 系统是指在商品销售时,通过 OCR(optical character reader,光学式自动读取)方式的现金出纳机读取每个商品的条形码,进而利用计算机对商品品种、价格、数量等销售信息进行处理、加工的系统。EOS 系统是指在店铺输入订货数据,然后利用通信网络向卖方、企业总部或配送中心的计算机传送订货的系统。

POS 系统和 EOS 系统自开发以后,在商业领域迅速得到了推广和普及,并大大改变了流通绩效,推动物流管理的现代化。从直接带来的利益看,POS 系统的导入提高了现金收纳作业的速度和正确性,节省了人力成本,实现了流通效率化。与此同时,在软件利用方面,加工、分析过的电子信息可以作为经营战略决策的依据和信息来源。具体表现为:可以据此及早把握"畅销品""滞销品"的状况,提高商品周转率,并且还可以调整商品陈列和空间设置,构筑充满魅力的商场。此外,将这种信息与顾客信息相连接,可以推动开发符合顾客需求的新产品,进一步与 EOS 系统连接,可以在补充订货自动化的过程中,防止次品,降低库存水平等。

(6) O2O 运营模式的兴起

O2O 即 Online To Offline(在线到离线/线上到线下),是指将线下的商务机会与互联网结合,让互联网成为线下交易的前台,这个概念最早来源于美国。O2O 运营模式可以利用互联网或移动互联网把用户在线下的、实际的需求传递到或引导到线上,同时又能把传递到线上的需求再返回线下,发挥了需求传递和价值传递的桥梁作用。O2O 模式在电子商务企业和互联网企业的应用广泛,团购网、外读网、社交网等较早实现了线上购买消费、线下享受服务的互动体验式消费模式。近年来 O2O 模式逐渐被物流企业所关注、重视、尝试。

当前,物流企业客户的服务需求呈现出多品种、小批量、多批次、长周期的特点,需要物流企业能不断提供更灵活、高效、实时的服务体验。因此,物流企业必须以客户为中心、最大限度地覆盖客户营业网点,这就需要物流企业拥有和掌握更多的分拨中心、干线资源、落地配资源等线下的物流资源。大量的中小型物流企业很难有能力自建或整合这些物流资源,需要通过一种新的模式联合,抑或由第三方企业整合这些资源并分享给中小物流企业使用,共同满足客户日益增长的多样性、个性化的需求。

当前,物流企业从业者越来越年轻化,互联网和移动互联网接受度强、使用频率高,成为物流企业尝试O2O模式的人员基础。更为关键的是,O2O模式是基于智能手机端的应用,物流领域是天然适合移动应用的行业。在沟通便捷的基础上,像骡迹物流这样的新兴物流App还做到了利用大数据进行多维度、高效率的车货匹配,节省了司机的时间。基于移动互联网的O2O模式,物流公司的车辆定位不再依赖于车载终端,灵活实现货物跟踪监控管理,物流公司快速与合作物流资源企业建立沟通和互动,高效整合物流资源,协作完成物流业务操作。O2O运营模式提前让线下的服务走到线上,提前协调各方资源,为业务操作做准备,避免各交接环节的时间浪费,明显提高了协调性和工作效率。

O2O模式能够加强货主与物流公司之间的互动,直接提高货主的消费体验度。基于智能手机和移动互联网,货主可随时联络物流人员沟通业务需求,物流人员可及时反馈业务信息,有效改善货主的服务体验。物流公司的业务操作逐渐摆脱了传统的传真电话、邮件的沟通方式,取而代之的是微信、App客户端、物流群等自媒体交流方式,交流和协作处理业务时效性大大增强。

O2O模式能够实现物流企业之间的业务协作和支持。物流公司之间通过手机App软件或微信平台,随时保持信息互换,能在极其短的时间之内建立起业务协作关系,互相配货、互相配合、互相支援,以最经济、最便捷的方式形成联盟。

总之,O2O运营模式虽然首先在消费行业和互联网行业出现并盛行,但是基于物流企业的业务特点和不断移动的性质,天然与O2O模式有着契合点,未来物流企业的变革之路和发展方向将会是由O2O运营模式代替传统的物流运作模式。

上述环境的变化,要求企业必须从全局和长期的角度,设计企业物流组织,改善业务流程,定位物流目标,开发物流技术,优化物流方案,即实施物流战略管理。这样,才能实现物流合理化,提高企业的竞争力。

(二)物流战略规划制定

随着经济全球化及科学技术的迅速发展,企业经营环境瞬息万变。为了适应其外部环境的变化,各类企业必须基于未来发展的战略研究,制定物流战略规划,确定科学合理的物流战略目标。物流战略规划是企业制定的物流目标、任务、方向,以及实现物流目标的各项政策和措施。具体说来,它包括确定企业物流战略目标,选择物流战略制定的方式,制订和选择物流战略方案。

1. 物流战略目标[①]

企业物流战略的目标应与企业物流管理的目标相一致,具体来说,主要有两个方面:降低物流成本、改进服务质量。

(1) 降低物流成本。现代企业的经营核心是获取利润,在企业收益不变的情况下,如果企业降低成本支出就可以实现企业利润增加的目标。

(2) 改进服务质量,满足用户需求。随着生活水平的日益提高,人们的消费观念也在逐渐地发生变化,从以前只重视价格开始转向关注产品或服务的质量。因此,满足用户需求、改进服务质量应该成为物流战略的目标。尽管提高物流服务水平将大幅度提高物流成本,但只要成本增加的幅度小于收益增加的幅度,企业改进服务的物流战略就有实施的可能性和必要性。

2. 物流战略规划

制定物流战略规划的方式,一般有以下几种:

(1) 自上而下的方式,是指先由企业物流部门的高层管理人员制定物流战略的框架或者全局性的战略,然后由物流部门的基层管理人员根据自身的实际情况将战略框架或全局性战略进行具体化,最终形成一个系统的战略方案。

(2) 自下而上的方式,是指企业物流部门的高级管理人员对方案不发表任何指导性意见,先直接由基层管理人员提供物流战略方案,然后由高级管理人员将各基层管理人员提交的战略方案进行综合和修改,最终形成物流战略方案。缺点:协调困难。

(3) 上下结合的方式。这是前两种方式的混合使用。企业物流部门的高级管理人员和基层管理人员共同讨论,双方同时进行两个层次的物流战略的制定,最终通过磋商的方式权衡管理人员提出的各种战略实施方法,制定出适合企业物流动作的战略方案。优点:民主集中,可行性强。缺点:所需人力大、时间长。

(4) 邀请外部专家或咨询机构制定。被委托的单位应是能负法律责任的、能严守企业机密的、具有权威的企业外部咨询单位或规划部门,受委托单位向企业领导人提供一个以上的可供选择的物流战略方案。

(5) 企业与咨询单位合作进行。这种方式可以弥补上一种办法的不足,以

---

① 夏春玉:《物流与战略管理》,东北财经大学出版社 2007 年版,第 36 页。

取长补短。

3. 物流战略方案的制定和选择

(1) 企业物流战略的类型

根据研究需要物流战略可以按照不同角度分类,按企业规模、战略空间等,但本章主要研究按物流战略态势分,分类如下:

发展型战略。发展型战略(又称进攻战略)是指企业依靠自身力量或同其他企业进行联合,以促进物流管理不断发展的一种战略。这种战略的特点是不断开发新的物流服务项目和新的物流市场,掌握市场竞争的主动权,以攻为守、主动出击、先发制人,不断提高市场占有率。它包括物流技术开发战略、物流市场扩张战略、物流服务扩展战略等。发展型战略适用于处于有利的发展环境,在物流技术、市场上占有很大优势的企业。具体类型主要有:单一经营战略、一体化战略、多元化战略、联盟战略、全球化战略。

稳定型战略。稳定型战略(又称维持战略或防御战略)是指企业在一定时期内以守为攻,待机而动,以安全物流为宗旨,不冒较大风险的一种战略。这种战略的特点并不是消极防守,而是以守为攻,后发制人。其具体内容包括:战略方针是避实就虚,乘虚而入;在技术上实行拿来主义,以购买专利(物流服务软件)为主;在物流服务开发上实行紧跟战术,后发制人;在物流服务方面不盲目追求物流规模的扩大,而是着眼于降低物流成本,提高效率。它一般适用于外部环境和内部条件暂时处于劣势,或市场不稳定,物流服务中既无突出优势,又无明显有利因素的企业。一般包括:暂停发展战略和抽资战略。

紧缩型战略。紧缩型战略(又称撤退战略)是指企业在一定时期内缩小物流规模或取消某些物流服务项目的一种战略。企业在经济不景气时期常采用这种战略,其特点是一种战略性撤退。它包括环境突变时采取战略转移、局部撤退、先退后进等策略,一般适用在物流环境中处于严重不利地位的企业。这类企业为寻找新的出路,常采用这种战略。它包括转变型战略、放弃型战略、依附型战略、破产清算型战略等。

企业在实践中常常把以上三种类型结合起来使用。

(2) 企业物流战略的创新[①]

企业经营的外部市场环境的不断变化以及生产企业新型营销体制的出现,使企业在物流战略方面不得不求新、求变,以适应这些环境的变化。企业该如何根据自身的经营特点适时、有效地实施物流战略,成为企业谋求长远发展的重大

---

① 宋华:《现代企业物流战略的创新与发展》,《经济理论与经济管理》2001年第1期。

课题。从总体上看,企业物流的革新与发展都是紧紧围绕产、销、物紧密结合而开展的,其表现出来的战略主要有以下几方面:

第一,即时物流战略。自 20 世纪 80 年代中期以后,企业的经营管理逐步向精细化、柔性化方向发展,其中即时制管理得到了广泛的重视和运用。即时制管理是即时生产、即时物流的整合体。

即时化的物流战略又表现为以下两个方面:

即时采购。即时采购是一种先进的采购模式或商品调达模式,其基本思想是在恰当的时间、恰当的地点,以恰当的数量、恰当的质量从上游厂商向企业提供恰当的产品。要做到即时采购,一个很重要的方面是如何确立与上游供应商的关系。在传统的采购活动中,企业与供应商只是一种简单的买卖关系。在即时采购条件下,企业是与少数供应商结成固定关系。

即时销售。对于生产企业而言,物流管理的另一个重要机能就是销售物流。推行即时销售一个最明显的措施是实行厂商物流中心的集约化,即将原来分散在各分公司或中小型物流中心的库存集中到大型物流中心,通过数字化备货或计算机等现代技术实现进货、保管、在库管理、发货管理等物流活动的效率化、省力化和智能化。即时销售体制的建立除了通常所说的物流系统的构建外,信息系统的构筑也是必不可少的。如今很多企业一方面通过现代信息系统(如 POS 系统、数字库存管理系统等)提高企业内部的销售物流效率;另一方面也积极利用 EOS、EDI 等在生产企业同批发企业或零售企业之间实现订、发货自动化,真正做到销售的在线化、正确化和即时化。

第二,协同化或一体化物流战略。协同化物流是打破单个企业的绩效界限,通过相互协调和统一,创造出最适宜的物流运行结构。协同化或一体化物流战略是基于两方面的原因而产生的:一方面,社会产品的极大丰富,消费者的消费呈个性化、多样化的发展趋势,客观上要求企业在商品生产、经营和配送上必须充分对应消费者不断变化的趋势,这无疑大大推动了多品种、少批量、多频度的配送;另一方面,一些中小企业从经营成本和竞争压力以及技术等诸多因素考虑,由于自身规模较小,不具备商品即时配送的能力,也没有相应的物流系统,因此难以适应如今多频度、少量配送的要求。即使有些企业具有这些能力,限于经济上的考虑,也要等到商品配送总和能达到企业配送规模经济要求时才能够开展,这又有悖于即时化物流的宗旨。面对上述问题,作为企业物流战略发展的新方向,旨在弥合流通渠道中企业间对立或企业规模与实需对应矛盾的协同化或一体化物流应运而生。

目前协同化的物流战略主要有三种形式:

横向协同物流战略。所谓横向物流协同是指相同产业或不同产业的企业之间就物流管理达成协调、统一运营的机制。从实践上来看,产业内不同企业之间的物流协同,往往有两种形式:一是在承认并保留各企业原有的配送中心的前提下,实行商品的集中配送和处理;二是各企业放弃自建配送中心,通过建立共同配送中心实现物流管理的效率性和集中化。不同产业之间的协调物流是将不同产业的企业生产经营的商品集中起来,通过物流或配送中心达成企业间物流管理的协调与规模效益性。这样既能保证物流集中处理的规模经济性,又能有效地维护各企业的利益以及经营战略的有效实施。

纵向协同物流战略。纵向协同物流战略是流通渠道中不同阶段的企业相互协调,形成合作性、共同化的物流管理系统。纵向协同物流主要有批发商与生产商之间的物流协作以及零售商和批发商之间的物流协作等形式。

通过第三方物流实现协同化。第三方物流是通过协调企业之间的物流运输和提供物流服务,把企业的物流业务外包给专门的物流管理部门来承担。它提供了一种集成物流作业模式,使供应链的小批量库存补给变得更经济,而且还能创造出比供方和需方采用自我物流服务系统运作更快捷、更安全、更高服务水准,且成本相当或更低廉的物流服务。从第三方物流协作的对象看,它既可以依托下游的零售商业企业,成为众多零售店铺的配送、加工中心,也可以依托上游的生产企业,成为生产企业特别是中小型生产企业的物流代理。

案例 6-3

百胜物流降低连锁餐饮企业运输成本之道

对于连锁餐饮行业来说,靠物流手段降低成本并不容易。然而,作为肯德基、必胜客等快餐业巨头的指定物流提供商,百胜物流公司抓住运输环节做文章,通过合理的运输安排,降低配送频率,实施歇业时间送货等优化管理办法,有效地实现了物流成本的"缩水",为业内管理者指出了一条细致而周密的低物流成本之路。

由于连锁餐饮业(QSR)的原料价格相差不大,因此物流成本始终是企业成本竞争的焦点。据有关资料显示,在一家连锁餐饮企业的总体配送成本中,运输成本占60%左右,而运输成本中的55%—60%又是可控的。因此,降低物流成本应紧紧围绕运输这个核心环节。

1. 合理安排运输排程

运输排程的意义在于尽量使车辆满载,只要货量许可,就应该做相应的调整,以减少总行驶里程。

由于连锁餐饮业餐厅的进货时间是事先约定的,这就需要配送中心根据餐厅需要,制定一个类似列车时刻表的主班表,该主班表针对连锁餐饮餐厅的进货时间和路线详细规划制定。

众所周知,餐厅的销售存在着季节性波动,因此主班表至少应有旺季、淡季两套方案。如有必要,应在每次营业季节转换时重新审核运输排程表。安排主班表的基本思路是,首先计算每家餐厅的平均订货量,设计出若干条送货路线,覆盖所有的连锁餐厅,最终达到总行驶里程最短、所需司机人数和车辆数最少的目的。

规划主班表远比想象中更复杂。运输排程的构想最初起源于运筹学中的最短路线原理,其最简单的模型如下:从起点 A 到终点 B 有多条路径可供选择,每条路径的长度各不相同,要求找到最短的路线。实际问题要比这种模型复杂得多:首先,需要了解最短路线的点数,从实际上的几个点增加到成百上千个点,路径的数量也相应增多到成千上万条。其次,每个点都有一定数量的货物需要配送或提取,因此要寻找的不是一条串联所有点的最短路线,而是每条串联几个点的若干条路线的最优组合。另外,还需要考虑许多限制条件,比如车辆装载能力、车辆数目、每个点相应的时间开放窗口等,问题的复杂度随着约束数目的增加呈几何级数增长。要解决这些问题,需要用线性规划、整数规划等数学工具。目前市场上有些软件公司能够以数学解题方法作为引擎,结合连锁餐饮业的物流配送需求,做出优化运输路线安排的系统软件。

在主班表确定以后,就要进入每日运输排程,也就是每天审视各条路线的实际运货量,根据实际运货量安排、调整配送路线。通过对所有路线逐一进行安排,可以去除那些不太合理的若干条送货路线,这样一来,至少可减少某些路线的行驶里程,最终达到增加车辆利用率、提高司机工作效率和降低总行驶里程的目的。

2. 减少不必要的配送

对于产品保鲜要求很高的连锁餐饮业来说,尽力和餐厅沟通,减少不必要的配送频率,可有效降低物流配送成本。若连锁餐饮餐厅要将其每周配送频率增加 1 倍,会对物流运作的哪些领域产生影响呢?

在运输方面,餐厅所在路线的总货量不会发生变化,但配送频率上升,结果会导致运输里程上升,相应的油耗、过路桥费、维护保养费和司机人工时都要上升。在客户服务方面,餐厅下订单的次数增加,相应的单据处理作业也要增加。餐厅来电打扰的次数相应上升,办公用品(纸、笔、电脑耗材等)的消耗也会增加。在仓储方面,所要花费的拣货、装货的人工会增加。如果短保质期物料的进货频率增加,那么连仓储收货的人工都会增加。在库存管理方面,如果短保质期物料进货频率增加,由于进货批量减少,进货运费很可能会上升,处理的厂商订单及后续的单据作业数量也会上升。

由此可见,配送频率增加会影响配送中心的几乎所有职能,最大的影响在于运输里程上升所造成的运费上升。因此,减少不必要的配送,对于连锁餐饮企业尤为关键。

3. 提高车辆的利用率

车辆时间利用率也是值得关注的,提高卡车的时间利用率可以从增大卡车尺寸、改变作业班次、二次出车和增加每周运行天数四个方面着手。

由于大型卡车可以每次装载更多的货物,一次出车可配送更多餐厅,由此延长了卡车的在途时间,增加了其有效作业的时间,还能减少干线运输里程和总运输里程。虽然大型卡车单次过路桥费、油耗和维修保养费高于小型卡车,但其总体上的使用费用绝对低于小型卡车。

运输成本是最大项的物流成本,所有其他物流职能都应配合运输作业的需求。所谓改变作业班次,就是指改变仓库和其他物流职能的作业时间,以适应实际的运输需求,提高运输资产的利用率。否则朝九晚五的作业时间表只会限制发车和收货时间,限制卡车的使用效率。

如果配送中心实行24小时作业,卡车就可以利用晚间二次出车配送,大大提高车辆的时间利用率。在实际物流作业中,一般会将餐厅分成上午、下午、上半夜、下半夜四个时间段收货,据此制定仓储作业的配套时间表,最大化卡车利用率。

4. 尝试歇业时间送货

目前许多城市的交通运输限制越来越严,卡车只能在夜间时段进入市区。由于连锁餐厅运作一般到夜间24点结束,若赶在餐厅下班前送货,车辆的利用率势必非常有限。相应的解决办法就是利用餐厅的歇业时间送货。歇业时间送货避开了城市交通高峰时段,既无交通拥挤的干扰,也不影响餐厅运营。由于餐厅一般处在繁华路段,夜间停车不必像白天那样有许多顾忌,配送时间充裕。由于送货时间延长到了下半夜,使卡车可以二次出车,提高了车辆利用率。

在餐厅歇业时段送货的最大顾虑在于安全。餐厅没有员工留守,司机必须拥有餐厅钥匙,掌握防盗锁的密码,餐厅安全相对多了一层隐患。卡车送货到餐厅,餐厅没有人员当场验收货物,一旦发生差错很难分清责任归属,双方只有按诚信原则妥善处理纠纷。歇业时间送货要求配送中心与餐厅间有很高的互信度,如此才能将系统成本降低。所以,这种方式并非在所有地方都可行。

案例来源:张理:《现代物流案例分析》,中国水利水电出版社2008年版,第59—61页。

第三，高度化物流战略。目前高度化的物流战略主要有三种形式：

全球化物流战略。当今企业经营规模不断扩大，国际化经营不断延伸，出现了一大批立足于全球生产、全球经营和全球销售的全球性大型企业。这些企业的出现不仅使全世界都在经营、消费相同品牌的产品，而且产品的核心部件和主体部分也趋于标准化。在这种状况下，全球性企业要想取得竞争优势获取超额利润，就必须在全球范围内配置、利用资源，通过采购、生产、营销等方面的全球化实现资源的最佳利用，发挥最大的规模效益。企业在实施全球化物流时必须处理好集中化与分散化物流的关系，否则将无法确立全球化的竞争优势。从当今全球化物流的实践看，出现了三种形式的发展趋势：一是作为全球化的生产企业，在世界范围内寻找原材料、零部件来源，并选择一个适应全球分销的物流中心以及关键供应物资的集散仓库，在获得原材料以及分配新产品时使用当地现有的物流网络，并推广其先进的物流技术与方法。二是生产企业与专业第三方物流企业的同步全球化，即随着生产企业全球化的进程，将以前所形成的完善的第三方物流网络也带入全球市场。三是国际运输企业之间的结盟。为了充分应对全球化的经营，国际运输企业之间开始形成了一种覆盖多种航线，相互之间以资源、经营的互补为纽带，面向长远利益的战略联盟。这不仅使全球物流能更便捷地进行，而且使全球范围内的物流设施得到了极大的利用，有效地降低了运输成本。

互联网物流战略。现代信息技术的发展，正在促使企业的商务方式发生改变。互联网具有公开标准、使用方便、相当低的成本和标准图形用户界面等特点，这使得利用互联网的物流管理具有成本低、实时动态性和顾客推动的特征。互联网物流战略表现在：一方面，通过互联网这种现代信息工具进行网上采购和配销，简化了传统物流烦琐的环节和手续，使企业对消费者需要的把握更加准确和全面，从而推动产品生产的计划安排和最终实现基于顾客订货的生产方式（build-to-order，简称BTO），以便减少流通渠道各个环节的库存，避免出现产品过时或无效的现象；另一方面，企业利用互联网可以大幅度降低交流沟通成本和顾客支持成本，增强进一步开发现有市场的新销售渠道的能力。

案例6-4

亚马逊：从创业到新千年

首先，亚马逊（指亚马逊有限公司及其分支机构）是互联网上最大的零售商。1995年7月它正式在国际互联网上开业，现在提供全球最多的商品种类，还包括网上拍卖和免费提供电子贺卡。其次，亚马逊还同时经营3个国际网站，亚马逊法国网站、英国网站和德国网站。最后,亚马逊"随处通"(Amazon Anywhere)是移动电子商务的领导者,提供从世界任何地方到亚马逊主站、亚马逊英国网站和德国网站的接入服务。

1995年7月亚马逊网上书店开业的短短一年内,亚马逊成为网上最大的和最好的书店。现实情况是,网上的零售书店很少能够赚回其初期投入的成本,亚马逊也不例外。尽管一些野心勃勃的竞争者进入了电子商务市场,但亚马逊在1997年还是取得了许多具有里程碑意义的成功:客户分布在160多个国家,总数超过了100万个。合作网站超过1.5万家,与一些主要的互联网公司相继签订了合作协议。1998年末,顾客的累计数量达到620万个,累计销售收入超过10亿美元。完成了收购包括网上电影数据库公司在内的3笔交易。推动亚马逊改写零售业历史的,就是这样一个互联网经济。1998年,亚马逊在声望很高的美国"国际信息技术奖"的评选中获得极高的荣誉。亚马逊被认为是"网上零售的推动者,通过对信息技术的运用,帮助顾客方便地、安全地查找和购买图书"。1999年,亚马逊在150个国家中的顾客账户超过了1 700万个,年末,亚马逊成功地建立了全球领先的电子商务品牌和平台。

对于网上商店来说,互联网是一个越来越重要的全球媒介。亚马逊的定位正好可以利用这个发展势头。尽管前景看好,但还是存在许多风险和不确定性。

全球最大的网上书店亚马逊网上书店2002年底开始赢利,这是全球电子商务发展的福音。经历了7年的发展历程,到2002年底全球已有220个国家的4 000万个网民在亚马逊书店购买了商品,亚马逊为消费者提供的商品总数已达到40多万种。随着近几年来在电子商务发展受挫,许多追随者纷纷倒地落马之时,亚马逊却顽强地活了下来并脱颖而出,创造了令人振奋的业绩:2002年第三季度的净销售额达8.51亿美元,比上年同期增长了33.2%;2002年前三个季度的净销售额达25.04亿美元,比上年同期增长了24.8%。虽然2002年前三个季度还没有赢利,但净亏损额为1.52亿美元,比上年同期减少了73.4%,2002年第四季度的销售额为14.3亿美元,实现净利润300万美元,是第二个赢利的季度。亚马逊的扭亏为盈无疑是对B2C电子商务公司的巨大鼓舞。

为什么在电子商务发展普遍受挫时亚马逊的旗帜不倒?是什么成就了亚马逊今天的业绩?亚马逊的快速发展说明了什么?我们经过研究后惊奇地发现,正是被许多人称为是电子商务发展"瓶颈"和最大障碍的物流拯救了亚马逊,是物流创造了亚马逊今天的业绩。

总之,亚马逊带给我们的启示很多,其中最重要的一点就是物流在电子商务发展中起着至关重要的作用。有人将亚马逊的快速发展称为"亚马逊神话",如果中国的电子商务企业在经营发展中能将物流作为企业的发展战略,合理地规划企业的物流系统,制定正确的物流目标,有效地进行物流的组织和运作,亚马逊神话将不再遥远。

案例来源:格里·约翰逊、凯万·斯科尔斯:《战略管理案例(第6版)》,人民邮电出版社2004年版,第51—71页,http://baike.baidu.com/view/1547624.htm(经整理)。

绿色物流战略。从经济可持续发展的角度看,伴随着大量生产、大量消费而产生的大量废弃物对经济社会产生了严重的消极影响,这不仅因为废弃物处理的困难,而且还表现为容易引发社会资源的枯竭和自然环境的恶化。所以如何保证经济的可持续发展是所有企业在经营管理中必须考虑的重大问题,对于企业物流管理而言也是如此。具体来讲,要实现上述目标,从物流管理的角度看,不仅要在系统设计或物流网络的组织上充分考虑企业的经济利益(即实现最低的配送成本)和经营战略的需要,同时也要考虑商品消费后的循环物流,这包括及时、便捷地将废弃物从消费地转移到处理中心,以及在产品从供应商转移到最终消费者的过程中减少容易产生垃圾的商品的出现。除此之外,还应当考虑如何使企业现有的物流系统减少对环境所产生的负面影响(如拥挤的车辆、污染物排放等)。显然,要解决上述问题,需要企业在物流安排上有一个完善、全面的规划,诸如配送计划、物流标准化、运输方式等,特别是在制定物流管理体系时,企业不能仅仅考虑自身的物流效率,还必须与其他企业协同起来,从综合管理的角度,集中、合理地管理生产和配送活动。

三、物流战略实施与控制

(一) 物流战略实施[①]

物流战略实施就是把物流战略付诸实施。为了确保物流战略的实施,要了解物流战略实施的制约因素,搞好资源分配,加强组织领导和激励,制订具体的行动计划等。

1. 物流战略实施的制约因素

物流战略实施的制约因素主要有三个方面:人员系统、组织结构系统和企

---

① 夏春玉:《物流与战略管理》,东北财经大学出版社2007年版,第40页。

业文化系统。

(1) 人员系统。企业员工,特别是企业的物流工作者是物流战略管理过程的主体。这些人员具有各自不同的目标、价值观、行为方式和技能。他们既是实施物流战略的人,又是物流战略实施过程中需要改变行为方式的人。要使物流战略实施得到预期效果,必须做好以下两项工作:一是选择或培训能胜任物流战略实施的领导人;二是改变企业中相关人员的行为与习惯,使他们易于接受物流战略。

(2) 组织结构系统。企业组织结构的调整是实施物流战略的一个重要环节,任何一项物流战略都需要有一个相适应的组织结构去完成。美国学者钱德勒等人对此做了深刻的研究,并提出了一个著名的结论:企业的组织结构要服从企业战略,组织结构是为战略服务的,企业战略规范着企业的组织结构。在物流战略实施过程中,如果组织结构与物流战略不相匹配,就会对物流战略的成功实施起到阻碍;反之,如果组织结构与物流战略相匹配,就会对物流战略的成功实施产生巨大的推动作用。如果情况发生变化,企业的战略与原先的战略有较大的不同,则往往由于企业组织结构变革的滞后而无法成功。在这种情况下,企业面临的选择要么是放慢执行新战略的速度,要么是坚决实行组织结构的调整,以保证新战略的实施。总之,企业的组织结构应当根据企业的物流战略目标进行调整。

(3) 企业文化系统。面对同样的环境,资源和能力相似的企业反应并不相同,有时甚至相差很大。这些不同是由于企业的战略决策人员具有不同的文化背景造成的。也就是说,物流战略的成功实施,不仅受外部环境和企业内部资源和能力的影响,而且与企业文化有密切的联系。企业文化,简单地说是企业职工共有的价值观念和行为准则。企业文化系统是实施战略的保证,在物流战略实施过程中,积极的企业文化起支持作用。

2. 优化资源配制,实现物流战略目标

企业要实现物流战略目标必须有资源来保证。资源分配是根据物流战略的目标和要求分配所需的资源,包括人力、物力和财力。企业在分配资源时,要注意处理好重点与非重点之间的关系,既要突出重点,又要使重点与非重点之间协调发展。如果不抓重点,平均使用资源,则必然事倍功半,造成资源浪费,影响物流战略的顺利实施。

如果孤立地突出重点,忽视非重点,则也会破坏整个系统的综合平衡,往往会造成重点项目为非重点项目所牵制的局面,同样影响物流战略的顺利实施。

企业资源分配的好坏会极大地影响企业实现物流战略目标的程度,如果企业的资源贫乏或处于不利的情况,企业物流战略目标在时间和空间方面都会受到极大的限制。尤其是企业在外部环境发生较大变化,需要考虑采取相应的战略行动时,一般都会对已有的资源配置模式或大或小地进行调整和重新配置,以支持企业总体战略目标的顺利执行。

3. 加强组织领导和激励,制订具体的行动计划

把物流战略的内容和要求具体化,安排实施战略和行动计划的具体工作程序,把企业物流战略落到实处。

企业通过一定的行动来实现企业阶段目标任务,常常表现为一些具体项目的执行活动。一般来讲,在空间尺度上,具体的行动计划常常规定全局规划中某个局部的具体项目活动;在时间尺度上,具体的行动计划往往限定于某一时期内的行动。企业具体的行动计划在执行过程中,一方面要按计划规定认真完成,另一方面可根据实际情况,在企业阶段计划的指导下加以调整和修正。企业的具体行动计划通常由企业的各个职能部门来贯彻和落实,因此,需要与各个职能部门的职能战略相互协调。

(二) 物流战略控制[①]

物流战略控制是指把物流战略实施过程中所产生的实际效果与预定的目标和评价标准进行比较,评价工作业绩,发现偏差,采取措施,以达到预期的战略目标,实现战略规划。它是物流战略实施中保证物流战略实现的一个重要阶段。

1. 物流战略控制的基本步骤

(1) 确定物流战略控制标准。这是指预定的战略目标或标准,是战略控制的依据,一般由定量和定性两个方面的评价标准所组成。定量评价标准一般可选用下列指标:物流效率、物流成本、投资收益、市场占有率、劳动生产率、实现利润、人均创利、物流设施利用率等。定性评价标准则一般从以下几个方面加以制定:战略与环境的一致性、战略中存在的风险性、战略与资源的配套性、战略执行的时间性、战略与物流组织机构的协调性、顾客服务水平等。

(2) 衡量实际绩效。这是指依据标准检查工作的实际执行情况等,以便与预期的目标相比。这是控制工作的中间环节,是发现问题的过程。衡量实际绩效的目的是给管理者提供有用的信息,为采取纠正措施提供依据。衡量实际绩效经常采用的方法有亲自观察、分析报表资料、召开会议和抽样调查等,这些方法各有其利弊和适用的情况,管理者应当根据需要采用合适的方法。

(3) 纠正偏差。衡量实际绩效之后,应将衡量结果与标准进行比较,经过比较会出现三种情况:超过目标(或标准),出现正偏差;正好相等,没有偏差;实际

---

① 夏春玉:《物流与战略管理》,东北财经大学出版社 2007 年版,第 41 页。

成效低于目标(或标准)，出现负偏差。若有偏差要分析其产生的原因，并采取相应的措施。

在某些物流活动中，偏差是在所难免的，因此确定可以接受的偏差范围即容限是非常重要的。一般情况下，如果偏差在规定的容限之内，可以认为实际绩效与标准吻合，这时候不用采取特别的行动。如果偏差在规定的容限之外，则应引起管理者的注意，并根据偏差的大小和方向，分析偏差产生的原因。偏差产生的原因可能多种多样，但一般可以分为两大类：一类是执行过程中发生的，另一类是计划本身不符合客观实际或是情况变化造成的。管理者应针对具体情况采取相应的纠正措施。

如果偏差是由于绩效不足产生的，应采取的行动是改进实际绩效；如果是由于标准本身的制定引起的，则应重新修订标准。通常纠偏行动可分为两种不同的措施：一是立即纠正，二是彻底纠正。立即纠正是指立即将出现问题的工作纠正到正确的轨道上；彻底纠正是指要分析如何发生的和为什么会发生，然后从产生偏差的地方纠正行动。当有偏差出现时，管理应首先采取立即纠正措施，避免造成更大的损失；然后应对偏差进行认真的分析，采取彻底纠正措施，使类似的问题不再发生。

2. 物流战略控制的方法

物流战略控制的主要方法有事前控制、事中控制、事后控制。

(1) 事前控制，又称前馈控制，是在物流战略实施前对物流战略行动的结果有可能出现的偏差进行预测，并将预测值与物流战略的控制标准进行比较，判断可能出现的偏差从而提前采取纠正措施，使物流战略不偏离原定的计划，保证物流战略目标的实现。

(2) 事中控制，又称行或不行的控制，是在物流战略实施过程中，按照控制标准验证物流战略执行的情况，确定正确与错误、行与不行。例如在财务方面，对物流设施项目进行财务预算的控制，经过一段时间之后要检查是否超出了财务预算，以决定是否继续将该项目进行下去。

(3) 事后控制，又称后馈控制，是在物流战略推进过程中将行动的结果与期望的控制标准相比较，看是否符合控制标准，总结经验教训并制定行动措施，以利于将来的行动。

 关键概念

物流战略　物流战略管理

思考题

1. 物流战略的概念及特征是什么？
2. 物流战略管理过程有哪些？
3. 物流环境有哪些新变化？
4. 简述企业物流战略的创新模式。
5. 简述物流战略实施的制约因素。
6. 简述物流战略控制的方法与步骤。

第七章
现代物流信息系统管理

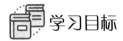 学习目标

1. 了解物流信息管理及其发展情况,以及物流信息系统的技术基础;
2. 熟悉物流信息系统的各种实用技术;
3. 掌握物流业务管理信息系统的基本内容,各个模块之间的相互关系;
4. 理解物流信息系统的日常运行、维护,以及系统的安全管理工作。

随着物流行业的发展壮大,物流管理信息系统(Logistics Management Information System,简称 LMIS)也日益被人们所重视。在欧美等发达国家,物流的产值已经占到国民生产总值相当大的比重,其中物流管理信息系统对此行业的贡献不容忽视,在中国构筑现代物流信息管理系统也是重中之重。对于中国企业而言,要想降低物流成本和销售成本,加快商品流通速度,必须实现商流、物流、信息流的一体化,这就依赖于物流管理信息系统的建立和使用。特别是对于现代物流企业而言,要赢得货主的信任,适应激烈的市场竞争环境,满足全球经济一体化的要求,构建先进的物流管理信息系统也显得尤为重要①。

对于现代物流而言,物流管理信息系统就是中枢神经,通过信息在物流系统中快速、准确和实时的流动,可使企业能动地对市场作出快速的反应,从而实现商流、物流、信息流、资金流的良性循环②。因此在现代物流领域应着眼于引进新的物流理念,建立广泛的业务协作网络,强化物流基础,完善物流管理信息系统。

---

① B to B data sharing: A source for integration of supply International Journal of Production Economies, January, 2002.

② The e-supply chain portal: a core business model. Transportation Research Part E: Logistics and Transportation Renew, March, 2003.

一、物流信息管理的含义及其模式演变

（一）物流信息管理的含义

物流信息系统是计算机管理信息系统在物流领域的应用，作为企业信息系统中的一类，可以理解为通过对与物流相关信息的加工处理来达到对物流、资金流的有效控制和管理，并为企业提供信息分析和决策支持的人机系统。物流信息系统是由多个子系统组成的复杂系统。物流信息在物流活动中起着中枢神经系统的作用，是各个子系统间沟通的关键；物流信息的分类编码技术、物流信息采集技术以及物流信息交换技术是物流管理信息系统正常、高效运行的基础。广义上讲，物流信息管理系统可理解为：包括物流过程的各个领域的信息系统，在运输、仓储、海关、码头、堆场等，由一个计算机应用软件及其他高科技设备通过全球通信网络连接起来的纵横交错的立体的动态互动的系统。狭义上，可以把物流信息管理系统理解为：在某一涉及物流的企业中的应用，即某一企业（物流或非物流企业）管理物流的系统。

（二）物流信息管理系统的模式演变

物流管理功能在近几十年来发展演变很快。20 世纪 60 年代，刚形成的物流管理概念只涉及成品到客户的流通活动（例如订货处理、发货运输、成品存储和库存管理）。70 年代初，由涉及原材料的采购、进货运输、存储和库存管理以及在制品的存储和库存管理等形成了物料管理的概念。这两个概念在 70 年代开始演变为管理原材料、在制品和成品的一体化概念。90 年代后期，某管理向企业上下游延伸，形成了供应链一体化概念。与之相适应，物流信息管理系统模式也经历了下述演变：

1. 以作业为中心的管理模式

把控制成品运输和仓储管理等单个物流作业管理作为目标，对作业的改进往往是局部的，很少或没有进行整体系统分析。如，成品运输管理系统、成品仓库管理系统等。

2. 以成品流通为中心的管理模式

将成品流通作为一个整体来进行计划和控制，通过平衡交替损益（如运输与仓储、库存与顾客服务）来寻找改进工作的机会。如，成品流通管理系统（包括：

成品运输管理系统、成品仓库管理系统及流通一体化管理等)。

3. 企业物流一体化管理模式

将原材料、在制品和成品的物流管理结合起来,形成企业物流一体化管理模式。从整个企业系统高度,进行物流系统分析与设计,保证整个系统物流效益最佳、成本最低、服务最好。常见的企业管理信息系统多采用物流一体化管理模式,如:MRP(Material Requirement Planning)系统、MRP Ⅱ (Manufacturing Resource Planning)系统。

4. 供应链物流一体化管理模式

在企业物流一体化管理模式的基础上,管理功能向企业上下游延伸,便形成了供应链物流一体化管理模式。如,一般较完善的 ERP(Enterprise Resource Planning)系统就是供应链物流一体化管理模式的雏形。现在物流管理信息系统的研究和应用重点就是向更完善的供应链物流一体化管理系统迈进[①]。

二、现代物流信息系统的技术基础

(一) 计算机网络技术

计算机网络是指通过通信子网,按照一定协议(规则或者通信协议)将多个计算机主机或系统互联起来,实现资源共享和信息传递的系统。计算机网络技术是管理信息系统的技术基础,正是因为计算机网络技术的快速发展,才掀起物流信息系统开发与应用的热潮。

1. 对计算机网络的理解

(1) 对计算机网络有以下几种理解。计算机网络是以能够互享资源(硬件、软件和数据)的方式相互连接起来,各自又具有独立功能的计算机系统的集合体。

(2) 从用户透明的角度理解。计算机网络"存在一个能为用户自动管理资源的网络操作系统,由它调用用户在完成其任务时所需要的资源。整个网络如同一个大型计算机系统,其拥有的一切资源对用户是透明的"。

(3) 从广义的角度理解,计算机网络是将计算机技术与通信技术结合起来,以实现远程处理或进一步达到资源共享的系统。

---

① 王国华等:《中国现代物流大全》,中国铁道出版社 2004 年版。

2. 计算机网络技术分类

（1）按照传输技术对计算机网络进行分类，可分为广播式网络、点到点网络。

（2）按作用范围进行分类，可分为广域网、城域网、局域网。

（3）按网络的交换功能进行分类，可以分为电路交换、报文交换、分组交换等网络。

（4）按网络的拓扑结构进行分类，可以分为集中式网络、分散式网络、分布式网络。

（5）按网络的使用范围进行分类，可以分为公用网、专用网。

3. 计算机网络技术物流信息系统的功能

计算机网络技术在现代物流管理中得到广泛应用，借助它可以很方便地实现信息的整理、分析和传递，大大提高了信息处理的速度，同时也节省了大量的成本。借助计算机网络技术物流信息系统可以实现以下功能：

（1）资源共享。主要是指软件、硬件资源的共享。

（2）信息传递。可以实现异地文件、数据的传输，实现物流信息的共享。

（3）数据通信。实现不同物流节点间的数据传输。

（4）分布式处理。网络技术的发展，使得分布式计算成为可能。对于大型的课题，可以分为许许多多的小题目，由不同的计算机分别完成，然后再集中起来解决问题。

（5）远程控制与管理。通过计算机网络，物流信息系统可以借助合适的控制软件，实现对异地的车辆等设备的远程控制与管理。

（二）数据库技术

数据库（Data Base，简称 DB）是存放在计算机存储设备中的以一种合理的方法组织起来的，与公司或组织的业务活动和组织结构相对应的各种相关数据的集合，该集合中的数据可以为公司或组织中的各级经过授权的人员或应用程序以不同的权限所共享。

1. 数据库的特点

（1）以一定的数据模型来组织数据，数据尽可能不重复（最少的冗余度）；

（2）以最优方式为某个特定组织的多种应用程序或用户服务（应用程序或用户对数据资源共享）；

（3）其数据结构独立于使用它的应用程序（数据独立性）；

（4）对数据的定义、操纵和控制，由数据库管理系统统一进行管理和控制。

数据库系统（Data Base System，简称 DBS）是采用数据库技术的计算机系统，是可运行的以数据库方式存储、维护和向应用系统提供数据或信息支持的系统。它由计算机硬件、软件(数据库、数据库管理系统、操作系统和应用程序等)、数据库管理人员(DBA)及其他人员组成。DBS中各部分之间的关系如图7-1所示。

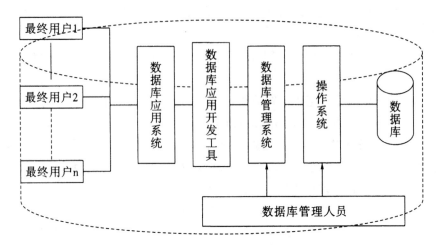

图7-1 数据库系统组成

2. 数据库及其硬件支持系统

数据库要有CPU、内存、外存、输入/输出设备等在内的硬件设备支持。外存空间应足够大，以存放规模越来越大的数据库、操作系统、数据库管理系统及应用程序系统；还应有足够大的内存存放操作系统及数据库管理系统的核心模块、数据缓冲区和应用程序等。

3. 数据库管理系统

数据库管理系统(Data Base Management System，简称DBMS)是基于某种数据结构模型，以统一的方式管理和维护数据库并提出访问数据库接口的软件，是数据库系统的核心。

4. 操作系统

操作系统主要负责计算机系统的进程管理、作业管理、存储器管理、设备管理和文件管理等，因此，可以给DBMS的数据组织、管理和存取提供支持。

5. 数据库应用系统

数据库应用系统是指包含数据库的各种应用系统，如管理信息系统、决策支持系统等都属于数据库应用系统。

6. 数据库应用开发工具

数据库应用开发工具用于支持数据库应用系统的开发。目前，流行的开发工具有PowerBuild、Delphi、Informix等，它们都提供了图形化的界面工具、应用程序建立工具、调试工具、强有力的数据库访问能力和数据库浏览工具等。

7. 数据库管理员及其他人员

数据库管理员(DBA)的主要职责有：根据数据库设计的结果，建立整个数据库的模式；定义数据库数据的存储结构和存取方法，即内模式；定义外模式，修改数据库的模式、外模式和内模式，并将所有的修改操作记录下来以备今后查看；监控数据库的运行和使用，及时处理数据库运行过程中可能出现的任何问题，保证数据库数据的完整性。

数据库系统的用户除了 DBA 外，还有系统分析和设计人员、应用程序员和最终用户。其中系统分析和设计人员主要负责数据库应用系统的需求分析和文档书写，确定系统的软、硬件配置，参与数据库各级模式的设计；应用程序员主要负责数据库应用系统的开发；而最终用户则通过数据库应用系统提供的用户界面使用数据库数据，完成各项应用任务。

（三）数据挖掘技术

随着计算机网络技术、数据库技术、人工智能和数理统计等技术的发展与融合，数据挖掘(Data Mining)技术应运而生。数据挖掘是一门新兴的交叉学科，也是现代科学技术相互渗透的必然结果，其基本目标就是从大量的数据中提取隐藏的、潜在的和有价值的知识和信息。数据挖掘是一个利用各种分析工具在海量数据中发现知识模型和数据间关系的过程，这些模型和关系可以用来预测未知，为数据的所有者创造出很多潜在的利润和价值[①]。自提出以来，数据挖掘技术便引起了许多专家学者的广泛关注和深入研究。在数据挖掘发展的前期，主要集中在银行、证券、保险、电信、零售、交通、航空、石化、能源等领域。近年来，随着计算机的普及和数据的大量积累，数据挖掘已经在电子商务、快速消费品行业中得到了广泛的应用。数据挖掘技术将对企业信息管理、决策支持等带来深远的影响，具有广阔的开发前景和应用前景。

数据挖掘普遍被接受的定义是从大量的、不完全的、有噪声的、模糊的、随机的数据中，提取隐含在其中的、人们事先不知道的、但又是潜在有用的信息和知识的非平凡过程，这些信息的表现形式为：规则、概念、规律及模式等。数据挖掘是一种新的信息处理技术，其主要特点是对企业数据仓库中的大量业务数据进行抽取、转换、分析和其他模型化处理，从中提取辅助企业决策的关键性数据。数据挖掘的对象可为数据库、文件系统或其他任何组织在一起的数据集合。数

---

① 唐理兵：《面向空间数据库的空间数据挖掘应用研究》，安徽大学 2005 年硕士学位论文。

据挖掘主要是由统计学、决策科学、人工神经网络、遗传算法、模糊逻辑和可视化技术等相关学科和技术领域发展起来的。

一般来说,不存在一个普遍适用的数据挖掘方法,在不同的领域不同的算法往往有不同的效果。因此在实际应用中,需要针对特定的领域选择有效的数据挖掘模型与挖掘算法。

数据挖掘主要应用的技术有决策树、近邻算法、遗传算法、规则归纳、神经网络等。

1. 决策树

决策树是一种典型的分类算法,可以得到类似在什么条件下会得到什么结果的规则。比如在建立运输网络决策树模型,进行细分,找出最有可能对总的运输成本最低的方案。决策树的优点是生成容易理解的规则,如果建立一个包含几百个属性的决策树,虽然看起来很复杂,但每一条从根节点到叶子节点的路径所描述的含义还是可以理解的。另外,决策树算法的计算量相对讲也比较小,擅长处理非数值型数据。

2. 近邻算法

近邻算法就是将数据集合中每一个相邻记录进行归类,是最容易使用和理解的技术之一。近邻算法是以人们思维方式相似的方式检测最近的匹配样本,这种算法十分适合错误数据和丢失数据的处理,在自动化方面近邻算法有较好的性能。

3. 遗传算法

遗传算法是基于进化理论,并采用遗传结合、遗传变异以及自然选择等设计方法的优化技术。遗传算法主要由三个子算法组成:繁殖,从一个旧种群选出生命力强的个体,产生新种群的过程;交叉,选择两个不同个体的部分进行交换,形成新个体;变异,对某些个体的某些基因进行变异。遗传算法可起到产生优良后代的作用,在优化计算和分类机器学习方法方面发挥了显著的作用。

4. 规则归纳

规则归纳就是通过统计方法归纳和提取有价值的 IF－THEN 规则,规则归纳技术在数据挖掘中被广泛应用。基于规则的数据挖掘技术则可以给出模型的生成规则描述,这些规则是通过使用某些统计方法对数据集合进行分段而生成的,有大量的基于规则的技术被用于数据挖掘。

5. 神经网络

神经网络(Artificial Neural Network)是模拟人脑结构的数据模型。神经网络仿照生理神经网络结构的非线性预测模型,从一组输入数据中进行学习,根据这一新的认知调整模型参数,以发现数据中的模式。神经网络为解决复杂的大的问题提供了一种相对来说比较有效的简单方法,可以很容易地解决具有上百个参数的问题,它的应用非常广泛。

数据挖掘的过程按照阶段与作用可分为三个步骤:预处理阶段、数据挖掘引擎阶段,用户决策管理阶段,如图7-2所示:

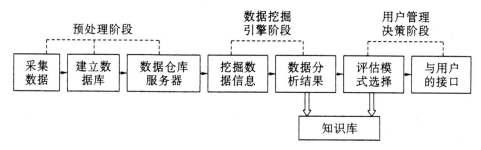

图7-2 数据挖掘流程图

预处理阶段:主要是针对应用系统采集数据,并对数据进行加工,检查数据的完整性和一致性,对其中不正确或无价值的数据进行处理,对丢失的数据利用统计等方法进行填补,形成数据仓库。

数据挖掘引擎阶段:运用选定的数据挖掘算法,如神经元网络、决策树、聚类分析技术、排序算法等,从数据中提取出用户所需要的知识,这些知识可以用系统所需要的某一种特定的方式来表示。

用户管理决策阶段:对所获得的知识进行价值评定,以决定所得的知识是否存入知识库,评价主要通过与用户的接口显示给决策管理层来制定相应的管理策略。

数据挖掘引擎阶段是数据挖掘技术中的核心部分,主要包括模式模型和挖掘算法。目前已形成了多种数据挖掘方法,如分类知识发现、数据总结、数据聚类、关联规则发现、序列模式发现、依赖关系或依赖模型发现、异常发现、趋势预测等。

三、现代物流信息系统应用技术

(一)条形码技术

条形码是由宽度不同、反射率不同的条和空,按照一定的编码规则(码制)编制成的,用以表达一组数字或字母符号信息的图形标识符,即条形码是一组粗细不同、按照一定的规则安排间距的平行线条图形。常见的条形码是由反射率相差很大的黑条(简称条)和白条(简称空)组成的。这种编码可以供机器识读,不同的码制条码符号的组成规则不同。

条码种类很多,常见的大概有二十多种码制,其中包括:Code39 码(标准 39 码)、Codabar 码(库德巴码)、Code25 码(标准 25 码)、ITF25 码(交叉 25 码)、Matrix25 码(矩阵 25 码)、UPC-A 码、UPC-E 码、EAN-13 码(EAN-13 国际商品条码)、EAN-8 码(EAN-8 国际商品条码)、中国邮政码(矩阵 25 码的一种变体)、Code-B 码、MSI 码、Codell 码、Code93 码、ISBN 码、ISSN 码、Code128 码(Code128 码,包括 EAN128 码)、Code39EMS(EMS 专用的 39 码)等一维条码和 PDF417 等二维条码①。

一般的条形码识别系统,它由条形码扫描器、放大整形电路、译码接口电路和计算机系统等部分组成,如图 7-3 所示:

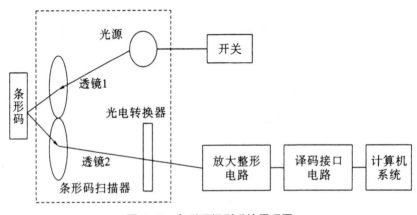

图 7-3 条形码识别系统原理图

(二) 射频识别技术(RFID)

RFID 是 Radio Frequency Identification 的缩写,即射频识别。射频识别是一种非接触式的自动识别技术,是无线电技术在自动识别领域中的应用,它通过射频信号自动识别目标对象并获取相关数据,识别工作无须人工干,可工作于各种恶劣环境。RFID 是识别技术的一种突破:第一,可以识别单个的非常具体的物体,而不是像条形码那样只能识别一类物体;第二,其采用无线电射频,可以透过外部材料读取数据,而条形码必须靠激光来读取信息;第三,可以同时对多个

---

① 吕文红:《二维条形码的编码与识别》,《现代电子技术》2002 年第 7 期。

物体进行识读,而条形码只能一个一个地读;此外,储存的信息量也非常大。

最基本的 RFID 系统由三部分组成。标签(Tag):也被称为电子标签或智能标签,由祸合元件及芯片组成,每个标签具有唯一的电子编码,附着在物体上标识目标对象。芯片中存储有能够识别目标的约定格式的电子数据信息。RFID 标签具有持久性,信息接收传播穿透性强,存储信息容量大、种类多等特点。有些 RFID 标签支持读写功能,目标物体的信息能随时被更新;解读器(Reader):读取写入标签信息的设备,分为手持和固定两种,由发送器、接收仪、控制模块和收发器组成。收发器和控制计算机或可编程逻辑控制器(PLC)连接从而实现它的沟通功能,解读器也有天线接收和传输信息。数据传输和处理系统:解读器通过接收标签发出的无线电波接收读取数据。

RFID 技术的基本工作原理并不复杂:解读器通过天线发送出一定频率的射频信号;标签进入解读器工作磁场后,接收解读器发出的射频信号,其天线产生感应电流,凭借感应电流所获得的能量发送出存储在芯片中的编码信息(Passive Tag,无源标签或被动标签的工作模式),或者主动发送某一频率的信号(Active Tag,有源标签或主动标签的工作模式);解读器接收到来自标签的载波信号,进行解调并解码后,送至中央信息系统进行有关数据处理;系统根据逻辑运算判断该标签的合法性,针对不同的设定做出相应的处理和控制,发出指令信号;标签的数据解调部分从接收到的射频脉冲中解调出数据并送到控制逻辑,控制逻辑接收指令完成存储、发送数据或其他操作。RFID 系统的特殊在于免接触、免刷卡,故不怕脏污,因此也常被称为感应式电子芯片或近接卡、感应卡、非接触卡、电子标签、电子条码等等,而且芯片密码为世界唯一,无法复制,高安全性,长寿命。

(三)销售时点系统(POS)技术

销售时点(Point of Sale)系统简称为 POS 系统,是指通过自动读取设备(如收银机)在销售商品时直接读取商品销售信息,如商品名、单价、销售数量、销售时间、销售店铺、购买、客户等,并通过通信网络和计算机系统传送至有关部门进行分析加工以提高经营效率的系统。

POS 系统一般采用 C/S 结构,前台系统和后台系统具有不同的系统功能。

前台系统包括独立/联网运行、停电保持、暂停付款及恢复付款、收款员密码保护、选择删除功能,采用数字商品编码,每台收款机的商品种类不受限制,可使用零售、折扣、变价、退货、现金、支票、信用卡、会员卡、储值卡、积分卡、赠送等销售方式,多货币兑换率自动处理,可使用条形码、磁卡阅读器等辅助输入设备,自动计算钱柜中各币值的金额,可打印收款人报表(本班次)及收款员损益报表等。

后台 MIS 系统具有进、销、调、存管理功能,包括档案管理、进货调拨、应付款项、储值卡、会员卡管理、批发管理、库存、盘点管理,以及零销商品分析、畅销分析、成本毛利、分类统计查询、综合分析等。

(四) 电子数据交换(EDI)技术

EDI 是电子数据交换(Electronic Data Interchange)的缩写,有时也称作"无纸贸易",是指按照协议,对具有一定结构特征的标准经济信息,经过数据通信网络在贸易伙伴的电子计算机系统之间进行交换和自动处理。使用 EDI 时,贸易伙伴之间不需要具有相同的文件处理系。要发给贸易伙伴的数据先通过发单方的翻译软件,将普通单证转换成标准格式,然后通过标准的通信包在各站点间传递,将单方收到标准单证后再通过翻译软件转换成公司的内部形式。

EDI 最初由美国企业应用在企业间的订货业务活动中,随后应用范围逐渐得到扩展,如 POS 销售信息传送业务、库存管理业务、发货送货信息和支付信息的传送业务等。近年 EDI 在物流中广泛应用,被称为物流 EDI,是指货主、承运业主以及其他相关单位之间,通过 EDI 系统进行物流数据交换,并以此为基础实施物流作业活动的方法。物流 EDI 的优点在于供应链组成各方基于标准化的信息格式和处理方法,通过 EDI 共享信息,提高流通效率、降低物流成本。

近年来,互联网的普及为物流信息活动提供了快速、简便、廉价的通信方式,EDI 和 Internet 联合,为 EDI 的发展带来了生机,产生了基于 Internet 的新一代 EDI,简称 Internet EDI。

EDI 系统的功能模块由报表生成和处理模块、格式转换模块、通信模块和联系模块等四部分组成。借助互联网技术,EDI 技术在现代物流发展中开始发挥着日益重要的作用。Internet EDI 模式的工作原理如图 7-4 所示:

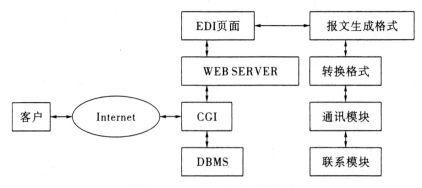

图 7-4 Internet EDI 工作原理

物流企业在某地的办事处通过 Internet 接上物流公司总部的站点,通过其 EDI 系统的报文生成处理模块生成订单,通过格式转换将生成的报文转换成标准格式,通过 Internet 网络把报文传送给总部,总部 EDI 系统通过报文生成处理接收信息,通过格式转换、联系模块把数据存入数据库,在企业内部通过 WEB 服务及 WEB 与数据库的连接,使用这些 EDI 数据。

(五) 电子自动订货系统(EOS)技术

电子自动订货系统(Electronic Ordering System,简称 EOS)是指通过电子资料交换方式取代传统下单、接单及其相关动作的自动化订货系统。根据所涵盖的范围来划分,EOS 可分为狭义的 EOS 和广义的 EOS。狭义的 EOS 是指零售商将订单传达到批发商、供应商为止的自动化订货系统;广义的 EOS 是指从零售商下单开始,经批发商接单后,再经验货、对账、转账等步骤等完成所有商品交易过程的自动化订货系统,如图 7-5 所示。

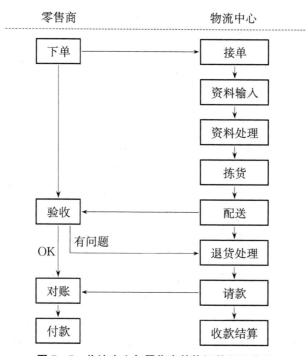

图 7-5 物流中心与零售商整体订单处理作业

EOS 包括订货、通信网络及接单三大系统,实际操作中可分为卖场、资讯转换中心以及供应商(制造商)三部分。EOS 的作业流程是:先利用扫描器读取货架或订货簿的条码,然后将数量键入电脑或掌上终端机,接着通过通信网络将订货资料传至订货作业处理处,按订货对象进行供应商分单以及必要的转换,再通过通信网络将订单资料传至供应商接单系统进行处理。

(六) 全球卫星定位(GPS)技术

GPS 是全球定位系统(Global Positioning System)的英文简称,美国从 1973 年开始筹建全球定位系统 GPS。于 1989 年开始发射正式工作卫星,并于 1994 年全部建成,投入使用。GPS 系统的空间部分由 24 颗卫星组成,均匀分布在 6 个轨道面上,地面高度为 20 000 余公里,能在全球范围内,向任意多用户提供高精度、全天候、连续、实时的三维测速、三维定位和授时。

GPS 系统的用户是非常隐蔽的,它是一种单程系统,用户只接收而不必发射信号,因此用户的数量也是不受限制的。虽然 GPS 系统一开始是为军事目的而建立的,但很快在民用方面得到了极大的发展。目前在中国市场上出现的接收机主要有 NOVATEL、ASHTECH、TRIMBLE、CMC 等。现在的应用规模和水平在 GPS 应用领域中,车辆应用所占的比重在各项应用中数它最大,约占总数的 50% 左右。GPS 车辆应用系统一般分为两大类:车辆跟踪系统和车辆导航系统。

(七) 地理信息系统(GIS)技术

GIS(Geographic Information System,地理信息系统)是一种基于计算机的工具,它可以对在地球上存在的东西和发生的事件进行成图和分析。GIS 技术把地图这种独特的视觉化效果和地理分析功能与一般的数据库操作(例如查询和统计分析等)集成在一起。这种能力使 GIS 与其他信息系统相区别,从而使其在广泛的公众和个人企事业单位中解释事件、预测结果、规划战略等中具有实用价值。

地图制作和地理分析已不是新鲜事,但 GIS 执行这些任务比传统的手工方法更好更快。而且,在 GIS 技术出现之前,只有很少的人具备利用地理信息协助决策和解决问题的能力。而现在,GIS 已是一个在全球拥有数十万员工和数十亿美元产值的产业。GIS 已在全世界的中学、学院、大学里被讲授。各个领域的专家不断地意识到按地理的观点来思考和工作所带来的优越性。GIS 由五个主要的元素所构成:硬件、软件、数据、人员和方法:

1. 硬件

硬件是 GIS 系统的计算机。今天,GIS 软件可以在很多类型的硬件上运行。从中央计算机服务器到桌面计算机,从单机到网络环境。

2. 软件

GIS 软件提供所需的存储、分析和显示地理信息的功能和工具。主要的软件部件有：输入和处理地理信息的工具，数据库管理系统（DBMS），支持地理查询、分析和视觉化的工具，容易使用这些工具的图形化界面（GUI）。

3. 数据

一个 GIS 系统中最重要的部件就是数据了，地理数据和相关的表格数据可以自己采集或者从商业数据提供者处购买。GIS 将把空间数据和其他数据源的数据集成在一起，而且可以使用那些被大多数公司用来组织和保存数据的数据库管理系统，来管理空间数据。

4. 人员

GIS 技术如果没有人来管理系统并制订计划应用于实际问题，将没有什么价值。GIS 的用户范围包括从设计和维护系统的技术专家，到那些使用该系统并完成每天工作的人员。

5. 方法

成功的 GIS 系统，具有好的设计计划和自己的事务规律，这些是规范而且对每一个公司来说具体的操作实践又是独特的。

案例 7-1

沃尔玛：利用信息技术成全其零售业霸主地位

1. 信息技术与零售业务

沃尔玛的全球采购战略、配送系统、商品管理、电子数据系统、天天平价战略在业界都是可圈可点的经典案例。可以说，所有的成功都是建立在沃尔玛利用信息技术整合优势资源，信息技术战略与零售业整合的基础之上。

早在 20 世纪 60 年代中期，山姆·沃尔顿只拥有几家商店的时候，他就已经清醒地认识到：管理人员必须能够随时随地获得他所需要的数据。如，某种商品在沃尔玛的商店里一共有多少？去年、上周、昨天的销售量呢？订购了多少商品？什么时候可以到达？在管理信息系统应用之前，这样的工作必须通过大量的人工计算与处理才能得到。因此实时控制处于任何地点的商店的想法只是一个梦想而已。要在现有的基础上扩大经营规模，只有密切追踪信息处理技术的进步。

在信息技术的支持下，沃尔玛能够以最低的成本、最优质的服务、最快速的管理反应进行全球运作。1974 年，公司开始在其分销中心和各家商店运用计算机进行库存控制。1983 年，沃尔玛的整个连锁商店系统都用上条形码扫描系统。1984 年，沃尔玛开发了一套市场营销管理软件系统，这套系统可以使每家商店按照自身的市场环境和销售类型制定出相应的营销产品组合。

1985—1987 年之间，沃尔玛安装了公司专用的卫星通信系统，该系统的应用使得总部、分销中心和各商店之间可以实现双向的声音和数据传输，全球 4 000 家沃尔玛分店也都能够通过自己的终端与总部进行实时的联系。这一切的优势都来自沃尔玛积极地应用最新的技术成果。通过采用最新的信息技术，员工能更有效地做好工作，更好地作出决策以提高生产率和降低成本。在沃尔玛的管理信息系统中最重要的一环就是它的配送管理。

20 世纪 90 年代沃尔玛提出了新的零售业配送理论：集中管理的配送中心向各商店提供货源，而不是直接将货品运送到商店。其独特的配送体系，大大降低了成本，加速了存货周转，形成了沃尔玛的核心竞争力。沃尔玛的配送系统由三部分组成：

（1）高效的配送中心

沃尔玛的供应商根据各分店的订单将货品送至沃尔玛的配送中心。配送中心则负责完成对商品的筛选、包装和分检工作。沃尔玛的配送中心具有高度现代化的机械设备，送至此处的商品 85% 都采用机械处理，这样就大大减少了人工处理商品的费用。

（2）迅速的运输系统

沃尔玛的机动运输车队是其配送系统的另一个无可比拟的优势。沃尔玛可以保证货品从仓库运送到任何一家商店的时间不超过 48 小时，相对于其他同业商店平均两周补发一次，沃尔玛可保证分店货架平均一周补两次。通过迅速的信息传送与先进的电脑跟踪系统，沃尔玛可以在全美范围内快速地输送货物，使各分店即使只维持极少存货也能保持正常销售，从而大大节省了存贮空间和存货成本。

（3）先进的卫星通信网络

1983 年，沃尔玛用了 2 400 万美元开始建立自己的卫星通信系统，通过这个系统，沃尔玛每天直接把销售情况传送给 5 000 家供应商。就拿深圳的几家沃尔玛商场来说，公司电脑与总部相连，通过卫星通信系统，可以随时查货、点货。任何一家沃尔玛商店都具有自己的终端，并通过卫星与总部相连，在商场设有专门负责排货的部门。沃尔玛每销售一件商品，都会即时通过与收款机相连的电脑记录下来，每天都能清楚地知道实际销售情况。沃尔玛各分店、供应商、配送中心之间建立的卫星通信网络系统使沃尔玛的配送系统完美无缺。这套系统的应用，使配送中心、供应商及每一分店的每一销售点都能形成在线作业。在短短数小时内便可完成"填妥订单—各分店订单汇总—送出订单"的整个流程①,大大提高了营业的高效性和准确性。

管理信息系统的应用使沃尔玛有关各方可以迅速得到所需的货品层面数据、观察销售趋势、存货水平和订购信息甚至更多。近年来美国公司普遍把信息技术应用于生产实际,大多数公司都采用了 MRP 管理系统,根据产品外部需求订单、广泛应用信息系统推算原料需求量及交货时间。以最大限度减少资金占用,减少库存,降低生产成本。美国通过运用信息技术改造传统产业。使传统产业的国际竞争力在 20 世纪 90 年代得以快速提升。

2. 信息技术战略与经营整合

沃尔玛零售业的经营与信息技术战略很好地整合,使我们看到信息技术始于战略,而非系统。只有明白信息技术为企业业务所带来的影响,并由此作出信息技术决策,才能产生最佳方案。因此,公司不应把"我们需要多少信息技术业务"当作首要的问题来考虑。相反,最应该探讨的问题是:信息技术能为我们带来什么,我们该如何利用信息技术创造商业价值?成功的企业着重于将信息技术资源投入到战略应用中,而不是将其投入到大量低价值的维护与运作事宜中。

3. 沃尔玛(中国)的管理信息系统

沃尔玛中国有限公司的管理信息系统有强大的国际系统支持。沃尔玛在全球拥有 3 000 多家商店、40 多个配销中心、多个特别产品配销中心,它们分布在美国、阿根廷、巴西、加拿大、中国、法国、墨西哥、波多黎各等国家。公司总部与全球各家分店和各个供应商通过共同的电脑系统进行联系。它们有相同的补货系统、相同的 EDI 条形码系统、相同的库存管理系统、相同的会员管理系统、相同的收银系统。这样的系统能从一家商店了解全世界商店的资料。

案例 7-2

宝洁公司:RFID 技术的引领者

采用 RFID 技术是应用条形码系统以来在产品身份识别方面取得的重大进展。20 世纪 90 年代后期,美国麻省理工学院开始对将 RFID 技术应用于零售供应链进行研究。幸运的是,研究工作得到了许多大公司以及美国统一代码委员会 UCC(负责建立条形码机制)的资助。

宝洁公司是研究工作的发起者之一,它是当今较大的跨国公司之一,年销售

---

① 资料来源:http://articles.e-works.net.cn/522/Article10576.htm。

额接近500亿美元,大约有10万名雇员,在全球160个国家建立了约300个分支机构。

Jeannie Tharrington女士是宝洁公司负责RFID技术研发的多功能团队的成员,她解释了宝洁公司是怎样开始参与RFID技术研发的。"我们发现当前的供应链已不能完全满足消费者的需求,于是我们对供应链有了完全不同的看法。将供应链建成所有合作者都能同时接收到信息的真正的网络,会给我们带来许多潜在的好处。"

1. 贴标和识读

2003年9月,在芝加哥,Auto ID Center制定出一套RFID全球性标准,各技术公司依据此标准制造出商业领域所接受的标签和读取器。

无论是大公司还是小公司,在探寻RFID技术贴标和识读的最佳方式时,都会面对同样复杂的任务。为了研究在供应链的各个关键环节如何在货盘和箱子上贴标和识读,宝洁公司与大型零售商密切合作。首先,在工厂装卸货物的月台门口对标签进行识读,然后在货物进入及离开零售配送中心时对货物标签进行识读。当货物进入商店、搬离储藏室摆上货架时,以及在空箱运送回储藏室时,都要对标签进行识读。人们认识到在零售领域存在这样的情况:产品多次被列入脱销产品目录,但是大量的箱子可能仍被放在储藏室中而难以确定。更糟糕的是,需要花费大量时间来寻找被记录为"储存中"的箱子,而事实上箱子并没在那里。

在箱子、纸巾包装上识读标签比较容易,而在洗发水瓶子和衬有铝箔的洗涤剂包装盒上识读标签则比较困难。此外,标签识读的有效性可能与其在箱子上的贴标位置有关,甚至还要考虑到传送带及传输轴的材料特性。

宝洁公司成立了一支RFID技术研发团队,其成员来自公司的各个业务部门。他们对现有RFID技术的各组成部分进行了测试,没有与任何标签和读取器的供应商签订长期合同。

2. 成本和收益

Tharrington女士在谈到成本和收益时这样说:"宝洁公司在这一非常有发展前途的技术上投入了大量的时间和金钱。每个人都希望标签和读取器的成本会随着产量的增加而不断降低。在RFID技术应用在货盘和箱子上的扫描成本降至5美分,应用在个别产品上的扫描成本降至1美分以前,最好仅将此技术应用于高价值产品和有特殊安全要求的产品。"

对参与RFID技术研发的生产商们来说,他们关心的是在何处可以降低成本,又在何处能获取最大利益。Bud Babcock先生,宝洁公司用于B2B供应链革新的包装与产品身份识别项目的经理,认为现在有这样一种状况:如果只有供应链中的一个成员获取了全部利益,而却要由其他成员来承担成本,RFID 技术就不能顺利而有效地应用。

据推测,若货架上的产品脱销,就可能导致宝洁公司全年的商品销售额下降 7%—8%。如果能够证明使用 RFID 技术确实能保持货架上在任何时候都存有顾客所需的商品,就能使各大零售商增加数十亿美元的收入,而大型制造商也会增加数亿美元的收入,使各方面都能成为新技术的受益者。

3. 应用中存在的问题与前景

在以前发表的关于 EPC 技术和 RFID 技术的研究文章中,提出了关于消费者隐私的问题。"我们必须保证消费的隐私受到保护,我们的全球隐私执行委员会(Global Privacy Executive)在帮助创立一套行业准则方面发挥了作用。这些准则已经被 EPCglobal 采用,所有成员都必须遵守行业准则。准则的两个关键因素是知情权和选择权。我们认为,如果这一技术被使用了,消费者应当被告知并且他们应当拥有要求取下标签的选择权。EPCglobal 正在寻求向消费者提供这一信息的最好方式。"Tharrington 女士说。

不论在研究和应用 RFID 技术的产业化实践中会遇到多少困难和障碍,但发展和应用 RFID 技术的前景一定是光明的。

EPIC 或 EPC 将会是零售供应链组织方式上的最大创新。如果所有这一切都能实现,顾客在货架上方便地找到自己想要的商品的可能性就会大大增加,就不会因看到空空的货架而感到沮丧。此外,任何一个要花费很长时间在收款人员不足的付款台前等待付款的顾客,一定会期待在将来的某一天,他们能够很便捷地推着购物车走出商店,不需要打开和重新包装每一样商品,就能得到一张打印好内装物和价格的购物票据。

案例来源:张理:《现代物流案例分析》,中国水利水电出版社 2008 年版,第 237—239 页(经整理)。

四、现代物流业务管理信息系统

(一)物流业务模块管理信息系统概述

1. 物流管理信息系统的概念

物流管理信息系统是企业物流信息系统的基础,也是企业信息化的基础。

它利用各种信息进行实时、集中、统一的管理,实现信息流对物流、资金流的控制与协调①。即它通过对系统内外物流信息的收集、存储、加工处理,获得物流管理中有用的信息,并以表格、文件、报告、图形等形式输出,以便管理人员和领导者有效地利用这些信息组织物流活动,协调和控制各作业子系统的正常运行,来实现对物流的有效控制和管理,并为物流管理人员及其他企业管理人员提供战略及运作决策支持的人机系统。

一般情况下,物流管理信息系统指的是基于计算机的物流管理信息系统,简称为物流管理信息系统(Logistics Information System),其概念结构如图 7-6 所示。

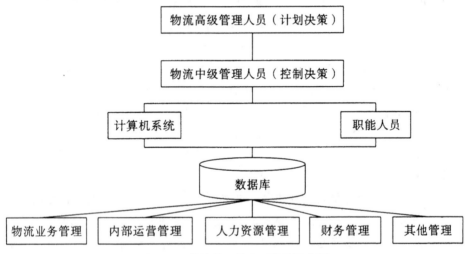

图 7-6　物流管理信息系统的概念图

物流管理信息系统的概念可以从以下几个角度来理解:

(1) 从构成上看,物流管理信息系统由软件结构及硬件结构两大部分组成。软件结构主要指物流企业在完成物流活动的运输、仓储、搬运、流通加工等各个环节的各种信息系统软件,也涉及与之相关的不同层次的行业管理部门信息系统,如海关清关系统、营运货运车辆管理系统等,以及支撑以上各应用系统的操作系统与通信协议等;硬件结构主要指支撑相应软件的载体(如通信设施与计算机硬件)。

(2) 从技术层面上看,物流管理信息系统是利用计算机技术、通信技术等现代高新技术对传统的货物流通管理过程进行全面的改造,用以提升物流活动的

---

① 刘小卉:《物流管理信息系统》,复旦大学出版社 2006 年版,第 63 页。

整体效益与用户服务水平而形成的信息系统,如利用条形码技术、EDI 技术、GPS 技术等实现货物的跟踪查询功能。

(3) 从政府行业管理的角度上看,物流管理信息系统在于构筑一个政府部门协同工作的环境,通过信息技术实现行业管理及市场管理的规范化,并为宏观部门提供决策需求信息,提升物流系统参与者各方总体的效益。

(4) 从企业管理角度上看,水平方向上物流管理信息系统是贯穿于物流活动中的运输、仓储、搬运、包装、流通加工及其他一系列基本功能的实现中;垂直方向上物流管理信息系统具有作业层、控制层与管理层等三个不同层面。

2. 物流管理信息系统的功能

物流管理信息系统实现对物流服务全过程的管理。系统以运输和仓储为主线,管理取货、集货、包装、仓储、装卸、分货、配货、加工、信息服务、送货等物流服务的各环节,控制物流服务的全过程。

具体来说,物流管理信息系统主要具备以下功能:

(1) 集中控制功能。主要对物流全过程进行监控,包括业务流程的集中管理、各个环节的收费管理、各环节的责任管理、各环节的结算管理、各环节的成本管理、运输环节的管理、仓储环节的管理、统计报表系统,通过对各环节数据的统计与分析,得出指导企业运营的依据。

(2) 运输流程管理功能。主要是针对运输流程的各个环节而实施的接单管理、发运管理到站管理、签收管理和运输过程的单证管理,如路单管理、报关管理、联运提单管理和海运提单管理等。

(3) 车、货调度管理功能。本功能可以解决运输过程中的货物配载、车辆调度、车辆返空等问题。通过使用本系统能够更好地利用集装箱的运输空间,更合理地进行车辆的调度,并能圆满地解决大型运输集团中各分公司的车辆返空问题。

(4) 仓储管理功能。针对货物的入库、出库、在库进行管理。其中在库管理是指对库中作业的管理,特指货物的包装、拆卸、库中调配、配货等典型的物流服务。通过对出入库货物数量的计算,可以得出准确的货物结存量。此外,还可以根据物流订单信息进行库存的预测管理。

(5) 统计报表管理功能。统计报表是物流管理信息系统中最主要的信息输出手段,企业决策者和客户了解业务状况的依据。它既可以提供动态的统计报表功能,即决策支持系统,也可以提供多种特定的统计报表,如货物完整率报表、时间达标率报表、延期签收统计报表、业务量分析图、财务结算统计表、物流企业年度经营情况总结报表等。

(6) 财务管理功能。即管理物流业务中和费用相关的各种数据,并建立物流系统和专业财务系统的数据接口。

(7) 客户查询功能。为客户提供灵活多样的查询条件,使得客户可以共享物流企业的信息资源,如货物的物流分配状况,货物的在途运输状况——实时的货物跟踪、货物的库存情况,货物的结存情况,货物的残损情况,货物的签收情况等。

(8) 客户管理功能。物流服务是以客户为中心的服务,所以对于任何一个物流系统来说客户管理系统是必不可少的。它主要由三部分组成:托运人管理(包括货主、货代、生产商等)、收货人管理(包括销售商等)、中间承运人管理(即经营主体对各经营人的管理,包括物流集团企业的下属各分公司、联运中的其他运输团体,如船舶公司、船代、航空代理等)。

3. 物流管理信息系统的类型

(1) 按系统的功能结构,可分为单功能系统和多功能系统。单功能系统只能完成单一的工作,例如物流合同管理系统、物资分配系统等;多功能系统能够完成一个物流企业或者其中一个部门的全部信息管理工作,例如仓储信息管理系统、运输信息管理系统等。

(2) 按系统功能的性质,可以分为操作型系统和决策支持型系统:操作型系统是按照某个既定模式对数据或者信息进行固定的处理和加工的系统,这类系统的输入、输出和处理的方式是不可变的;决策支持型系统可以辅助管理人员就某些物流管理问题进行决策。

(3) 按照计算机系统的配置情况,可以分为单机系统和分布式系统。单机系统只能在一台计算机上运行,有时虽然有多个终端,但主机只有一个,仍然是集中式结构;分布式系统使用多台地理位置上分隔的计算机系统,相互之间采用通信网络连接起来,各个计算机既可以处理不同内容的信息,又可以进行信息共享和交流。

(4) 按应用背景和领域,大体上可以分为面向生产企业的物流管理信息系统,面向零售商、中间商、供应商的物流管理信息系统,面向第三方物流企业的物流管理信息系统,面向物流过程中某一环节的物流管理信息系统,面向供应链的物流管理信息系统等几类。

(二) 订单管理信息系统

一个企业从发出订单到收到货物的时间称为订货提前期,而对于供货方,这段时间称为订货周期。在订货周期中,企业要相继完成五项重要活动:订单准备、订单传输、订单录入、订单履行、订单状况报告,这就是订单处理的流程。

订单处理包括自动报价和接收订单,自动报价系统需要输入的数据包括客户名称、询问商品的名称、商品的详细规格、商品等级等,然后系统根据这些数据调用产品明细数据库、客户交易此商品的历史数据库、对此客户报价的历史数据库、客户数据库、生产厂商采购报价等,以取得此项商品的报价历史资料、数量折扣、客户以往交易记录及客户折扣、商品供应价等数据,再由配送中心按其所需净利润与配送成本、保管成本等来制定估价公式并计算销售价格。接着由报价单制作系统打印出报价单,经销售主管核准后即可送予客户,报价单经客户签回后即可成为正式订单。

订单传送的方法有多种,包括邮寄、销售人员取回、电话订购、传真订购及通过计算机网络订购等,故订单的接收需要考虑订购数据的识别及法律效力等问题。

订单管理是客户关系管理的有效延伸,能更好地把个性化、差异化服务有机地融入客户管理中去,能推动经济效益和客户满意度的提升。订单供货的目的,是品牌能让客户自由选择,货源安排做到公开透明,产品能更加适应和满足消费者的需要。其业务流程的变化首先体现在企业客户经理的工作上。客户经理对辖区内客户需求预测和具体订单是否准确,不但关系到工业企业和零售商对公司的满意度,更关系到按客户订单组织货源这项工作能否顺利地开展。

(三) 库存管理信息系统

1. 库存管理信息系统概念

库存管理信息系统是一个实时的计算机软件系统,它能够按照库存运作的业务规则和运算法则(algorithms),对信息、资源、行为、存货和分销运作进行更完善的管理,使其最大化满足有效产出和精确性的要求[1]。

2. 库存管理信息系统目标

企业库存管理信息系统的目标是,具有现代企业管理理念的第三方物流企业或企业的物流部门,通过建立物流系统先进又适用的整体规划方案,与企业共同构造专业化现代物流系统,达到提高企业生产效率,降低物资流通总成本,实现企业经济效益最大化,同时促进企业供应链优化,减少社会的商品流通浪费,降低社会商品的总成本,进一步产生良好的经济效益。

3. 管理信息系统(MIS)在库存管理中的作用

(1) 管理体制合理化。信息是企业管理的资源,是各级管理人员决策的重要依据,企业管理的过程实际上是对信息的处理过程。

管理信息系统(MIS)能使信息由分散处理转变为分布处理和集中控制相结

---

[1] 林自葵:《物流信息管理》,清华大学出版社 2006 年版,第 242 页。

合,从而适应市场经济体制下的管理需求,充分发挥信息综合利用的作用,同时还能提高信息的质量(及时、准确),大大增加信息的处理量,以满足企业各级管理人员决策所需的信息。

(2) 管理方法科学化。建立企业管理信息系统(MIS)之后,可以充分发挥计算机运算速度快、数据存储容量大、通信设备信息传送速度快等优点。这样,一方面可以利用数学模型对企业的管理活动进行模拟,或采用各种计算的方法进行定量分析,以提高管理决策的准确性和科学性,使管理工作更加精确有效;另一方面,可以对过去的大量数据进行分析、总结,找出规律,用来预测未来,使管理工作由粗变细,由事后管理向实时管理方向发展,做到事前有预测,使管理工作由被动状态逐渐变为主动。例如,对于一个流通企业,加强对企业的外部环境进行有效的分析,据此不断地调整企业的经营方向和管理方法,以适应客观环境的要求,不仅可以避免或减少因市场环境变化给企业带来的经济损失,还可以获得更多的利润,在市场竞争中取胜。此外,还可以通过及时、快速的信息传送,对企业进行实时管理与控制。

(3) 加强企业管理的基础工作。企业管理信息系统(MIS)是对企业内外的大量数据进行收集加工处理,为企业领导提供有用信息的系统,它要求输入系统的数据准确、完整,以反映客观真实情况,系统的处理应科学严密,这样,输出的信息对管理才有指导意义。如果一个企业管理混乱,不科学,原始数据不全、不准,则输出的信息也是毫无价值的。因此,建立企业管理信息系统(MIS),必将会促进企业加强管理的基础工作。

(4) 提高管理人员的素质和管理水平。开发管理信息系统是对企业的人、财、物等资源和商品的购、销、调、存环节在信息处理、工作方式、管理机制、工作习惯等方面的变革。因此,必须促进管理人员思想观念的改变,管理业务水平的提高,这样才能适应这一变革。开发管理信息系统期间,管理人员可以从中学习、掌握信息技术。管理信息系统建成之后,管理人员可以从烦琐、重复的事务性工作中解脱出来,进行调查研究,使用各种数据分析手段和方法对企业的管理活动进行分析,制定改进和提高管理工作效率的措施,即从事信息分析、判断和决策等真正的信息管理工作,充分发挥信息在管理中的作用。

(5) 提高企业的经济效益和社会效益。管理信息系统使企业管理规范化、科学化、高速化,资源利用合理化。从国外的经验来看,它给企业带来的直接经济效益是显著的。由于管理信息系统准确、及时地提供信息加强了信息反馈,企业各部门据此合理地组织商品流通,减少库存积压,从而能加快资金周转。管理信息系统对企业内部的资金统一管理,及时掌握、调配使用,提高了资金利用率。

（四）运输管理信息系统

运输信息是指在运输业务中所发生的信息，主要的基础信息是产生并证明运输活动发生、完成的各种单据，包括订单通知单、提单、运费清单和货运清单等[①]。

提单是客户购买运输服务所使用的基本单证，起着货物收据、运输合同证明和提货凭证三重作用，也是在货物发生灭失、损坏或延误的情况下，请求损害赔偿最基本的证明。提单上需列明货物唯一真实的受领人、交接方式、运费、货物情况（名称、包装、数量等）信息、具体运输条款、有关承运人与托运人的责任以及索赔与诉讼等问题。

除统一提单外，其他常用的提单类型还有订货通知提单、出口提单和政府提单。

运费清单是承运人收取其所提供的运输服务费用的一种方法，列明运费的款项及费用金额，现已发展到可以使用提单上所载明的信息。运费清单可以是预付的，也可以是到付的。

货运清单是当单独一辆运输工具上装载多票货物时用于明确总载货的具体内容的单独文件，列明每一个停靠站点或收货人地址、提单、重量以及每票货的清点数等，目的是提供一份单独的文件，用于明确总货载中的具体内容，而无须检查个别的提单。对于一站到底的托运货物来说，货运清单的性质与提单基本相同。

运输管理信息系统是供应链管理信息系统的一个主要组成部分，其主要内容有：运输计划、配车与运输路线计划、配送和货物跟踪、车辆运作管理、成果管理与控制以及运输信息的查询等。物流运输与配送信息系统一般是由发送货物业主、物流运输业主和接收货物业主组成。

现代物流运输管理信息系统必须向客户提供物品处于运输状态的实时信息，包括提供货物的位置与状态。这些信息提供给运输服务人员和客户，以供他们随时调整运输的状态。现代物流运输管理信息系统一般包括条形码系统、全球定位系统、地理信息系统以及智能交通系统等。它的投资很大，但对于服务的改进和竞争力的提高效果显著。通过现代物流运输管理信息系统可以把握在途物资的情况，把运输车辆变成流动的仓库，实现库存的最小化。

物流运输方式的选择是企业物流过程中必须要做的一环。现代物流根据货运要求，会采用不同的运输方式：公路运输、铁路运输、水路运输、航空运输、管道运输。对于一般的企业运输来说，主要是集中于公路运输与水路运输。

---

① 林自葵：《物流信息管理》，清华大学出版社 2006 年版，第 265 页。

(五) 配货管理信息系统

配货管理信息系统采用大集中的管理模式,使得各业务点的信息高度共享,增强了企业决策的及时性和客观性,帮助企业实现数字化管理,从功能上满足长途货运与区域配送两类业务,并支持与铁路、水运、航空运输方式的联运。配货管理信息系统重点解决物流活动过程的核心问题,如运输过程的监控与信息反馈、运输车辆的安排、运输成本核算等。这种系统可大幅度简化物流的环节,提高运输效率,降低运输成本,最终提高企业的综合效益。

1. 配货管理信息系统的功能

(1) 提供日常工作的计划与监控,合理优化搬运、运输等资源与货物追踪。

(2) 提供电子数据交换能力,满足与供应链合作伙伴之间的信息交流。

(3) 提供信息增值服务能力,如货物状态的查询等。

(4) 连接金融服务和政府部门,提供电子商务营运环境功能。

(5) 提供管理决策辅助功能。

2. 配货管理信息系统的构成

配货管理信息系统包括五大子系统:采购入库管理系统、销售出库管理系统、财务会计管理系统、配送管理系统和运营绩效管理系统。

(1) 采购入库管理系统。采购入库管理系统处理厂商相关作业,包括商品实际入库、根据入库商品内容做库存管理,根据需求商品向供货厂商下订单。采购入库管理系统的工作内容包括入库作业管理、库存控制、采购管理系统、应付账款系统。

(2) 财务会计管理系统。财务会计部门对外主要以采购部门传来的商品入库数据核查供货厂商送来的催款数据,并据此付款。由厂商或由销售部门取得出货单来制作应收账款催款单并收取账款。会计系统还制作各种财务报表提供给经营绩效管理系统作参考。

财务会计系统主要包括一般会计系统与人事工资管理系统,其系统构成见表7-1。

(3) 销售出库管理系统。销售出库管理系统包括:订单处理系统,销售分析与销售预测系统,拣货规划系统,包装、流通加工规划系统,仓库管理系统,应收账款系统,所涉及的对外作业主要是自客户处取得订单、进行订单处理、仓库管理、出货准备到实际将商品运送至客户手中为止,均以对客户服务为主。对内作业的内容则是进行订单需求统计,传送到采购入库管理系统作为库存管理的参考,并从采购入库管理系统处取得入库数据;在商品发货后将应收账款账单送至

表7-1 财务会计系统的构成

子系统	功能	子系统	功能
一般会计系统	会计总账	人事工资管理系统	人事资料管理
	分类账		工资报表
	财务报表		印制工资单
	现金管理		与银行的工资转账系统
	支票管理		人力评估与人力使用建议
	银行自动转账系统		

财务会计系统;并由经营绩效管理系统处取得各项经营指示。

(4) 配送管理系统。配送管理系统包括:派车计划,货物追踪管理系统,运输调度计划,车辆保养维修、燃料耗材管理系统,出货配送系统。

配送管理既是最后一个主要环节,也是全部配送工作中的核心业务。要想合理、经济地进行货物配送,必须尽可能地实现"六个最",即最少环节、最短距离、最低费用、最高效率、最大效益和最佳服务。配送管理中的配送路线的选择和配送车辆的安排都要紧紧围绕上述目标来展开工作。配送管理的实施框架如图7-7所示。

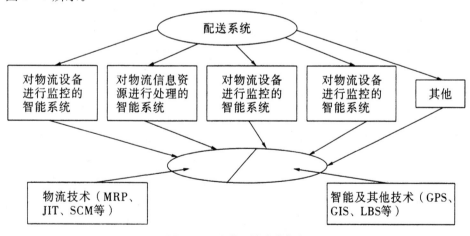

图7-7 配送系统实施框架

出货配送系统包括配送路线选择、配送车辆安排等内容。配送中心应在利用计算机系统进行货物配送路线的大量模拟的基础上,选择合适的配送路线,避免迂回运输、相向运输、空车往返等不经济的现象。

(5) 运营绩效管理系统。运营绩效管理系统从各子系统及流通部门取得信息，制定各种经营政策，然后将政策以及执行方针告知各个经营部门，并将配送中心的数据提供给相关系统。运营绩效管理系统包括配送资源计划、经营管理系统、绩效管理系统。

案例 7-3

"一流三网"——海尔独特的现代物流

海尔的物流改革是一种以订单信息流为中心的业务流程再造，通过对观念的再造与机制的再造，构筑起海尔的核心竞争能力。

海尔物流管理的"一流三网"充分体现了现代物流的特征："一流"是以订单信息流为中心；"三网"分别是全球供应链资源网络、全球配送资源网络和计算机信息网络。"三网"同步流动，为订单信息流的增值提供支持。

1. "一流三网"

在海尔，仓库不再是储存物资的水库，而是一条流动的河。河中流动的是按单采购来生产必需的物资，也就是按订单来进行采购、制造等活动。这样，从根本上消除了呆滞物资、消灭了库存。

目前，海尔集团每个月平均接到 6 000 多个订单，这些订单的品种达 7 000多个，需要采购的物料品种达 26 万余种。在这种复杂的情况下，海尔物流自整合以来，呆滞物资降低了 73.8%，仓库面积减少 50%，库存资金减少 67%。海尔国际物流中心货区面积 7 200 平方米，但它的吞吐量却相当于普通平面仓库的30 万平方米。同样的工作，海尔物流中心只有 10 个叉车司机，而一般仓库完成这样的工作量至少需要上百人。

全球供应链资源网的整合，使海尔获得了快速满足用户需求的能力。

海尔通过整合内部资源、优化外部资源，使供应商由原来的 2 336 家优化至840 家，国际化供应商的比例达到 74%，从而建立起强大的全球供应链网络。GE、爱默生、巴斯夫、DOW 等世界 500 强企业都成为海尔的供应商，有力地保障了海尔产品的质量和交货期。不仅如此，海尔通过实施并行工程，更有一批国际化大公司以其高科技和新技术参与到海尔产品的前端设计中，不但保证了海尔产品技术的领先性，增加了产品的技术含量，还使开发的速度大大加快。另外，海尔对外实施日付款制度，对供货商付款及时率达到 100%，这在国内，很少有企业能够做到，从而杜绝了"三角债"的出现。

2. JIT 的速度实现同步流程

由于物流技术和计算机信息管理的支持，海尔物流通过 3 个 JIT，即 JIT 采购、JIT 配送和 JIT 分拨物流来实现同步流程。

目前通过海尔的 BBP 采购平台,所有的供应商均在网上接受订单,使下达订单的周期从原来的 7 天以上缩短为 1 小时内,而且准确率达 100%。除下达订单外,供应商还能通过网上查询库存、配额、价格等信息,及时补货,实现 JIT 采购。

为实现"以时间消灭空间"的物流管理目的,海尔从最基本的物流容器单元化、集装化、标准化、通用化到物料搬运机械化开始实施,逐步深入到对车间工位的五定送料管理系统、日清管理系统进行全面改革,加快了库存资金的周转速度,库存资金周转天数由原来的 30 天以上减少到 12 天,实现 JIT 过站式物流管理。

生产部门按照 B2B、B2C 订单的需求完成以后,可以通过海尔全球配送网络送达用户手中。目前海尔的配送网络已从城市扩展到农村,从沿海扩展到内地,从国内扩展到国际。全国可调配车辆达 1.6 万辆,目前可以做到物流中心城市 6~8 小时配送到位,区域配送 24 小时到位,全国主干线分拨配送平均 4.5 天,形成全国最大的分拨物流体系。

在企业外部,海尔 CRM(客户关系管理)和 BBP 电子商务平台的应用架起了与全球用户资源网、全球供应链资源网沟通的桥梁,实现了与用户的零距离。在企业内部,计算机自动控制的各种先进物流设备不但降低了人工成本、提高了劳动效率,还直接提升了物流过程的精细化水平,达到质量零缺陷的目的。计算机管理系统搭建了海尔集团内部的信息高速公路,能将电子商务平台上获得的信息迅速转化为企业内部的信息,以信息代替库存,达到零营运资本的目的。

3. 积极开展第三方分拨物流

海尔物流运用已有的配送网络与资源,并借助信息系统,积极拓展社会化分拨物流业务,目前已经成为日本美宝集团、AFP 集团、乐百氏的物流代理,与 ABB 公司、雀巢公司的业务也在顺利开展。同时海尔物流充分借力,如与中国邮政开展强强联合,使配送网络更加健全,为新经济时代快速满足用户的需求提供了保障,实现了零距离服务。海尔物流通过积极开展第三方配送,使物流成为新经济时代下集团发展新的核心竞争力。

4. 流程再造是关键观念的再造

海尔实施的现代物流管理是一种在现代物流基础上的业务流程再造。而海尔实施的物流革命是以订单信息流为核心,使全体员工专注于用户的需求,创造市场、创造需求。

海尔的物流革命是建立在以"市场链"为基础的业务流程再造。以海尔文化和 OEC 管理模式为基础,以订单信息流为中心,带动物流和资金流的运行,实施三个"零"目标(质量零距离、服务零缺陷、零营运资本)的业务流程再造。

构筑核心竞争力物流带给海尔的是"三个零"。但最重要的,是可以使海尔一只手抓住用户的需求,另一只手抓住可以满足用户需求的全球供应链,把这两种能力结合在一起,从而在市场上可以获得用户忠诚度,这就是企业的核心竞争力。这种核心竞争力,正加速海尔向世界500强的国际化企业挺进。

案例来源:http://tieba.baidu.com/f?kz=48460053。

五、现代物流信息系统的运行维护

(一)物流信息系统的运行管理

物流信息系统的运行管理工作是系统研制工作的继续。如果缺乏科学的组织与管理,物流信息系统不能正常有效地运行,则会白白浪费系统研制阶段的所有努力,无法实现系统目标,并给企业带来巨大的人力、财力的损失。

物流信息系统运行管理主要通过行政手段,并辅以技术手段进行。具体的运行管理工作主要有以下几个方面:

1. 数据搜集

在物流信息系统中,数据搜集主要体现在两个方面:一是数据库各个表中数据记录的录入和校验,货物在其流通过程中,具有共性的特征信息应该能够在上下游企业之间共享,根据物流管理信息系统开发中的上下游企业集成程度,这类数据搜集具有不同的自动化水平;二是通过自动识别和采集技术(如条码技术、射频识别技术、GIS技术、GPS技术等现代物流技术),能够对物流活动进行准确实时的信息搜集,这体现了物流活动中的物流与信息流的集成,另外,客户通过图形界面进行元素值的选择或填写,能够方便地完成物流活动中各种单证的输入,如用户订单信息的输入。

数据搜集是伴随着物流活动的日常工作,例如,在库存管理工作中,对每天进货出货的业务处理都应该包括数据录入、数据检验。数据搜集是运行管理的重要内容,数据搜集工作常常分散在各个业务部门,不同的业务人员协调一致地展开工作并不是一件简单的事情。系统主管人员应该努力利用各种方法,提高这些人员的技术水平和工作责任感,对他们的工作进行评价、指导和帮助,以便提高所搜集数据的质量,为系统有效地工作打下坚实的基础。

2. 数据处理

常见的工作包括例行的数据更新、统计分析、报表生成、数据的复制及保存、与外界的定期数据交流等。这些工作一般来说，都是按照一定的规程，定期或不定期地运行某些事先编制好的程序。这些程序可通过图形界面的功能调用而得到执行。系统的工作规程应该是在系统研制中已做好详细规定，操作人员应当经过严格的培训，清楚地了解各项操作规程，了解各种情况的处理方法。数据处理依赖于系统已有的各种资源，如系统功能和搜集到的数据。

另外，很多企业的后台都具有数据仓库。物流信息系统中的很多数据（如产品销售量、销售地点、销售时间、客户信息等）都可移植到数据仓库中，再利用OLAP分析和数据挖掘对数据仓库中的数据进行处理。这样的数据处理不是服务于某个具体的业务交易，而是为企业长远性的战略性计划提供决策支持。

3. 系统硬件的运行维护

物流信息系统应该在任何情况下都能正常运行，为此，需要由一些硬件工作人员负责计算机和网络的运行与维护。对于大型计算机，这一工作需要由较多的专职人员来完成。系统硬件的运行和维护工作包括设备的使用管理、定期检修、备用品和配件的准备及使用、各种消耗材料的使用及管理、电源及工作环境的管理等[1]。

（二）物流信息系统的维护

系统投入运行后要不断地对系统进行各项修改和维护，以改正潜在的错误，扩充和完善功能，延长系统寿命。

系统的维护是面向系统中各种构成因素的。按照维护对象的不同，系统维护的内容可分为四类。

1. 软件维护

系统的业务处理过程是通过应用程序的运行而实现的，一旦程序发生问题或业务发生变化，就必然引起程序的修改和调整，因此系统维护的主要活动是对软件进行维护。按照软件维护的不同性质，可将其划分为以下四种类型：

（1）纠错性维护。由于系统测试不可能发现系统存在的所有错误，因而有可能在系统投入运行后频繁的实际应用过程中暴露出系统内隐藏的错误。诊断和修正系统中遗留的错误就是纠错性维护。

（2）适应性维护。为了使系统适应环境的变化而进行的维护工作。

---

[1] 刘小卉：《物流管理信息系统》，复旦大学出版社2006年版，第266页。

（3）完善性维护。在系统的使用过程中，用户往往要求扩充原有系统的功能，增加一些软件需求规范书中没有规定的功能与性能特征，为了改进处理效率而新增编写程序。

（4）预防性维护。系统维护工作不应总是被动地等待用户提出要求后才进行，应进行主动的预防性维护，即选择那些还有较长使用寿命、目前尚能正常运行但可能将要发生变化或调整的系统进行维护。

2. 数据维护

业务处理对数据的需求是不断发生变化的，除了系统中主体业务数据的定期正常更新外，还有许多数据需要进行不定期的更新，或随环境和业务的变化而调整，以及增加数据内容、调整数据结构等。此外，数据的备份与恢复也是数据维护的工作内容。

3. 代码维护

随着系统应用范围的扩大、应用环境的变化，系统中的各种代码往往需要进行一定程度的增加、修改、删除，或设置新的代码。

4. 硬件设备维护

硬件设备维护主要是指对主机及外围设备的日常维护和管理、设备故障的检修、损坏部件的更换等。

（三）物流信息系统的安全管理

物流信息系统是物流企业组织的"神经网络"，物流信息系统安全出现问题将会产生巨大影响。物流信息系统的安全是指为了防范意外或人为的破坏或非法使用信息资源，而对物流信息系统运行所采取的保护措施。

1. 安全管理目标

物流信息系统安全是系统运行保障机制的重要内容，其不安全因素主要来自以下几个方面：

（1）物理部分，如机房不达标、设备缺乏保护措施、存在管理漏洞；

（2）软件部分，如操作系统安全、数据库系统安全、应用系统安全；

（3）网络部分，如内部网安全和内、外部网连接安全。

物流信息系统安全管理的目标就是保证系统在有充分保护的安全环境中运行，由可靠的操作人员按规范使用计算机系统、网络系统、数据库系统和应用系统，系统符合安全标准。

2. 安全技术

当前用于网络信息安全的实现技术主要包括密钥技术、身份识别技术、访问控制技术、数字签名、防火墙技术和病毒防治技术等等。

（1）密钥技术。加密算法主要有两种：对称密钥加密和非对称密钥加密。对称密钥加密要求发送方和接收方在安全通信前商定一个共享密钥（解密算法是加密算法的逆过程），它对较长的数据信息加密效率高，但无法实现较好的密钥管理。实际应用中，这个共享密钥是在信息交换过程中由发送方随机产生的，并随即利用接收方的公开密钥进行加密后发送给接收方，或者采用除网络通信手段以外的其他安全通信手段（如电话、传真等）传送。这个密钥可只限于一次性使用，然后，发送方便可利用这个对称密钥对要发送的较长的所有数据信息进行加密。其优点是密钥管理简单易行，缺点是加密效率远远低于对称密钥加密，适于短报文加密、数字签名和上述的共享密钥发送。

密钥技术可看成是由明文、密文、算法和密钥四要素构成。明文是原始信息，密文是明文变换后的信息，算法是明文和密文之间的变换法则，密钥是用以控制算法实现的关键信息（即算法中的可变参数）。密钥技术的实施包括加密和解密两个过程。加密时，给定密钥，并按照既定的算法（如 RSA、DES、IDEA 等）将明文变换成密文；解密时，方向相反，即启用密钥，并按照既定的算法将密文还原成明文。

（2）身份识别技术。物流信息系统安全机制的主要目标是控制对信息的访问。当前用于身份识别的技术方法主要有利用用户身份、口令、密钥等技术措施进行身份识别；利用用户的体貌特征、指纹、签字等技术措施进行身份识别；利用用户持有的证件，如光卡、磁卡等进行身份识别；多种方法交互使用进行身份识别。其中，口令识别是目前广泛采用的技术措施，这种身份识别机制在技术上要进行两步处理：第一步是给予身份标识，第二步是鉴别。口令识别这种控制机制的优点是简单、易掌握、能减缓受到攻击的速度。目前对其攻击主要有：尝试猜测、假冒登录和搜索系统口令表三种方法。

（3）访问控制技术。身份识别的目的是防止入侵者非法侵入系统，但对系统内部的合法用户的破坏却无能为力。访问控制技术的基本思想是在网络信息的访问前端设置访问权限。有了访问权限后，非法用户以及不在权限范围之内的合法用户均无法通过检测通道访问这些信息。访问权限的设置有物理和逻辑两种形式。

目前对系统内部用户非授权的访问控制主要有两种：任意访问控制和强制访问控制。任意访问控制指用户可以随意在系统中规定访问对象，通常包括目录式访问控制、访问控制表、访问控制矩阵和面向过程的访问控制等。强制访问控制指用户和文件都有固定的安全属性，由系统管理员按照严格程序设置，不允许用户修改。如果系统设置的用户安全属性不允许用户访问某个文件,那么不论用户是否是文件的拥有者都不能进行访问。任意访问控制的优点是方便用户,强制访问控制则通过无法回避的访问限制来防止对系统的非法入侵。对安全性要求较高的系统通常采用任意访问控制和强制访问控制相结合的方法,安全要求较低的部分采用任意访问控制,信息密级较高的部分则必须采用强制访问控制[1]。

(4)数字签名。数字签名技术是解决网络通信中发生否认、伪造、冒充、篡改等问题的安全技术。数字签名是通过使用一种密码系统来产生和检验的,这种密码系统是应用数学的一个分支,它将原始电文加密转变成看起来难懂的形式,并可对其进行还原。数字签名使用了"公钥密码"技术,这种技术基于算法函数的使用,以生成两个不同但数学上相关的"密钥"。一个密钥用来产生数字签名或将数据转换成看起来难懂的形式,另一个密钥用来检验数字签名或将电文转变成原来的形式。

(5)防火墙技术。实施防火墙技术的主要目的在于对互联网和受保护的内部网络之间的信息流通行为进行控制。具体来说,包括防止互联网上的危险(病毒、未授权的访问者等)侵入到受保护的内部网络中以及阻止内部网络中的机密信息流进互联网。其基本思想是:检查数据流中的每个数据包,并根据数据包的源地址、目标地址、连接请求的方向、数据包协议和服务请求的类型来确定是否允许数据包通过。这种"包过滤"方式相当于在受保护的内部网络上设置了"把门人",使外部可疑的访问被拒之门外。

(6)病毒防治技术。计算机病毒实质上是以破坏计算机资源(如内存、程序等)为目的的各种软件程序的统称,通过网络撒播计算机病毒是当前网络犯罪的主要表现形式。从技术上来说,计算机病毒的防治主要有以下途径:在服务器上装载防病毒模块;用防病毒软件检测计算机;在计算机上插上防病毒卡;在网络接口卡上安装防病毒芯片。

(7)信息泄露防护技术。计算机的屏幕、网线、无线电元器件等本身都存在电磁辐射现象。通过专用的设备,这些辐射出来的信号可以被还原成相应的信息。

对计算机电磁辐射的防护可以从计算机的外壳封装、内部线路与元器件、输入输出电路、传输电缆、电源系统以及声学角度入手,常见的方式主要有使用专用的铜网屏蔽机房;装置干扰天线;使用辐射泄漏很小的液晶显示器;慎用无线连接系统。

---

[1] 刘小卉:《物流管理信息系统》,复旦大学出版社 2006 年版,第 271 页。

六、信息安全标准化的现状和趋势[①]

信息安全标准是确保信息安全的产品和系统在设计、研发、生产、建设、使用、测评中解决其一致性、可靠性、可控性、先进性和符合性的技术规范、技术依据问题。信息安全标准是我国信息安全保障体系的重要组成部分,是政府进行宏观管理的重要手段。信息安全保障体系的建设、应用,是一个极其庞大的复杂系统,没有配套的安全标准,就不能构造出一个可用的信息安全保障体系。

信息安全标准化工作对于解决信息安全问题具有重要的技术支撑作用。信息安全标准化不仅关系到国家安全,同时也是保护国家利益、促进产业发展的一种重要手段。在互联网飞速发展的今天,网络和信息安全问题不容忽视,积极推动信息安全标准化,牢牢掌握在信息时代全球化竞争中的主动权是非常重要的。由此可以看出,信息安全标准化工作是一项艰巨、长期的基础性工作。

(一)国际信息安全标准化工作概况

国际上,信息安全标准化工作,兴起于20世纪70年代中期,80年代有了较快的发展,90年代引起了世界各国的普遍关注。目前世界上约有近300个国际和区域性组织,制定标准或技术规则,与信息安全标准化有关的主要组织有:国际标准化组织(ISO)、国际电工委员会(IEC)、国际电信联盟(ITU)、Internet工程任务组(IETF)等。

国际标准化组织(ISO)于1947年2月23日正式开始工作,ISO/IEC JTC1(信息技术标准化委员会)所属SC27(安全技术分委员会)其前身是SC20(数据加密分技术委员会),主要从事信息技术安全的一般方法和技术的标准化工作。而ISO/TC68负责银行业务应用范围内有关信息安全标准的制定,它主要制定行业应用标准,在组织上和标准之间与SC27有着密切的联系。ISO/IEC JTC1负责制定标准主要是开放系统互联、密钥管理、数字签名、安全评估等方面的内容。

国际电工委员会(IEC)正式成立于1906年10月,是世界上成立最早的专门的国际标准化机构。在信息安全标准化方面,主要与ISO联合成立了JTC1,下分委员会外,还在电信、电子系统、信息技术和电磁兼容等方面成立技术委员会,

---

[①] 资料来源:http://industry.ccidnet.com/art/782/20060404/496437_2.html。

如 TC56 可靠性、TC74IT 设备安全和功效、TC77 电磁兼容、TC108 音频/视频、信息技术和通信技术电子设备的安全等，并制定相关国际标准，如信息技术设备安全(IEC 60950)等。

国际电信联盟(ITU)成立于 1865 年 5 月 17 日，所属的 SG17 组主要负责研究通信系统安全标准。SG17 组主要研究：通信安全项目、安全架构和框架、计算安全、安全管理、用于安全的生物测定、安全通信服务。此外 SG16 和下一代网络核心组也在通信安全、H323 网络安全、下一代网络安全等标准方面进行了研究。目前 ITU－T 建议书中大约有 40 多个都是与通信安全有关的标准。

Internet 工程任务组(IETF)成立于 1986 年，其主要任务是负责互联网相关技术规范的研发和制定。目前，IETF 已成为全球互联网界最具权威的大型技术研究组织。IETF 标准制定的具体工作由各个工作组承担，工作组分成八个领域，分别是 Internet 路由、传输、应用领域等等，著名的 IKE 和 IPSEC 都在 RFC 系列之中，还有电子邮件，网络认证和密码标准，也包括了 TLS 标准和其他的安全协议标准。

（二）我国的信息安全标准化

信息安全标准是我国信息安全保障体系的重要组成部分，是政府进行宏观管理的重要依据。虽然国际上有很多标准化组织在信息安全方面制定了许多的标准，但是信息安全标准事关国家安全和利益，任何国家都不会轻易相信和过分依赖别人，总要通过自己国家的组织和专家制定出可以信任的标准来保护民族的利益。因此，各个国家在充分借鉴国际标准的前提下，制订和扩展自己国家对信息安全的管理领域，这样，就出现许多国家建立了自己的信息安全标准化组织和制定本国的信息安全标准。

目前，我国按照国务院授权，在国家质量监督检验检疫总局管理下，由国家标准化管理委员会统一管理全国标准化工作，下设 255 个专业技术委员会。中国标准化工作实行统一管理与分工负责相结合的管理体制，有 88 个国务院有关行政主管部门和国务院授权的有关行业协会分工管理本部门、本行业的标准化工作，有 31 个省、自治区、直辖市政府有关行政主管部门分工管理本行政区域内本部门、本行业的标准化工作。成立于 1984 年的全国信息技术安全标准化技术委员会(CITS)，在国家标准化管理委员会和信息产业部的共同领导下负责全国信息技术领域以及与 ISO/IEC JTC1 相对应的标准化工作，目前下设 24 个分技术委员会和特别工作组，是目前国内最大的标准化技术委员会。它是一个具有广泛代表性、权威性和军民结合的信息安全标准化组织。全国信息技术安全标准化技术委员会的工作范围是负责信息和通信安全的通用框架、方法、技术和机制的标准化,归口国内外对应的标准化工作。其技术安全包括:开放式安全体系结构、各种安全信息交换的语义规则、有关的应用程序接口和协议引用安全功能的接口等。

我国信息安全标准化工作虽然起步较晚,但是近年来发展较快,入世后标准化工作在公开性、透明度等方面取得实质性进展。我国从 20 世纪 80 年代开始,本着积极采用国际标准的原则,转化了一批国际信息安全基础技术标准,制定了一批符合中国国情的信息安全标准,同时一些重点行业还颁布了一批信息安全的行业标准,为我国信息安全技术的发展做出了很大的贡献。据统计,我国从 1985 年发布了第一个有关信息安全方面的标准以来到 2004 年底共制定、报批和发布有关信息安全技术、产品、测评和管理的国家标准 76 个,正在制定中的标准 51 个,为信息安全的开展奠定了基础。

(三) 信息安全标准化工作的发展趋势

随着网络的延伸和发展,信息安全问题受到了全社会前所未有的关注,人们对信息安全的理解和认识更加深入全面,信息安全标准化的工作也在各级组织中受重视。信息技术安全标准化是一项基础性工作,必须统一领导、统筹规划、各方参与、分工合作,以保证其顺利和协调发展。

1. 走国际化的合作发展之路

信息安全的国际标准大多数是在欧洲、美国等工业发达国家标准的基础上协调产生的,基本上代表了当今世界现代信息技术的发展水平。我国的信息化工作起步较晚,但是互联网是没有国界的,在互联网上使用的产品是可以互联互通的,在我国接入互联的那一天起,在互联上产生的信息安全问题就同样开始威胁我国的网络,所以借鉴国外成熟的先进的经验发展我国的信息化建设事业是十分必要的。信息安全标准化工作是一个国际性的工作,共性的问题多于个性,本着积极采用国际标准的原则,适时地转化了一些国际信息安全基础技术标准为我国信息化建设服务,促进了对中国信息安全技术的快速发展。

目前,我国的标准化工作者积极参与国际标准化和区域性标准化活动,不仅参加了国际标准化组织(ISO)和国际电工委员会(IEC)每年召开的各类高层次的工作会议和技术会议,同时每年派出 100 多个代表团参加 ISO、IEC 的 TC 和 SC 会议。我们不仅主动地采用国际标准,转化国际标准,更重要的是我们还应有计划、有重点地参与国际标准的起草和主动承担国际标准的起草工作,包括标准试验验证和讨论的全过程。逐步使我国的信息安全标准化工作与国际标准化工作的计划、速度以及试验验证工作接轨。我们应该采取积极的态度，对国际标准要花大力气，认真分析、研究。凡是符合我国国情，有利于提高信息化工作质量，保护国家利益的标准都应该加速采用为我国信息安全标准化工作服务。

2. 商业化为信息安全标准化发展提供了动力

多年来，国家标准的制修订经费主要来源于政府财政拨款，一直作为补助经费维持工作，靠行政命令。如果经费不足，由项目承担单位自行解决。随着改革开放的深入和信息化工作的开展，对信息安全标准化工作的要求越来越高，企业生产产品需要标准、政府管理工作需要标准，用户和消费者来保护自己合法权益也需要标准。形势变化了，标准的需求增加了，但标准化工作的经费一直没有增加，对于政府、市场、企业和社会急需的标准和应该开展的工作，对于大量应该修订的标准无力进行正常的修订，对于参与国际标准化活动和采用国际标准工作，因为不可能有足够的经费支持，而使信息安全标准化的工作受到了不同程度的影响。今后采取国家的更多投入，企业的大力支持，标准出版物在发行工作中的改革，提高标准文本的出售价格等方法，使信息安全标准化工作逐步进入商业化运作模式，使标准工作进入到一个良性发展的新局面。

3. 明确信息安全标准化的研究方向

信息技术的安全技术是比较新的和复杂的技术，也是在近年来才得到较快发展的技术，重视新技术的研究与规范是十分重要的。为了全面认识和了解信息技术的安全标准，需要对国内外信息技术标准化的情况和发展趋势进行深入的跟踪和研究。今后在信息安全标准化方面需要实施的工作有：一是扎扎实实地抓好基础性工作和基础设施建设，继续推进信息安全等级保护、信息安全风险评估、信息安全产品认证认可等基础性工作；二是继续加快以密码技术为基础的信息保护和网络信任体系建设；三是进一步完善应急协调机制与灾难备份工作；进一步加强互联网管理，创建安全、健康、有序的网络环境；四是进一步创建产业发展环境，支持信息安全产业发展，加快信息安全学科建设和人才培养，加强国际合作与交流，完善信息安全的管理体制和机制。

关键概念

物流信息管理系统　射频识别技术　销售时点　电子数据交换(EDI)技术　地理信息系统(GIS)技术　物流管理信息系统　库存管理信息系统　运输管理信息系统

思考题

1. 物流信息系统实用技术有哪些?
2. 物流管理信息系统的含义？物流管理信息系统有哪些功能?
3. 库存管理信息系统的含义?
4. 配货管理信息系统的功能及其构成?
5. 物流信息系统具体的运行管理工作主要有哪些方面?
6. 物流信息系统安全管理技术有哪些?

第八章
国际物流

学习目标

1. 理解国际物流的概念、发展,理解国际物流与国内物流的关系及其影响因素;
2. 熟悉国际物流与进出口贸易的关系,了解国际贸易对国际物流提出的新要求;
3. 熟悉国际物流中的检验检疫基本知识,了解出入境货物检验检疫的工作流程;
4. 理解国际货物运输保险的相关概念、特性,重点掌握国际货物运输保险的业务环节;
5. 理解国际货物报关的相关概念,掌握进出口货物报关的程序;
6. 熟悉国际物流中全球供应链的定义及其重要作用。

一、国际物流的发展阶段及影响因素

(一) 国际物流的含义

国际物流,是相对国内物流而言的,就是组织货物(包括原材料、半成品、制成品)及物品(包括邮品、展会、捐赠物资)在不同国家和地区之间实现合理的流动和转移。国际物流是国内物流的延伸和进一步扩展,是跨国界、流通范围扩大了的物的流通,有时也称其为国际大流通或大物流。

国际物流是国际贸易的一个必然组成部分,各国之间的相互贸易都通过国际物流来实现。由于国际分工的日益细化和专业化,任何国家都不能包揽一切专业分工,因而必须要有国际合作与交流。随之而来的国际商品、物资的流动便形成了国际物流。国际物流从广义上理解,包括了各种形态的物资在国际上流动;而国际物流的狭义理解是:当生产和消费分别在两个或两个以上的国家(或地区)独立进行时,为了克服生产和消费之间空间隔离和时间距离,对物资进行物理性移动的国际性商品贸易或交流活动,从而完成国际商品交易的最终目的,即实现卖方交付单证、货物和收取货款、收取货物的贸易对流活动。

Murphy 和 Wood(2003)认为,"国际物流就是商品跨越国界的位移活动"。他们用描述性的语言将国际物流归为以下几种情形:

企业出口部分自制或自产的产品,如出口造纸设备到瑞典,出口小麦到俄罗斯,或出口煤炭到日本。

企业进口原材料或者制成品,如从加拿大进口纸浆,或从意大利、日本进口摩托车。

在某国生产半成品,然后运到其他国家进行深加工或组装。如某企业在美国生产电子元件,运到远东地区的自由贸易区,利用那里廉价的劳动力进行装配,装配后的零部件再运回美国,成为最终产品的一部分。

企业具有国际视角,将所有国家都视为市场、供应源或生产加工地。

因为地理原因,国内贸易穿越外国边境(经常处于保税状态)。例如,以卡车运输方式将货物在保税状态下从底特律经由加拿大运到巴法罗,或者由美国48个州运到阿拉斯加,这意味着负责运输的承运人担负着特殊的法律责任,要保持货物的密封状态,保证在沿途经过他国时不会有货物被转售或被使用。

可以看出,他们将多数物流形式都谈到了,但所有这些都是以国际贸易主导的国际物流为主,也有人称之为"国际贸易物流"。除此之外,国际物流中还有部分非贸易性的或非企业为主导的国际物流形式,包括:

企业非生产性或非贸易性物资流动,如随着国际交往活动的增多,有人提出了"展品物流"的概念,来描述为参加国际展出而由母国到会展所在国的展品、道具、宣传资料、招待、办公用品的国际物流管理。

与国际投资相关的国际物流,如美国通用电气公司决定增加在中国的投资,首先会将未来所需的生产线或建设用物资通过物流渠道运到未来的生产基地。

各国之间的邮政包裹运输服务,也常被人称为"邮政基地";通过国际邮政联盟或国际性快递公司而进行的包括私人文件、商业信函、小包裹等在内的国际物流活动。

国际救援行动或各国慈善机构主导的国际物流,如东南亚、南亚海啸事件发生后,国际救援物资源源不断地由捐赠国运达受灾国家,或者国际红十字会将捐赠国捐助的粮食运往非洲等粮食匮乏的地区。

军事行动或军火交易形成的国际物流,例如伊拉克战争开始前后,美国及盟国的作战人员、军用物资经由欧洲、中东的军事基地运抵前线。产自美国的军事装备及武器不断被卖到亚洲、非洲等。

其他导致国际物流的情况,如每当重大的国际赛事(如世界杯足球赛、奥运会等)、演出活动或重大宗教活动临近(如每年伊斯兰教的朝圣、梵蒂冈主教逝世)时,一方面会有大量来自世界各国的人员流向当地,另一方面新闻媒体报道中使用的各种器材,赛事演出或宗教活动所使用的各种物资也会在短期内大量流向当地。

(二) 国际物流的发展阶段

第二次世界大战以前,各国间已有了不少的经济交往,但是无论从数量上还是从质量上,都没有将伴随国际交往的运输放在主要地位。第二次世界大战结束以后,国际间的经济交往越来越活跃。发展中国家对国际物流的参与逐渐加强。国际物流在20世纪50年代开始发展至今,经历了以下几个阶段。

第一阶段:20世纪50年代——国际物流发展的准备阶段。

随着世界银行、国际货币基金组织等国际经济组织的建立,各国间经济交往越来越多,国际贸易化的势头越来越猛,国际贸易壁垒也逐渐拆除,在这种新的形势下,原有的仅满足运送必要货物的运输观念已不能适应新的要求,系统物流开始进入国际领域。

第二阶段:20世纪60年代——各国间大规模物流发展阶段。

战后各国普遍的建设热潮和以关贸总协定为代表的国际组织不断促成的贸易壁垒的降低、开放市场的努力,促成了20世纪60年代国际间大规模物流活动的开展。

同样开始于20世纪60年代的还有物流技术的不断改进和提高,以国际物流中最重要的要素运输为例,出现了大型运载工具,如20万吨的油轮、10万吨的矿石船等。集装箱的出现和发展也促成了各国间制成品物流活动效率的大幅度提高,成本迅速下降,进一步促进了国际物流活动的迅猛发展。

第三阶段:20世纪70年代,集装箱及国际集装箱船、集装箱港口的快速发展阶段。

20世纪70年代石油危机的影响,使国际物流不仅在数量上得到进一步发展,传播大型化趋势进一步加强,而且有了提高国际物流服务水平的要求。大数量、高服务型物流从石油矿石等物流领域向物流难度最大的中小件杂货领域深入,其标志是国际集装箱的大规模发展,各国间各主要航线的定期班轮都投入了集装箱船,立刻就把散杂货的物流水平提了上去,使物流服务水平获得很大提高。

20世纪70年代中后期,国际物流的质量和速度要求进一步提高。这个时期在国际物流领域出现了航空物流大幅度增加的新形势,同时出现了更高水平的国际联运。

第四阶段：20 世纪 80 年代，自动化搬运及装卸技术、国际集装箱多式联运发展阶段。

20 世纪 80 年代前中期国际物流的突出特点，是在物流量不继续扩大的情况下出现了"精益物流"，物流的机械化、自动化水平提高。同时，随着人们需求观念的变化，国际物流着力于解决"小批量、高频度、多品种"的物流，出现了不少新技术和新方法。这就使现代物流不仅覆盖了大量货物、集装杂货，而且也覆盖了多品种的货物，基本覆盖了所有物流对象，解决了所有物流对象的现代物流问题。

20 世纪 80 年代国际物流领域的另一大发展是，伴随国际物流，尤其是伴随国际多式联运物流，出现了物流信息系统和电子数据交换（EDI）系统。

第五阶段：20 世纪 90 年代初至今，国际物流信息化时代。

物流的每一活动几乎都需要有信息支撑，物流质量取决于信息，物流服务依靠信息，许多重要的物流技术也都是依靠信息才能实现。90 年代以来，Internet、条形码以及卫星定位系统在物流领域得到广泛应用，而且越来越受到人们的重视。这些高科技在国际物流中的应用，极大地提高了物流的信息化和服务水平，所以有人称"物流就是综合运输加高科技"。近年来各大物流企业纷纷投巨资于物流信息系统的建设。可以说，21 世纪将是物流信息化高度发展的时代。

（三）国际物流与国内物流的比较

相对于国内物流来说，国际物流涉及的环节更多，在其系统中参与运作的企业更为广泛，企业之间相互协作共同完成进出口货物的各项业务工作。因此，国际物流运作的环境更为复杂。

美国学者 Glodsborough 和 Anderson 曾对国际物流和国内物流进行过深入的比较，他们认为与国内物流相比，国际物流在以下几个方面特点明显（见表 8-1）：

表 8-1 国际物流与国内物流比较

	国 内 物 流	国 际 物 流
成本	约占美国 GNP 的 10.5%	估计占世界 GNP 的 16%，2000 年全球物流总成本约 2 万亿美元
运输方式	以公路和铁路运输为主	主要使用国际海运、空运和多式联运
库存	库存水平较低（因为订单周期短，运输能力强）	库存水平较高（因为订单周期长，需求和运输时间的不确定性在增加）
代理	除铁路运输外，较少使用	主要依靠货代、集中运托人和报关行

(续表)

	国 内 物 流	国 际 物 流
财务风险	较小	风险较高(汇率波动,违约追索困难造成)
货物风险	较小	很高(因为运输距离长、环节多,运作复杂,各国运输基础设施水平参差不齐)
政府机构	主要对危险品、载重量、安全法规和费率方面进行规定	涉及的机构众多,包括海关、商务部、农业部、运输部等
文书管理	很少(如采购单、货运单和发票)	大量单证;美国商务部估计约合＄250/批次
通信	电话、邮寄越来越多的使用电子数据交换技术	电话和邮寄费用高且效率低;逐步使用 EDI,但标准不同限制其广泛使用
文化差异	文化背景相对单一,只能对产品做很小的改动	文化差异较大,营销活动和产品设计要适应市场要求

资料来源：William W. Glodsborough, David L. Anderson. The Logistic Handbook. Ed. by James F. Robeson, William C. Copacino New York; Free Press, 1994, 677

（四）国际物流的影响因素

国际物流是国内物流活动的延伸和发展,所以几乎无法将国内物流与国际物流截然分开。但由于国际物流的跨国界特征,所以与国内物流相比,影响国际物流的因素更加复杂多样。总的来讲,可以有以下几个因素：

1. 政治因素

与国内物流相比,国际物流受政治因素的影响更大,不仅母国政府实施的政策会影响本国企业国际物流活动的范围,而且他国,乃至国家间政治氛围的变化也会影响两国间国际物流的广度和深度。

2. 经济因素

经济因素涵盖的范围面较广,例如,对国际物流影响最大的是汇率问题。二战后国际货币体系的发展历程表明,汇率的频繁调整将增加企业跨国经营的风险,国家间汇率的动荡或稳定直接影响企业参与国际物流的积极性。

当前,经济因素还包括经济政策走向、国际贸易的规模、深度等。以中国入世为例,国内市场的进一步开放,一方面吸引更多的外来投资,另一方面促使本土企业更多地融入国际市场,为今后的发展提供了更为广阔的舞台,促进了国际物流的发展。

3. 技术因素

运输、通信和信息处理等技术的革命和发展对国际物流的影响很大。20世纪 60 年代产生的巨型油轮、散装船及集装箱都大大降低了物流成本。

二、国际物流与进出口贸易的关系

（一）进出口贸易的概念及分类

进出口贸易是以一个国家或地区为主体，与另一个国家或地区所进行的商品、服务的买卖或交换即为该国或地区的进出口贸易，又称对外贸易，有些岛国如英国、日本等则称为海外贸易（overseas trade）。从国际上看，世界各国对外贸易的总和就构成了国际贸易。国际贸易（International Trade）亦称世界贸易（world trade），是指世界各国（地区）之间的商品以及服务和实际交换活动，包括出口和进口两个方面。

根据货物的流向不同，国际贸易可以分为出口贸易、进口贸易和过境贸易；根据划分进出口的标准不同，可划分为总贸易和专门贸易；根据进出口商品的形式和内容不同，可划分为有形贸易和无形贸易；根据贸易过程中有无第三国参与，可划分为直接贸易、间接贸易和转口贸易；根据清算工具的不同可划分为自由结汇方式贸易和易货贸易；根据国际贸易运输方式的不同，可划分为陆路贸易、海路贸易、空运贸易和邮购贸易。

（二）国际贸易惯例与术语

国际贸易中的交易双方在订立合同时必然要面临如下几个重要问题：卖方在什么地方以什么方式办理货物的交接？在国际货物的运输、交接的过程中，谁来承办进出口清关手续，办理货物的运输、保险及承担相关风险与费用？谁来承担货物在装卸、运输过程中可能出现的灭失或损坏风险如何处理？这些问题在签订合同时都必须明确。为了简化手续和交易过程，便于双方当事人成交，买卖双方便采用某种专门的用语来表明各自的权利与任务，称之为国际贸易术语。国际贸易术语（trade terms）又称价格术语，它是用三个不同的字母缩写来表示交易双方所承担的责任、费用与风险的专门用语。

1. 主要国际惯例

为了减少纠纷和避免争议，一些国际团体先后制定了一些统一解释贸易术语的规则。其中包括：

（1）国际法协会制定的《1932 年华沙—牛津规则》（W. O. RULES 1932）。

(2) 美国九大商业团体制定的《1941年美国对外贸易定义修订本》(Revised American Foreign Trade Definition 1941)。

(3) 国际商会于1936年在巴黎制定的《国际贸易术语解释通则》(International Rules for the International Trade Terms)，此规则在随后作了多次修订和补充，于1999年7月出版了《2000年国际贸易术语解释通则》(INCOTERMS 2000)，于2000年1月1日起开始生效，目前该通则已成为国际贸易中最具影响力的国际贸易术语解释通则，被世界各国广泛采纳。

2. 国际贸易术语

《2000年国际贸易术语解释通则》根据卖方承担义务的不同，将贸易术语按不同类型将13种贸易术语划分为4个组别：

E组：为启运(Department)组术语，本组只有一个术语，即EXW，卖方应在自己的住处将货物提供给买方指定的承运人。

F组：主运费未付(Main Carriage Unpaid)组术语，本组包括FCA、FAS和FOB三种术语，卖方必须将货物交至买方所指定的承运人。

C组：主运费已付(Main Carriage Paid)组术语，本组包括CFR、CIF、CPT和CIP四种术语。按这些术语成交，卖方必须订立将货物运往指定目的港或目的地的运输契约，并把货物装上运输工具或交给承运人。但货物中途灭失或损坏的风险和发运后产生的额外费用，卖方不承担责任。

D组：到达组术语组，本组包括DAF、DES、DEQ、DDU、DDP五种术语。按照这组术语成交，卖方必须承担货物交至目的地国家指定地点的一切费用、风险和责任。

《2000年国际贸易术语解释通则》中共包含了四组13种贸易术语，见表8-2，详细规定了买卖双方在贸易活动中的风险责任，对每一种贸易术语适用的运输方式也作了说明，其中最常用的有装运港交货的三种贸易术语FOB、CFR和CIF以及向承运人交货的三种贸易术语FCA、CIP、CPT。

表8-2 国际贸易术语

组 别	术 语		适用的运输方式
E组：启运	EXW	工厂交货	各种运输方式
F组：主运费未付	FCA	货交承运人	各种运输方式
	FAS	装运港船边交货	海运和内河运输
	FOB	货运港船上交货	海运和内河运输

(续表)

组　别	术　语		适用的运输方式
C组：主运费已付	CFR	成本加运费	海运和内河运输
	CIF	成本加保险费,运费	海运和内河运输
	CPT	运费付至	各种运输方式
	CIP	运费,保险费付至	各种运输方式
D组：到达	DAF	边境交货	各种运输方式
	DES	目的港船上交货	海运和内河运输
	DEQ	目的港码头交货	海运和内河运输
	DDU	未完税交货	各种运输方式
	DDP	完税后交货	各种运输方式

（三）国际物流与进出口贸易的关系

国际物流与国际贸易即进出口贸易之间的关系是相互依存、相互促进和相互制约的关系。二者缺一不可,国际物流是在国际贸易产生和发展的基础上发展起来的,其高效运作又促进了国际贸易的发展。

1. 国际贸易是国际物流产生和发展的基础和条件

世界范围的社会化大生产必然会引起不同的国际分工,国际物流是在国际贸易产生和发展的基础上发展起来的,在国际贸易还不发达的阶段,国际物流只是国际贸易的一部分,生产全球化及国际分工的深化,使得国与国、地区与地区之间的国际贸易发展迅速,也促使国际物流从国际贸易中剥离出来。随着国际贸易在规模、数量和交易品种等方面的增加,面临巨大市场竞争压力的贸易商、大型制造商对国际物流的服务要求也日益增大。

各国之间商品的流动是由商流和物流组成的,前者由国际交易机构按照国际惯例进行,后者由物流企业按各个国家的生产和市场结构完成。如果没有国家之间的商品交易,或者进口商与出口商为缔造某种商品的国际货物买卖合同,也就不存在该商品在国与国之间的流动和转移问题,也就不会产生涉及该种商品流动所需要的包装、跨国运输、交货、仓储、报关、装卸、保险、流通加工等一系列的国际物流活动。同样,如果没有国际物流的支持,国际货物的买卖合同就难以履行,出口商要做到适时、适地、按质、按量、以适当成本和条件,将适当的产品交给国外客户就很难实现。因此国家或地区之间的贸易越活跃,对国际物流的运作能力和技术水平要求也就越高,也越能促使国际物流的发展。

2. 国际贸易促使物流国际化

二战结束各国都在不同程度地进行重建工作,世界经济呈现繁荣兴旺的景象,进出口贸易也因此发展得极为迅速。由于一些国家和地区资本积累达到了一定程度,本国市场已不能满足其进一步发展的需要,这时候出现了众多的跨国公司,跨国经营发展迅猛,加之交通运输、信息处理及经营管理水平的提高,促使了货物和信息在世界范围内的大量流动和广泛交换。

3. 国际物流的高效有序是国际贸易发展的重要条件

国际物流对国际贸易的影响有两方面,其一是贸易能够顺利进行,其二表现为,物流条件的改善降低了物流成本,使产品的附加成本得以降低。近年来,国际市场消费趋势呈现出"多品种、小批量、个性化"的发展。国际贸易格局也随之发生变化,交易的商品品种、数量成倍增加,技术含量更加复杂,对国际物流的运作提出新的要求。为了满足国际贸易新的要求,国际物流经营者不断降低成本以及在不增加客户费用的基础上,实现跨国交付货物的准确性和安全性,保证国际贸易的顺利进行,提高商品在国际市场上的竞争力。

4. 国际贸易对国际物流提出新的要求

随着世界政治格局的变化和技术经济的发展,国际贸易表现出一些新的趋势和特点,并对物流提出了更新、更高的要求。

(1) 效率要求。合约的订立和履行是国际贸易活动的集中表现,而国际贸易合约的履行大部分涉及国际物流活动,因而要求物流有很高的效率。从输入方看,提高物流效率最重要的是如何高效地组织所需商品的进口、储备和供应。也就是说,从订货、交货直至运入国内保管、组织供应的整个过程,都应加强物流管理。

(2) 安全要求。随着全球化的发展,大多数商品在世界范围内分配和生产。国际物流所涉及的国家多,地域辽阔,很多商品的运输在途时间长,容易受到气候、地理等自然条件和罢工、战争等社会政治经济因素的影响。因此,国际物流在选择运输方式和路线时,必须密切注意所经地域的气候条件、地理条件,还应注意沿途所经国家和地区的政治局势、经济状况等,以防这些人为因素和不可抗拒的自然力造成货物灭失。

(3) 成本要求。国际贸易的特点决定了国际物流环节多、储运期长的特点。由于国际市场竞争的加剧,降低物流成本以获得价格优势是大势所趋。随着技术的进步,物流费用的控制及成本的降低具有很大潜力。对于国际物流企业来说,如何选择最佳物流方案,在降低物流成本的同时,提高物流经济性,保证服务水平是提高企业竞争力的有效途径。

国际贸易结构的巨大变化需要专业化、国际化的物流运作,国际物流必须不断发展以适应国际贸易结构和商品流通形式的变革,向国际物流更加合理化方向发展。

三、国际物流中的检验检疫

(一) 国际货物检验检疫的概念及作用

国际物流中的货物运输大多远隔重洋,商品难免会发生残损短缺,为了分清当事人的责任所在,需要持第三方立场的机构,对商品质量等方面进行裁定,并出具检验证书作为买卖双方交接货物、结算货款、索赔和理赔的依据。进出口商品检验机构应运而生,它按照有关的法律、法规,以独立公正的身份为买卖双方进行商品检验,出具相关证明,商检机构的产生保证了国际物流的快速发展。

国际商品检验检疫是指政府行政部门以保护国家整体利益和社会效益为衡量标准,以法律、行政法规、国际惯例或进出口国法规要求为准则,对出入境货物、交通运输工具、人员及其事项进行检验检疫及认证,并提供官方检验检疫证明、民间检验检疫公正和鉴定证明的全部活动。

进出口商品检验检疫在国际贸易活动中通常简称为商检工作。商检工作是保证国际贸易活动能够顺利进行的重要保证,也是一个国家为保障国家安全,维护国民健康,保护动物、植物和环境而采取的技术法规和行政措施。

对进出口商品进行检验,通常是国际货物买卖合同中的一个重要内容。对此,许多国家的法律或行政法规都有规定。我国的有关法律规定:进口商品未经检验的,不准销售、使用;出口商品未经检验合格的,不准出口。英国《货物买卖法》第三十四条规定"除另有约定者外,当卖方向买方交货时,根据买方的请求,卖方应向其提供一个检验货物的合理机会,以便能确定其是否符合合同的规定。"《联合国国际货物销售合同公约》第三十八条规定:买方必须在按实际情况可行的最短时间内检验货物或由他人检验货物;如果合同涉及货物的运输,检验可推迟到货物到达目的地进行。世界贸易组织和其他国际组织也有许多由各成员方同意通过的关于检验检疫的协议。如"贸易中的技术性壁垒协议(Agreement on Technical Barriers to Trade,TBT)""实施动植物卫生检疫措施协议(Agreement on the Application of Sanitary and Phytosanitary Measures,SPS)""装船前检验协议(Agreement on Preshipment Inspection)"等。

以上规定说明,除双方另有约定外,对货物进行检验是买方的一项基本权利。尽管如此,为明确起见,双方仍应在合同中做出具体规定,但是必须指出,买方对货物的检验权并不是他接受货物的前提条件,假如买方没有利用合理的机会对货物进行检验,就是放弃了检验权,因此也就丧失了拒收货物的权利。

国家设立检验机构对进出口商品进行检验与管理,主要作用如下:

1. 保障进出口商品的质量

商检机构通过检验和监督管理,把好进出口商品质量关,防止不合格的商品进出口,有力地促进了一国境内的出口、生产企业和境外的卖方、厂家注意提高产品的质量。

2. 对进出口商品提供居间证明

通过第三方对进出口商品进行检验或鉴定,提供居间证明,供有关各方进行交接、计费、索赔、理赔、免责之用。检验检疫工作的作用主要通过检验证书的实际效能体现出来。

3. 作为报关验放的有效证件

我国对列入《检验检疫商品目录》的进出口商品,海关在执行监管时凭商检证书或检验机构在有关单证上签发的方形章验放,否则不予验放。世界上许多国家都为了维护本国的政治经济利益,对某些进出口商品的质量、数量、重量、包装、卫生、安全、检疫制定了严格的法律、法规,在有关货物进出口时,由当事人提交检验检疫机构签发的兽医证书、卫生证书、检疫证书、原产地证书等,是进出口国海关和卫生、检疫部门准予进口的有效文件证明。

4. 作为买卖双方结算货款的依据

例如,在买卖锡矿石、铁矿石时,尽管合同中确定有质量和规格,但最终结算要以检验证书中验明的含锡量、含铁量确定等级和计价标准。买卖大米、棉花时要依据商检证书合理计算水分含量,并以实际衡量货物吨位后确定的公量为依据来计算货物交换质量及费用。此时,检验证书是银行最后付款结算时的必需文件,并通常被写入合同或信用证条款中。总之,检验部门出具的品质证书、重量或数量证书是买卖双方都接受的合理公正的结算方式。

5. 作为计算运输、仓储等费用的依据

在检验中,货载衡量工作所确定的货物重量或体积(尺码吨)的证书,是托运人和承托人之间计算运费的有效证件,也是港口仓储运输部门计算栈租、装卸、理货等费用的有效文件。

6. 计算关税的依据

检验检疫机构出具的重量、数量证书,具有公正、准确的特点,是海关核查征收进出口货物关税时的重要依据之一。残损证书所标明的残损、缺少的货物可以作为向海关申请退税的有效凭证。

7. 办理索赔的依据

检验机构在检验中发现货物品质不良，或数量、重量不符，违反合同有关规定，或者货物发生残损、海事等意外情况时，检验后签发的有关品质、数量、质量、残损的证书是收货人向有关责任人提出索赔的重要依据。收货人可以依据责任归属，向卖方提出索赔甚至退货，或者向承运人或保险公司等索赔。同时，检验证书也是国内订货部门向外贸经营部门、保险人、承运及港口装卸部门等责任方索赔，保险公司向被保人理赔，向责任人追索的重要文件依据。

8. 作为证明情况、明确责任的证件

检验检疫机构申请人申请委托，经检验鉴定后出具的货物积载状况证明、监装证明、监卸证明，集装箱的验箱、拆箱证明，对船舶检验提供的验舱证明、封舱证明、舱口检视证明，对散装液体货物提供的冷藏箱或冷藏舱的温度证明、取样和封样证明等，都是为证明货物在装运和流通过程中的状态和某些环节而提供的，以便证明事实状态，明确有关方面的责任，也是产方和有关方面免责的证明文件。

9. 作为仲裁、诉讼举证的有效文件

在国际贸易中发生争议和纠纷，买卖双方或有关方面协商解决时，商验证书是有效的证明文件。

（二）进出口商品检验检疫机构

中华人民共和国进出口商品检验局是统一监督管理全国进出口商品检验工作的主管机关。各省、自治区、直辖市进出口商品检验局及其分支机构监督管理本地区的进出口商品检验工作。

2000年1月1日起实施的"先报检，后报关"的检验检疫货物通关制度，将原卫检局、动植物局、商检局进行的检验"三检合一"，全面推行"一次报检、一次取样、一次检验检疫、一次卫生除害处理、一次收费、一次发证放行"的工作规程和"一口对外"的国际通用的检验检疫模式。从2000年1月1日起，对实施进出口检疫的货物启用"入境货物通关单"和"出境货物通关单"，并在通关单上加盖检验检疫专用章，对列入《出入境检验检疫机构实施检验检疫的进出口商品目录》范围内的进出口货物（包括转关运输货物），海关一律凭货物报关地的出入境检验检疫局签发的"入境货物通关单"或"出境货物通关单"验放，取消了原"商检、动植检、卫检"以放行单、证书及在报关单上加盖放行章通关的形式。

我国的商品检验检疫机构是国家质量监督检验检疫总局（通常简称为国家质检总局）及其设在全国各口岸的出入境检验检疫局。根据《中华人民共和国进出口商品检验法》（简称《商检法》）的规定，我国商检机构的主要职责有：对重要的商品进行法定检验，对一般进出口商品实施监督管理和鉴定。

（三）进出口商品检验范围

我国规定：重要的进出口商品检验由商检机构负责检验。具体哪些商品由商检机构检验由国家商检局决定，列入《商检机构实施检验的商品种类表》（以下简称《种类表》）。没有列入《种类表》的进出口商品，由有关部门自行检验。没有列入《种类表》，但对外贸易合同规定由商检机构检验出证的进出口商品，由商检机构负责检验。商检机构在执行上述《种类表》的前提下，可根据实际情况，对本地区少数重要进出口商品列入地方性种类表，报经省、自治区、直辖市人民政府批准后，实施地方法定检验。

进出口的药品检验，由卫生部指定的药品检验部门办理；进口食品卫生检验及检疫，由食品卫生监督机构办理；进出口植物及其产品和进口动物及动物产品的检疫工作，由动植物检疫机关办理；出口动物产品的检疫，由商检机构办理；计量器具检定，由计量部门办理；进口锅炉及压力容器的安全监督检验，由锅炉压力容器安全检察机构办理；船舶（包括海上平台）、主要船用设备及材料、集装箱的船舶规范检验，由船舶检验机构办理。利用外资进口的设备、材料和生产、加工的出口产品，按一般进出口商品实施检验和监督管理。

1. 商检机构接受检验的范围

商检机构对重要的商品进行法定检验，重要的商品是指根据有关的法律、法规所确定的必须经过商检机构的进出口商品。详情如：

（1）对列入《种类表》的进出口商品的检验；

（2）对出口食品的卫生检验；

（3）对出口危险货物包装容器的性能鉴定和使用鉴定；

（4）对装运出口易腐烂变质食品、冷冻品的船舱、集装箱等运载工具的适载检验；

（5）对有关国际条约规定须经商检机构检验的进出口商品的检验；

（6）对其他法律、行政法规规定须经商检机构检验的进出口商品的检验。

列入法定检验范畴的进出口商品，收货人必须在规定的检验地点和期限内，持合同、发票、集箱单、提单等必要的单证，向商检机构报验，由商检机构进行检验。未经报验的，不准销售，不准使用；法定检验的出口商品未经检验合格的不准出口。通过对进口商品的检验,有效防止了质量瑕疵商品和有毒害商品的侵入,维护了经营方的合法权益,保障了我国经济建设的发展以及人民生活的安全。对重要的出口商品进行法定检验,确保了出口商品的质量及卫生状况符合有关法律、法规及进口国的规定,维护了国家的信誉,提高了出口商品在国际市场上的综合竞争力,有利于扩大出口。

2. 商检机构不予接受检验的范围

(1) 进口商品索赔有效期太近,无法检验出超过规定的索赔有效期或质量保证期的;

(2) 进口商品在有关规定和惯例允许的合理误差损耗等免检范围内的;

(3) 缺少应有的单据、检验材料,没有检验依据的;

(4) 实施商检的进口商品,未经检验已装运出口的;

(5) 按分工规定,不属于商检工作范围的;

(6) 其他不符合商检机构的检验和签证规定的。

3. 免检的进出口商品

列入《种类表》内的进出口商品,凡属援助物资、礼品、样品及其他非贸易性物品,以及未设立商检机构的边远地区的边境小额贸易的进出口商品,一般免于检验。国家另有规定或规定由商检机构检验出证的,按规定办理。

(四) 进出口商品检验工作流程

出入境国务检验检疫程序是指出入境货物从申报/报检、采样/抽样、检验检疫、卫生除害处理、计/收费直至签证/放行的全过程。其具体工作流程由以下几部分组成:

1. 出境货物检验检疫工作流程

(1) 法定检验检疫的出境货物,由发货人或其代理人按规定的地点和时限向检验检疫机构报检。

(2) 检验检疫机构对所提供的报检单进行核对审查,接受报检后计收检验检疫费用转施检部门。

(3) 检验检疫机构施检部门审单后实施检验检疫。对于免检产品、一类企业产品以及实施出境植物协检员制度的货物,凭企业注册检验员签发的厂检和协检员检疫结果单签证放行;对需要隔离检验检疫的活动物,由检验检疫人员进行临床检查或实验室检验检疫,其他受检物凭感官或在实验室实施检验检疫。

(4) 出境动植物、动植物产品和其他检疫物,经检验检疫不合格的,可通过除害处理达到出口要求的,由施检部门进行卫生除害处理。

(5) 对产地和报关地相一致的出境货物,经检验检疫合格的,出具《出境货物通关单》;对产地和报关地不一致的出境货物,经检验检疫合格的,产地检验检疫机构出具《出境货物换证凭单》,由报关地检验检疫机构换发的《出境货物通关证》报关;出境货物经检验检疫不合格的,出具《出境货物不合格通知单》禁止出境。

出境商品检验检疫流程,如图8-1所示。

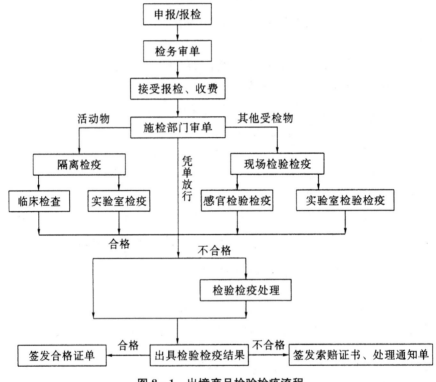

图8-1 出境商品检验检疫流程

2. 入境货物检验检疫工作流程

(1) 入境货物的货主及其代理人持有关报检单向进境地口岸检验检疫机构报检,异地施检的入境货物,由货主或其代理人持有关证单向进境地口岸检验检疫机构办理"流向报检",即口岸清关转异地进行检验检疫的报检。货物到达目的地后,再由该入境货物的货主或其代理人在规定的时间内,向目的地检验检疫机构申请进行检验检疫的报检,亦称"异地施检报检"。因异地施检的入境货物在进境地口岸只对装运货物的运输工具和外包装实施了具体的检验检疫,确认其符合有关检验检疫要求,货主才能获得相应的准许进口货物销售使用的合法凭证,完成进境货物的检验检疫工作。

(2) 进境地检验检疫机构对所提供的报检证单核对审查,接受报检后计收检验检疫费用,并将有关证单转施检部门。

(3) 对来自疫区的、可能传播检疫传染病、动植物疫情及可能夹带有害物质的入境货物交通工具或运输包装等实施必要的检疫、消毒、卫生除害处理。

(4) 对于法定检验检疫的入境货物签发《入境货物通关单》,供海关验收。

(5) 货主或其代理人在办理完通关手续后,需在规定的地点和时限内主动与检验检疫机构落实施检工作。施检部门审核报检单后实施检验检疫。对需要隔离检疫的活动物,由检验检疫人员进行临床检查或实验室检验检疫;其他受检物凭感官或在实验室实施检验检疫。

(6) 对检验检疫合格的入境货物签发《入境货物检验检疫证明》放行;对检验检疫不合格的入境货物签发《检验检疫处理通知书》;需要索赔的签发检验检疫证书。

入境商品检验检疫流程如图 8-2:

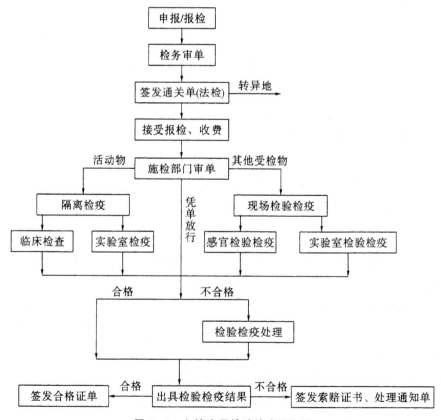

图 8-2 入境商品检验检疫流程图

四、国际物流中的运输保险

（一）国际运输保险概述

国际物流中的货物大多远涉重洋,长途跋涉中存在着较大风险,为了减轻风险带来的财务负担并促使贸易能顺利地进行,货物运输保险应运而生。通过投保运输险,将不定的损失变为固定的费用,在货物因为自然灾害和意外事故遭受损失时,货主可以从保险公司及时得到经济上的补偿,这不仅有利于进出口企业加强经济核算,而且也有利于进出口企业保持正常经营,从而有效地促进了国际贸易和国际物流的发展。

货物运输保险中有三个元素：保险人、货主与运送人；

三者的关系如图8-3所示：

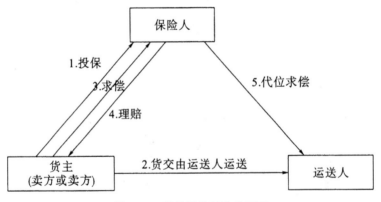

图8-3 货物运输保险关系图

国际货物运输保险与其所使用的运输方法有着密不可分的联系,从货物运输保险角度看,可以将常见的运输方式概括为：

① 海运—船舶；② 空运—飞机；③ 邮包（海、空运）—经邮局或快递运送；④ 内陆运输—火车、货车、集装箱车、飞机；⑤ 海陆空运输—船舶、火车、货车、集装箱车、飞机。

对各种不同的运输方式,均有其相对应的货物保险条款,承保各种运输过程中可能遭遇到的危险。凡以船舶、飞机、汽车、火车等运输工具载运的货物、商品、行李均可作为保险标的物向保险公司投保货物运输保险及其他各种附加险。

从法律角度看,保险是一种补偿性契约行为,即被保险人向保险人提供一定的保险费,保险人则对被保险人将来可能遭受的承包范围内的损失负赔偿责任。保险公司并非对一切风险都予以承保,也不是对所有损失都予以赔偿。为了明确责任,保险公司将承保的各类风险和由这些风险所造成的各种损失的赔偿责任都在其各种不同的险别条款中加以规定。因此,国际物流保险中的"风险"和"损失"有特定的含义,只有首先弄清二者的内容,投保人才能正确理解各种险别的责任,而后方能有针对性地办理投保业务。

1. 可保风险

风险(Risk)一词常被用在保险合同的保险人承包责任范围的条款之中,是指人们对某一事项做出决策的过程中对未来结果的不确定性,包括正面效应和负面效应的不确定性。按其未来结果的不确定性可将风险分为纯粹风险和投机风险。

纯粹风险(Pure Risks)又称静态风险,是指只有损失可能而无获利机会的风险。例如国际物流运输中航行的海轮发生触礁,船东和货主只会遭受经济损失而决不会有利益可言。

投机风险(Speculative Risks)又称动态风险,是指既可能造成损失,也可能产生收益的风险。如股市的不确定性既可能给股东带来损失也可能带来收益。这种风险带有一定的诱惑性,可能会使某些人为了获利而甘冒可能损失的风险。

可保风险(Insurable Risks)或称可保危险,是保险人可以接受承保的风险。在通常情况下,保险人接受承保的风险必须具备以下条件:

第一,非投机性的。投机风险一般是不被列入可保风险之列的,保险人承保的风险只能是仅有损失可能而无获利机会的风险,即属纯粹风险性质的风险。

第二,损失必须是可用货币计量的。保险是一种经济补偿制度,其转嫁的风险和保险人承担的赔偿责任都是以一定的货币量计算的。

第三,必须具有偶然性和不可预测性。保险人承保的风险必须是有可能因这种风险的发生而导致损失的,即只有那些有发生可能而事先又无法知道它是否一定会发生以及发生后会遭到何等程度损失的风险,才需要保险和能使保险人接受承保。

第四,必须是意外发生的。意外的风险损失是指并非必然发生和不是被保险人的故意行为造成的损失。例如,货物的自然损耗和机器设备折旧等现象是必然发生的,还有被保险人的故意行为造成的损失等,均不属于保险人的可保的责任范围。

第五,必须有大量标的均发生重大损失的可能性。如果一种风险只会导致轻微损失，那么就没有必要通过保险求得保障。再者，保险需要以大数法则作为保险人建立保险基金的数理基础，例如一种风险只为个别或者少数标的所具有，那么缺乏这种基础，保险公司也就无法利用大数法则计算危险产生的概率和损失程度，从而难以确定保险费。

2. 可保利益

可保利益(Insurable Interest)又叫保险利益，是指对保险标的物所具有的利益。只有具有真正利益的人才有权利对标的物进行保险。如果保险标的物遭受损失，被保人并未受到任何利益影响，那么他就不具有保险利益。没有保险利益的人没有资格凭保险单据得到经济上的补偿。在海运货物保险中，货物的所有人、承运人和其他与货物有实际利益关系的人都是具有保险利益的人。也就是说，货物本身价值、运费、保险费、预期利润、卖方利益、佣金等都可作为保险利益向保险公司进行投保。

(二) 货物运输保险的特征

1. 保险标的处于运动状态

运输货物除了在始发地和目的地、有时在中转地有短暂的停留外，基本处于运输过程中。

2. 保险标的由承运人保管

普通财产保险的保险标的由被保险人控制，而货物运输保险中由承运人控制保险标的，承运人所采取的运输方式和承运人履行运输合同的能力与货物运输的风险直接相关。

3. 承保价值的定值性

货物运输保险定值保险，是指保险标的价值由保险合同当事人事先约定，在保险合同中载明，并以此约定的价值作为保险金额，作为理赔计算的基础；"不定值保险"是指在保险合同中只载明保险标的的保险金额，并以此作为赔偿的最高限额，而保险价值的认定，是待日后发生保险事故时，以保险事故发生当时、当地的市场价格作为判断保险标的保险价值的依据。

国际货物运输之所以采用"定值保险"，是因为保险标的的流动性较大，实际价值难以确定，例如货物的价格在起运地、转运地以及目的地会有不同，发生损失时价格难以确定，因此采用"定值保单"。

4. 保险责任期间采取航程保险

航程保险有别于时间保单。航程保险是指保险单的效力仅作用于某一段航程，并指明起运港及目的港，保险人应负的保险责任自航程开始时起，至航程结束时为止。时间保单是指以某一特定期间作为保险责任起讫期间。货物运输保险中使用这类保险单的不多,通常船体或一般财产保险才会采用时间保险单。

5. 被保险人的可转让性

一般保险合同中,若保险标的物转让应当通知保险人,经保险人同意继续承包后依法变更契约,但货物运输保险合同除外。货物运输保险所保障的标的物是货物,其所有权由卖方转移到买方,保险单也随货物风险利益的转移而自由转让,所具有的保险权也一并转让给受让人。

6. 国际性

国际货物运输保险以协助国际物流作为主要任务,因此涉及国际性也在所难免,从保单文字、契约格式与条款,以至于法律及其实务的使用,都具有国际特性。

(三) 国际货物运输的保险程序

国际物流运输的货物从出口国到进口国的运输过程中,一般都需要办理货物运输保险,即保险人(Insurer)就其货物按一定的金额和险别向保险公司提出投保申请,经保险人同意后,保险人便按照投保金额和险别的费率收取保险费,并出具保险单证。事后,若所保货物在运输过程中遭受保险责任范围内的损失,享有保险利益的单证持有人即可向保险人要求赔偿。

国际货物运输保险的投保业务主要包括以下几个作业环节。

1. 投保险别的选择

进出口货物运输保险的投保人应该具有预期保险利益,即投保人(买方或卖方)对保险标的物所拥有某种合法的经济利益。由于保险人对不同的险别承担不同的责任范围,投保人在投保时按照买卖双方约定投保的险别进行投保。在国际货物运输保险业务中,选择何种险别一般应考虑下列因素:

(1) 货物的性质和特点。不同种类的货物由于其性质和特点不同,在运输时即使遭遇同一风险事故,所致损失后果往往不同。

(2) 货物的包装。货物包装方式会直接影响到货物的完好情况,包装方式一般包括散装、裸装、集装箱包装三种。同样,货物会因包装材料的不同而可能产生不同的损失,投保人应根据不同包装方式的特点选择适当的险别。但对于因货物包装不当,以致不能适应国际运输的一般要求而使货物遭受损失的,属于发货人责任,保险人一般不予负责。

(3) 货物的价值与用途。一般而言,食品、化妆品及药品等商品由于其用途的特殊性,一旦发生污染变质损失,就会丧失全部使用价值,因此投保时应尽量考虑能得到充分全面的保障。对于价值贵重的物品,在投保时应尽量考虑得到全面的保障,而对于价值一般的商品,一般仅需在平安险的基础上加保短量险。

(4) 运输方式、运输工具、运输路线、运输季节和港口。根据我国的货物运输保险条款,货物采用的运输方式不同,其适用的保险险别也不同。货物通过不同运输方式、采用不同的运输工具进行运输,途中可能遭遇的风险并不相同。而且运输路线的长短和货物的损失也有关系,一般而言,运输路线越长风险越大,反之,路线越短风险就越小。

2. 保险金额的确定

保险金额是保险人所应承担的最高赔偿金额。出口业务中,保险金额应以保险价值为依据,保险金额一般应由买卖双方经过协商确定,按照国际保险市场习惯,通常按 CIF 或 CIP 总值加 10％ 计算。

$$保险金额 = CIF(CIP) \times (1 + 保险加成率)$$

所加的百分率称为投保加成率,它作为买方的经营管理费用和预期利润加保。在进口业务保险中,贸易合同中采用的贸易术语决定着应由何方办理货运代理。在 CIF 或 CIP 合同中,如买方要求以较高加成率计算保险金额投保时,在保险公司同意承保条件下,我出口方也可接受,但因此而增加的保险费,原则上应由买方支付。

3. 交付保险费

投保人交付保险费,是保险合同生效的前提条件。保险费是保险人经营业务的基本收入。保险公司收取保险费的计算方法是:

$$保险费 = 保险金额 \times 保险费率$$

保险费率是按照不同商品、不同目的地、不同运输工具和不同险别,由保险公司根据货物损失率和赔付率的基础上,参照国际保险费率水平制订的。

4. 取得保险单据

保险单据是保险公司和投保人之间的保险合同,也是保险公司对投保人的承保证明,它具体规定双方之间的权利和义务,也是索赔和理赔的依据。在国际贸易中,保险单据可转让。

5. 保险索赔

当货物遭受承保范围内的损失时,具有保险利益的人,应在分清责任的基础上确定索赔对象,备好必要的索赔单据。并在索赔时效内(一般为两年)提出索赔。由于货运保险一般为定值保险,如货物遭受全损,应赔偿全部保险金额。如货物遭受部分损失,则应正确计算赔偿金额。部分损害在货物数量缺少或货物部分受损时,其赔偿金额的计算如下:

(1) 货物数量缺少。

$$赔偿金额 = 全部保险金额 \times \frac{缺少部分的法定保险金额}{全部法定保险金额}$$

此处法定保险金额是指不包含利润的 CIF 价值。

(2) 货物部分受损。

$$赔偿金额 = 损坏部分 = 损坏部分的保险金额 \times 损坏率$$

损坏率由当事人议定,但是如果当事人无法获得协议,则通常是将以损坏的货物予以拍卖,并根据完好到达时的价值扣除拍卖所得的价款后计算赔偿金额。

$$赔偿金额 = 损坏部分的保险金额 \times \frac{完好到达时的价值 - 拍卖所得的价款}{完好到达时的价值}$$

对某些易破和短量的货物的索赔,应了解是否有免赔规定。有的不论损失程度,一律给予赔偿,也有的规定一定的免赔率。免赔率有相对免赔率和绝对免赔率之分,前者不扣除免赔率全部予以赔偿,后者则扣除免赔率,只赔超过部分。中国人民保险公司采用绝对免赔率的办法,当货物遭受承保范围内的损失,而其损失应由第三者(如承运方、海关等)负责时,则被保险人在取得赔款后,应将向第三者追偿的权益转让给保险人,以使其取得代位权。

在保险业务中,为了防止被保险人的双重获益,保险人在履行赔偿后。在其赔付金额内,要求被保险人转让其对造成损失的第三者责任方要求赔偿权利,这种权利称代位权。在实际业务中,保险人需首先向被保险人进行赔付,才能取得代位权。被保险人在获得赔偿后签署一份权益转让书,作为保险人取得代位权的证明。保险人便可凭此向第三者责任方进行追偿。

如果被保险人的货物遭受严重损失,而要求按推定全损处理时,应向保险人提出委付通知,否则,保险人只按部分损失赔偿。

我国进出口货运保险有两种办法,按 CIF 条件出口时,采取逐笔投保,一般按发票金额的110%投保约定的险别。按 FOB 和 CFR 条件进口时,采取预约保险,保险金额一般按 CIF 价计算。各外贸公司同中国人民保险公司签订有各种运输方式进口预约保险合同,各外贸公司对每批进口货物,无须填制投保单,而仅以国外的装运通知代替投保单。作为办理投保手续,保险公司则对该批货物负自运承保责任。

合同中的保险条款:

保险条款是进出口合同中的重要组成部分,必须订得明确合理。

保险条款的内容：由谁办理保险；保险险别；保险金额的确定方法；按什么保险条款保险，并注明该条款的生效日期。如果是在合同中订明由买方委托卖方代办保险，要明确保险费由买方负担。

案例 8-1

出口商 A 公司就其所出口的 PVDC 的塑料膜 180 卷，向保险公司投保货物运输险，保险条件为 ICC(A)，并附加兵险和罢工险，运送方式为海运整装柜装(FCL)，承保航程是从日本到中国台湾卖方仓库，贸易条件为 CIF。进口商在收货时，发现柜内部分塑料膜受潮、湿损，而湿损原因经研究判定是集装箱顶板破洞进水所致。卖方发现货损，立即电话通知保险公司，并给运送人发出"出险通知函"保障自身的权益，之后又配合公证人及运送人共同勘察货物现场，确定湿损数量并全数赔付，残余物委付保险公司处理。

申请理赔程序如下：

1. 等公正报告完成后，保险公司的理赔员应当依据该货物的损坏原因，请求买方提供理赔文件：

(1) 索赔函文件

(2) 保险单证本

(3) 提单正本或副本

(4) 商业发票影印本

(5) 装箱单影印本

(6) 集装箱交验单正本或副本

(7) "Notice of Loss"函正本

(8) 进口报单影印本

2. 保险公司的理赔部依据索赔函及问价进行审核，签报无误后，直接将赔款金额汇入买方银行账户，至此结案。

五、国际物流中的报关

所谓报关是指货物在出入境时，由进出口货物的收、发货人或其代理人，按照海关规定格式填报《进出口货物报关单》，随附海关规定应交验的单证，请求海关办理货物进出口手续。

(一) 海关对国际物流的监控

海关是国家设在进出口境口岸的监督机关,在国家对外经济贸易活动和国际交往中,海关代表国家行使监督管理的权利。通过海关的监督管理职能,保证国家进出口政策、法律、法令的有效实施,维护国家的权利。

1987年7月1日实施的《中华人民共和国海关法》(以下简称《海关法》)是现阶段我国海关的基本法规,也是海关工作的基本准则。除了法律依据,海关对货物的监管依据是:进出口货物的收、发货人(或代理人)填写的《进出口货物报关单》以及经贸管理部门签发的《进出口货物许可证》,或有关主管部门的批准文件以及正常的商务单据。接受申报、查验、征税和放行制度是海关货物监管的基本制度。

1. 进出口货物报关的程序

海关依照国家政策法令、规章制度,对进出境货物、运输工具执行实际监督管理。

进出口货物的通关程序包括接受申报、查验货物、征收税费、结关放行四个基本环节,而相对应的收、发货人或其代理人的报关程序是:申请报关、交验货物、缴纳税费、凭单取货。

一般货物进出境管理程序如图8-4所示:

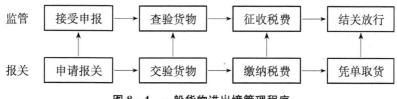

图8-4 一般货物进出境管理程序

(1) 申报。申报也可理解为狭义上的报关,是指货物、运输工具和物品的所有人或其代理人在货物、运输工具、物品进出境时,向海关呈送规定的单证(可以书面或电子数据交换方式)并申请查验、放行的手续。申报与否,包括是否如实申报,是区别走私与非走私的重要界限之一。在正常情况下,进口货物应当由收货人或其代理人在货物的进境地向海关申报,并办理有关进口海关手续;出口货物应当由发货人或其代理人在货物的出境地向海关申报,并办理有关出口海关手续。

报关企业申报前的准备工作如下:

a. 进口须接到进口提货通知,出口须备齐出口货物。

b. 委托报关者须办理报关委托,代理报关者须接受报关委托。

c. 准备报关单证,包括基本单证、特殊单证、预备单证。基本单证是指与进出口货物直接相关的商业和货运单证,主要包括发票、装箱单、提(装)货凭证(或运单、包裹单)、出口收汇核销单、海关签发的进出口货物征免税证明;特殊单证是指国家有关法律规定实行特殊管制的证件,主要包括配额许可证管理证件和其他各类特殊管理证件;预备单证是指供海关认为必要时查阅或收取的单证,包括贸易合同、货物原产地证明、委托单位的工商执照证书、委托单位的账册资料及其他有关单证。

d. 填制报关单及其他报关单证。

e. 报关单预录入,指在实行报关自动化系统处理进(出)口货物报关单的海关,报关单位或报关人将报关单上申报的数据、内容录入电子计算机,并将数据、内容传送到海关报关自动化系统的工作。

以上工作办妥后,便可向海关递交报关单证,报关工作就开始了。

(2) 审单前物流监控。其流程如图8-5所示:

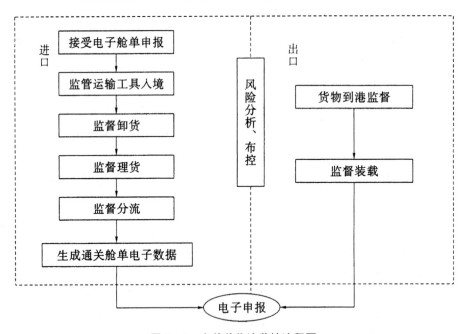

图8-5 审单前物流监控流程图

(3) 查验监控。进出口货物在通过申报环节后,即进入查验环节。海关查验(Inspection)是指海关依法为确定进出境货物的品名、规格、成分、原产地、或无状态、数量和价格是否与货物申报内容相符,对货物进行实际检查的行政执法行为。即通过对进出口货物进行实际的核查,确定是否与订单货物相符,有无瞒报、伪报和申报不实等走私违规行为,并为今后的征税、统计和后续管理提供可靠的监管依据。进出口货物,除海关批准免检的以外,都应接受海关的查验。查验进出口货物,应当在海关规定的时间和场所进行。如果要求海关在海关监管场所以外的地方查验,应当事先报请海关同意,海关按规定收取规费。

海关查验货物时,进出口货物的收货人或其代理人应当到场,并按海关的要求负责搬移货物,开拆和重封货物的包装等;海关认为必要时,可以径行开验、复验和提取货样。

海关确认查验后,由现场接单关员打印查验通知单,必要时制作查验关封交报关员。查验结束后,由陪同人员在查验记录单上签名、确认。

关于海关对进出口货物的查验,其流程如图8-6:

(4) 征税。

a. 关税征收的过程

按照规定,进口货物的收货人、出口货物的发货人、进出境物品的所有人是关税的纳税义务人;有权经营进出口业务的企业也是法定纳税人。纳税人应当在海关签发税款缴纳证的次日起7日内,向指定银行缴纳税款;逾期不缴纳的,由海关自第8日起至缴清税款日止,按日征收税款总额1‰的滞纳金;对超过3个月仍未缴纳税款的,海关可责令担保人缴纳税款或者将货物变价抵缴,必要时,可以通知银行在担保人或纳税人的存款内扣除。

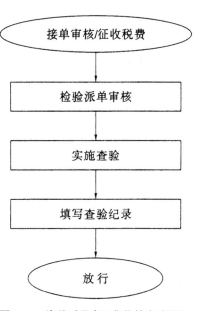

图8-6 海关对进出口货物的查验流程

关税征收的过程是税则归类、税率运用、价格审定及税额计算的过程。

其一,税则归类。税则归类就是将出口货物按照《海关进出口税则》的归类总规则归入适当的税则编号,以确定其适用的税率。

其二,税率的运用。主要税种、税率按不同的标准有不同的分类。按商品流向可分为进口税、出口税等;按进口国别可分为从价关税、从量关税、复合关税、滑准税等;按进口国别可分为优惠税率、普通税率。其他税率还有:暂定税率、关税配额管理商品税率。

其三,完税价格的审定。完税价格是指海关按照《海关法》和《进出口关税条例》的有关规定,凭以计算应征关税的进出口货物的价格。进口货物以海关审定的成交价格为基础的到岸价格为完税价格。出口货物以海关审定的货物售予境外的离岸价格,扣除出口税后作为完税价格。离岸价格不能确定的,由海关估定。

其四,税费的计算,主要可采用以下方式:

实行从价税率时,关税＝完税价格×关税税率;实行从量税率时,关税＝关税量×关税税率;实行其他税率,参考海关进出口税则。

进口环节税＝(完税价格＋关税)×进口环节税税率。

增值税＝(完税价格＋实征关税＋实征消费税)×增值税税率

消费税＝[(完税价格＋实征关税)/(1－消费税税率)]×消费税税率

b. 关税减免

《中华人民共和国》海关法第56、57条规定,下列进出口货物、进出境物品,减征或者免征关税:无商业价值的广告品和货样;外国政府、国际组织无偿赠送的物资;在海关放行前遭受损坏或者损失的货物;规定数额以内的物品;法律规定减征、免征关税的其他货物、物品;中华人民共和国缔造或者参加的国际条约规定减征、免征关税的货物、物品。

特定地区、特定企业或者有特定用途的进出口货物,可以减征或者免征关税。特定减税或者免税范围和办法由国务院规定。

(5) 放行监控。经海关查验放行的合法进出口货物,应报关人或货物所有人的要求,可以取得《进(出)口货物证明书》,它是证明某些货物实际进口或出口的文件。进出口货物所有人在办理各种对内、对外业务的过程中,常常需要证明其货物是进口的或已经出口的,海关签发《进(出)口货物证明书》是为了方便货物所有人。通常海关办理放行手续有以下两种方式:

a. 签印放行

一般进出口货物,报关人如实向海关申报并如数缴清应纳税款和有关费用,海关官员应在有关进出口货运单据上签盖"放行章",进口货物凭以到海关监管仓库提货进境;出口货物凭以装货启运出境。

b. 销案

按照担保管理办法的进口货物或者暂时进口货物,在进口收货人全部履行了承担的义务后,海关应准予销案。这意味着取得了海关的最后放行。

根据我国海关法的规定,除海关特准的货物以外,进出口货物在收发货人缴清税款或者提供担保后,可由海关签章放行。海关对进出口货物的报关,经过审核报关单据,查验实际货物,并依法办理了征收税费手续或减免税手续后,在有关单据上签盖放行章,货物的所有人或其代理人才能取得或转运货物。值得注意的是,口岸海关对进出口货物的放行意味着:

对一般贸易进出口货物,海关监管结束。

对需转为海关以其他方式继续监管的货物,货物进入另一种方式的海关监管;对需转另一设关地点的货物,则甲海关监管结束,乙海关监管开始。其流程如图8-7所示:

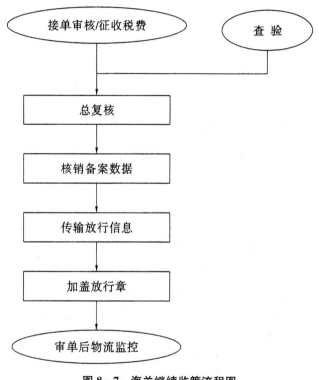

图8-7 海关继续监管流程图

(6)审单后物流监控。其流程如图8-8所示。

(二)海关监管进出境货物的范围

凡应受海关监管的进出境货物和物品,统称海关监管货物。

海关监管货物主要包括:进出口贸易货物;进口报税货物;寄售代销、展销、维修、租赁的进口货物;来料加工、来件装配、来样加工、补偿贸易和合作、合资经营进口的料、件、设备以及出口的产成品;过境货物、转运货物、通运货物;进出口展览品、礼品、样品、广告品和进口捐赠物资等。

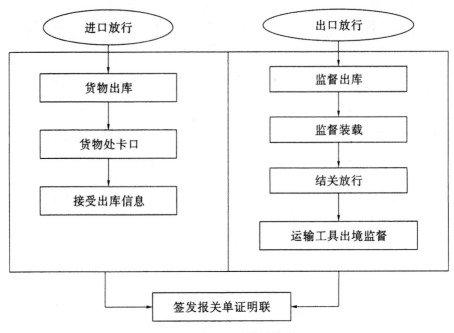

图 8-8 审单后物流监控的流程图

海关监管货物的范围是：进口货物自进境起,到海关放行止;出口货物自向海关申报起,到出境止;加工装配、补偿贸易进口的料、件、设备,生产的产成品,以及寄售代销、租赁、报税货物自进境起,到海关办妥核销手续止;过境货物、转运货物、通运货物自进境起,到出境止,都必须受海关监管。

进口货物自入境申报起到放行前,出口货物自运到检验场所向海关申报起到出境前,必须置于海关的监管之下。在此期间未经海关许可不得装卸、提取、交付、续运、调换、开拆取样、改装和更换标志。

海关对物流的监控就是通过严密的实体监控和有效的信息监控,保证对物流监控目标在海关监管的时间、空间范围内进出、装卸、存放、移动和处置,实现全方位、全过程的监控,管住、管好进出境运输工具和货物。为加强对监管场所、进出境运输工具和货物的实际监管,我国海关已建立起物流监控系统。这一物流监控系统主要分为审单前物流监控、查验监控、放行监控、审单后物流监控。

(三) 报关单证与报关期限

经海关审查批准予以注册、可直接或接受委托向海关办理运输工具、货物、物品进出境手续的单位叫"报关单位"。报关单位的报关员需在规定的报关时间内,备有必需的报关单证办理报关手续。

1. 报关单证

海关规定,对一般的进出口货物需交下列单证:

(1) 进出口货物报关单(一式两份)。它是海关验货、征税和结关放行的法订单据,也是海关对进出口货物汇总统计的原始材料。为了及时提取货物和加速货物的运送,报关单位应按海关规定的要求准确填写,并需加盖海关备案的报关单位的"报关专用章"和报关员的印章签字。

(2) 进出口货物许可证或国家规定的其他批准文件。凡国家规定应申领进出口许可证的货物,报关时都必须交验外贸管理部门(包括经贸部、经贸部属各地的特派员办事处及各地经贸委、厅、局签发的进出口货物许可证)。凡根据国家有关规定需要有关主管部门批准文件的还应交验有关的批准文件。

(3) 提货单、装卸单或运单。这是海关加盖放行章后发还给报关人凭以提取或发运货物的凭证。

(4) 发票。它是海关审定完税价格的重要依据,报关时应递交载明货物真实价格、运费、保险费和其他费用的发票。

(5) 装箱单。单一品种且包装一致的件装货物和散装货物可以免交。

(6) 减免税或免检证明。

(7) 商品检验证明。

(8) 海关认为必要时应交验的贸易合同及其他有关单证。

2. 报关期限

《海关法》规定,出口货物的发货人或其代理人应当在装货的 24 小时前向海关申报。进口货物的收货人或其代理人应当自运输工具申报进境之日起 14 天内向海关申报。逾期罚款,征收滞报金。如自运输工具申报进境之日起超过三个月未向海关申报,其货物可由海关提取变卖。如确因特殊情况未能按期报关,收货人或其代理人应向海关提供相关证明,海关可视情况酌情处理。

六、全球供应链管理

(一) 全球供应链概述

目前市场上销售的产品大部分是一些世界级公司的知名品牌。在过去几十年里,那些人们耳熟能详的品牌,其产品的全球化营销已发展成为一种稳健的态势。不论是可口可乐、万宝路、IBM,还是丰田公司都是如此。与此同时,全球化企业调整了先前以区域为中心的战略,不再是每个独立的国家内部独立生产、销售产品,取而代之的是全球范围内采购、生产、配送。

国际供应链(International supply chain)是指一个国际化的企业通过掌握全球化最经济的原料,在最经济的国家生产,以最经济的方式,满足全球的需求。一个能掌握国际供应链的国际化企业,不但能降低产品的成本,更能缩短顾客的订货时间,提高顾客的满意度,这是企业未来的主要竞争优势。

在这种供应链体系中,供应链的成员遍及全球,生产资料的获得、产品生产的组织、货物的流动和销售、信息的获取都是在全球范围内进行和实现的。在这种全球化供应链中,企业的形态和边界将发生根本的变化,甚至国与国之间的边界概念也产生了很大的变化,这种区域的界线在全球化供应链中,从投入产出到流通消费的整个供应链流程不再受国界的限制,然而全球化的供应链的价值实现就在于利用了这种国与国之间的边界。国际化供应链的运作是按照国际分工协作的原则,利用国际化供应链网络,实现资源在全球范围内的合理分配、流动和优化配置,促进全球经济的进一步的发展。

(二) 全球供应链的类型

全球供应链包括从较为初始的以国内市场为主的国际供应商,到较为高级的真正的全球化供应链等形式。下面四种类型各有其特点:

1. 国际配送系统

这种系统的生产以国内为主,但配送系统与市场有一些在海外。

2. 国际供应商

这种系统中,原材料与零部件由海外供应商提供,但最终的产品装配线在国内,一些情况下,产品装配完成后,会再运回到海外市场。

3. 离岸加工

这种系统中,产品生产的整个过程一般都在海外的某一地区,成品最终运回到国内仓库进行销售和配送。

4. 全球化供应链

该系统中,产品的进货、生产、销售的整个过程都发生在全球性的不同工厂。由于全球经济一体化的快速推进,国际贸易组织的扩张以及互联网技术的发展使采购和销售在全球范围内进行,全球化供应链管理已从这些初始的模式逐渐发展到今天跨国集团的设计、采购、生产、配送和销售、服务等,业务遍及全球较为高级的全球化供应链的运作和管理模式。

在许多方面，全球化供应链的管理与本土化供应链管理的原理基本是一致的，只是涉及了海外的国际业务，地域覆盖更广泛。然而，正是由于包含了跨国业务，使得它的运作方式也更为复杂，同时也存在着更多的风险和挑战，会受到多国家、多城市之间的地域、语言、货币、时差、文化、政治等因素的影响。目前我国已经加入WTO，国际贸易和跨国经营都面临着巨大商机和严峻挑战，为了使我国在世界经济格局中占据有利的地位，提高中国跨国公司的竞争能力和成本优势，开展和加强国际化供应链管理的研究和应用，就具有极为重要的意义。

（三）国际化物流体系的构建

随着企业的供应链扩展日益国际化，它必然会面临怎样构建其国际物流体系的问题。结果所有企业得出了一个殊途同归的结论：各国之间物流运作的合理性只能通过更好的集约来实现。这与传统的思想在很多方面背道而驰，传统的思想倾向于认为在做决策的过程中，至少是在商业战略的制定阶段，责任应该是分散且向下传递的，这在本土化管理程序很高的企业里得到充分的体现，这些企业在不同国家独立决策、独立运作。虽然这有利于鼓励当地的创新，但当需要整合全球的战略时，就会遇到总体上机能失调的问题。

要把握好国际化和本土化之间的平衡，构建国际物流应该要依据以下几个原则：

（1）关于组织和全面控制物流的流程，其战略的制定务必要更集中化，以达到全球的总成本最优。

（2）针对特定的市场需求，客户服务的控制和管理必须达到本土化以确保获得和维持竞争优势。

（3）除了核心竞争力仍大权在握外，企业其他业务的外包趋势逐渐加强，因此对各国之间合作协调的要求也越来越高。

（4）在寻求全球成本最优化的同时，要想满足本土化服务的需求，其先决条件就是拥有一个全球物流信息系统。

（四）全球供应链面临的国际贸易新要求

在企业国际化的同时，企业同时面临消费者对产品品质要求的提升，以及产品生命周期日益缩短等外部环境的挑战，促使企业必须积极整合上下游国际企业，快速反应消费者的需求。全球供应链整合上下游厂商与流通业者，能够达到成本的最佳化以快速反应市场需求，因此成为跨国企业建立竞争优势的重要战略。

1. 产品高品质成为进入国际市场的必要条件

产品高品质逐渐成为立足市场的基本条件,而非企业的竞争优势。良好的全球供应链运作能使企业在维持高品质产品时,仍能保有低成本优势。

2. 消费者喜好变化加快,缩短产品生命周期

消费者喜好的快速改变,使厂商无法正确掌握消费者的需求,也使产品的生命周期缩短,压缩新产品由研发至上市的周期。国际供应链管理能增加生产的弹性,并针对消费者的需求快速反应,将适量与适宜的产品提供到市场上,因而成为国际企业重要的竞争优势。

3. 时效性的要求

顾客需求趋向多样性,产品的汰换率也加快,能在消费者需求发生的瞬间就予以满足成为企业获利的重要手段,故满足瞬间需求的时效性,成为企业成功的重要因素。为达成快速的时效性要求,国际企业一方面必须加快订单传送的速度,另一方面则必须提升成品在运输及流通上的时效性;国际供应链整合信息与实体流通,能有效达成国际企业满足时效性要求的目的。

4. 降低成本的必要性

市场竞争激烈使提高营业收入的难度增加,欲提升企业利润,便要从降低成本着手。美国著名管理学家德鲁克认为企业若要提升成本效率,物流是尚未开发而能达成效率提高的最后疆界,因为物流成本一般占企业营收的5%—35%,有效降低物流成本对整体成本的降低有很大的作用。

以往企业用存货来应付市场的不可预测性,但存货也代表了成本的支出。因此制造业为解决存货问题,便要求供货商以JIT的方式供料,以减少对原料及零件的存货要求。另外,欲减少仓库数目可通过全球性或区域性配送中心配送速率的提升来达成,这些都是供应链管理可以达到的效果。因此,对国际企业来说,整合性的国际供应链管理能有效降低国际运作的成本,从而使获利增加。

5. 物流业务外包

为了同时使仓储与配送成本更低,并提升服务水准,愈来愈多的制造商与流通业者建立长期紧密的关系,希望能协同快速对消费者的需求变化作出反应;同时为了降低成本及增加资源使用效率,也有越来越多企业把先前公司自己运作的仓储及运送作业外包,专心于企业最具竞争优势的核心产品与作业。因物流服务的需求增加,专业化的物流企业应运而生,专业化的物流企业使企业能在国际供应链运作上得到更好的效果。

6. 售后服务的必要性提高

科技进步使产品的复杂度与维修的需求增加,另外随着消费者对品质提出

更高的要求,优质的售后服务成为必要的竞争优势。产品的复杂度增加使维修的难度提高,无法一次备齐所有零件,导致零件的更换时间增加,时间的延迟常引来顾客的抱怨,若为应对顾客抱怨而增加零件的存货需求,又将使企业的成本增加。解决此项问题的办法之一,是将需要的零件储放于区域型配送中心,利用电话订货隔夜配送到修理厂商,若消费者位于好几个地区或国家,跨国的调度与配送就考验着企业国际物流的能力。国际供应链管理能为企业解决时间与成本的问题,增进国际企业的竞争力。

7. 资金周转的复杂性增加

资金的周转对企业的运作至为重要,在企业国际化后,各项收付款作业因为有了国界的阻隔,常有汇率、对保、付款条件等作业需要处理,延长了企业收款的时间,因而国际企业需要更高的资金准备以应付国际化的运作;国际供应链管理能同步处理国际供应链中物品移动与资金流动的作业,通过供应链中的金融合作伙伴能降低国际企业资金储备,也降低国际企业的运作风险。

 关键概念

国际物流　进出口贸易　国际商品检验检疫　可保风险　可保利益　报关　国际供应链

 思考题

1. 国际物流经历了哪些发展阶段?从影响国际物流的因素看,其下一阶段的发展方向是什么?
2. 进出口贸易和国际物流具有什么样的关系?
3. 进出口商品检验检疫的作用是什么?
4. 进出口商品检验检疫的程序有哪些?
5. 进出口企业办理投保、索赔业务应该注意哪些方面的问题?
6. 报关的主要环节有哪些?
7. 国际供应链对企业有什么作用?

第九章
循环经济视野下的静脉物流

 学习目标

1. 理解循环经济的内涵及原则；
2. 了解废弃物的概念和种类；
3. 掌握静脉物流的概念与内涵；
4. 了解国内外静脉物流的发展状况；
5. 理解静脉物流系统流程和运营模式。

一、循环经济理论

（一）从资源环境困境到循环经济理论的提出

自从工业革命以来，经济增长往往成为一个国家或地区发展的"第一"标志，追求经济总量（GDP）的持续增长成为一个国家或地区的经济活动的中心任务。在这种发展观的指导下，人类在最近一百年的时间里，创造了巨大的社会财富，实现了历史上前所未有的发展奇迹。

但随着人口数量和人的物质消费需求的无节制增长，以及偏重于索取自然资源的科学技术的发展，人类活动在程度上、规模上、数量上发生了巨大的变化，传统的经济发展模式的弊端开始暴露无遗，如能源、矿产、水资源的匮乏，城市和乡村环境公害事件的频繁发生，森林和草地的大面积退化，水土流失和土地荒漠化，生物多样性锐减，臭氧层破坏和温室效应等。其直接后果，一是造成自然资源供不应求而趋向枯竭；二是自然环境消纳污染物的能力难以支撑和环境质量的急剧恶化，最终将导致自然资源与环境的生产系统遭到破坏而严重失衡，使人类的生存与发展陷入困境而难以为继。

随着一系列全球性难题的出现,特别是世界"八大公害事件"的发生,传统的发展观念面临严峻挑战,促使人们开始反思以 GDP 增长为中心的传统增长理论。

1968 年 4 月,来自意大利、德国、荷兰等 10 个国家的科学家、教育家、经济学家、人类学家、实业家等约 30 人聚集在罗马山猫科学院。他们在意大利的一位有远见卓识的工业企业经理、经济学家奥莱里欧·佩切依博士的鼓动下聚会,讨论现在的和未来的人类困境这个问题。这就是罗马俱乐部。

1972 年罗马俱乐部出版了一份名为《增长的极限》的研究报告,报告预测:如果世界人口以每年 2% 的速度递增,工业产出保持 7% 的增长率,那么,全世界的资源将会在 2100 年消耗殆尽。这一观点引起了全世界的强烈关注,越来越多的人开始关注社会发展与资源消耗之间的关系问题。

1980 年世界自然保护联盟(IUCN)、世界野生基金会(WWF)和联合国环境规划署(UNEP)联合出版的《世界自然保护战略:为了可持续发展,保护生存的资源》报告中,提出了可持续发展的思想。

1987 年,挪威首相布伦特兰夫人代表世界环境与发展委员会向联合国大会提交《我们共同的未来》的报告,正式给出了可持续发展的定义:"可持续发展是指在不牺牲未来几代人需要的情况下,满足我们这代人的需要的发展。"这个定义明确地表达了两个基本观点:第一,人类的发展,尤其是穷人的发展需要必须被满足;第二,发展要有限度,要以不破坏后代人的发展条件为前提。

报告指出:当今存在的各种资源与环境问题,都不是孤立的,而是由传统的发展战略所造成的,要解决人类的发展危机,只有改变传统的发展方式,实施可持续发展战略,才是积极的出路。

1992 年联合国环境与发展大会,再次阐述了可持续发展的理念,并强调:生态环境和自然资源是有限的,经济和社会的发展不能长期超越自然生态环境的承载能力,只有建立在生态环境平衡稳定基础上的经济发展才具有可持续性。

可持续发展观标志着当前人类对于经济发展问题的最深层次的思考,使人类对经济、社会、环境的认识达到了一个新的高度。

循环经济的思想萌芽可以追溯到环境保护思潮兴起的 20 世纪 60 年代。

1966 年,美国的经济学家、社会学家鲍尔丁(Kenneth E. Boulding)发表的题为《即将到来的宇宙飞船经济学》的论文,是循环经济的早期代表作。鲍尔丁敏锐地认识到必须进入经济过程思考环境问题产生的根源。鲍尔丁认为,"未来封闭的经济对地球的要求和过去开放的经济对地球的要求在某种程度上会遵循不同的经济原则",可以把过去开放的经济称为"牧童经济",未来封闭的经济称为"宇宙飞船经济"。

在牧童经济中，生产、消费都被看成是开放的，经济的成功与否用以生产要素衡量的生产力指数来衡量。但是，生产力一方面衡量了创造财富的能力，另一方面也体现了废弃物排放的能力。在资源无限、可以任意排放废弃物且没有污染成本的条件下，生产力可以成为表示经济成功度最合适的尺度，其粗略的指标就是 GNP。

在与此相对的宇宙飞船经济中，地球就像在太空中飞行的宇宙飞船，这艘飞船靠不断消耗自身有限的资源而生存。如果人类做不到合理持续开发资源、利用环境，超过了地球的承载能力，就会像宇宙飞船超载那样易于崩溃和毁灭。因此，宇宙飞船经济要求以新的"循环式经济"代替旧的"单程式经济"，人类必须看到自己的处境，在具有物质形态连续再生能力的循环生态系统中，持续地发展下去。这是循环经济思想的早期萌芽，在今天看来有相当的超前性，它意味着人类社会的经济活动，应该从效法以线性为特征的机械论规律转向服从以反馈为特征的生态学规律。

然而，在国际社会开始有组织地进行环境整治运动的 20 世纪 70 年代，循环经济的思想更多还是先行者的一种超前性理念，人们并没有积极地沿着这条线索发展下去。当时，世界各国关心的问题仍然是污染物产生之后如何治理以减少其危害，即所谓环境保护的末端治理方式。80 年代，人们注意到要采用资源化的方式处理废弃物，思想上和政策上都有所升华。但对于污染物的产生是否合理这个根本性问题，是否应该从生产和消费源头上防止污染产生，大多数国家仍然缺少思想上的洞见和政策上的举措。总的说来，20 世纪 70～80 年代开展的环境保护运动主要关注的是经济活动造成的生态后果，而经济运行机制本身始终在其研究视野之外。

进入 20 世纪 90 年代，末端治理的局限性逐步暴露出来：第一，它是问题发生后的被动做法，因此不可能从根本上避免污染发生；第二，随着污染物减少而成本越来越高，它相当程度上抵消了经济增长带来的收益；第三，形成的环保市场产生虚假的和恶性的经济效益；第四，倾向于加强而不是减弱已有的技术体系，从而牺牲了真正的技术革新；第五，使得企业满足于遵守环境法规而不是去投资开发污染少的生产技术；第六，没有提供全面的看法，而是造成环境与发展以及环境治理内部各领域间的隔阂；第七，阻碍发展中国家直接进入更为先进的经济方式，加大了在环境治理方面对发达国家的依赖。同时，可持续发展也成为世界的潮流，由此，源头预防和全过程治理才替代末端治理成为国家环境与发展政策的真正主流，零敲碎打的做法整合为一套系统的循环经济战略。

(二) 循环经济的内涵和原则

所谓循环经济(Circular Economy),是对物质闭环流动型(Closing Materials Cycle)经济的简称,本质上是一种生态经济。它倡导在物质不断循环利用的基础上发展经济,建立"资源—产品—再生资源"的新经济模式,以彻底改变"资源—产品—污染排放"的直线、单向流动的传统经济模式,从而把经济活动对环境的影响降低到尽可能小的程度,实现经济的可持续发展。

从物质流动和表现形态的角度看,传统的经济模式是一种由"资源—产品—污染排放"单向流动的线性经济。在这种线性经济中,人们高强度地把地球上的物质和能源提取出来,然后又把污染和废物大量地抛弃到自然界中。线性经济正是通过这种把资源持续不断变成垃圾的运动,通过牺牲自然环境来实现经济的数量型增长的。与此不同,循环经济倡导的是一种与自然和谐的经济发展模式。它要求把经济活动组成一个"资源—产品—再生资源"的反馈式流程,所有的物质和能源要能在这个不断进行的旧循环中得到合理和持久的利用,从而把经济活动对自然环境的影响降低到尽可能小的程度,实现可持续发展要求的环境与经济双赢,即在资源环境不退化甚至得到改善的情况下促进经济增长的战略目标。

循环经济本质上是一种生态经济,它要求运用生态学规律而不是机械论规律来指导人类社会的经济活动。循环经济与线性经济的根本区别在于:后者内部是一些相互不发生关系的线性物质流的叠加,由此造成出入系统的物质流,远远大于内部相互交流的物质流,造成经济活动的"高开采、低利用、高排放"特征;而前者则要求系统内部要以互联的方式进行物质交换,以最大限度利用进入系统的物质和能量,从而能够形成"低开采、高利用、低排放"的结果。一个理想的循环经济系统通常包括四类主要行为者:资源开采者、处理者(制造商)、消费者和废物处理者。由于存在反馈式、网络状的相互联系,系统内不同行为者之间的物质流远远大于出入系统的物质流。循环经济可以为优化人类经济系统各个组成部分之间关系提供整体性的思路,为工业化以来的传统经济转向可持续发展的经济提供战略性的理论范式,从而从根本上消解长期以来环境与发展之间的尖锐冲突。

循环经济的成功建立与实施依赖于以下三个原则:

1. 减量化(Reducing)原则

循环经济的第一法则属于输入端方法,旨在减少进入生产和消费流程的物质量,因此又叫减物质化。换句话说,人们必须学会预防废弃物产生,而不是产生后治理。

在生产中，制造厂可以通过设计新产品来减少每个产品的物质使用量，通过重新设计制造工艺来节约资源和减少排放，以及通过利于循环利用的产品设计来减少废弃物的最终处理量。例如，轻型轿车既节省金属资源，又节省能源，仍然可以满足消费者关于各种轿车的安全标准。光纤技术能大幅度减少电话传输线中对铜的使用。一次性餐具选用可降解材料等。

在消费中，人们可以减少对商品的过度需求。例如适当节俭，购买时选择包装较少和利于循环利用的商品，购买耐用的商品等。如果人们这样去做，就可以减少垃圾的发生量，从而减少对垃圾处理的压力，也就是在降低垃圾对自然环境的压力。

2. 再利用（Reusing）原则

循环经济第二个有效的方法属于过程性方法，是尽可能多次以及尽可能多种方式地使用人们所买的东西，目的是延长产品和服务的时间强度。通过再利用，人们可以防止物品过早成为垃圾。

在生产中，制造商可以使用标准尺寸进行设计，例如标准尺寸设计能使计算机、电视机和其他电子装置中的电路非常容易和便捷地更换，而不必更换整个产品。人们还需要鼓励重新制造工业的发展，以便拆解、修理和组装用过的和破碎的东西。例如，打印机的墨盒设计成可以重复使用的形式，在缺墨时添墨即可，从而减少墨盒的废弃。

在生活中，人们把一样物品扔掉之前，应该考虑再利用它的可能性。确保再利用的简易之道是对物品进行修理而不是频繁更换。人们可以将合用的或可维修的物品返回市场体系供别人使用或捐献自己不再需要的物品。例如，废旧物资调剂市场或二手市场，就可以解决很多旧的或稍有损坏但不影响使用的产品的再利用问题。而像纸板箱、玻璃瓶、塑料袋这样的包装材料也可以再利用以节约能源和材料。可再利用的饮料瓶也可以消毒处理后再次使用。

3. 资源化（Recycling）原则

循环经济的第三个原则属于输出端方法，是通过把废弃物再次变成资源以减少最终处理量，并尽可能多地利用再生资源。资源化是把废弃物返回到工厂，在经过破碎（分解）、分选等必要的处理之后，作为新的产品原料的过程。资源化能够减少垃圾对填埋场、焚烧场的压力，且制成使用能源较少的新产品。现在主要有两种不同的资源化方式：

第一种叫原级资源化，即将消费者遗弃的废弃物资源化后形成与原来相同的新产品（报纸变成报纸、铝罐变成铝罐，等等），这种方式是最理想的资源化方式。

第二种叫次级资源化,即废弃物被变成不同类型的新产品,这种方式比原级资源化略为逊色一些。

原级资源化在形成产品中可以减少20%—90%的原生材料使用量,而次级资源化减少的原生物质使用量最多只有25%。与资源化过程相适应,生产者应该更多地使用资源化得到的再生资源,消费者也应该更多地购买、消费以再生资源制成的产品,使得循环经济的整个过程实现闭合。

"3R"原则虽然分别属于经济活动的不同阶段,但三者相辅相成,对于循环经济来说,是缺一不可的。

(三) 循环经济系统的架构

循环经济理论借助生态循环系统思想,将产业结构中的产品制造、产品流通、产品消费系统形象地比喻为"动脉系统",将资源、能源的回收利用、废弃物的处理比喻为"静脉系统",循环型社会体系的目标是使全社会的物流和能流在原有的"动脉系统"中被社会的各因子使用、消耗后,又能通过社会体系中完善的"静脉系统",重新或绝大部分回归到动脉系统中,从而达到社会物流和能流的完整"循环"。如图9-1所示:

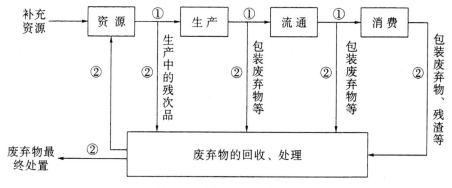

图9-1 循环经济系统架构

二、废弃物与静脉物流

进入21世纪以来,资源与环境问题越来越受到人们的广泛关注。随着经济的不断发展,资源的有限性与生产的无限性之间的矛盾日益突出。一方面,物资的大量消耗,使得我们地球上拥有的各种资源和能源逐步走向枯竭,给未来社会的发展带来了极大的隐患；另一方面，大量的废弃物又在不断地蚕食着宝贵的土地资源，同时还对人类的生存环境造成了严重的污染。为摆脱这一不利局面，维持人类社会稳定而持续的发展，循环经济自然成为人们关注的焦点。这样，静脉物流作为循环经济的一部分，其发展也就成为必然。表9-1列出了静脉物流发展的基础：

表9-1 静脉物流发展的基础

经济社会中存在大量的废弃物	静脉物流的物质基础
废弃物中存在有用的属性	静脉物流的价值基础
全部或部分掌握把废弃物再资源化的技术	静脉物流的技术基础
资源的有限性与生产的无限性	静脉物流的市场基础
循环经济理论的建立	静脉物流的理论基础

(一) 废弃物及静脉物流的概念与内容

1. 废弃物的定义

废弃物是指在社会经济活动中失去原有使用价值的物品，或产生的没有使用价值的物品（物质）。根据不同的分类标准，可以分为不同的废弃物种类。

(1) 按照形态划分

根据废弃物的物质形态可以分为固体废弃物、液体废弃物和气体废弃物。

根据《中华人民共和国固体废物污染环境防治法》的规定，固体废弃物是指在生产建设、日常生活和其他活动中产生的污染环境的固态、半固态废弃物质。

(2) 按照来源划分

根据废弃物的来源不同，可以分为工业废弃物、城市废弃物、生活废弃物（即生活垃圾）等。

工业废弃物按照产业的不同划分，包括冶金废弃物、化工废弃物、电力废弃物、煤炭废弃物等。

(3) 按照危险性不同划分

根据废弃物危险性的不同，可以分为危险废弃物和一般废弃物。

危险废弃物是指具有毒性、易燃性、爆炸性、腐蚀性、化学反应性和传染性的，对生态环境和人类健康构成严重危害的废弃物。如医药废液、有机溶剂废液，含铍、铬、铜、砷、硒、镉、锑、汞、铅、铊、镍、钡等金属的废弃物等。

2. 静脉物流的概念及内涵

废弃物是在一定的生产、生活过程中因失去或没有使用价值而被废弃，但这并不是说废弃物本身完全没有"价值"。相反,如果能将废弃物再投入到生产、生活过程中,也许其并不是"废弃物"而成为"资源"。也就是通常所说的:废弃物是放错地方的资源。因此,在对废弃物的综合利用过程中,形成了静脉物流。

作为静脉物流内容的一般是固体废弃物,气态废弃物和液态废弃物相对较少。

静脉物流(Vein Logistics)是指为了满足社会(公众)的需要,对从废弃物来源地到其加工、处理场所进行的有效率有效益(包括社会效益)的回收、分拣、净化、提纯及焚烧、掩埋等加工处理以及对相关信息进行研究、组织、协调、执行与控制的活动过程。这其中包含两层意思:

(1) 价值利用

将静脉物流中有价值的部分加以分拣、加工、分解、分选及在这一过程中对相关信息进行处理,使其成为有用的物质重新进入物流循环的生产流通领域。如,废纸被加工成纸浆,又成为造纸原料;报废汽车经过拆解、分拣加工后,大部分可直接成为汽车配件,剩下的部分中相当比例可用于炼钢;废水经净化后又被循环使用等。

(2) 安全性及环境保护

安全性及环境保护是指将静脉物流中的有害物质进行焚烧或运往指定地点处理、掩埋。对有放射性或有毒物质采取特殊处理等。前者是回收过程,属于回收物流;后者是废弃物处理过程,属于废弃物物流。两者形成静脉物流。

静脉物流是由日本学者首先提出来的一个十分形象的概念,如图 9-1 所示,动脉系统中包含的是动脉物流,静脉系统中包含的是静脉物流。

另外,静脉物流与回收物流、废弃物流、逆向物流既有联系,又有区别。

回收物流,是指将静脉物流中有再利用价值的废弃物加以分拣、加工、分解,以及在这一过程中对相关信息的处理活动。回收物流是静脉物流的最重要的组成部分。

废弃物流,是指将静脉物流中没有再利用价值的废弃物进行焚烧、填埋以及对有害废弃物进行集中专门处理、集中存放的物流活动。废弃物流也是静脉物流的重要组成部分。

逆向物流与传统供应链方向相反,是为达到回收价值和适当处置的目的而计划、实施和控制原料、半成品库存、制成品及其相关信息,高效、低成本地从消费点到起点的过程。逆向物流包括返品物流和回收物流。

静脉物流与逆向物流是不同的。一方面,两者的内涵不同,逆向物流中包含的商品流通过程中由于退货造成的返品物流,显然不属于静脉物流的范畴;另一方面,两者的流动途径也不相同,逆向物流一般是在正向物流的渠道内,按照相反的方向流动,而静脉物流则是一种不完全等同于动脉物流的新的物流渠道。

(二) 国外静脉物流的现状

对静脉物流系统的研究,是在 20 世纪 90 年代以后,随着循环经济体系的构建而逐步启动的。目前,世界上只有日本和德国等少数国家对此问题开展了系统的研究,并将研究成果逐步运用到了实践中。其中,日本被认为是走在最前沿的国家。经过多年的努力,日本目前已经初步形成了静脉物流的法律体系和业务运作体系。

自 20 世纪 90 年代以来,日本先后颁布实施了《食品回收利用法》《绿色消费法》《废弃物管理法》《建筑材料回收利用法》《容器包装物回收利用法》《家用电器回收利用法》《汽车回收利用法》《推进循环型社会基本法》《资源有效利用促进法》等一系列的法律,并正式提出了建立循环型社会的目标。

在法律的基础上,日本整个社会都在积极地推进资源的再循环利用,静脉物流的成果显著。例如在仙台市,1989 年总计回收了 1 万吨资源,销售额达到 1 亿 4 000 万日元。著名的丰田公司,原来工厂垃圾的排放量为 9 800 多吨,利用循环技术后,铁屑回炉变为有用金属,瓦砾粉碎加工成地砖,污泥成为花园肥料,真正的垃圾只剩下 900 多吨。

德国是最早实施资源循环再利用的国家。1972 年,当时的联邦德国就制定了废物处理法,1986 年又将其修改为《废物限制及废物处理法》,1991 年,德国通过了《包装条例》,1992 年通过的《限制废车条例》规定汽车制造商有义务回收废旧车辆,1996 年提出《循环经济与废物管理法》。该法律确立了产生废弃物最小法、污染者承担治理义务以及政府与公民合作三原则,家庭废弃物利用率从 1996 年的 35% 上升到 2003 年的 60%。其中玻璃、塑料、纸箱等包装回收利用率超过 90%;废旧汽车经回收、解体,循环利用率达 80%;废旧电池回收循环率从 1998 年的零上升到 2003 年的 70%。此外,2003 年在冶金行业,95% 的矿渣、75% 以上的粉尘和矿泥,及至少有 2 000 万吨废旧钢材被重新利用。

同时,德国还倡导循环经济教育、绿色认证和采购、信息与咨询服务等。其中较为成功的是"双轨制回收系统(DSD 非政府组织)"和"德国联邦废物处理工业协会"。该组织和协会一方面向企业提供相关技术咨询,另一方面提供垃圾回收或再利用的服务。目前,废弃物处理成为德国经济支柱产业,年均营业额约 410 亿欧元,并创造 20 多万个就业机会。

此外,奥地利、丹麦、法国、荷兰、美国等国家也都在不同程度上推出了相应的举措。

(三）我国静脉物流的发展与不足

我国废旧物资的回收利用有一定的历史，但就静脉物流发展与研究而言，尚处于起步阶段。

1958年周恩来总理曾经作出"细心收购废品、变无用为有用、扩大加工、变一用为多用、勤俭节约、变破旧为崭新"的重要指示。因而在新中国成立初期就确立了专门的废旧物资回收行业，形成了金属回收公司和供销社的废旧物资回收两大回收系统，并在几十年来取得了很大的成绩。据不完全统计，从1954年至1998年我国累计回收各类废旧物资9亿多吨，价值7 000多亿元。

然而，从现代静脉物流的发展观点来看，我国目前静脉物流的发展还存在诸多不足：

(1) 缺少发展的内在激励机制，产业发展缓慢。虽然循环经济的思想正在被国内越来越多的人所接受，我国也已经选择了部分省市进行试点，但静脉物流产业的现状却不容乐观。由于静脉物流产业的经济效益有限，从投资人的角度来看，很难把静脉产业作为投资的目标。从实业界的情况来看，也证实了这一点。近年来，我国各地掀起了一股强劲的物流热潮，然而，几乎所有的投资全部落在动脉物流系统中，静脉物流系统仍然多数依靠政府在勉强维持。

(2) 政府职能不完善，缺乏相关的立法体系，监管力度不足。静脉物流需要完备的法律体系，内容包括废弃物的分类、废弃物的处理责任、废弃物的处理标准、环境标准等，但我国对静脉物流以及循环经济的认识起步较晚，目前法律体系还不健全，且缺乏可操作性，监管力度不足。另外，政府的职能还仅仅停留在"废弃物最终处理者"的角色上，缺乏对静脉物流的宏观管理和规划。

(3) 再生资源市场及制度不健全。再生资源是静脉物流的"产品"，只有产品的价值得到实现，静脉物流才能真正实现。目前在我国静脉物流系统中，由于再生资源市场的缺乏，导致大量的资源被浪费。以塑料包装制品而言，我国是仅次于美国的世界消费大国，年消耗至少1 000万吨，但由于缺少再生资源市场，这些废弃物基本全被当做垃圾丢弃，并造成了严重的白色污染。

(4) 回收企业过度追求经济效益。回收产业者仅以经济效益为着眼点，在回收物资的同时继续破坏着环境，违背静脉物流以及循环经济保护环境的初衷。

以拆船业为例：我国的拆船产业仅次于印度，居世界第二。拆船业在拆解废旧船只、回收钢材获取利润的同时，也付出了沉重的环境成本。国际环保组织于2001年6月曾在中国4个拆船厂进行的调查中发现，拆船厂周围的滩涂通常被有毒的PCB和TBT污染。另外，电子废弃物回收过程中的污染也有相关报道。这与静脉物流以及循环经济的初衷显然是背道而驰的。

还有个别回收业者更是唯利是图。如,由于部分医疗机构疏于管理,在我国每年产生的 65 万吨医疗废弃物中,有相当部分的一次性医疗注射器、药瓶等经回收业者简单清洗、包装后重新上市,不仅严重污染环境,而且严重危害人民健康,造成了极大的社会危害。

(5) 最终处置方式简单。最终处理方式以掩埋为主,处理设施简单、水平低,垃圾处理、处置的数量和质量都不能满足实际需要,造成不同程度的二次污染现象。

目前,各国废弃物的最终处理方式主要有填埋、堆肥、焚烧以及综合无害化处理。总的看来,掩埋处理是主要处理方式,但焚烧占有重要比例。其中美国、英国等国家掩埋的比例占 70% 以上,日本、瑞士、丹麦等国家焚烧比例较大,占 65% 以上。

2002 年中国环境科学院对我国废弃物最终处理方式的统计数字如表 9-2 所示。可以看出我国目前的最终处理方式以掩埋为主,堆肥和焚烧的比例较小。但由于资金有限,建设和运营水平不高,填埋场的基础设施和设备配置多数达不到部颁规范要求,加上管理水平低,影响了填埋操作回污水处理地正常运行,不同程度地造成了二次污染。

表 9-2 不同处理方式所处理生活垃圾的比例(2000 年)

项 目		填表调查的 138 个城市	进行实地调查的 35 个城市
填埋	处理量(吨/日)	57 070.57	33 013.3
	占总处理量的比例(%)	96.94	96.67
堆肥	处理量(吨/日)	757	522
	占总处理量的比例(%)	1.29	1.54
焚烧	处理量(吨/日)	1 045.58	264.38
	占总处理量的比例(%)	1.78	0.78

资料来源:中国环境科学院:《中国城市生活垃圾产量成分及处理状况的研究》,2002 年

根据国家环境保护总局的调查,中国垃圾填埋场所在地区地下水有近 90% 的水质超过国家标准,其中 75% 的地下水中大肠杆菌超标,最多超过标准近 8 万倍。大多数填埋场没有设置防渗设施或防渗设施没有起到应有的效果,垃圾渗滤液大多数没有得到处理或处理不达标;绝大多数垃圾填埋场不能按照卫生填埋要求进行填埋,没有进行必要的每日覆盖,以至垃圾暴露在露天空气中随风

飞散。沈阳市曾经对简易填埋 3—35 年的生活垃圾填埋场进行调查研究,结果发现:由于渗出液渗入地下水,致使地下水中的硝酸盐、三氨、细菌总数、大肠菌值等项均超标,有的项目超标数百倍。

目前,关于循环经济问题的研究越来越受到人们的重视,关于电子废弃物回收利用的立法也正在商讨中。政府从各方面加大对垃圾处理设施的投入,深圳、上海、北京先后开始建设垃圾焚烧设施,并规划在未来几年内达到一定的处理能力。可见,虽然静脉物流在我国存在诸多不足,但在各方的努力下,正在逐步发展完善。

三、静脉物流系统的运营

(一) 静脉物流的系统流程

静脉物流的流程如图 9-2 所示。

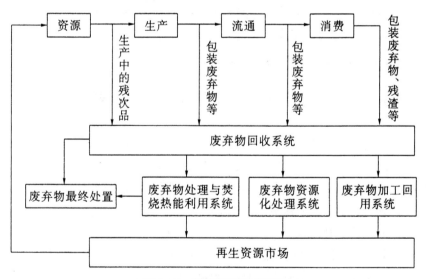

图 9-2　静脉物流系统流程

废弃物来源于生产、流通及消费等过程,经过回收,进入静脉物流系统。在回收系统中,根据不同的废弃物类别,经过分拣、拆解、融解等回收手段,提取其中有价值的部分,作为再生资源重新进入动脉物流的体系中;没有价值或价值很低、不足以抵消再利用成本的部分作为最终的废弃物进行处理,手段包括填埋、焚烧、堆肥及无害化综合处理。

从图9-2可以看出,静脉物流流程主要包括回收、再资源化和废弃物最终处理三个过程,并形成不同的物流体系。

回收过程是废弃物从产生者向静脉物流产业者流动的最初的过程,不仅需要回收者的回收工作,同时也需要废弃物排放者的积极合作。如对废弃物进行必要的分类等。

再资源化过程是对已经回收的废弃物通过一定的技术手段,提取废弃物中有价值的部分,并将得到的再生资源作为产品通过再生资源市场输入到动脉物流体系中,再次成为生产的原材料或消费的商品的过程。再资源化过程是实现静脉物流价值的重要环节,只有得到的再生资源通过营销手段获得"利润",静脉物流才能真正得以实现。

废弃物最终处理过程不只是一般的"废弃物流",而是在循环经济的框架下,基于环境保护的目的,以最合理的方式处理废弃物中最终没有可能再利用的部分。这将最大限度地降低牺牲环境的代价。

在静脉物流流程中,可能存在回收产业者、再资源化产业者和最终处理产业者,形成与动脉物流中供应链一样的网链结构;也可能其中两者或三者的功能混合为一个经济实体,独立完成静脉物流的部分或全部功能。

(二) 静脉物流系统的运营模式

在静脉物流的实践中,根据物流范围的不同,出现了三种不同的静脉物流运营模式:

1. 企业内部的静脉物流

它指废弃物在企业内部流动的运营模式,其物质基础是某一生产过程的废弃物可以再次用于本企业相同的生产过程,或用于本企业内其他的生产过程。如钢铁冶炼企业在冶炼过程中出现的钢渣等,可以再次用于冶炼钢铁。

2. 企业间的静脉物流

它指不同企业相互间的静脉物流,其物质基础是某企业的废弃物可以作为另一企业的"原材料"或燃料。一般这种模式运行于工业园区内部。我国贵港生态园区就是其中一例。贵港生态工业园区以制糖企业为龙头,辐射带动造纸业、酒精业的发展,实现了工业废弃物的综合利用,在不同企业间形成了良好的静脉物流系统。(案例详情见第十章)

3. 社会范围内的静脉物流

社会范围内的静脉物流,也是静脉物流开展的主要模式,其物质基础是消费后的废弃物包含"有用部分",经过回收、再资源化等过程,可以再次进入动脉物流体系。

社会范围内的静脉物流一般以特定的废弃物形成相对稳定的体系。图9-3是啤酒瓶的静脉物流过程:

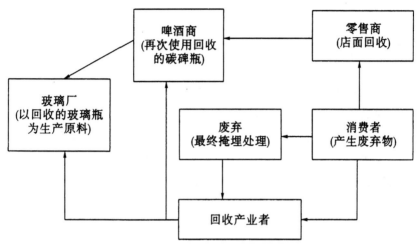

图9-3 啤酒瓶的静脉物流体系

在这个系统中,玻璃企业生产玻璃瓶供酒厂作为产品包装物;啤酒企业生产啤酒;零售商销售啤酒;消费者购买消费,并产生废弃物——啤酒瓶。图中省略了这个动脉系统的物流过程。该静脉物流系统从废弃物——空啤酒瓶的产生开始。

啤酒瓶成为"废弃物"后,消费者面对三种处置方法的选择:一是直接废弃;二是由零售商店回收处置;三是由回收产业者回收处置。

直接废弃的处置方式,消费者最方便,但增加了废弃物最终处置的难度。由零售商店回收的啤酒瓶一般经洗净、消毒后由啤酒企业直接再次使用。

回收产业者除直接回收啤酒瓶外,还可以从消费者直接废弃的废弃物中获取可再利用部分。经回收后,能够直接再次使用的出售给啤酒商,经洗净、消毒等工序后再次使用,不能直接再次使用的部分,出售给玻璃企业作为生产的原料。

啤酒企业在生产过程中以及再利用过程中产生的不能正常使用的玻璃瓶,经集中后,可以作为玻璃企业的原料。

这样就形成了啤酒瓶再生利用的完整的静脉物流系统。可见,完整的静脉物流系统不仅包括静脉物流产业者(图9-3中的回收产业者),还包括一般生产者、销售商和消费者。

 **关键概念**

可持续发展　循环经济　原级资源化　次级资源化　静脉物流　废弃物回收物流　废弃物流　再资源化过程

 **思考题**

1. 简述循环经济与传统经济模式的根本区别。
2. 请问循环经济的原则有哪些？这些原则是如何应用于实践的？
3. 请简述静脉物流的含义和系统流程。
4. 结合实际分析我国静脉物流发展存在的问题。
5. 简述社会范围内的静脉物流的过程。

第十章
产业废弃物和生活废弃物的静脉物流管理

学习目标

1. 了解产业废弃物的定义和分类;
2. 理解产业废弃物静脉物流的特点;
3. 掌握产业废弃物的静脉物流系统过程;
4. 了解我国产业废弃物静脉物流的发展状况以及存在的问题;
5. 了解国外产业废弃物的静脉物流现状;
6. 了解生活废弃物的内涵与分类;
7. 理解生活废弃物回收再利用的意义;
8. 掌握生活废弃物的静脉物流系统的过程;
9. 了解国内外生活废弃物静脉物流的发展状况。

一、产业废弃物的概念及其静脉物流的特征

(一) 产业废弃物的概念和分类

产业废弃物是指在产业生产过程中产生的 19 种废弃物,它们分别是燃烧残渣、污泥、废油、废酸、废塑料类、废纸、废木屑、废纤维(屑)、动植物残渣、废橡胶(屑)、金属屑、废玻璃/废陶瓷、矿渣、建筑废料、动物粪尿、动物尸体、粉尘类、为最终处置前述废物而产生的废弃物(如混凝土固化物等)。

产业废弃物主要来源于采掘、冶金、煤炭、火力发电四大部门,其次是化工、石油、原子能等工业部门。不同的产业部门产生完全不同的工业废弃物(如表 10 - 1 所示)。根据产业的不同,可以分为矿业废弃物、工业废弃物、农业废弃物等。

表 10-1　不同产业部门产生的废弃物

来源	产生过程	废弃物种类
矿业	矿石开采和加工	废石、尾矿
冶金	金属冶炼和加工	高炉渣、钢渣、铁合金渣、赤泥、铜渣等
能源	煤炭开采和加工	煤矸石、粉煤灰、炉渣
石化	石油开采和加工	油泥、废催化剂、硫酸渣、盐泥等
轻工	食品、造纸等加工	废果壳、废烟草、动物残骸、废纸、废织物等
其他		金属屑、电镀污泥、建筑废料

资料来源：杨慧芬、张强编著《固体废物资源化》，化学工业出版社 2004 年版

(二) 产业废弃物静脉物流的特征

产业废弃物静脉物流主要有以下三个特征：

(1) 不同的产业废弃物需要不同的静脉物流系统。

(2) 技术进步促进了静脉物流系统的发展。这是因为技术的发展使原来不能再利用的废弃物有了新的利用价值，从而带动了静脉物流的发展。也就是说，产业废弃物的静脉物流不单纯是物流过程，还依赖于对废弃物再利用技术及用途的开发。只有开发出产业废弃物再次利用的技术和用途，才能真正"变废为宝"，形成完备的静脉物流体系。

(3) 产业废弃物的静脉物流系统不是单一产业能够形成的，而需要所有相关产业的协同发展。

二、产业废弃物的静脉物流系统

由于工业废弃物的产生相对集中，且成分比较稳定、组分单一，一般比较容易回收利用，因而产业废弃物的静脉物流体系比较健全，但由于工业类型及废弃物种类的不同，而形成不同的体系。本节选取部分工业进行说明。

(一) 矿业

矿业废弃物主要是指废石和尾矿。废石是在矿山开采过程中剥离及掘进时产生的无工业价值的矿床围岩和岩石，尾矿是矿石在选矿后剩余的废渣。因此，矿业废弃物中的矿物组分与原矿基本相同。

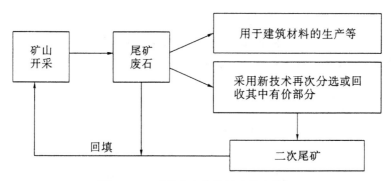

图 10-1 矿业废弃物的静脉物流体系

现代工业的发展，促使人类大规模开发和利用矿产资源，排放了大量的矿业废弃物。据不完全统计，全世界每年排放的矿业废弃物在 100 亿吨以上，但由于技术上的原因，大量矿业废弃物得不到再利用，这样不仅占用大量的土地资源、破坏生态平衡，而且造成严重的环境污染。随着工业技术的进步，使矿业废弃物的再利用有了经济上的可行性，由此促进了以矿业废弃物为对象的静脉物流的发展。

例如铜尾矿中含有大量有价组分：铜、硫、钨、铁、铅、锌等。在采用新的工艺后，可以继续回收或利用其中的大部分。

由于尾矿可利用量大、容易获得、环境效益明显，所以用于建筑材料生产也是尾矿的用途之一。许多尾矿中含有非金属矿物，如硅石、石英、长石以及各类黏土等，这些都是较有价值的非金属矿物资源，可代替天然原料作为生产建筑材料的原料。如生产硅酸盐水泥、免烧砖等。

尾矿和废石还可以用于矿山井下填充。采用填充法采矿的矿山每采 1 吨矿石，需要回填 0.25—0.4 立方米或更多的填充材料。尾矿和废石具有就地取材、来源丰富、运输方便等特点，可以与其他材料一起使用。

（二）钢铁冶炼业

钢铁冶炼业所产生的固体废弃物包括高炉渣、钢渣、铁合金渣和尘泥等，主要含有铁、锰、镉、镍、铝、钙、镁等金属元素和硅等非金属元素，在我国占固体废弃物总数的 18% 左右。

高炉渣是冶炼生铁时从高炉中排出的一种炉渣，它的化学组成与天然岩石和硅酸盐水泥相似，属于硅酸盐质材料，因此可以代替天然岩石和作为水泥生产原料使用，另外也可以用于公路、机场、地基工程、混凝土骨料和沥青路面等。

钢渣是炼钢过程中排出的废渣，主要组分是钙、硅、铝、铁、磷等的氧化物。

钢渣中一般含有7%—10%的废钢,经破碎、磁选、筛分等技术可回收其中90%以上。钢渣还可以用作冶炼溶剂、筑路材料以及土壤改良剂等。

铁合金渣是铁合金冶炼过程中的废渣,含有铬、锰、钼、镍、钛等价值较高的金属,一般优先回收其中的有价金属,对于目前尚不能回收的铁合金渣,可用作建筑材料和农业肥料等。

含铁尘泥中含有铁和碱性氧化物,有害杂质少,近似铁矿粉,有很大的利用价值。

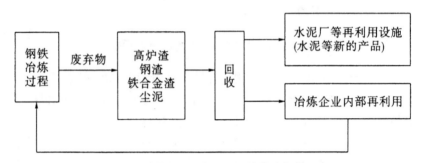

图10-2 钢铁产业固体废弃物的静脉物流示意图

(三) 建筑业

建筑废弃物是特殊的城市废弃物,产生于城市建筑施工、室内装潢和建筑拆除过程中,主要包括剩余建筑材料(如剩余水泥混凝土、剩余沙石等)、建筑过程中产生的建筑渣土、建筑物拆除时产生的建筑废材等。

建筑废弃物根据不同的组分,可以有不同的再利用价值。

废旧木材除可以用于焚烧发电之外,由于可以直接降级使用,因此大部分进入到再生资源市场再次流通;废旧建筑混凝土、废旧砖瓦等,可以用于桩基工程填充等,另外根据成分的不同还可以用于混凝土骨料、混凝土添加剂等;沥青可以作为路面铺覆材料;对不能回收利用的可以直接填埋。

(四) 流通业

流通业的废弃物主要是流通过程中使用的包装废弃物。在大多数国家,包装废弃物占城市固体废弃物总量的1/3左右。

包装物是指为在流通过程中保护产品、方便储运、促进销售,按一定技术方法而采用的容器、材料及辅助物等的总体名称。按照包装物的材质来分,可以分为纸制包装物、塑料包装物、玻璃包装物和金属包装物等。

在产生包装废弃物后,流通产业者应该区别不同的情况分别对待。对部分可以再次使用的,应该尽量使用;对不能继续使用的,应该在物质回收的基础上做好最终处理。

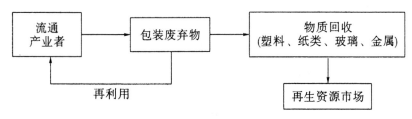

图 10-3 流通产业的静脉物流系统

三、国内外产业废弃物静脉物流的发展现状

(一) 美欧日产业废弃物静脉物流的现状

近年来,废弃物的收集、运输、循环利用、最终处置在国外已成为一个重要的产业,1998 年 8 月号《Money World》杂志提出"垃圾变黄金"的专题讨论,文中提到当今世界最值钱的产业将是处理垃圾的公司或生产垃圾处理系统的科技公司,因为他们认为以现在的垃圾处理费用 120 美元每吨来计算,这个市场的潜在价值高达 6 000 亿美元以上。

法律、法规的颁布情况:由于废弃物物流主体的特殊性,各国、各地区都对废弃物的流通、处理制定了严格的法律法规。比如德国,是世界上第一个重视包装废弃物回收与利用的国家。1975 年,德国政府与工业界就节约资源,增加包装废弃物的回收再生达成协议;1986 年,德国政府颁布《废弃物处理及处理办法》;1991 年,又正式颁布包装废弃物法令,即《包装废弃物处理法》,以立法的方式明令产品生产及销售者负责回收包装废弃物。另外,1996 年,德国又颁布了《循环经济和废物管理法》,以法律形式保证"绿色包装"的实施。再比如日本,2001 年 4 月开始实施《推进建立循环型社会基本法》、《有效利用资源促进法》、《家用电器再利用法》,争取控制垃圾数量,实现资源再利用。欧、美、日等发达国家均颁布法令,要求产品制造商、进口商,必须负起包装回收再利用与再制造的责任。

废弃物处理手段:就固体废弃物而言,目前的处理方法主要有压实、破碎、分拣、脱水与干燥、固化、热转化、生物处置等 7 种。随着科技发展,垃圾处理设备不断改进,废弃物处理的现代化、科学化、系统化水平也逐渐提高。如现代机械用于垃圾分拣;生物工程用于填埋场建设;热物理传热 365JT 技术改进垃圾焚烧发电系统提高产电能力;生物技术用于垃圾制肥提高制肥效率和质量;现代化信息技术用于垃圾综合管理系统等等。废弃物焚烧在国外获得广泛应用,在日本、荷兰、瑞士、丹麦、瑞典等国家已成为废弃物处理的主要手段。瑞士废弃物 80% 为焚烧;日本、丹麦垃圾 70% 以上为焚烧。下面主要介绍几个发达国家和地区的现状。

1. 美国产业废弃物的静脉物流现状

美国是世界上最早发展物流业的国家之一。政府推行的自由经济政策,使物流业迅速发展,这就决定了美国对静脉物流的更大的关注。从理论研究方面看,许多学者对静脉物流的基本问题进行了研究,认为物流结构的不合理会对环境造成严重的影响,反过来,环境问题又会影响供应链上的物流决策,因此,环境保护与物流管理关系密切。

从政府方面看,美国政府通过宏观政策的引导,确立以现代物流发展带动社会经济发展的战略目标,其近景、远景目标十分明确。例如,在至 2025 年的《国家运输科技发展战略》中,规定交通产业结构或交通科技进步的总目标是"建立安全、高效、充足和可靠的运输系统,其范围是国际性的,形式是综合性的,特点是智能性的,性质是环境友善的"。一般企业的实际物流活动中,对物流的运输、配送、包装等方面应用诸多的先进技术,如电子数据交换(EDI)、准时制生产(JIT)、配送规划、绿色包装等,为物流活动的绿色化提供强有力的技术支持和保障。

此外,为使产品生命周期的环境污染最小、资源消耗最小,也为了企业自身的利益,很多企业会在自己的供应链上实施逆向物流计划,重视对废品、次品的回收、重用、翻新。实际上,实施逆向物流不仅能缩减资源,减少废弃物污染,保护环境,更重要的是还能使企业获得很多利益,例如,紧缩库存、降低成本以及更好地控制成本、提高服务水平等,可以说,逆向物流是增强企业竞争能力、提高竞争优势的具有长远利益的战略武器。

大多数美国企业认为,欧洲的强制性政策需要付出较大的代价,美国的企业更愿意达成自愿性的环境保护政策。他们认为,环境政策的最终目标应该是同时降低所有的环境影响,而不应该仅仅局限于降低产品废弃物这一个方面。欧洲回收政策的目标是使废弃物的回收再利用最大化,而美国的分析家认为,环境政策的目标应该是使环境影响最小化,因此,他们更推崇美国的"面向回收而设计"、"绿色消费指南"等策略,这些政策能同时实现多个环境目标,例如,资源消耗的最少量化、废弃物减量化、改善环境质量等。越来越多的企业为了增强竞争能力,针对产品的退货、维修和废弃回收,主动延伸自己的责任,建立逆向物流管理体系。

以美国废物处理公司为例,该公司成立于1894年,是目前世界上最大的废物处理公司,也是唯一一家提供全套环保服务的公司。服务范围包括环境咨询,建筑设计与工程管理处理,业务遍及世界各地。目前它控制着国际废物处理公司、化学废物处理公司、带式喷丸清理机技术公司和拉斯特国际公司,成为世界上最大的环境服务公司。

2. 欧洲产业废弃物的静脉物流现状

欧洲是引进"物流"概念较早的地区之一。早在20世纪80年代欧洲就开始探索一种新的合作式的物流体系,即综合物流供应链管理。其目的是实现最终消费者和最初供应商之间的物流和信息流的整合,通过在商品流通过程中加强企业间的合作,改变原先各企业分散的物流管理方式,通过合作提高物流效率,从而减少无序物流对环境的影响。

欧盟环境税中95%的收入来自能源和交通部门,其余5%则来自对污染排放、有毒有害化学品、环境不友好产品、固体废物和自然资源的征税。除此之外,欧盟还出台了如强化对环境犯罪的治理、环境补助金、环境责任制度、综合产品政策、包装废弃物修正案等内容的法律、法规。

欧盟现阶段和将要出台的环境法律、法规体现了欧盟正在加大向循环型社会迈进的步伐,同时未来欧盟环境政策实施手段主要还是运用经济手段,强调环境与财政政策一体化,推进税收财政政策绿色化改革。一方面提高环境设施的运行效率和环境服务产品的质量,另一方面减轻政府的财政负担。并在制定和实施环境政策的同时,重视政策实施对企业的国际竞争力、社会就业、通货膨胀以及收入分配的影响。

在废弃物循环利用方面德国一直走在世界前列,早在1972年德国就制定了废弃物处理法,1986年修改为《废弃物限制及废弃物处理法》,把强调的重点从"怎样处理废弃物"发展到"怎样避免废弃物的产生"。1996年,德国又进一步制定了《循环经济与废弃物管理法》,把废弃物处理提高到了发展循环经济的高度,并建立了相配套的完整的法律体系。可见,德国的废弃物循环利用的法制道路也经历了一个不断发展完善的过程。在实践中,德国在20世纪80年代起就关注废弃物处理,从90年代起开始立法改造废弃物处理系统,建立产品责任制度,要求在产品的生产、消费和废弃过程中要尽量减少垃圾产生和废弃,强调重新循环利用或安全处置,逐步建立了全社会废弃物回收利用和处理处置的有效工作体系。

德国是世界上第一个重视包装废弃物回收与利用的国家。1975年，德国政府和工业界就节约资源、增加包装废弃物的回收再生达成协议；1986年，德国政府颁布《废弃物处理及管理法》；1991年，又正式颁布包装废弃物法令，以立法的方式命令产品生产者及销售者负责回收包装废弃物。德国进口商为了使进口商品的运输包装符合回收再生要求，纷纷向国外出口商发出通告，要求出口商配合。其对纸箱的要求，主要有三条：第一，纸箱表面不能上蜡、上油，也不能涂塑料、沥青等防潮材料；第二，纸箱的连接要求采取粘合的方式，不能用扁铅丝订合；第三，纸箱上所做的标记，必须用水溶性颜料。

与此同时，德国推行一项新的建立在"污染者付费"原则上的包装回收计划(Take Back Scheme)。该计划要求生产产品的公司对运输和包装物负责，要求本国包装企业收回所有零售网点废弃的包装材料，作再循环利用。运输货物的个人或企业即便在货物销售时也不能免除他们的责任，他们必须收回任何消费者不再使用的废弃包装材料，这就迫使制造商使用最少的包装材料来运输和保护产品，从而达到减少运输和包装废弃物的目的。

德国从1995年7月开始，法定包装废弃物回收定额为80%，同时规定运输包装100%回收。

德国至少有500个城市在考虑征收"包装税"，并得到了法院的支持。其目的不是为"创收"，而是为了减少包装垃圾。

3. 日本产业废弃物的静脉物流现状

自1956年从美国引进物流管理的概念后，日本社会各界充分认识到物流的落后将严重制约经济的发展，因而大力发展物流基础设施。到20世纪80年代中期，以降低物流为目的，在日本政府和企业共同努力下，积极推行物流的合理化，使日本迅速成为物流管理的先进国家。一些物流合理化的对策，如减少输送次数、提高车辆装载效率、提供共同配送、简化包装等，对于物流的绿色化同样具有十分重要的意义。

日本太阳能发电的出口值和国内发电量也是世界第一。从环境问题的深度和重要性来看，现在，环境商务不仅是国内有希望的商务机会，也在渐渐成为强化国际产业竞争力的重要支柱。

在日本，产业废弃物的处理，根据《污染者负担的原则》，排放废物的企业有处理它的责任。实际上是委托得到都、道、府、县知事的允许的废物处理企业进行处理，由他们负担费用。产业废弃物的规定和企业的认可划归都、道、府、县政府。

表 10-2　日本产业废弃物的排除情况　　　　单位：kt/年；( )内为%

时间	电力、煤气自来水	非铁金属	化学工业	造纸	食品香烟	建材业	矿业	农业	钢铁业	建筑业	其他
1980年	8 301 (2.8)	9 635 (3.3)	10 594 (3.6)	13 628 (4.7)	13 69 (4.7)	18 452 (6.3)	37 006 (12.7)	49 913 (17.7)	65 284 (22.3)	30 416 (10.4)	35 385 (12.1)
1985年	27 748 (8.9)	4 452 (1.4)	10 364 (3.3)	12 800 (4.1)	12 093 (3.9)	17 941 (5.7)	26 017 (8.3)	62 690 (20.1)	50 098 (16.0)	57 481 (18.4)	30 587 (9.9)

资料来源：刘振华等：《日本固体废弃物处理与再资源化的现状及课题》，《青岛建筑工程学院学报》2004年第4期

日本产业废弃物的再利用通过再使用、作为原料再利用、化学再利用和热能再利用等多种形式可以起到减少环境污染、节约有限的资源的利用。

当前废弃物处理的国际潮流"综合性废物管理"，就是动员全体民众参与3R行动，把垃圾的产量减下来，三个R的行动口号是：减少浪费(Reduce)；物尽其用(Reuse)；回收利用(Recycle)。

案例 10-1

广西贵港生态工业园区

贵港国家生态工业(制糖)示范园区是以贵糖(集团)股份有限公司为龙头，建立以甘蔗制糖为核心的甘蔗产业生态园区，将工业与农业生产有机结合起来，提高原料甘蔗的单产和含糖量。利用甘蔗制糖、蔗渣造纸、制糖滤泥制水泥、糖蜜制酒精、酒精废液制复合肥还蔗田等一系列系统，使此产品产生的污染物成为彼产品生产的原料利用，形成产品可彼此相互依靠、互为上下游的生态链，实现资源利用最大化，污染排放最小化，经济发展与环境保护双赢。园区正以蔗田、制糖等6个系统为框架，在编制的《贵港国家生态工业(制糖)示范园区建设纲要》基础上，逐步完善生态工业示范园区。

1. 蔗田系统

生态甘蔗园是全部生态系统的发端，它输入肥料、水分、空气和阳光，输出高产、高糖、安全、稳定的甘蔗，保障园区制造系统有充足的原料供应。贵港生态甘蔗园建设是在3.33万 hm² 蔗田区实现良种和良法。同时，按有机甘蔗生产标准和要求建设0.8万 hm² 有机甘蔗园。1999年开始实施，2002年已完成调整作物结构，蔗田灌溉设施配套，推广种植0.33万 hm² 早熟优良品种和0.2万 hm² 有机

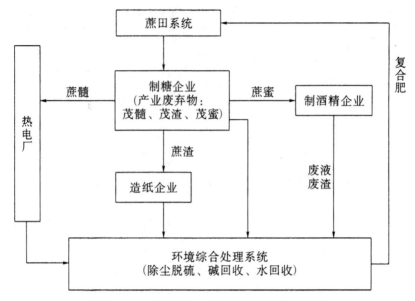

图 10-4 贵港生态工业园区静脉物流示意图

甘蔗田。预计到2015年生态甘蔗园建成,将实现原料蔗总产量360万吨,其中有机甘蔗80万吨以上,年农业增收1.76亿元,企业增收5.76亿元,经济效益显著,很好地保障了生态园区的系统安全性和稳定性。

2. 制糖系统

制糖系统是整个生态工业园的支持主体。通过技改,实行废物的综合利用。在生产出普通精炼糖的同时,生产出高附加值的有机糖、低聚果糖等产品。有机糖技改工程在2003、2004年榨季试车投产。有机糖是环保产品,其生产对原料生产和产品加工、贸易过程有严格的环境要求,并能达到资源利用的最大化,污染排放的最小化,所产生的废物均作互为利用的资源,对环境不会造成污染。低聚果糖生物工程在2004年10月试车投产。目前贵糖已经初步形成以制糖为中心,制酒、蔗渣造纸及"三废"资源化利用的甘蔗糖业生态链。2005年将完成制糖新工艺新技术综合改造工程,使现有碳酸法制糖工艺的滤泥排放量减少一半,并大幅减少滤泥中的有机物,增加碳酸钙含量,滤泥排出后可直接用于烧制水泥熟料,彻底消除滤泥对江河的污染。

3. 酒精系统

通过能源酒精工程和酵母精工程,有效利用甘蔗制糖副产品——废糖蜜,生产出能源酒精和高附加值的酵母精等产品。目前贵糖(集团)股份有限公司具有年产酒精1万吨的能力。能源酒精技改工程项目,近期以废糖蜜为原料年产能源酒精20万吨。远期还可考虑以丙糖(赤砂糖)和甘蔗混合汁及木薯为原料,达到60万—100万吨的生产能力。2002年5月已开始建设年产1万吨的能源酒精试验车间,预计2005年建成年产20万吨的生产能力。糖蜜发酵过程中,产生的大量CO_2气体可以用于生产轻质碳酸钙,实现资源利用,避免温室气体大量排放。

4. 造纸系统

通过造纸工艺改造和扩建工程,充分利用甘蔗制糖的副产品——蔗渣,生产出高质量的生活用纸及文化用纸和高附加值的CMC(羧甲基纤维素钠)等产品。目前,贵糖(集团)股份有限公司利用蔗渣造纸的生产能力已达8.5万吨/年,实施的氧漂改造蔗渣制浆系统技改工程是对漂白蔗渣浆生产线进行技术改造,已于2002年3月完成,技改后用氯量减少30%—40%,较大幅度地减少了漂白废水中的有机氯化物AOX的严重污染,并消除车间氯气污染。生活用纸扩建工程,近期建设规模为年产10万吨的生活用纸,远期达到50万吨的目标。该工程目前已实施,预计2005年建成投产,工程将吸纳周边小糖厂的废甘蔗渣,采用国际上先进的造纸新工艺,实现清洁生产,达到区域环境综合整治。

5. 热电联产系统

通过使用甘蔗制糖的副产品——蔗髓,替代部分燃料煤,热电联产,供应生产所必需的电力和蒸气,保障园区生产系统的动力供应。蔗髓热电联产技改工程是在贵糖原有的供热能力345吨/小时,发电能力24 MW基础上,把发电能力增加至36 000 kW,以满足生产发展的需要。2002年1月配套的75吨/小时蔗髓、煤粉双燃料锅炉投入运行,经济效益和环境效益较好,因利用蔗髓进行热电联产,实现了固体废物资源化利用,并且蔗髓燃烧过程不存在SO_2污染。

6. 环境综合处理系统

为园区制造系统提供环境服务,包括废气脱硫除尘,废水处理回收烧碱及纸纤维,废物再利用生产水泥、轻钙、复合肥等副产品,并提供回用水以节约水资源。2000年前,贵糖在每年12月至次年3月的榨季生产期间,每小时从河流中抽取的水量为5 700立方米,排水量为5 250立方米/小时,在停榨的综合利用生产期间,抽取水量为2 550立方米/小时,排水量为2 450立方米/小时,重复使用率还比较低。根据生态园区建设的要求,水资源在园区内应做到清污分流,循环使用或重复多层次使用,从而提高水利用率,减少从河流里抽取的一次水量和排出园区的水量。2001年开始实施的清污分流,清水回用节水工程,将从根本上解决制糖厂喷射冷凝器、热电厂发电机组、碱回收蒸发冷凝器以及酒精厂蒸馏冷凝水和发酵冷却水的回用问题,提高循环利用率。已建成的造纸系统脉冲回收水综合利用网络系统,减少了废水的排放量 2 000 吨/小时。利用酒精废液生产甘蔗专用复合肥工程的实施,实现了酒精废液的全部资源利用,既解决了酒精废液污染问题,又为种植甘蔗提供了必要的肥料。

上述 6 个系统关系紧密,通过副产物、废弃物和能量的相互交换和衔接,形成了比较完整的闭合工业生态网络。"甘蔗—制糖—酒精—造纸—碱回收—水泥—碳酸钙—复合肥"这样一个多行业综合性的链网结构,使得行业之间优势互补,达到资源的最佳配置,物质的循环流动,废弃物的有效利用,将环境污染减少到最低水平,大大加强了园区整体抵御市场风险的能力。

案例来源:甘现光:《贵港生态工业园区建设的实践与探索》,《南方国土资源》2004 年第 11 期。

(二) 我国产业废弃物静脉物流的现状

由于统计渠道不同,我国工业固体废弃物产生量数据有较大的差异。根据 1995 年固体废物申报登记数据,我国工业固体废物产生量为 7.68 亿吨,其中包括危险废物 2 618 万吨,其他工业固体废物 7.42 亿吨。占总产生量的 96.59%。其中,有 37.9% 的固体废物得到综合利用,得到基本处置的有 14.4%,有 40.8% 处于临时的储存状态,另外 7.2% 则被排放到环境之中[①]。

固体废物的组成与我国的工业结构有密切的关系。在我国产生的固体废物中产生量最大的是采掘尾矿,占固体废物总产生量的 27.45%,其次分别是煤矸石(15.77%)、粉煤灰(14.44%)、锅炉渣(煤渣)(11.46%)和高炉渣(6.73%),这五种废物占固体废物产生总量的 75.85%。

在我国固体废物产生量最大的行业是煤炭采选业,其固体废物产生量占固体废物产生总量的 15.97%,其次分别为黑色金属矿采选业(15.71%),电力、蒸气、热水的生产和供应业(13.98%),黑色金属冶炼及压延加工业(13.96%)。有色金属矿采选业(10.95%)和化学原料及化学制品制造业(5.50%),这六个行业所产生的固体废物占全部固体废物产生量的 76.07%。

我国目前固体废物积存量已达到 27.99 亿吨;1995 年固体废物治理工程投资为 274 亿元;已形成了近 3 亿吨/年的综合利用能力和 4 亿吨/年的安全处置和贮存能力,使综合利用和安全处置贮存率达到 92.8%。但是,仍然每年有

---

① 丁忠浩等:《固体和气体废弃物再生与利用》,北京国防工业出版社 2006 年版。

5 500万吨的固体废物直接排放到环境中去；另外每年还有31 350万吨的固体废物被置于不稳定的贮存状态，没有得到妥善的最终处置。工业固体废物的综合利用率只有37.9%，特别是产生量最大的几种废物综合利用率较低，如尾矿的综合利用率仅为8.48%，煤矸石为32.04%，粉煤灰为36.18%。

我国工业固体废物的产生有着鲜明的地域特点。排放量最大的三个区分别是华北、西南、中南，占全国固体废物排放总量的70.64%，其中华北地区固体废物排放量占全国总量的33.50%，其排放率为8.52%；西南地区固体废物排放量占全国总量的19.37%，其排放率达到14.76%。各个省市区的固体废物产生和排放量有自己的特点，这主要是由该地区的工业结构、工业发展水平和资源结构决定的。如山西省是煤炭大省，产生量最大的固体废物是煤矸石、尾矿、粉煤灰、高炉渣和锅炉煤渣，这5种废物产生量占全省固体废物产生总量的86.82%，排放量占90.65%。黑龙江省盛产煤炭和粮食，因而产生量最大的固体废物是煤矸石、尾矿、粉煤灰、锅炉煤渣和粮食及食品加工废物，占产生量的90.45%，而排放量最大的废物则是尾矿、粮食节食品加工废物、煤矸石、工业粉尘和有机废水污泥，占总排放量的95.87%。上海市产生量最大的固体废物是高炉渣、粉煤灰、锅炉煤渣、钢渣和工业粉尘，这五种废物产生量占全市固体废物产生总量的75.40%，排放量最大的废物则是粮食及食品加工废物、锅炉煤渣、有机废水污泥、工业粉尘和高炉渣，占总排放量的70.93%。这些废物的排放已经对环境造成了严重的污染。

目前，我国年包装废弃物的数量在1 600万吨左右，每年还在以超过12%的速度增长，包装废弃物的回收情况除啤酒瓶和塑料周转箱较好外，其他包装废弃物的回收率相当低，整个包装产品的回收率还不到包装产品总产量的20%。有些包装生产企业在进行包装设计时，没有考虑包装废弃物的回收利用，从而加重了对环境的污染，而企业本身并未承担相应治理环境污染的费用，因此，长期困扰我国的包装废弃物造成白色污染等问题，一直没有得到根治，还有保健品和月饼等的过度包装或欺骗性包装的问题。

四、生活废弃物概述

（一）生活废弃物的内涵

生活废弃物也称生活垃圾。我国于2004年12月29日新修订、2005年4月

1日施行的《中华人民共和国固体废物污染环境防治法》(以下简称《固废防治法》)中规定：生活垃圾,是指在日常生活中或者为日常生活提供服务的活动中产生的固体废物以及法律、行政法规规定视为生活垃圾的固体废物。由此可见生活垃圾是固体废物的一种。而《固废防治法》中规定：固体废物,是指在生产、生活和其他活动中产生的丧失原有利用价值或者虽未丧失利用价值但被抛弃或者放弃的固态、半固态和置于容器中的气态物品、物质以及法律、行政法规规定纳入固体废物管理的物品、物质。

综上所述,我们可以得出生活废弃物的基本内涵：

(1) 生活废弃物是在人类日常生活或为日常生活提供服务的活动中产生的物质、物品。

(2) 生活废弃物是丧失利用价值或者虽未丧失其利用价值但被抛弃的物质。

(3) 生活废弃物的存在形式可以是固态、半固态或其他形态。

(二) 生活废弃物的分类

现代的生活废弃物成分复杂,主要可分成三类物质：

(1) 可回收利用的物质,如废纸、废金属、废玻璃等；

(2) 人们的生活厨余物等有机物；

(3) 沙石、渣土等无机物。

如厨余等有机物可以制成高效有机复合肥,废纸、废金属、废玻璃等物质可再生利用回收,废弃的沙石、渣土等无机物可用来做建筑用材或通过特殊工艺制砖等。无法利用的可以再集中进行填埋处理。众所周知,目前我国生活废弃物的收集大多采用的是混合收集,不论填埋、焚烧、堆肥还是再生利用,没有一种技术可以将混合废弃物处理到尽善尽美的地步。也就是说,任何一种技术所能处理或利用的只能是特定某些成分的垃圾。基于这样的认识,我们对待生活废弃物的处理理念就应该以分类为基础,适合于焚烧的去焚烧,适合于堆肥化处理的制作堆肥,该再生利用的进行再生利用,最终的残渣进行填埋,这就是我们应该提倡的生活废弃物的分类及处理方法。因此,生活废弃物分类是废弃物资源化利用的前提。从理论上讲,生活废弃物的分类越细致,资源化利用的可能性就越大。但是我们还需明白,分类只是必要的条件,能否真正实现废弃物的资源化利用取决于很多其他方面的问题。

(三) 生活废弃物回收再利用的价值

垃圾,只有混在一起的时候才是垃圾,一旦分类回收就是宝贝。垃圾分类就是在源头将垃圾分类投放,并通过分类的清运和回收使之重新变成资源。在大自然中,本来就没有垃圾这个概念,它只是一种生态品。这是因为,生态系统中的某一部分死亡将成为另一部分的营养品。"垃圾是地球上唯一增长的资源",只要把垃圾放对了位置,就会成为用之不竭的资源。

垃圾分类的好处是显而易见的:垃圾分类后被送到工厂而不是填埋场,既节约了土地,又避免了填埋或焚烧所产生的污染,还可以变废为宝,为工农业提供了原料。比如,回收1吨纸,能生产0.8吨纸,可少砍17棵大树,节省3立方米的垃圾填埋空间,还可节省一半的造纸能源及35%的水。如果全国1400万吨纸都能回收利用,就能生产1120万吨纸,少砍2.38亿棵大树,节省4200万立方米的垃圾填埋空间。可是,由于我国大量废纸被当做垃圾焚烧或填埋了,回收率只有20%左右,每年不得不大量依赖进口废纸作为造纸的主要原料,据统计:中国在2000年进口废纸371万吨,2001年进口废纸642万吨,占亚洲废纸进口总量的70%;中国的林木资源只有世界平均值的1/4,江河湖泊已由于造纸的污水排放而严重污染。如果按照每人每周扔掉各种废纸平均0.5千克的话,那么仅北京一个城市一周就要扔掉废纸6000多吨。垃圾分类捡回来的不只是一张张的废纸,那是我们子孙安身立命的森林和河流。

同样,很多城市生活"废品"其实都有极高的再利用价值。有些种类的废塑料经过加工处理后可以制成纽扣、笔筒等生活用品,废塑料也是炼油的好原料,1吨废塑料至少能回炼600千克的汽油和柴油,有人形象地将之比作"二次油田"。有些废纸由于是用木材所造,可以制成纸浆,制造质量较高的纸,既可以少砍树木,还可以减少生产过程中的水污染。从汽车、摩托车上"退役"的废旧轮胎也能被还原成价格不菲的燃油;矿化垃圾可以变成坚硬的"混凝土"铺在高速公路上;废电池里含有多种有用的金属,回收利用的价值很高;正因为废电池有严重的危害和特别的回收价值,许多国家严禁它们与垃圾混放。生物垃圾就是剩饭剩菜、蛋壳果皮、菜帮菜叶一类的厨房垃圾,这些看似无奇的废物可用来制造高质量的有机肥料。用生物垃圾处理机,可将生物垃圾烘干、粉碎,制成高效的有机肥,产生经济效益。居民可以用它种花、养草,用他们施肥种出的蔬菜,比起化肥食品来,既安全又健康。生物垃圾通常占了垃圾总量的40%,如果他们都能变成有机肥,既省土地,又节约运送它们的车辆和能源,还防止他们滋生蚊蝇、细菌。所有这些废品,利用好了,其实都是"宝贝"。然而,粗放回收、粗放利用却是目前严重影响我国很多城市生活废品回收利用的大问题。在不规范的城市垃圾回收中,大量有用的"宝贝"却被抛弃,而一些被回收的垃圾也因为技术等原因被简单的加工处理，没能充分挖掘应有再利用价值。

垃圾分类在世界上很多国家得到了迅速发展。以美国3个城市巴尔的摩、华盛顿和里奇蒙为例：过去回收垃圾，每处理1吨需要花40美元，分类处理以后，这些回收的垃圾在1995年就创造了5 100个就业机会。其垃圾回收不仅节约了处理垃圾的费用，而且创造了5亿美元的财富。日本回收的铜可以满足全国80%的铜需要。在巴西，许多社区都实行垃圾分类，有市长把市政大厅门口的分类垃圾箱作为该市的荣耀；而附近的20多个海滩，分类垃圾箱更像是一道美丽的风景线，在回收垃圾的同时为旅游产业增加亮点。

总之，那些过去只能焚烧填埋的废弃物，如矿化垃圾、水厂污泥、小区污水、报废汽车、废旧家电、废弃混凝土、废电池、废橡胶、废塑料等，经过高科技"魔杖"点化，能够成为再生资源被重新利用。

五、生活废弃物的静脉物流系统

生活废弃物的静脉物流系统主要包括收运系统和再资源化系统和最终处理系统三个部分。下面分别阐述这三个部分。

（一）生活废弃物的收运系统

收运系统是指生活废弃物的收集、运输和转运系统，是静脉物流系统的重要组成部分。由于城市废弃物的产生是分散的，而静脉物流过程需要集中的废弃物流，因此需要收运系统完成废弃物从分散到集中的转换。

1. 生活废弃物的收集

城市废弃物的收集是整个城市废弃物清除和处理过程的开始。由于生活废弃物发生源分散在每个街道、每栋住宅、每个家庭，废弃物的产生既有固定源，也有移动源，所以废弃物的收集较之工业废弃物的收集困难且复杂，不仅需要多种方式，而且需要全体市民的参与。

目前的收集方式按照收集内容的不同，可以分为混合收集和分类收集两种。混合收集是指对废弃物不加区分，不经过任何处理，各类废弃物混合在一起的回收方式。分类回收是指按照废弃物的组分不同分门别类的收集方式。前者的应用广泛，简单易行，收集费用低，但这种收集方式造成各种废弃物相互混杂，降低了废弃物中有用物质的纯度和再利用的价值，同时增加了处理的难度，提高了处理费用；后者则与之相反，收集过程虽然复杂，但大大提高了废弃物再利用的程度。

生活废弃物的分类回收一般可以根据废弃物的组成情况，分为有机废弃物、无机废弃物、大件废弃物和可再利用废弃物等。居民在排放时将废弃物分别放入不同的指定地点，然后由收运人员进行集中，按照不同的性质进行处理或处置。

按照收集特点，收集方式还可以分为定点收集、定时收集。定点收集是指收集设施放置于固定的地点，随时进行回收服务；定时收集一般不设置固定的回收设施，而是在一定的时间段内以流动的回收设施进行回收服务。

2. 生活废弃物的运输

生活废弃物的运输是指废弃物从收集点到转运站或处理场的运送过程。这是生活废弃物收运管理系统中最复杂、耗资最大的阶段。目前的运输方式一般以车辆运输为主。

在车辆运输过程中，与一般物流体系相同，主要的问题是运输计划和运输车辆。

生活废弃物的运输过程是整个清运过程的中间步骤，在制订运输计划时必须考虑前后工序的限制，从而设计所需要的收运频率、使用工具和运输路线等物流参数。收运频率是指运输车辆运走废弃物收集点收集的废弃物的频度，使用工具的选择主要是选择车辆的吨位。收运频率和使用工具的选择，决定了运输能力，从而要求选择合理的运输路线，使车辆运输既能完成一定的清运工作，又不至于浪费运输能力，保证整个体系运营的经济合理。

由于物流内容的本质要求，废弃物运输车辆一般属于特种车辆。除具备废弃物装卸过程中需要的特殊设备外，还对密闭性有一定的要求。装卸设备的使用体现了物流过程节省时间、节约成本的本质，而车辆的密闭性则保证了废弃物在收运、装车及运输过程中不会因扬尘、渗漏液等产生对环境的二次污染。

3. 生活废弃物的转运

生活废弃物产生于城市之中，但处理于城市之外。生活废弃物在实现集中收运后，运输到转运站，然后由转运工具运送到最终处理设施处，如填埋场或焚烧场等。

转运站的主要功能是实现废弃物从运输车转装到转运车辆上的过程，主要设备包括卸料槽和装车装置。

一般的转运方式为公路—公路，但也有公路—铁路或公路—水路的形式。转运形式的选择要适合城市所在地的基本条件。

（二）生活废弃物的再资源化系统

生活废弃物中含有多种可以直接回收利用的有价部分，主要包括废纸、废橡胶、塑料、玻璃、废旧金属等，可用适当的分选技术加以回收利用。这些有价部分的收集形式是多种多样的，有的以废弃物的收集过程中分类收集的方式收集，有的来自拾荒者在废弃物中选择性的拾取，也有经废弃物最终处理过程中大规模的机械分选而来。

另外废旧物资的收购也是废弃物再资源化的一个途径。废旧物资收购产业者以一定的价格收购废弃物中的有价部分和废旧物资，如废塑料、饮料瓶、废金属等。在经济利益的驱动下，更多的废弃物将在静脉物流系统中得到再利用。

经过回收得到的可再利用资源，通过再生资源市场，进入到动脉系统，重新参与社会生产过程。

（三）生活废弃物的最终处理系统

生活废弃物经过回收利用剩余的部分需要最终处置，主要的处置方式为填埋，还有堆肥和焚烧。

填埋作为主要的处理方式，是目前应用最广泛的一种。废弃物填埋会产生渗漏液和填埋气体，如果不采取防范措施，会对地下水、土壤、大气造成污染。因此现代的填埋技术包括防渗系统、集排水系统、导气系统和覆盖系统，称之为卫生填埋。

堆肥是指人们利用自然界广泛存在的微生物，有控制地促进可降解有机物向稳定的腐殖质转化的生物化学过程。堆肥的主要产物是有机肥料，供农业生产使用。同时，堆肥过程产生的甲烷气体可以集中供发电或城市居民使用。

焚烧是对城市废弃物进行高温化学处理的技术。城市废弃物中包含有大部分可以燃烧的物质，且在燃烧后废弃物的体积将减少 80%—90%，残余物比较稳定、易于处理。在 800—1 000 摄氏度的高温条件下，废弃物中的可燃组分与空气中的氧气发生剧烈的化学反应，释放出热能并转化为高温的燃气和少量性质稳定的固体残渣。

目前，焚烧技术已经发展到焚烧发电的水平，在物质循环的基础上，实现了能量的循环利用。但由于技术设备以及资金的限制，还没有成为废弃物处理的主要方式。

生活废弃物的静脉物流系统如图 10-5 所示。

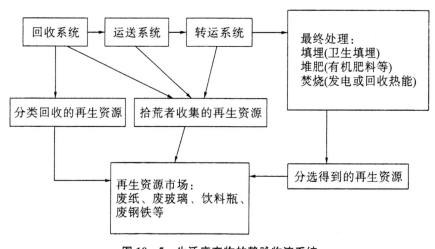

图 10-5 生活废弃物的静脉物流系统

六、国内外生活废弃物静脉物流的发展现状

(一) 国外生活废弃物静脉物流的现状

发达国家总结近年来静脉物流的发展经验,提出将城市生活废弃物管理分为四个层次:城市生活废弃物的源头减量化,可回收品的回收、再使用,废弃物的物质转换(即堆肥或焚烧,垃圾的最终处置)。目前,国际上采用的废弃物管理方式并不按照管理层次的优先原则,而普遍通过采用废弃物的各种处理方法,使废弃物处理的环境影响、经济代价和社会效益达到最优即生活废弃物综合处理。

1. 国外生活废弃物静脉物流的发展过程

发达国家从 20 世纪 60 年代起鉴于资源紧张和环境恶化,就开始重视和研究生活废弃物分类收集问题,并于 70 年代逐步开始实施生活废弃物分类收集。"厨房是分选工厂,双手是分拣机器"的分类收集方法简单易行,被众多国家采用。瑞典、日本、美国、英国、法国、德国、瑞士、苏联等国家都先后实施这一分类收集方式。在欧洲,家庭中实行垃圾分类收集的比例已达很高水平。家庭一般都将有机物垃圾单独存放,自行堆肥处理或由垃圾运输部门运走。垃圾运输部门使用不同的垃圾运输车辆将分好类的垃圾分别运送到相应的处理地点。除了家庭垃圾进行分类收集外,城市街道的垃圾收集点也放置有不同标志的垃圾容器,供居民和路人分类投放垃圾,比如有专门的电池投放桶、玻璃瓶投放桶、报纸投放桶等,这些垃圾分类收集点一般都是由垃圾运输部门根据城市的统一规划设置的。国外的垃圾分类收集水平较高,也比较细致。这主要与国外发达的经济水平、人们较高的文化素养以及政府的大量资金投入、相应政策的制定、配套设施的建设等密切相关。

国外城市生活垃圾处理进程,大体上经历了四个阶段:

(1) 为维护环境卫生而进行的无害化处理阶段。

(2) 在确保垃圾无害化基础上,避免产生二次污染的处理阶段。

(3) 提高资源化,减少垃圾处理环境负荷的处理阶段。

(4) 源头避免为主、资源化高度发展的全过程管理阶段。

以上述四个阶段衡量,发达国家垃圾处理大多在第三个阶段[1],并开始进入第四个阶段;而我国大部分城市和地区垃圾处理仍处于第一阶段,仅少数大中城市进入第二阶段。也正是由于各国对于生活垃圾的处理阶段的差别,才会使各国在生活垃圾处理方式选择上存在差异,生活垃圾处理方式仍以卫生填埋、焚烧、堆肥和回收利用为主。

自 1960 年日本广泛实施生活废弃物分类投放、分类收集以来,该收集方式在发达国家和地区迅速推广和普及,对生活废弃物的认识也出现转变。城市生活垃圾开始被视为可以回收或综合利用的原料,"放错位置的资源"。之后,许多国家为了生活废弃物利用,采取相宜的收集方法,直接分类回收城市生活废弃物中的有用物质,或借助堆肥、焚烧等各类工艺将生活垃圾转化成肥料和能源,达到垃圾资源化的目的。

进入 20 世纪 70 年代,西欧及北美等发达国家为了实现垃圾资源化,积极推行城市生活废弃物的分类收集。经过 20 多年的努力,许多城市实现了废瓶、废电器、废玻璃、废纸、废塑料的分类收集和回收利用,并建立起相当完备的垃圾分类收集处理体系,获得了较好的经济效益。在一些城市街道旁配备了专门收集废纸、废玻璃等的容器,容器上标明收集物的品名。有的城市将特制塑料袋、塑料容器等免费提供给居民,以利于住宅居民分类收集生活废弃物。不同国家和地区采用不同的分类收集方式、方法,即使同一国家和地区也往往采用多种方式、方法,但仍然有许多共同之处。

通常居民会按当地法规或市政当局要求,将家庭及工作场所生活废弃物分类放置,一般可分为 3—5 类;居民将分类后的生活废弃物(定时)投放到垃圾收

---

[1] 武攀峰:《经济发达地区农村生活垃圾的组成及管理与处置技术研究》,南京农业大学 2005 年硕士学位论文。

集点的分类垃圾容器内；环卫部门或公司按分类垃圾的不同性质及产量，定期定点分类清运；可回收物可直接运至回收站，也可通过分拣处理站再细化分类后运至回收站；有毒有害废弃物可运至回收站或分拣处理站，可回收部分进行回收，其余部分进入特殊处置场所。

2. 发达国家生活废弃物静脉物流的发展

生活废弃物的收集因国情而异。德国在分类收集方面的立法和管理工作成效显著。

在德国，生活废弃物分类收集分两部分进行。一部分是在居民房前、屋后放置一定颜色的垃圾筒，收集厨房及庭院产生的有机垃圾，每天或半月清运一次。另一部分是几个路段或一个区设立一个收集点，放置一组垃圾筒，垃圾筒上标有不同颜色，表示分别收集纸张、塑料和玻璃等可回收利用的垃圾，其中收集玻璃的垃圾筒有三种，分别收集无色、棕色和绿色瓶子，收集点每月清运一次。

对于家庭垃圾，德国政府还规定，每户居民至少必须备有三个颜色不同、大小有别、带盖、下面有小滑轮的塑料垃圾筒，各种垃圾在丢弃时应分门别类地装在不同的垃圾筒（袋）里，不得随意倾倒。环卫部门每年向居民印发一种叫做垃圾收集日程表的大卡片，上面定出 1—12 月份收集垃圾的具体日期、类别、定时开车到各居民处收集。哪一天收集哪种垃圾，都规定得很清楚。居民在前一天将第二天要收取的那种垃圾筒（袋）拖放到街边，便于环卫人员到时将其倾倒进黄色的大型垃圾车中。各家的垃圾筒都是统一规格的，倾倒工作完全是自动化机械操作，非常便捷。目前在德国各商店、食品店很少见到塑料包装袋，面包店都是用纸袋，其他商品也大都用纸袋或纸制手袋。

垃圾运到处理中心加以分类，纸张为一大类，被送到造纸厂；植物类的叶、根、茎以及生活垃圾中的有机物被分离出来，制成农民非常欢迎的有机肥；还有一类可燃性垃圾，则送到特制的焚烧炉，加以焚烧发电。这些方法处理了相当数量的垃圾，但即使在德国这样的发达国家，仍有大量无法处理的垃圾，也只能挖坑埋掉。

德国对瓶子的回收另有专门规定，牛奶瓶、啤酒瓶、成箱的饮用水瓶（包括塑料瓶）有专门的回收点或销售的商店承担回收工作；对其他类型的瓶子，分白、绿、黄三色，在市镇某一场地，分别设有上述三种颜色巨大的、像煤气（或石油）储存罐形状的金属罐，上部有一小孔，人们将用过的旧瓶子，分别按不同颜色，从小孔投入其中（大都在投进时摔碎了），到一定时间，制瓶厂取出这些碎片，经过清洗、清除杂物、回炉焚烧，制成新的玻璃器皿，重新投入市场使用。

德国还规定不准丢弃废旧物品，大到汽车、大型家具，小到各种小型家用电器,均不得随意丢弃。

除分类收集有用废物外,德国许多城市还要求单独收集废电池、废药品、废油漆、染料等特殊废物,严禁这类废物进入混合收集过程,以避免造成污染而增加处理工艺的难度。

在德国,由于垃圾产生量的不断增加和垃圾填埋场的日益短缺,且未经处理的垃圾填埋会产生大量的甲烷气体,而甲烷气体所造成的温室效应是二氧化碳的 60 倍,因此对垃圾处理必须寻求一条新的有效途径。目前,德国共有垃圾焚烧厂 53 座,在规划中的还有 24 座。

瑞士苏黎世市政府实施新例,规定社区居民必须把垃圾放进政府核准型号并由指定厂家生产的垃圾袋里,这种官方垃圾袋以苏黎世市徽为标记,被称为"苏黎世袋"。如果居民擅自使用非官方垃圾袋,用一只要罚款 100 瑞士法郎。新法还授权清洁工人,每当到社区垃圾屋收集垃圾时,要是碰到或发现非官方的垃圾袋,可以将其打开,从垃圾中寻找线索,以便顺藤摸瓜追查擅自使用垃圾袋的人。苏黎世市政府最近还出版了一部洋洋万言的《废物处置手册》,向全市居民详细解释新废物的处理法则,面面俱到地指导他们怎样才能合法弃置垃圾。

加拿大实施了有效的废物管理制度,1991 年人均废物量约为美国的 30%。加拿大的废物减少有赖于教育手段,通过提高顾客环保意识,鼓励顾客不购买过度包装的产品。顾客环境意识的提高也推动了厂商努力改进自身的产品,减少不必要的包装。在加拿大,产品的使用方便和产品的环境效益已经变得同等重要。加拿大的非营利机构促进了居民利用废弃物,如通过好心会和救世军代理、收集和分售旧服装及旧家具,使之得以再利用。加拿大政府奖励将废物分离后再送到收集车里的居民,因为这样做可以降低处理成本。

日本是一个资源非常匮乏的国家,生活垃圾分类回收是垃圾资源化的一个重要措施。在日本,居民在家中先将垃圾分类后,才送到指定的地方去,由清运公司或市政部门定期运到各个处理场所。按照可燃垃圾、不可燃垃圾和粗大垃圾 3 类分别收集的城市有 122 座,另有 24 个城市按粗大垃圾、混合垃圾 2 类分别收集,还有 23 座城市则分为可燃垃圾、不可燃垃圾 2 类分类收集。

日本的公共场所以及居民区内都设置了垃圾分类回收箱,政府也在居民中强化垃圾分类意识,城市居民首先在自己家中将生活废弃物分类及装袋,然后按政府规定的时间送到指定地点。日本政府从 2000 年 1 月开始实施新的废弃电器处理办法。新办法规定,生产商要负责拆除和再循环旧电器中可再利用的部分,零售商需负责将消费者弃用的电器转交给生产者,消费者则要承担整个循环再造过程的大部分费用。

(二) 国内生活废弃物静脉物流的现状

从 1985 年起，我国政府先后颁布了《环境保护法》、《水污染防治法》、《大气污染防治法》、《固体废物污染环境防治法》四部专项法和八部资源法，20 多项环境保护法规，313 项环保国家标准。最近我国修改了《固体废物污染环境防治法》，并已在实行中。

我国城市生活废弃物对环境的污染非常严重，目前有很多城市，不论其规模大小和发展程度，形成了一种"垃圾包围城市"的局面。城市生活废弃物占据城市近郊大量肥沃的土地。而很多已建成的城市生活垃圾场大多没有经过科学的设计、严谨的规划与防护处理，有的甚至直接露天堆放或简单掩埋，造成了植物枯死，土壤受化学污染等许多生态环境问题。可以预见，随着经济的发展，城市固体废物的数量必定会迅速增加，如何处理巨量的城市生活废弃物将是关系到经济发展、水资源和环境保护等的重大问题。

目前我国除了（北京、上海、广州、南京、深圳、杭州、厦门、桂林）8 座城市自 2000 年 6 月列为生活废弃物分类收集试点城市已开展此项工作外，城市生活废弃物混合收集仍然是各大、中、小城市普遍采用的垃圾收运方式。随着经济的高速发展、人民生活水平迅速提高、城市规模的扩大和城市化进程的不断加快，我国城市生活废弃物的产生量和堆积量均在逐年迅速增加。根据国家环保总局公布的中国环境状况公报显示，2002 年全国生活垃圾清运量为 13 638 万吨，比上年增加 1.2%；其中生活垃圾无害化处理量为 7 404 万吨，无害化处理率为 54.3%；2003 年全国生活垃圾清运量为 14 857 万吨，比上年增加 8.8%；其中生活垃圾无害化处理量为 7 550 万吨，无害化处理率为 50.8%。直辖市和省会城市在生活垃圾产生量方面占有重要比例。生活垃圾产生量的 60% 集中在全国 50 万以上人口的 70 多座重点城市。我国城市生活垃圾年产生量已超过 1.5 亿吨，垃圾的历年堆存量已达 60 多亿吨，全国有 200 多座城市陷入垃圾的包围之中，垃圾堆存侵占的土地面积多达 5 亿多平方米。同时由于无害化处置设施和无害化场所建设的滞后，无害化处置率有所下降。

由于我国各个地区之间的地理条件、生活习惯和发展水平等差异十分大，因而城市生活废弃物的构成也比较复杂。近年来，我国城市生活废弃物在产量迅速增加的同时，其构成也发生了很大变化，主要表现为：有机物增加、可燃物增多、可利用价值增大，这一变化趋势将会对我国城市生活废弃物处理处置技术的发展产生较大影响。当前我国城市生活废弃物的主要构成为：有机物、厨余、果皮、草木等；无机物：灰土、砖、泥沙等不可回收物；塑料、纸类、金属、织物和玻璃等可回收物。其他还有如大件垃圾（废旧的家用电器等）和有毒有害废物。

参照有关生活废弃物产生量预测的研究成果，可初步确定今后几年上海市区生活废弃物产生量的年增长率如下：2000—2005年为4.5%—5.5%，2005—2015年为3.5%—4.5%。虽然预测的生活废弃物年增长率有所降低，但上海市区生活废弃物的绝对产生量仍将逐年增加，2015年的生活废弃物产生量将是1999年的2倍左右，其对城市管理和城市发展的影响不容忽视。

案例10-2

日本城市生活垃圾的分类回收

1. 垃圾分类回收箱遍布各地

众所周知，日本的岛国特征注定它不可能是一个资源非常丰富的国家。为了解决资源贫乏的难题就要尽可能地节约资源，最大限度的利用现有资源。垃圾资源就是其中一项，分类回收是垃圾资源化的一个重要措施，进入日本社会生活的各个角落。因此日本的公共场所，如自动售卖机旁、停车场、机场、火车站、风景区都有形状各异但标识相同的垃圾分类回收箱。就是一个小城市的一个小山顶上，也放置着垃圾分类回收箱。居民区内，则有不同日期回收不同垃圾的通知。每年的12月份，位于日本南部的熊本市的居民，都会收到一张来年的特殊挂历：每月的日期都由黄、绿等不同的颜色来标注。在挂历的下方注有说明：每一种颜色代表哪一天可以扔何种垃圾。挂历上还配有各种垃圾的漫画，告诉人们不可回收的垃圾都包括哪些，可回收的垃圾都包括哪些，让人一目了然。有了这张挂历，在这一年里，人们都会按照挂历的规定来扔垃圾。

◆ 垃圾回收系统完善

日本凭借一套完整的垃圾回收系统，使其国民已经养成了良好的垃圾分类意识。1994年4月东京市政府开始将垃圾分为"可燃物""不可燃物"以及玻璃瓶和铁铝罐等类别加以回收，并统一发放回收桶，要求居民按不同类别将垃圾放入不同的垃圾箱内。尽管分类放垃圾比较麻烦，由于人们环保意识比较强，大家还都是很认真地去做。2年内实现了200吨的垃圾资源化。回收的物品经过处理变成了人们生活中所需要的各种物品，包括衣物、鞋帽、包装物等。另外，日本有关部门将垃圾回收箱放到了一切可以放的地方，如商店、公园、停车场、街头、广场等，垃圾回收箱在日本几乎是随处可见，并有专人负责。又如日本春日部市从1994年7月开始对小瓶、罐等进行收集,9个月的时间就收集了139吨的小瓶、小罐。这些相当于春日部市内9个月该类产品消费总量的86%。这些措施的实施不仅使资源得到了利用,也进一步提高了居民的环保意识。

2. 垃圾处理工艺成熟

日本不断发展垃圾处理方面的技术和工艺,目前已经发展了相当成熟的垃圾处理工艺。例如北九州的日明工场(垃圾焚烧处理厂)①。日明工场是由北九州市政府出资125亿日元兴建的垃圾焚烧场。占地面积33 933平方米,1991年3月竣工,共有3台焚烧炉。该场焚烧炉设计能力可以处理1 800吨垃圾,并全部采用计算机自动控制系统,焚烧垃圾产生的有害气体也得到了妥善的处理。为了有效地利用焚烧中产生的余热,设置了6 000 kW的发电设备,将焚烧垃圾产生的电提供给北九州市,同时为临近城市供热。与之相配套的有粗大垃圾资源化中心和罐瓶资源中心,构成一个完整的垃圾处理场。

像这样规模的垃圾处理场在北九州共有3个。这3个处理场承担着北九州市全部垃圾的处理任务。对家庭垃圾:

(1) 各种罐、壶、桶及瓶子送到资源中心,根据不同的性质分拣。易拉罐经过分拣后每2 000个压实为一块。这些产品的销售收入,1994年就达到13亿日元。部分垃圾送入燃烧炉,残渣填埋,这类垃圾1周回收一次。

(2) 可燃性的垃圾直接送入燃烧炉,燃烧灰与残渣一同填埋。燃烧产生的热量转化成的电能用于供电、焚化、污水处理。这些收入可达8亿多日元。这种垃圾1周回收两次。

(3) 大型垃圾预约回收。垃圾场将收回的垃圾送入粗大垃圾资源中心进行破碎。将铁用磁选的方法拣出,成为有价的资源,卖给私人公司。可燃物送到焚烧炉。公司产生的垃圾由公司自己搬运到垃圾场,包括可燃性垃圾及粗大垃圾。处理方法与家庭垃圾中的可燃性垃圾及粗大垃圾处理方法相同。

搬家产生的垃圾主要为废旧家具。这种垃圾处理方法一般是:将能进一步使用的家具做简单修理,放在旧家具市场销售。这些旧家具经过简单的整理,不仅具有使用价值,而且整理后就像新的一样,但价格只有新家具的十分之一。因此。很多市民经常光顾该家具市场,由于他们只有每月的20日左右销售家具,所以市民将选中的家具先在登记簿上登记,等到每月20日左右再来这里购买。若一件家具有很多人登记购买,就采取抽签的方式最后决定卖给谁;无法修理的

---

① 王美华:《日本的垃圾无害化处理》,《贵阳中医学院学报》2003年第4期。

家具，转入粗大资源中心破碎后焚烧。

3. 日本爱知世博会带来的启示

日本爱知世博会[①]提出"不让一点垃圾走出会场"的口号。以 3R——减少（reduce）、再利用（reuse）、再循环（recycle）的理念作为世博会举办的精神和原则。

其中垃圾处理便是一个重要的实施环节。在世博园会场内的餐厅全部使用有机餐具，使用后能在短时间内用微生物加水分解。所有生活垃圾都将被有效利用转化成燃料或燃料电池供世博会现场能源之需，实现循环再生利用，让有限的资源无浪费地使用。垃圾的处理本身成为主办方演绎世博会主题"自然的睿智"的一个有机部分，但是这些具体的落实却是通过垃圾的分类回收和游客的自觉参与来共同完成。

爱知世博会的垃圾桶为六角柱体墨绿色，桶口有日文、英文和图案对分类品种作出标志，桶体是透明塑料袋部分，可以让人看清里面盛放的物品。垃圾分十二个类别，根据不同东西进行分类回收，有些虽是同类物品，但根据回收利用的不同加以分开：如纸质物品中就分成印刷品报纸类和纸杯纸盒包装类。除了十种可回收类垃圾，有两种垃圾是非回收类：一个是用于处理不同的剩余食品，另一个是用来处理剩余液体饮料。每组垃圾桶有两名专职管理人员，身穿黄色荧光工作服，热情和蔼、不厌其烦地接待着游客，他们协助人们把吃剩的食物倒入桶中，塑料碗和筷子则先后分别被扔进两个不同分类的桶。尽管分类非常烦琐，但游客在管理人员的认真态度和负责工作中都能积极配合。其实，每位游客也看到，经过这样分类处理，桶内的垃圾几乎为一类物品，待桶装满后便是垃圾的成品。每隔一定时间，身穿灰色工作服的管理人员会推着大桶来收集不同的垃圾，并把它们送到园区中一些中转站等候下一轮的处理。遍布园内的垃圾桶群，由于它的体量不显眼，色彩也并不夺目，当游客饱览风光时并不感到它们的存在，但是一旦需要却可以随时随地发现。这些默默无闻的垃圾桶和垃圾管理人员的存在，确保了每天达 10 万人次的游览环境纤尘不染、一清二楚。垃圾桶对世博会整体环境的和谐起着至关重要的作用，而清洁、整齐的成品垃圾收集又为自然物质的再生利用做好必要的准备。不过，更重要的是整理垃圾的过程，传递给了每一位游客珍爱地球的理念，抽象的主题化解在具体的展示之中，又是如此的简单朴素。每个人小小的举手之劳居然共同做出一篇保护地球环境的大文章，而文章的撰写者又都是前来世博会观赏的游客。

---

① 俞力：《细微之处见精神——爱知世博会垃圾分类和处理的启示》，《中国广告》2006 第 5 期。

优美的环境自然造就良好的心境,良好的心境自然又会产生追寻这些创意的文化背景。

爱知世博会的垃圾处理无疑为我们每个人提供了一个善待自然一个标准,它以一种无形、无声、无色的展示让每个人有意和无意间在一种体验、感受、参与、互动中去领悟和学习。主办方把一件人人可以做的事,但并不是人人想到去做的事演绎成人人愿意去做的事。这无疑为我们提供了一点启示:人类举手之劳的小事也能成为演绎世界重大主题的展示。

 关键概念

产业废弃物　建筑废弃物　包装物　生活废弃物　固体废物

 思考题

1. 请讲述产业废弃物的概念和分类。
2. 请问产业废弃物静脉物流的特点是什么?
3. 简述矿业废弃物的静脉物流系统。
4. 我国包装废弃物回收的现状如何?
5. 国外产业废弃物的静脉物流有哪些地方值得我国借鉴?
6. 请简述生活废弃物的内涵和分类。
7. 请问生活废弃物的静脉物流系统包括哪些内容?
8. 生活废弃物的最终处理具体包括哪些处置方式?
9. 简要介绍国外城市生活废弃物处理的进程。

第十一章
特种废弃物的静脉物流管理

 学习目标

1. 了解医疗废弃物的概念和种类;
2. 掌握医疗废弃物的静脉物流体系;
3. 理解医疗废弃物的各种处理方式;
4. 了解电子废弃物的概念和特点;
5. 了解国内外国家和地区电子废弃物的静脉物流管理。

在城市生活中还会产生如医疗废弃物、电子废弃物等特殊的废弃物。这些废弃物的成分相对独立,回收和处置过程各具特点,对环境的影响也表现各异。一般而言,这类垃圾在城市废弃物总量中所占的比例不大,但在对其进行分类、收运、处理及回收过程中如果处置不当,可能产生二次污染。本章主要对特种废弃物种的医疗废弃物和电子废弃物的静脉物流系统作简要的介绍。

一、医疗废弃物的静脉物流

(一) 医疗废弃物的分类和危害

1. 医疗废弃物的概念

医疗废弃物(Medical waste)是指医疗卫生机构在医疗、预防、保健以及相关活动中产生的具有直接或间接感染性、毒性以及其他危害性的废弃物。

医疗废弃物通常带有大量细菌和病毒污染环境、传播疾病、威胁健康,是《国家危险废弃物名录》47类危险废弃物中的首要危险废弃物。医疗废弃物处理不当,将会引起二次传染和环境污染,严重影响人们的身体健康。随着人们健康意

识的提高和新技术的发展,医疗废弃物处理日益受到人们的重视。WTO 及欧美国家均制定了相关的管理和处置对策,我国也于 2003 年 7 月颁布了《医疗废弃物管理条例》,将医疗废弃物管理纳入法制化轨道。

2. 医疗废弃物的分类

医疗废弃物大致可分以下几种:

(1)损伤性废弃物,是指能够扎伤或者割伤人体的废弃的锐器,包括各种针头、手术刀、锯、玻璃试管等。

(2)感染性废弃物,指携带病原微生物,具有引发感染性疾病传播危险的废弃物。如,病人的血液、体液、排泄物污染的物品,病原体培养基、标本,临床废弃物手术包、包扎纱布等。

(3)病理性废弃物,指人体切除物和医学实验动物尸体等。如,诊疗过程中直接切除的人体器官,病理室切片后的人体组织等。

(4)药物性废弃物,是指过期、淘汰、变质或者污染的废弃药品,包括废弃的一般性药品、废弃的细胞毒性药品和遗传毒性药品等。

(5)化学性废弃物,指具有毒性、腐蚀性、易燃易爆性的废弃的化学物品,如医学摄影室的胶片冲洗液,实验室废弃的化学试剂等。

3. 医疗废弃物的特性

(1)感染性。它是致病与污染的双重载体。

(2)传染性、腐蚀性。传染性指病原体能从有病的生物体侵入到其他的生物体内的特性;腐蚀性是指通过接触能造成生物细胞组织有可见性破坏或不可治愈的变化而引起的危害。

(3)空间传染性、交叉传染性、潜伏传染性。医疗废弃物在堆放或运输过程中,其中的病菌、病毒或化学试剂可能随水分的蒸发进入大气,也可能经地表径流带入水体,经雨雪淋溶进入土壤和地下水,对生态环境造成污染和破坏。1988年在上海暴发的甲型肝炎,就是与人们食用的毛蚶曾被医院带病毒的污水污染有关。

(4)增量性。随着人口不断增长、经济状况和医疗条件的改善,治疗期间使用一次性用品,增加了医疗废弃物的产生量。

4. 医疗废弃物的危害

随着我国医疗事业的发展,废弃物产生量日益增大。2002 年全国产生医疗废弃物平均每月 65 万吨,平均日产量 1780 吨。预计到 2010 年全国医疗废弃物产生量将达到 68 万多吨,平均日产量 1870 吨。我国医院每张床位平均每天产生 1000 克废弃物,一个中等城市每天的医疗废弃物约为 40—70 吨。一个省每

年的医疗废弃物也有 9 600 吨之多。与一般的生活垃圾不同,医疗废弃物的危害性更大,主要表现在如下几方面:

(1) 对土壤环境的影响。采取填埋或堆存,不仅占用土地也污染土壤环境。据估算,固体废弃物每堆存 1 万吨,约要占据 1 亩土地。由于医疗废弃物堆放或无适当防渗措施的垃圾填埋,其中的有害成分很容易侵蚀渗入土壤中,有害物进入土壤杀死土壤中的微生物,降低土壤的腐解能力,破坏土壤结构,威胁植物生长。

(2) 对水环境和大气环境的影响。在医疗废弃物填埋或堆存过程中,防渗措施不当,可使固体废弃物随大气降水和地表水进入周围地表水,或随风落入水体直接污染水体。采用焚烧处理,如处理不当,也会污染大气。因医疗废弃物中塑料制品的比例高于生活垃圾,在焚烧过程中会产生高浓度的二噁英类化学物。二噁英能强烈地吸附在颗粒上,通过空气、水源等环节进入土壤,从而进入植物和食物链。除了人食用被污染的粮食、油料、果蔬外,禽畜食用或饮用被二噁英污染的饲料和水后,二噁英就进入禽畜体内的脂肪中,如牛奶、蛋黄等。当人食用被污染的禽、畜、肉、蛋、奶品时,二噁英便会转移到人体和产生危害。

(3) 对生活环境的影响。医疗废弃物直接混入生活垃圾,造成儿童伤害事件也时有报道。特别是使用过的一次性注射器对儿童造成的伤害后果相当严重,有的致使视力丧失,造成儿童终身残疾。

(二) 医疗废弃物的静脉物流收运体系

医疗废弃物需要医疗机构在产生时开始收集,并使用专门的封闭式储存、运送工具,其最终处理一般以焚烧为主。医疗废弃物向焚烧场的运送,可以由医院自行负责,也可以由环卫部门负责。图 11-1 描述了医疗废弃物的静脉物流过程。

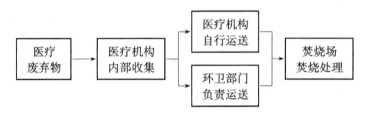

图 11-1 医疗废弃物静脉物流示意图

在医疗废弃物的静脉物流过程中,医疗机构等相关机构应该加强责任意识,以确保医疗废弃物的安全处理。

(三) 医疗废弃物的合理化处理

目前世界各国医疗废弃物处理的基本方式主要是消毒、填埋、焚烧、等离子体法等几种。填埋占用大量土地，同时垃圾中的有害成分如处理不当对大气、土壤及水源将造成严重污染。焚烧处理由于具有明显的减量化、资源化和无害化优势而得到迅速发展。焚烧处理是将垃圾放在焚烧炉中进行燃烧，释放出热能，余热回收可供热或发电。烟气净化后排出，少量剩余残渣排出填埋或作他用。焚烧处理技术的特点是处理量大、减容性好、无害化彻底，且有热能回收作用。采用焚烧方式处理垃圾，是实现减量化快捷、有效的方式，可以有效缓解现有处理方式对土地、对环境造成的破坏作用，并最终朝着垃圾的综合利用方向发展。

1. 医疗废弃物焚烧处理技术

医疗废弃物焚烧处理是指将医疗废弃物中的可燃物在焚烧炉中与氧进行燃烧氧化，其中的碳、氮、硫等元素与氧进行化学反应，释放热能，同时产生烟气和固体残渣。目前世界各地应用的各种型号的焚烧炉近200种，但应用广泛具有代表性的主要有四类。

(1) 多膛式焚烧炉。这种烧炉的炉膛有多层，每层都是一个炉膛，废弃物从上部炉膛送入，由堆料片推动废弃物横过炉膛表面，每经过一个洞口未完全燃烧的废弃物从这里掉到下面，废弃物经过炉子时从一个炉膛掉到另一个炉膛，并被烧掉，灰渣落入炉子底部运走，炉膛的温度一般控制在上部310—540℃，中部760—980℃，下部260—560℃。多炉膛焚烧炉的优点是可用于处理各种形式的可燃废弃物，特别适合焚烧低热值废料，废弃物在炉内停留时间长，能完全燃烧。缺点是焚烧能力只有同尺寸流化床焚烧炉的1/3。因此，只有在特别需要用这种设备时，才在工业上有所应用。

(2) 流化床焚烧炉。这类焚烧炉的工作原理是空气(或其他气体)由容器底部喷入，沙子被搅成流态物质。废弃物被喷入燃烧床内，由于燃烧床内迅速的热传递而立刻燃烧，烟道气燃烧热即被燃烧床吸收，燃烧床的温度控制在760~890℃之间。这种焚烧炉的优点是固体颗粒激烈运动，颗粒和气体间的传递、传质速度快，因处理能力大，炉子结构简单，适用于气态、液态、固体废弃物的焚烧。缺点是固体废弃物需破碎为一定粒度才能入炉。

(3) 转窑式焚烧炉。这种炉体为可旋转的圆柱体，倾斜度小，转速低。废弃物由高端进入，沿炉体长度方向移动，燃烧温度在890—1 600℃的范围。转窑式焚烧炉的优点是装置设备费用低，电耗相对比较少。缺点是设备体型大，占地多，多用在固体废弃物及污泥的焚烧上。

(4) 敞开式焚烧炉。这种炉利用敞开地坑作为燃烧室,用多个喷嘴的歧管将空气喷入坑中,废弃物从炉膛上端卸入炉中,歧管以下形成一层火焰,火焰在坑中翻滚时将部分废弃物和未燃气体又返回燃烧区燃烧,可消除大部分烟尘。这种焚烧炉的优点是投资少、操作简单,可用于建筑工地废弃物焚烧,但由于潜在的空气污染问题而被限制使用。

2. 医疗废弃物填埋处理技术

卫生填埋是当前国内外广泛采用的垃圾处理方法之一。但垃圾在填埋过程中会产生大量的高浓度有毒有害的垃圾渗滤液。若渗滤液处理不当,不仅会污染土壤和地表水源,甚至会污染地下水。但渗滤液水质水量变化的复杂性使得现有技术对渗滤液的治理具有相当大的难度。当前国内外尚无技术与经济完美结合的渗滤液处理工艺,因此总结当前填埋场渗滤液处理技术现状,对推进垃圾无害化处理,彻底消除固体废弃物污染具有十分重要的现实意义。尽管垃圾卫生填埋处置方式已在我国城市垃圾处理中占据重要地位,但在目前大量业已建成运行的垃圾卫生填埋场中,仍存在很多无法回避的问题。

3. 医疗废弃物填埋渗滤液处理技术

医疗废弃物无害化填埋技术的关键是对渗滤液的合理处置,一般渗滤液的处理方法分为渗滤液导出、生物处理、物理化学处理三大类。

(1) 渗滤液导出,有以下两种:

与城市污水合并处理。将渗滤液输送到城市污水处理厂与城市污水合并处理,是目前采用较多的渗滤液处理方法。此处理方法不仅可以节省单独建设渗滤液处理系统的高额费用,还可以降低处理成本,而且污水处理厂也无须额外投资。

渗滤液循环处理。渗滤液循环处理就是将未经任何处理的渗滤液直接回灌、喷洒到填埋场,利用垃圾层和覆盖土壤层的净化作用来处理填埋场的渗滤液。大量的实验表明,渗滤液回灌处理是一种较为有效的处理方法。

(2) 渗滤液的生物处理,有厌氧生物处理法、好氧生物处理法、厌氧+好氧生物处理法几种方法。

厌氧生物处理法主要有厌氧生物滤池、厌氧接触法、上流式厌氧污泥床等等。厌氧生物处理法最主要的优点是能耗少、操作简单、投资运行费用低、能承受较大的冲击负荷、产生的剩余污泥量少、所需的营养物质少。但厌氧生物处理法不能有效地去除氨氮,其出水中的有机物含量仍然很高,因而无法直接向环境排放。故厌氧生物处理法适用于渗滤液 COD、BOD5 浓度较高时的前处理,其后仍需后续的好氧生物法进行处理。

好氧生物处理法不仅可以有效降低有害物质,还可去除铁锰等金属。在好氧生物处理方法中,活性污泥法因其费用低,效率高而得到广泛的应用。但活性污泥法受温度影响,条件控制复杂,耐冲击负荷差。近年来低氧好氧活性污泥法及 SBR 法等改进型活性污泥工艺,因其能维持高负荷且耗时短而得到更加广泛的应用。

厌氧生物法处理高浓度有机废水的有效性虽然已经得到实践证明,但单独采用厌氧法处理渗滤液很少见。北京市政设计院自 1988 年进行了城市垃圾卫生填埋场渗滤液处理技术的研究,经各种工艺组合发现:对高浓度垃圾渗滤液采用厌氧+好氧处理工艺不但经济,而且处理效果好。目前,我国多采用厌氧生物法去除渗滤液的大部分有机物,而后续一个好氧单元的加入大大提高了效率。

(3) 渗滤液的物化处理。渗滤液的生物法运行管理简单、处理成本低,但难以适应渗滤液水质和水量的变化;尤其是氨氮浓度高时生物活性将受到抑制,对难降解的有机物更加无能为力。因此还需辅加物化法进行预处理,以去除渗滤液中的有毒有害重金属及氨氮,为生物处理系统的有效运行和渗滤液的达标排放创造良好的条件。当前应用较广的物化法包括化学氧化、化学沉淀、吸附法、氨吹脱和膜处理。与生物处理法相比,物化法运行启动快、易于自动化、对温度变化不敏感、所需设备单一、不受水质影响、出水水质比较稳定,但物化法的投资大、处理成本和运行费用较高。

二、电子废弃物的静脉物流

(一) 电子废弃物概述

1. 电子废弃物的概念

电子废弃物俗称电子垃圾,涵盖了生活各个领域损坏或者被淘汰的坏旧电子电气设备,包括各种废旧电脑、通信设备、电视机、洗衣机、电冰箱以及一些企事业单位淘汰的精密电子仪器仪表等,同时也包括工业制造领域产生的电子电气废品或者报废品等。

2. 电子废弃物的特点

(1) 数量多。电子产品的需求膨胀和产能高速增长是电子废弃物日益增多的主要原因。电子产品在科学技术各个方面的作用日益重要,电子废弃物的数量也逐年递增,但大量的电子废弃物都没有得到合理的回收利用。美国环境保护署估计美国每年的电子废弃物为 2.1 亿吨,占城市垃圾的 1%。欧盟每年废弃电子设备为 600 万—800 万吨,更是占城市垃圾的 4%,且每 5 年以 16%—28% 的速度增长,是城市垃圾增长速度的 3—5 倍。

(2) 危害大。《巴塞尔公约》[①]将用后废弃的计算机、电子设备及其废弃物规定为"危险废物"。电子废弃物中含有大量的《巴塞尔公约》禁止越境转移的有毒有害物质,如表 11-1 所示。

表 11-1 电子废弃物中的污染成分

污 染 物	来 源
氯氟碳化合物	冰箱
卤素阻燃剂	线路板、电缆、电子设备外壳
汞	显示器
硒	光电设备
镍、镉	电池及某些计算机显示器
钡	阴极射线管、线路板
铅	阴极射线管、焊锡、电容器及显示屏
铬	金属镀层

据国外一个关注电子废弃物问题的组织指出,每个显示器的显像管内含有较多的铅,电路板中也含有大量的铅,这种物质会破坏人的神经、血液系统以及肾脏;显示器中的废弃阴极高速电子管含有钡和危险的发光物质;电脑线路板中还有含氯的阻燃剂,如果发生燃烧,将会产生二噁英等致癌、致畸物质;同时线路板中含有许多有害金属,如铅、铬、镉、镍等金属,对土壤造成严重的污染,并且污染地下水,严重损害人类健康,造成病变。电子废弃物中的电池和开关含有铬化物和水银,铬化物会透过皮肤经细胞渗透,少量就会造成严重过敏,更可能引致哮喘、破坏 DNA;水银则会破坏脑部神经。

据一个非营利组织"硅谷有毒物质联盟"的估计,2004 年美国 3.15 亿台废弃电脑中将含有约 5 亿千克铅、90 万千克镉、18 万千克水银和 54 万千克铬,如果不加处理或处理不当,它们对环境的破坏将是难以估量的。鉴于此,在许多国

[①] 《巴塞尔公约》全称《控制危险废料越境转移及其处置巴塞尔公约》(Basel Convention on the Control of Transboundary Movements of Hazardous Wastes and Their Disposal),1989 年 3 月 22 日在联合国环境规划署于瑞士巴塞尔召开的世界环境保护会议上通过,1992 年 5 月正式生效。该公约有近 120 个缔约方,中国于 1990 年 3 月 22 日在该公约上签字。

家,都将电子废弃物列入危险废弃物或特殊管理的一类。

(3) 潜在价值高。电子废弃物从资源回收角度看,潜在价值很高。如果按照每千克的含金量来计算,旧家电的含金量等于南非含金量最高的金矿石的 20 倍左右,是名副其实的"超级金矿"。根据国外的研究报告,1 吨电子板卡可以分离出 286 磅铜、1 磅黄金、44 磅锡,价值达到 6 000 美元,加上铁、铝、镉、镍等估计价值将达到 7 000 美元。如果合理回收其中包括贵重金属、塑料、玻璃以及一些能再利用的零部件,将是一笔巨大的资源,经济效益、环境效益和社会效益不可估量。据了解,目前,美国的电子废弃物处理企业一般年利润可达到 2 500 万—3 000 万美元,美国有 48 万人从事再制造,每年可创造 530 亿美元的产值。而日本一家手机回收工厂的利润率在 20%以上,比正常的家电行业利润率高出 4—5 倍,获利丰厚。

电脑中金属的含量为 35%左右,而洗碗机中的金属含量高达 55%。电子废弃物中的塑料含量也很高,塑料熔化后可作为新产品的原材料或者被用做燃料。1998 年从美国电子废品中回收的塑料在 6 500 吨以上,比 1997 年增长了近 25%。当把塑料作为熔化过程水泥炉中的燃料时,1 吨塑料能代替 1.3 吨煤。

废弃线路板中仅铜的含量即高达 26.8%,另外还含有铝、铁等金属及微量的金、银、铂等稀贵金属。因而电废弃物具有比普通城市垃圾高得多的价值。根据金属含量的不同,有研究估计,每吨电子废弃物价值达几千美元,甚至高达近万美元。若再考虑到电子废弃物中具有较高价值且仍可继续使用的部分元器件,如内存条、微芯片等,电子废弃物具有很高的潜在价值,蕴藏着巨大的商机,回收利用的前景广阔。

(4) 处理困难。虽然电子废弃物潜在价值非常高,但由于含有大量有毒、有害物质,要想实现电子废弃物的资源化、无害化,需要先进的技术、设备和工艺,也需要较高的投资。电子废弃物组分复杂、类型繁多,使用寿命也各不相同,或长达数十年,或仅能用一次。这给电子废弃物的回收及资源化利用带来了相当大的困难,其回收利用率较其他城市垃圾低得多。美国 1999 年废弃电脑达 2 400 万台,其中仅有 11%被回收利用,甚至远远低于其他种类的城市垃圾在 1997 年的回收率。

在固体废弃物处理率较高的日本,电子废弃物的回收利用率也低于城市垃圾的回收利用率,在家电回收法实施之前,日本有近一半的废弃家电未经任何处理直接进入填埋场,另一半也仅经简单的破碎后填埋。

在电子废弃物资源化回收利用较先进的欧盟,据 2003 年发表的有关文献报道,也仅有 10%的电子废弃物被收集并单独处理,其余的 90%与普通城市垃圾一起处理,这里面包含电池、金属及合成材料等污染物。

3. 电子废弃物的静脉物流系统

图 11-2 描述了电子废弃物的静脉物流系统。在一般消费者产生电子废弃物之后,一部分由低层次的用户再次使用,一部分则经过零件拆解、融解,变为贵重金属,还有一部分则经过最终处理完全报废。

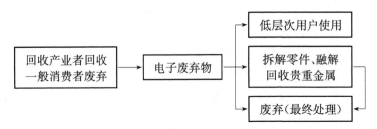

图 11-2　电子废弃物的静脉物流系统

(二) 发达国家和地区电子废弃物的静脉物流管理

1. 美国

美国每年淘汰的旧电脑大约有 2 000 万台,据估计,到 2005 年美国已有 3 亿多台废旧电脑。每年的垃圾总量中,电视、电脑和其他电子设备就能达到 2 亿吨左右。据美国国家安全委员会估计,到 2005 年已有超过 3.15 亿台电脑报废,即每一台新电脑投放市场就有一台电脑变为垃圾。

美国国家环保局从 1998 年开始进行这方面的政策法规研究,力图从政策法规方面鼓励人们自愿开展电子废弃物的综合利用工作。一些州政府和市政当局也拿出部分税收来开展这方面的研究工作或是扶持开展这方面工作的企业。

美国加州近日通过一项在美国首开先河的议案,要求顾客在购买新电脑监视器和显示器时,每台交 10 美元的回收费。据环保组织统计,2002 年加州销售 1 580 万台电脑、电脑监视器和中央处理器。加州每天有 6 000—7 000 台计算机被淘汰,每台电脑监视器和显示器含铅 4—8 磅,每台电脑的回收处理费约为 10—30 美元,废弃计算机目前只有 5%—15% 被回收。

对电子废弃物进行拆卸分类,分离出有害物质进行安全有效的处理处置,这是美国采矿局在 20 世纪 70 年代末和 80 年代初最先进行开发的,但随后的资源回收利用技术进展缓慢,没有被有效地开发出来。进入 90 年代以后,美国也开始重视资源回收技术的开发了,但是总体水平还落后于欧洲和日本。目前美国只有新泽西州有一个年处理电子废弃物约 2 万吨的资源化工厂,该工厂建于 1995 年。休斯敦开发了处理阴极射线管含铅玻璃的工艺,安全有效地处理了有害物质——铅,又将玻璃破碎作为填料进行了再利用,目前此工艺已很成熟。美国对从事回收家电产品中制冷剂的人员的资格、所用设备、回收比率等作了明确规定。

2. 日本

亚洲国家日本是世界上电子技术最为先进、电子产品应用范围最广的国家之一,它开展电子废弃物回收利用和处理方面的研究工作也比较早,而且,日本特别重视能源和资源的节约与再利用。

1991年10月,日本就颁布实施了《关于促进再生资源利用的法律》,简称"再生利用法",强力推行资源的再生循环利用。2001年4月1日公布并实施了《家用电器资源回收法》,明确规定家电制造商和进口商对电冰箱、电视机、洗衣机、空调器四种家电有回收的义务和实施再商品化的义务。目前日本规定电冰箱、洗衣机的再商品化率均要在50%以上,电视机为55%以上,室内空调器为60%以上。

日本从普通家庭使用若干年后丢弃出来的废弃家电的处理途径有两种:一是在新品购入时由商家回收旧电器,这种情况占80%;二是作为大件垃圾丢弃,由当地的民间处理机构接收,占20%。

据1994年的一份材料显示,1990年日本全国的电视、电冰箱、洗衣机、家用空调的废弃物合计1 395万台、重约51万吨,估计约占家电产品废弃总量的80%、体积的90%。这个数目约占一般废弃物(约5 000万吨/年)的1%,其中约有82%的废弃物通过销售店回收处理。

日本废家电产品的处理工艺,因地方及专门处理设施的不同而有所不同。若有大型粉碎设施,则直接进行一次性粉碎处理;若是小型粉碎设施,则要先除去电机、压缩机等,经切割后再进行粉碎处理。粉碎后,经电磁筛选、风力筛选等,将铁屑、铜屑和铝屑等选出,作为再生资源回收利用;塑料、玻璃、木块等材料的碎末,进行焚烧或填埋处理。

3. 欧洲

欧洲曾对电子产品进行的一项市场销量调查表明,1992年各种电子产品的总消费量约为700万吨,电子废弃物总量约为400万吨,占整个欧洲废物流的2%—3%。另外,预计这个消耗量在未来10年里将以每年3%的速度增长,略低于20世纪80年代每年4.5%的增长速度。

欧洲早在1993年就提出了"产品制造商责任制",由产品制造商负责废旧家电回收解体处理。欧盟于1997年7月颁布了涵盖所有电子电器废弃物的有关法令,1998年7月颁布了《废旧电子电器回收法》,涉及绝大多数的电子产品,要求电子产品的回收与再利用率达到 90%。到 2000 年,禁止使用镉、铅、水银和卤化阻燃剂材料;到 2004 年,所有新电子产品使用的塑料中,至少含有 5% 的再生塑料。电子废弃物的标准为每人每年 6 千克。此外商业界最少必须回收 90% 的废弃电冰箱及洗衣机,并将此类大型电器用品的 60% 再生利用。在个人电脑方面,其回收比率将产品重量由原定的 60% 提高到 70%,再生比率也由 50% 提高到 60%。

2002 年 4 月 10 日,欧洲议会通过一项法律草案,要求欧盟成员国的电器制造商为其废旧产品的回收利用付费。该法律从 2005 年开始规范人们在废旧电器的收集和回收利用方面的行为。

后来,欧盟又通过了有关法律,规定从 2006 年起,90% 的电视机、计算机、手机、电动牙刷等产品在被使用者丢掉后都将由制造商回收并重新利用。此外欧盟还计划在 2008 年重新制定回收再生的新标准。对于目前已经使用的电子产品,其制造商将按其目前在市场上占有的比重分摊交纳回收处置费。在欧盟的各成员国中,各国又有自己的做法。

德国。1992 年 10 月德国颁布实施了《电子废物条例》,它规定了电子产品制造商和零售商回收电子废弃物的责任。1992 年德国收集了 120 万—150 万吨的电子废弃物。目前,德国建有一个年处理近 2.1 万吨电子废弃物的综合工厂,它能处理的电子废弃物的范围很宽,特别是电信方面的废物。其具体工艺路线为:首先进行手工拆卸,然后将废弃物进行破碎和筛分,经过一系列的设备分选,最终获得不同的金属富集体。工厂不对它们进行金属再提炼加工,而是将其送到不同的金属冶炼公司去进行深加工。其他欧洲国家所采用的技术和工艺与此类似。

瑞典。起草了关于电子电器产品废弃物法令,2001 年 1 月 1 日起生效。

荷兰。起草了《电子电器产品废弃物法》,规定 2000 年电冰箱、洗衣机的材料再利用率达到 90%。

奥地利。1990 年制定了灯具及白色家电的回收再利用法,1994 年 3 月提出电子电器废弃物法草案。

比利时。1998 年一些地区制定了白色和褐色家电的法规,规定含铁金属、非铁金属及塑料的回收目标。

在欧洲,电子废弃物的回收利用技术研究的开展应当从 20 世纪 70 年代算起,德国的 USBM 公司用物理分离方法对军队的电子废弃物进行了简单处理。从 80 年代初开始,德国、瑞典、瑞士等国对电子废弃物的综合利用进行了深入研究,他们致力于手工拆卸和金属富集工艺技术的开发。1991 年德国提出了一个

"七部分创造"的手工拆卸方案,瑞士也通过手工拆卸进行了有价值的元件和材料回用,获得了可观的经济效益。90年代,鉴于机械化处理不会产生有毒性产物这个独一无二的优点,金属富集体的机械化工艺被进一步发展并在西欧实施,瑞典的SR-AB公司是世界上具领先地位的回收公司之一。随后,德国和瑞士也开发并实施了机械化工艺流程,但有机物的处置是一个难题。

(三) 我国电子废弃物静脉物流的主要环节

目前,我国电子废弃物静脉物流管理的主要过程包括收集、贮存、重复使用、再生利用等几个环节。

1. 回收

大城市已形成废旧电子电器废品回收网络,它是由个体商贩通过流动回收、上门回收和居民区固定回收点组成,但缺乏专门管理,导致所回收的产品大部分流向二手货市场、农村、经济不发达地区或小型的回收利用厂。我国也正在制定废家电报废和收集的相关法规,但是改变电子电器废品回收现状,规范回收网络秩序还有很长的路要走。

2. 贮存

我国已有条例规定,大型公有企业和机构不能丢弃废弃的计算机和其他的废弃电器,这些废弃电器只能由各单位暂时贮存。由于目前废物处理厂规模及技术水平所限,没有能力完全处理这部分废弃物,因此,大部分电子电器产品生产厂商及企事业单位只是收集后运到城市周边的一些农村地区暂时贮存,整个过程没有严格的管理。

3. 重复使用

城市产生的绝大部分电子废物主要通过三种途径重复使用:

(1) 通过二手转让直接重复使用,主要是大城市政府机关废弃电器,如计算机、打印机和复印机等,通常送给经济相对落后地区的学校和有关政府部门。此外还包括通过二手货市场或网络等媒介的个人转让行为。

(2) 经过修理或者轻微改装重复使用,如笔记本电脑、打印机、扫描仪、硬盘、照相机、空调和复印机等。

(3) 利用其中的一部分或者零件来产生"新"的电器,如内存升级、主板、显示器等。这种途径主要是个体收购商零散收集,经过二手电脑、打印机、电器等专业修理商店,运往二手货和旧货市场销售,或直接销售到经济相对落后地区。

延长电子电器产品的使用寿命有其益处,但是也存在很多问题。首先,稍微经过改装的电子电器废物,以旧充新进入市场,不仅损害消费者利益,也严重影响正规市场的运行;其次,即使是使用部分旧的零部件组装新产品,因为旧零部件寿命有限,会影响产品的质量,有的甚至严重威胁消费者的人身安全,湖北、广东等地都曾经出现过"新"电视机爆炸,并造成人员受伤的事故;最后,这些电子电器产品的使用寿命较短,会很快在难以收集、处理能力较差的地区变成废弃物,污染环境。

4. 再生利用

我国电子废物再生利用处理厂分为两种,一是一些日本公司在沿海地区建立工厂,主要针对电子电器生产商所产生的废物;二是家庭作坊式的回收处理,这是我国比较普遍的处理模式。它们一般规模很小,多为手工操作、设备简陋、技术水平比较低,也暴露出很多问题。首先由于设备简陋、技术水平低,造成分离回收贵重金属效率低,资源浪费严重。其次,是在电子电器废物回收利用过程中产生的环境污染问题,多出现在拆卸分离出的塑料,含金的芯片和微处理器,含铜的电线和电路板的进一步分离、回收利用过程,以及所产生废物的不当处置过程中。这种在处理过程中产生的废液未经处理,造成地表水体的严重污染;产生的固体废物露天任意堆放,不仅占用土地资源,而且堆放产生的渗滤液污染地下水和地表水。例如在广东省潮阳市贵屿镇等地,一些人对非法进口的废电器进行拆解,并用强酸等提炼线路板中的贵金属;在浙江台州等地,数以千计的非法小作坊以焚烧等落后工艺拆解旧电器,对当地环境造成了严重污染。

案例 11-1

发达国家电子废弃物回收处置先进实例介绍

◆ 美国惠普公司

惠普公司提供的回收服务收取一定的费用,不过十分简便,用户只需在其网站内填写一张表格,然后在48小时内就会有专人赶到用户的门口取走设备。收取的费用根据设备数量和型号的不同,从13美元到34美元不等。

专业的回收服务提供商拥有大规模的专用的回收设备,在收取回收费的同时,他们还依靠提取的贵重金属和出售重新打磨的二手设备获取利润。

在美国加州的惠普产品回收工厂拥有价值400万美元的破碎和分离设备。电子设备要经过两个破碎机,被撕成很小的带状。然后带状物要经过制粒机,由在金属仓中旋转的刀片将他们研磨成原来的1/4大小或更小。最终,制粒机将他们研磨成颗粒,由分离机或磁铁分离出贵重金属和其他金属。收集到的铜可在电话线中重新利用,显示器中的塑料可能会用于自助餐的餐盘或地板材料。

◆ 芬兰生态电子公司

芬兰北部电子城奥鲁市有处理电子垃圾的工厂,这家名为生态电子公司的工厂采用类似矿山冶炼的生产工艺,把废旧手机和个人电脑以及家用电器进行粉碎和分类处理,对材料进行重新回收利用。生态电子公司年处理电子垃圾1 500—2 000 吨,由于建有良好的环保处理系统,从而不会给地下水和空气造成污染。每年,芬兰产生的电子垃圾在 10 万吨左右,生态电子公司计划两年后在南部再建造一个处理能力 5 倍的工厂。芬兰的目标是在 2010 年使废弃手机、电脑和家用电器等电子垃圾几乎百分之百重新回收利用。

◆ 日本东芝公司

东芝公司和别的企业合作建成世界首座包括电视机、电冰箱、空调器及电脑在内的五种废旧家电再利用工厂,东芝公司此举是响应日本政府于 1998 年 6 月颁布的《家电再利用法》规定。对电视机、电冰箱、洗衣机、空调器 4 种产品从 2001 年 4 月开始要求生产厂商应回收利用,东芝的这家工厂除增加了回收电脑外,以后对办公室其他设备也将如此处理。该工厂计划是旧电视机一年处理6 000 台,旧电脑一年处理 18 万台。工厂试运行中要将产品解体,解体时要求把特殊处理的部件拆下来,对机壳、显像管基板等部件分选和辨别,再把有害材料无害化后回收。其他材料粉碎后对铁、钢、铝、玻璃等可再利用的材料进行回收。

◆ IBM(日本)和日立两家公司

国际商用机器 IBM(日本)和日立两家公司联手进行个人电脑的回收再利用业务。在得到环境省允许回收废弃电脑的许可后,这两家公司从 2003 年 4 月开始回收处理企业用户的废弃电脑,并从 2003 年秋天开始处理家庭用户的废弃电脑。

IBM(日本)和日立公司在日本全国设立 16 处专门用以储藏废弃电脑的仓库。两家公司已经为此建立起了一个运输网,由日本通运公司负责。

根据日本政府 2001 年 4 月份通过的一项法令,电脑制造商必须对废弃电脑进行回收和再利用。目前,制造和零售商已将回收费包含在了面向企业用户的电脑零售价中,而购买新电脑的个人用户则预先支付回收费。

 关键概念

医疗废弃物(medical waste)　电子废弃物(electronic waste)

 **思考题**

1. 讲述一下医疗废弃物的种类和特性。
2. 医疗废弃物焚烧处理技术包括哪些?
3. 简述电子废弃物的特点。
4. 发达国家和地区的电子废弃物的静脉物流管理给我们哪些启示?
5. 我国电子废弃物的静脉物流管理过程是什么?

第十二章
静脉物流的支持系统

学习目标

1. 了解静脉物流法律支持系统的内容和表现形式；
2. 了解法律支持系统的发展过程；
3. 掌握静脉物流的政策支持系统中主要的几类政策；
4. 了解静脉物流的社会支持系统的内容；
5. 了解静脉物流的技术支持系统的相关技术。

静脉物流是一个完整的产业，其发展需要各方面的努力和支持。本章从法律、政策、社会和技术支持系统四个方面分别阐述。

一、法律支持系统

法律是由国家制定或认可的行为规则，静脉物流的发展也必须依法而行。

在静脉物流过程中，不同的参与者围绕废弃物发生了一系列的经济关系和社会责任义务关系，因此，静脉物流不仅适用市场经济的所有法律、法规，还需要一些特殊的法律来明确利益者之间的"权、责、利"关系。在广义上，静脉物流的法律支持系统泛指所有与静脉物流相关的法律形成的系统；狭义的静脉物流法律系统是指与废弃物循环利用以及处理处置相关的法律、法规等组成的系统。本书所述的是狭义的法律支持系统。

（一）法律支持系统的内容

静脉物流法律支持系统是一个完整的法律系统，涉及静脉物流的全部过程，一般包括以下内容：

1. 循环经济思想

循环经济思想是静脉物流的理论基础,所以静脉物流的法律支持系统需要在法律上确定"循环经济"的基础地位。实践中一般以保护环境和实现可持续发展为出发点,确定了废弃物"避免污染环境、循环利用"的处理原则,同时基于"3R"原则,一般提出了"清洁生产""生产者责任"等要求。

2. 废弃物的相关标准

废弃物的相关标准一般包括废弃物的分类标准和综合利用标准以及环境监测标准和污染控制标准等。其中污染控制标准又可分为废弃物处置控制标准和设施控制标准。这些标准为包括静脉物流产业在内的所有产业部门处理处置废弃物提供了可执行的依据。

3. 废弃物的处理方式

根据废弃物再利用经济价值的大小及其污染程度和危害性的不同,规定不同的废弃物采取不同的处理处置方法,即是否采取循环利用,以及以何种方式进行最终处置等。

4. 废弃物处理处置过程中的责任与义务

社会生产活动的必然结果是产生一定的废弃物,因此从这个意义上来说,社会范围内的所有成员都是静脉物流的参与者。废弃物的静脉物流过程是从其产生、排放开始、经过回收、运输以及再资源化和最终处置的过程,因此根据与废弃物的不同关系,参与者可以分为废弃物的排放者、静脉物流产业者和其他相关者,如政府、社会非营利组织等。

废弃物的排放者包括一般产业者和社会公众。静脉物流的法律系统规定一般产业者对其排放的废弃物有进行循环利用或无害化处置的责任,以及采用利于循环利用的产品设计和在生产中尽量多地使用再生资源、促进静脉产业发展的义务;规定社会公众对其排放的废弃物的处理有支付处理费用的责任等。

静脉物流产业者包括静脉物流过程中回收、运输、再资源化、最终处理等所有静脉物流功能的从业者。静脉物流的法律系统规定静脉物流产业者在实现资源循环利用的同时,有避免造成环境二次污染的责任。

政府在静脉物流过程中具有双重身份,既是法律系统的制定者,也是静脉物流的参与者,负有依据法律对静脉物流过程进行监督管理的责任;一般社会团体根据性质不同,可以承担其信息中介、循环经济思想宣传等促进静脉物流发展的社会功能。

(二)法律支持系统的主要表现形式

从本质上看,支持静脉物流的法律系统是一个国家法律的组成部分,因此包

含法律的所有表现形式。结合我国的立法体系,根据立法主体的不同,主要有以下几种形式:

1. 全国人大及其常务委员会制定的法律

全国人大是我国最高权力机构,制定的有关静脉物流的法律包括《中华人民共和国环境保护法》(1989年12月26日通过)、《中华人民共和国固体废物环境污染防治法》(1995年10月30日通过)、《中华人民共和国清洁生产促进法》(2002年6月29日通过)、《循环经济促进法》(2008年8月29日通过)等。

2. 国务院及相关部委制定的法律、法规和产业内部规范性文件

如国务院颁布的《医疗废物管理条例》、《关于防治造纸行业水污染的规定》、《防止拆船污染环境管理条例》等,国家环保总局颁布的《排放污染物申报登记规定》、建设部颁布的《城市垃圾产生源分类及垃圾排放》等。

3. 地方性法规和政府规章

地方人大及政府部门在依据国家法律的基础上,可以制定适合本地区地方性法规和政府规章。它以解决本地区某一特定的环境问题为目标,具有较强的针对性和可操作性。目前,国内多数城市都制定了适合本城市的地方性法律、法规,并以上海、北京等大中城市的体系较为完善。上海制定实施的《上海市市容环境卫生管理条例》、《上海市建筑垃圾和工程渣土处置管理规定》、《上海市生活垃圾管理细则》等,涉及城市生产、生活的各个方面。

4. 其他规范或要求

其他要求指的是产业实施规范、与政府机构的协定、非法规性指南、污染物控制、国家关于重点治理三河(淮河、海河、辽河)、三湖(太湖、巢湖、滇池)和酸雨控制区、二氧化硫控制区、城市综合整治定量考核要求,以及旅游度假区、风景区、名胜古迹、文物保护区要求。

5. 国际公约

国际公约指中国政府为保护全球环境而签订的国际条约和议定书,是中国承担全球环保义务的承诺。根据《环境保护法》规定,国内环保法律与国际条约有不同规定时,应优先采用国际条约的规定(除我国保留条件的条款外)。

另外,从法律所适用的废弃物的范围上来看,存在普遍性的法律和专项法律两种形式。前者是指在静脉物流过程中普遍适用的法律,如我国的《环境保护法》、日本的《循环经济促进法》等。这类法律确立了静脉物流的基础思想,并规定了环境保护和物质循环利用的义务等。后者是指针对某一类废弃物静脉物流过程的法律,具体规定了某些特定废弃物在静脉物流过程中的责任主体、处理处置标准等内容。这是由于不同的废弃物在产生数量、物质组分以及所造成的环境污染或危害、再资源化技术水平、社会公众认知水平等存在差异,并造成其静脉物流过程也不尽相同,只有通过专项立法,才能在静脉物流的实施过程中实现废弃物的"物尽其用"。目前日本在专项立法方面较为发达,已经实施的包括《家电回收利用法》《容器包装物再生利用法》《建筑工程资材再资源化法》《化学物质排除管理促进法》等。

(三) 各国法律支持系统的发展过程

静脉物流的法律体系是在循环经济的实践和静脉物流的发展过程中逐步完善并建立起来的。由于实践过程的不同,在不同的国家,其发展过程也不尽相同。下面就介绍几个国家不同的做法:

1. 德国的法律支持系统

第二次世界大战以后,伴随着经济的发展,急剧增加的废弃物导致了德国严重的环境问题,并且成为可持续发展的瓶颈之一。政府对污染问题和废弃物本身的关注,引发了一系列的立法行为。

1972年,德国颁布了第一部废弃物处理法,主要强调的是废弃物排放后的末端处理,并对废弃物清除进行了有关规定,其主要内容有:接受清运废弃物是公民的基本任务;各州有义务实行跨地区的废弃物清除计划;废弃物清运不得破坏公众的利益;废弃物只能在获得许可的处理设施和场地中进行处理和堆放。

该法律经多次修订,于1986年发展为《废弃物限制及废弃物处理法》,并将减量化和再资源化利用列在各类废弃物管理和处理方式的首位,涉及的主要内容包括:鉴别废弃物类型的规定、残余物定义与规定、对废弃物和残余物实施监督的规定、废弃物运输规定、包装规定、污泥处理规定、废弃物处理技术指南和生活垃圾处理技术指南等。如法律中规定,只有当废弃物不能再被利用并符合一定要求时才允许进行填埋处理等。生活废弃物技术指南对生活废弃物处理的规定如图13-1所示:① 无法避免的生活废弃物应该尽量进行再资源化利用;② 尽量减少废弃物中有害物质的含量;③ 对于不能利用的废弃物应该进行无环境危害的处理和堆放;④ 提供废弃物清运的保障;⑤ 废弃物堆放不得造成清运困难和未来环境影响。

1991年德国颁布了《包装品条例》,并成立了DSD(Duales System Deutschland)系统,规定包装品的生产者必须承担用于运输和销售等环节的包装品的逐步回收和再利用义务;1992年通过了《限制废车条例》,规定汽车制造商有义务回收废旧车辆;1996年颁布新的《循环经济与废弃物管理法》,把废弃物处理提高到了新的高度。

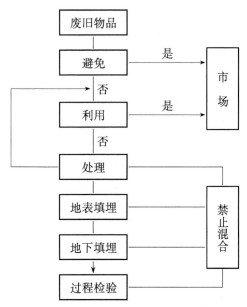

图 12-1 《废弃物限制及废弃物处理法》规定的废弃物处理方式的选择过程

资料来源：《城市生活垃圾管理》，中国环境科学出版社 2004 年版

至此，德国由具体经济领域开始，逐步建立了比较完备的法律体系，静脉物流产业也得到了相应的发展。

2. 日本的法律支持系统

与德国先在有关具体经济领域实施循环经济思想后建立系统整体不同，日本是先有整体性的再生利用法，然后向具体经济领域逐步推广。

1970 年日本在修改原有《清扫法》的基础上制定并颁布了《废弃物处理法》(全称《关于废弃物处理及清扫的法律》)。1991 年该法进行了全面的修订，第一次把"废弃物的控制排放和再生利用等减量化原则"置于原则的位置上，重新明确了分拣和再生作为废弃物的处理方式；同年日本还颁布了《循环经济促进法》(全称《关于促进再生资源的法律》)，这是一部促进"使用过的物品或者在工厂产生的副产品中有用部分(再生资源)"被尽可能的"利用"而施行的法律，其目的是减少废弃物，促进再生利用以及确保废弃物的适当处理。

《废弃物处理法》和《循环经济促进法》构成了日本静脉物流及法律支持系统发展的基石，此后，日本"环境立国"为口号，在发展静脉物流的同时，又在诸多领域内进行了静脉物流法律支持系统的立法活动。

1995 年日本制定了《容器包装物的分类收集及再商品化的促进法》(2000 年 12 月实施)，通称《容器包装物循环再利用法》。在这部法律中，市镇村进行分类收集(这里的"分类收集"是指《废弃物处理法》规定的分类、收集及再资源化过程),消费者有提供分类收集合作的责任,产业者有将分类收集的容器包装物废弃物再商品化的责任。

1996年日本颁布了《家电回收利用法》,该法贯彻"谁扔垃圾谁付费"的原则,规定市民应负担回收处理费用。

2000年是日本"循环型社会元年",不仅拟订并审议通过了《循环型社会基本法(草案)》,还进行了诸多立法活动,颁布的法律包括:《循环型社会基本法》(2001年1月实施)、《食品废弃物再商品化法》(2001年5月实施)、《废弃物处理法及有效废弃物有效处理及特定设备维护法的修订案》(2000年12月实施)、《资源有效利用促进法修订案》(2001年4月实施)、《建筑废弃物循环利用法》(2002年1月实施)、《政府部门"清洁采购"法》(2001年4月实施)。

通过一系列的立法活动,日本在本世纪初已经建立了完整的循环经济法律系统,并在法律支持系统的基础上发展了独具日本特色的静脉物流体系,成为世界各国学习的榜样。

3. 我国的法律支持系统

我国静脉物流的发展相对落后,法律系统正处于摸索和实践阶段,在借鉴国际经验的基础上,基本形成了以国家法律为基础、以地方性法规为辅的法律系统。

全国人大于1979年颁布的《中华人民共和国环境保护法(试行)》,标志着我国环境保护工作步入了法制轨道(该法于1989年进行了修改)。该法对废弃物处理的原则、标准等作出了法律上的规定,这构成了我国目前静脉物流法律系统的法律基础。

1995年我国人大通过并颁布了《中华人民共和国固体废物环境污染防治法》。该法基于环境保护的观点,将废弃物分为工业废弃物、城市生活垃圾和危险废弃物三类,并解决了我国在废弃物的收集、贮存、运输、处置等不同过程的管理上以及处理设施、处理原则、相关利益者的责任分工等诸多方面的一系列问题,成为我国静脉物流法律系统的基础法律。

2002年全国人大通过了《中华人民共和国清洁生产促进法》,规定企业在进行技术改造过程中,应当采取"对生产过程中产生的废物、废水和余热等进行综合利用或者循环使用的生产措施";"对利用废物生产产品的和从废物中回收原料的,税务机关按照国家有关规定,减征或者免征增值税"等。这是静脉物流思想在立法系统中的明确体现。

2004年12月全国人大对《环境保护法》进行了修订,并将于2005年4月1日起实施。修订后的《环境保护法》规定国家对固体废物污染环境的防治,实行减少固体废物的产生量和危害性、充分合理利用固体废物和无害化处置固体废物的原则,这必将进一步促进静脉物流的发展。

2008年8月29日第十一届全国人民代表大会常务委员会第四次会议通过了《循环经济促进法》,为静脉物流的发展提供了全面的法律保证。

地方性法规一般受到当地经济发展水平、人口、消费模式、地域等因素的影响,且一般是以城市废弃物的立法为主。如上海的地方性法规包括:《上海市城镇环境卫生设施设置规定》(1987年发布,1995年修正)、《上海市建筑垃圾和工程渣土处置管理规定》(1992年发布,1997年修正)、《上海市一次性塑料饭盒管理暂行办法》(2000年发布)、《上海市市容环境卫生管理条例》(2001年发布、2003年修正)等。

从整体上来说,目前我国已经初步建立了支持静脉物流的法律系统,但尚不完善,有待进一步的发展。当前,国务院有关部门、企业界以及各方面专家学者已经提出循环经济的法律、法规框架和《循环经济促进法》立法建议,当前正在抓紧制定《资源综合利用条例》及废旧家电及电子废弃物、废旧轮胎、废包装物回收利用管理办法等。

但我国的法律系统还存在执法力度不足,缺少监督机制等问题,因此我国静脉物流的发展,特别是支持静脉物流的法律系统的发展,还需要各方面继续努力。

二、政策支持系统

静脉物流的政策支持系统是在静脉物流发展的过程中,根据实际需要逐步发展起来的。目前主要的政策有可返还的抵押金制、资源回收奖励制度、废弃物处理收费制、征收原生材料税等。这些政策共同的目标是实现资源的循环利用。

(一) 废弃物排放收费制

对废弃物排放实行收费制是基于保护环境的需要而产生的,是污染者付费原则最直接的体现,也是目前在静脉物流的相关政策中被广泛采用的一种。

仅从"排放—处理"的角度来看,静脉物流的参与者主要有三个,包括作为法律政策制定者的政府、承担废弃物回收处理职能的静脉物流产业者和废弃物的排放者。政府的目标是在循环经济的基础上实现环境保护和资源的循环利用;静脉物流产业者既要保证废弃物的适当处理,又要通过产业活动获得经济利益,实现企业利润的最大化;废弃物排放者的目的是生产和生活的环境不被污染。

在实行废弃收费制的情况下，保证了静脉物流产业者利润的最大化，或者至少是无亏损经营，这样该产业者就可以实现对废弃物的适当处理，从而间接实现政府和废弃物排放者的目标。

事实上，排放者同样存在着"利润最大化"（对一般居民而言是"利益最大化"）的问题。由于收费导致"成本"的增加，因此为了降低成本支出，排放者的理性选择是减少排放量，但同时也可能出现排放者的非法排放。前一种情况符合循环经济的本质要求；后者则反之，但在政府保证监管力度的情况下是可以避免的。

在废弃物收费制的实践中，出现了几种比较典型的收费制形式。

1. 排污收费（Emission Charger）

排污收费是指废弃物的种类、数量等向排放者征收费用的制度。征费依据是该种废弃物对环境造成的"环境成本"。一般适用于工业领域。

2. 使用者收费（User Charges, User Fee）

使用者收费是指废弃物的排放单位向废弃物的处理部门支付一定的费用，并由其集中对废弃物进行收集、处理的制度，征费收费依据是废弃物收集和处理系统的总开支。一般适用于公共领域，如城市废水、生活垃圾等。

3. 产品收费（Product Charges）

产品收费是指由于某种产品在生产、流通、消费或废弃过程中对环境造成危害而征收一定费用的制度，征费依据是该种单位产品对环境危害性的大小程度。

（二）押金返还制

押金返还制也称押金制，是指在购买产品的同时支付一定数量的押金，当产品消费或使用后，失去原有使用价值的产品或包装物等返还给零售商或原产品的生产商，并获得相应的押金返还的政策。一般适用于可以重复使用或重新利用的废弃物，如啤酒瓶、塑料容器、铝罐等。

押金返还制可以增加废弃物排放者"名义"上的收益，即押金与产品的实际价值一起作为"使用成本"在购买产品时支付，而返还时则视为一种额外的"收益"。因此在经济利益的驱动下，取得了高于一般回收系统的回收率，实现了某些废弃物的循环利用过程。目前，由于押金返还制具有明显的经济效益，在静脉物流实践中已经为世界各国广泛采用。

（三）资源回收奖励制度

由于废弃物所含有的"价值"很低，因此回收的价格较低，一般市民在没有明显经济利益的情况下很难参与到静脉物流中来。因此,政府为提高市民的回收意愿,实行资源回收奖励制度,向进行资源回收的市民或社会团体提供一定的奖金。从而保证了即使回收价格很低,市民也能参与到静脉物流过程中,实现废弃物的循环利用。

(四)征收原生材料税

原生材料税是在区别原生资源与再生资源的基础上实行的。"原生"的本义是指"未经开垦、未经使用",原生资源是指直接或间接来源于自然界的资源,而没有经过"生产—废弃"或"消费—废弃"的过程。再生资源是指在社会、生产、流通和消费过程中产生的,不再具有原有使用价值而以各种形态储存,并可以经过回收加工使其获得新的使用价值的各种物料(品)的总称。

由于再生资源的纯度较低,含有组分复杂的杂质,因而较之使用原生资源,使用再生资源作为原材料时对生产工艺的要求较高,而产品的品质较低。所以在价格相同的市场条件下,生产者更趋向于采用原生资源作为生产材料。另一方面,由于再生资源来源比原生资源分散、复杂,其收集和运输等再生过程导致其成本明显高于原生资源,也就是说,在不改变市场竞争条件的情况下,再生资源不具备与原生资源竞争的市场条件。这将使静脉物流的发展缺乏经济上的驱动力。

因此,为改变这种不利于静脉物流发展的市场结构,出现了征收"原生材料税"的政策,即在原生资源和再生资源同时可以作为原材料时,对采用原生资源的生产者征收一定的税负,使再生资源在价格上具有一定的竞争优势,促使更多的生产者在生产中采用再生资源,从而保证静脉物流产业的顺利发展。

(五)对静脉物流企业的扶持政策

扶持政策是直接针对静脉物流产业者的政策。

在一般的市场条件下,静脉物流产业者所产生的效益不能完全转化为企业的经济效益,因此企业本身"利润最大化"的目标难以实现,致使产业的发展存在一定的困难。

为了促进静脉物流产业的发展,政府一般将其视为"受保护产业",采取一定的优惠措施进行扶持。如采取投资优惠、信用担保、税收优惠等政策。

从上述的政策可以看出,发展静脉物流的政策选择无非是两种基本思想的体现:一是"堵",二是"导"。"堵"就是防止废弃物任意排放,堵住其逸出静脉物流系统的出口;"导"就是输导静脉物流的渠道,引导废弃物的循环利用。这与

"大禹治水"的思想是一致的,要发展静脉物流,政策系统必须从两个方面同时入手,单纯一个方面的努力是不够的。

三、社会支持系统

静脉物流系统涉及社会中的所有成员,不仅包括静脉物流产业者,还包括政府、生产者、流通产业者以及中介组织、普通消费者(居民)等,因此静脉物流的实施与发展,需要全社会范围内的支持。

(一) 政府

政府是静脉物流体系的重要参与者之一。本节的前两个部分已经分别从法律、政策两个方面,就政府职能在静脉物流中的具体表现作了详细说明。整体看来,政府对静脉物流的支持表现在下面三个方面:(1) 干预措施,主要是以法律、法规、行为规范的形式,禁止或提倡某些行为;(2) 通过公共机构鼓励、咨询或补偿等实现的引导性措施;(3) 以项目为基础的规划性措施,如工业园区的设立等。

(二) 社会中介组织

静脉物流系统的发展,不仅需要以营利为目的的社会经济组织,还需要非营利性质的社会中介组织。

社会中介组织的形式多种多样。在日本大阪,有关部门建立了一个畅通的废旧物资回收情报网络,专门发行旧货信息报刊《大阪资源循环月刊》,介绍各类旧物的有关资料。旧货信息报及时向市民发布信息并组织旧货调剂交易会,如旧的自行车、电视机、电冰箱都可以到交易会上交易,为市民提供了一个淘汰旧货的机会。这样的信息中介组织通过沟通信息、调剂余缺,使得市民、企业、政府连成一体,在一定程度上保障了静脉物流得以顺畅进行。

DSD 是德国专门组织回收处理包装废弃物的非营利社会中介组织。它由产品生产厂商、包装物生产厂商、商业企业以及垃圾回收部门联合组成,内部实行少数服从多数的表决机制,政府除对它规定回收利用任务指标以及对它进行法律监控以外,其他方面均按照市场机制运行。1998 年 DSD 的运作出现盈余,由于它不是一个营利机构,因此盈余部分于 1999 年予以返还或减少第二年的收费。DSD 的中介性质表现在它本身不是废弃物处理企业,而是一个组织机构。它将有委托回收包装废弃物意愿的企业组织成为网络,在需要回收的包装物上打上"绿色"标记,然后由 DSD 委托回收企业进行回收处理。

(三) 社会公众参与

静脉物流需要全民参与,这不仅是由于静脉物流涉及国民经济生活的全部过程,同时也是循环经济发展的需要。

循环经济的发展,要求在进一步完善政府和企业作用的基础上实行信息公开,其实质是实现公众监督和倡导下的生态文明。因此,实施循环经济不仅需要政府部门的倡导,更需要提高广大社会公民的参与意识和参与能力。在循环经济理论基础上发展而来的静脉物流体系,同样需要全民参与。

目前公众参与的宣传主要是依附于循环经济的宣传。在发达国家,政府和社会通常运用各种手段和舆论传媒加强对循环经济的宣传,以加强市民对实现循环经济的意识。例如,日本大阪市结合城市美化宣传活动,每年9月发动市民开展公共垃圾收集活动,并向100万户家庭发放介绍垃圾处理知识和再生利用宣传的小册子,鼓励市民积极参与废旧资源回收和垃圾减量化工作。

目前我国公众静脉物流意识有以下几个特点:第一,民众对静脉物流认识不全面,且受文化程度影响显著;在一些人眼里,静脉物流仅仅是"垃圾处理"、"废品回收",没有从循环经济的角度来看待静脉物流。而据调查显示,文化程度越高,其环境意识越高,也越能理解静脉物流的真正含义。第二,有良好的历史传统,但对静脉物流知之不多,明显属于"利益追逐"型;勤俭是中华民族的传统美德,俗话说"新三年旧三年,缝缝补补又三年"。但一般公众不了解静脉物流的内容、过程以及真正的意义,多数情况下仅仅是由于生活废弃物中有价回收的部分可以带来一定的经济利益,才参与其中。第三,生活方式制约了公众的静脉物流意识;我国居民的生活方式仍是"使用—抛弃"型,导致公众没有静脉物流的意识或不能主动参与。

要解决我国公众参与意识淡薄的问题,主要要加强公众参与的宣传教育,重点有以下几个方面:第一,在发扬传统美德的基础上,加强循环经济理念以及环保意识的教育,树立静脉物流的基础意识。循环经济是静脉物流的理论基础,其"3R"原则可以帮助公众树立正确的环境意识,合理解决环保问题;树立新的资源意识,重新认识生活中的各种废弃物;树立新的价值观念,改变"使用—抛弃"的生活习惯,从而引导公众参与到静脉物流体系中来。第二,加强静脉物流建设的宣传,使公众了解静脉物流,既可以吸引公众的参与,还可以吸引更多的社会投资进入静脉物流领域。第三,引导市民购买使用易于再利用的产品以及使用再生资源的产品,促进再生资源市场的发展,完善静脉物流体系。第四,加强相关法律、法规的宣传,完善社会监督机制。

目前我国在静脉物流以及循环经济方面的立法还不完善,但也有相关的法律和地方法规。如全国人大颁布的《中华人民共和国固体废物污染环境防治法》、建设部颁布的《城市建筑垃圾管理规定》、上海市颁布的《上海市生活垃圾管理细则》等等。加强这些法律、法规的宣传,可以加强社会舆论导向和监管力度,促进静脉物流的发展。

四、技术支持系统

作为"物流"过程,静脉物流的发展需要与动脉物流一样的技术支持系统,但由于物流内容的特殊性,因而还需要特殊技术支持系统。

废弃物在静脉物流过程中能够得到再次利用的关键问题是技术,有了技术上的保障,静脉物流的职能才能实现。

实现静脉物流职能的技术即指实现或促进废弃物的循环利用或最终处理处置的技术,从性质上可以分为物理技术、化学技术和生物技术。

(一) 物理技术

物理技术是指通过改变废弃物存在的固态表现形式,达到废弃物再利用或利于再利用的技术。主要包括:

1. 压实技术

压实技术是为了便于装卸和运输或利用贮存、填埋以及再利用等静脉物流过程,减少固体废弃物容积的技术。目前多采用压实机械进行压实。

2. 破碎和粉磨技术

为了充分利用废弃物中的有用部分,将固体废弃物从产生时的状态破碎成小块或颗粒状、粉末状的技术。目前多采用机械破碎,也出现了低温破碎、超声波破碎等技术。

3. 分选技术

根据废弃物组分物理性质的不同,分离其中的杂质、有害物质,或提纯其中可再利用组分的技术。目前,在破碎技术的基础上,利用废弃物组分粒度的不同,广泛采用的是筛分技术。另外随着技术的进步,利用废弃物组分密度、磁性、电性、弹性等的差异,还有重力分选、磁力分选、电力分选、弹性分选等多种分选技术。

4. 脱水技术

为了便于静脉物流过程对废弃物的循环利用,对含水较多的废弃物进行降低重量、减少体积的干燥技术。

(二) 化学技术

化学技术是指通过化学转换从废弃物中回收物质、能源或最终处理的技术。主要包括:

1. 加热技术

在一定条件下对废弃物进行加热,使废弃物改变化学性质、物质形态或得到新的物质组分的技术。例如煅烧技术(高温条件下脱出废弃物中的二氧化碳、结合水的技术,如碳酸钙矿渣再生石灰的技术)、热分解技术(利用热能使大分子的有机物转化为低分子有机物的过程,如从有机废弃物中回收汽油的技术)等。

2. 溶剂浸出技术

将废弃物浸泡于一定的溶剂中,去除杂质或没有利用价值的部分,溶解提取其中某些有价组分,或便于回收处理的技术。目前在金属回收过程中得到广泛的应用,如从电子废弃物中回收有价金属等。

3. 焚烧技术

对废弃物进行有控制的燃烧,以回收热能、减少废弃物最终处理量的技术。一般是建设专门的焚烧场,利用专门的焚烧炉进行。目前,由于焚烧成本较高,焚烧处理的废弃物在废弃物总量中的比重不是很大,但焚烧技术已经发展成熟,是废弃物最终处理的一个发展方向。

(三) 生物技术

生物技术是指利用微生物的生物活动降解废弃物,实现无害化处理或综合利用的技术。

1. 沼气发酵技术

在一定条件(密闭性、水分、温度、酸碱性等)下,利用微生物的生物活动分解废弃物中的有机质,产生沼气的技术。一般在城市生活废弃物及农村废弃物的处理过程中应用较多。

2. 生物堆肥技术

这是指利用微生物的生物活动,将人畜粪便、农作物秸秆分解,生产有机肥料的技术。

（四）信息技术

从静脉物流本身来看，静脉物流具有明显的系统性、空间性、地域性和时效性的特征。这些特征表明：静脉物流体系只有在信息畅通、整体协作的基础上才能顺利进行，也就是强调各产业部门之间、各相关专业之间、不同地域之间、社会成员（包括政府、企业、消费者）之间的有效沟通和整合。

从现代管理角度来看，在工业高度发达、社会信息化的今天，人工管理手段显然已经不能适应时代的发展要求。静脉物流的发展，在实现保护环境、保护资源的同时，也需要信息技术的注入，以提升本身的管理水平和物流能力。

根据管理决策、管理实施的需要，静脉物流需要的信息主要包括：基础设施和设备信息、废弃物排放的信息、环境监察和管理信息、相关法律、法规的信息、城市环境规划信息、技术进步信息等。

关键概念

排污收费　使用者收费　产品收费　物理技术　化学技术　生物技术

思考题

1. 讲述静脉物流的法律支持系统的内容和表现形式。
2. 废弃物收费制中比较典型的收费制形式有哪些？
3. 静脉物流的社会支持系统中包括哪些成员？
4. 社会公众应该如何参与静脉物流的社会支持系统？
5. 静脉物流的化学技术支持包括哪些技术？

参考文献

[1] De winter, K. Courtney. From Here to Eternity: Recycling Hitech Junk, Waste Age, 2001, 32(3).

[2] Jurgen Ertel. Current Technologies for the Valorisation of PCB's and Electronic Waste, IEEE, 1994.

[3] National Safety Council 1999, Electronic product recovery and recycling baseline report, recycling of selected electronic products in the United States, Washington, D. C.: National Safety Council's Environmental Health Center, 2000, 47.

[4] Jens Brobech Legarth, Leo Alting, Gian Luca Baldo. Sustainability issues in circuit board recycling, IEEE, 1995.

[5] B to B data sharing: A source for integration of supply International Journal of Production Economies, January, 2002.

[6] The e-supply chain portal: a core business model. Transportation Research Part E: Logistics and Transportation Renew, March, 2003.

[7] [美] Douglas Lambert, James Stock, Lisa Ellram,张文杰,叶龙,刘秉镰等译.物流管理[M].电子工业出版社,2003.

[8] [美] Donald J. Bowersox, David J. Closs, M. Bixby Cooper,马士华,黄爽,赵婷婷译.供应链物流管理[M].机械工业出版社,2007.

[9] [美] Donald J. Bowersox, David J. Closs, M. Bixby Cooper,李习文.王增东译.供应链物流管理[M].机械工业出版社,2004.

[10] [美] John Coyle, Edward Bardi, John Langley. Jr,文武,张志杰,张彦等译.企业物流管理：供应链视角[M].电子工业出版社,2003.

[11] [美] Donald H. Ballou,王晓东,胡瑞娟等译.企业物流管理：供应链的规划、组织和控制[M].第二版.机械工业出版社,2006.

[12] [美] Donald Waters,刘秉镰,韩勇等译.物流管理概论[M].电子工业出版社,2004.

[13] [美] 米歇尔·R. 利恩德斯、等.采购与供应管理[M].机械工业出版社,2001.

[14] [美] 唐纳德·J. 鲍尔索克斯等.物流管理：供应链过程的一体化[M].机械工业出版社,1999.

[15] 田源,李伊松,易华.物流运作管理[M].清华大学出版社,2007.

[16] 《物流技术与应用》编辑部.中外物流运作案例集[M].中国物资出版社,2005.

[17] 北京中交协物流人力资源培训中心.采购与供应关系管理[M].机械工业出版社,2008.
[18] 赵林度.供应链与物流管理理论与实务[M].机械工业出版社,2003.
[19] 夏春玉.物流与战略管理[M].东北财经大学出版社,2007.
[20] 徐天亮.运输与配送[M].中国物资出版社,2002.
[21] 张旭凤.运输与运输管理[M].北京大学出版社,2004.
[22] 刘彦平.仓库和配送管理[M].电子工业出版社,2006.
[23] 朱强,阎子刚.运输管理实务[M].中国物资出版社,2006.
[24] 王转,程国全.配送中心系统规划[M].中国物资出版社,2003.
[25] 王利,许国银,黄颖.现代物流管理[M].中国物资出版社,2006.
[26] 汝宜红.物流运作管理[M].清华大学出版社,2006.
[27] 刘志强,丁鹏,盛焕烨.物流配送系统设计[M].清华大学出版社,2004.
[28] 张晓川.物流配送系统规划[M].中国水利水电出版社,2007.
[29] 杜文.物流运输与配送管理[M].机械工业出版社,2006.
[30] 韦恒,熊健等.物流学[M].清华大学出版社,2007.
[31] 汝宜红.物流运作管理[M].清华大学出版社,2006.
[32] 郑全成.运输与包装[M].清华大学出版社,北京交通大学出版社,2005.
[33] 刘北林.流通加工技术[M].中国物资出版社,2004.
[34] 刘华.现代物流管理与实务[M].清华大学出版社,2004.
[35] 王建清.包装材料学[M].国防工业出版社,2004.
[36] 尹章伟.包装概论[M].化学工业出版社,2003.
[37] 彭国勋,徐颖.第三方包装物流与整体包装解决方案[J].物流技术与应用,2007.
[38] 季峰民,刘俊杰.物流对包装功能要求的分析[J].包装工程,2006.
[39] 熊伟等.采购与仓储管理[M].高等教育出版社,2006.
[40] 王玲、罗泽涛.现代企业后勤学[M].经济科学出版社,2000.
[41] 高晓亮等.仓储与配送管理[M].清华大学出版社,北京交通大学出版社,2006.
[42] 刘志学.现代物流手册[M].中国物资出版社,2001.
[43] 解培才.企业战略管理[M].上海人民出版社,2002.
[44] 靳伟.最新物流讲座[M].中国物资出版社,2003.
[45] 任浩.战略管理:现代的观点[M].清华大学出版社,2008.
[46] 中华人民共和国国家标准物流术语(GB/T18354-2006)[S].中国标准出版社,2007.
[47] 王国华等.中国现代物流大全[M].中国铁道出版社,2004.
[48] 刘小卉.物流管理信息系统[M].复旦大学出版社,2006.
[49] 何明珂.物流系统论[M].高等教育出版社,2004.
[50] 侯文龙等.现代物流管理[M].经济管理出版社,2006.
[51] 赵弘志.关键,绿色经济发展和管理[M].东北大学出版社,2003.
[52] 诸大建.从可持续发展到循环经济[J].世界环境,2000(3).
[53] 王长琼.绿色物流[M].化学工业出版社,2004.
[54] 骆温平.物流与供应链管理[M].电子工业出版社,2002.
[55] 王长琼.国外逆向物流的经济价值及管理策略初探[J].外国经济与管理,2003(4).

[56] 吕国强,王华,郝玉现.废弃电子产品的处理与回收技术[J].云南环境科学,2003(3).
[57] 张玉柯,彭近新,李赶顺.减轻环境负荷与政策法规调控:中国环境保护理论与实践[M].中国环境科学出版社,2003.
[58] 靳桂明,吴凌.医疗垃圾分类处置标识化管理[J].华南国防医学,2004(6).
[59] 胡少芬,马红宝.医疗废弃物管理分析与探讨[J].中华现代医院管理,2005(4).
[60] 张雷,孙可伟.医疗垃圾焚烧实验研究[J].中国资源综合利用,2005(3).
[61] 聂永有.循环经济条件下的静脉产业发展探索[J].南方经济,2005(12).
[62] 谭笑芳,王苏莉.医疗垃圾的危害及处理措施[J].现代预防医学,2004(4).
[63] 段晨龙,王海锋,何亚群等.电子废弃物的特点[J].江苏环境科技,2003(3).
[64] 张悦.我国城市垃圾处理产业化发展趋势和相关政策[J].中国城市环境卫生,2002(4).
[65] 葛亚军,金宜英,聂永丰.电子废弃物回收管理现状与研究[J].环境科学与技术,2006(3).
[66] 胡晓峰.国外电子废弃物立法简介[J].节能与环保,2005(11).
[67] 王景伟,施德汉,陈须连.美国电子废弃物资源化产业现状分析[J].上海环境科学,2003(12).
[68] 王景伟,徐金球.欧盟电子废弃物管理法介绍[J].中国环境管理,2003(4).
[69] 毛欣,刘菁,李彦.德国电子废弃物循环利用体系的调查与思考[J].中国环境管理干部学院学报,2006(2).
[70] 任勇.日本环境管理及产业污染防治[J].北京中国环境出版社,2000(12).
[71] 魏葳."静脉产业"埋藏财富[J].生态经济,2003(6).
[72] 生旭,王晶.谈城市生活垃圾分类收集[J].山东环境,2000(2).
[73] 卢欢亮,王伟.日本垃圾处理模式研究[J].建设科技,2004(4).
[74] 牛福生,徐晓军.城市垃圾分类回收及综合治理探讨[J].云南环境科学,2000(1).
[75] 章竟.废弃物物流:循环型社会的新课题[J].现代物流,2004(6).
[76] 付忠诚,华强.浅析城市生活垃圾源头的分类收集[J].河南化工,2004(12).
[77] 向盛斌.逆向物流与环境保护[J].物流与环境,2001(1).
[78] 姜颖.生活垃圾无害化处理项目的技术经济分析[D].天津大学,2004.